HAYMON verlag

Robert Sedlaczek
Christoph Winder

Das unanständige Lexikon

Tabuwörter der deutschen Sprache und ihre Herkunft

Auflage:
4 3 2 1
2017 2016 2015 2014

HAYMON verlag
Innsbruck-Wien
www.haymonverlag.at

ISBN 978-3-7099-7136-9

Umschlag- und Buchgestaltung, Satz:
hœretzeder grafische gestaltung, Scheffau/Tirol
Coverfoto: www.shutterstock.com / Sayanjo65
Autorenfoto: Theater Forum Schwechat

Gedruckt auf umweltfreundlichem,
chlor- und säurefrei gebleichtem Papier.

Das Unanständige und seine Wörter

Die Veranstaltung fand im ehrwürdigen Rathaus statt, einem Teil des berühmten Wiener Ringstraßenensembles, direkt gegenüber dem Burgtheater. Wieder vergaben die Spitzen der österreichischen Buchbranche in festlichem Rahmen die „Buchlieblinge" – Preise für jene Bücher, die bei einer Publikumswahl die meisten Stimmen erhalten hatten. In der Kategorie Belletristik gewann die englische Autorin E. L. James mit ihrem unerhört erfolgreichen Softporno-Bestseller „Shades of Grey. Geheimes Verlangen".

Der Verleger der deutschen Ausgabe war eigens nach Wien gereist, um die Laudatio von Dolores Schmidinger zu hören und den Preis entgegenzunehmen. Die österreichische Schauspielerin und Kabarettistin verwendete in ihrer launigen Ansprache einige Male das Wort *Zumpferl* – österreichisch für Penis, oft für den Penis eines Knaben. Als der Applaus für die Laudatio verhallt war, betrat der deutsche Verleger die Bühne. Er bedankte sich nicht nur für den Preis, sondern auch dafür, dass er nun ein neues Wort kenne, das ihn erheitert habe und das er von nun an verwenden werde: *Zupferl*.

Jetzt war auch das Wiener Publikum erheitert. Das fehlende *m* ließ Anklänge an das Wort zupfen wach werden, was im Übrigen etymologisch nicht einmal so falsch ist.

Diese Anekdote ist in mehrfacher Hinsicht für unser Thema interessant. Sie zeigt, dass bei tabuisierten Ausdrücken aus der Sexualsprache das Fremde deshalb interessant klingt, weil es so unbelastet und daher relativ „sauber" ist, hingegen haben die einheimischen und vertrauten Ausdrücke einen obszönen Klang. Das wird wohl auch der Grund sein, warum Wörter für *koitieren* vom Norden in den Süden und vom Süden in den Norden wandern.

Das aus dem Raum Köln stammende Wort *poppen* ist vermutlich heute auch ganz im Süden unter Jugendlichen das am häufigsten gebrauchte Verb für *koitieren*. Umgekehrt breitet sich das Wort *schnackseln* vom Süden Österreichs Richtung Norden aus. Das in Österreich entstandene Wort *pudern* wird schon in Bayern als witzig empfunden, weil es dort nicht in Gebrauch ist – worauf der Kabarettist Michael Mittermeier publikumswirksam hingewiesen hat. Mittermeier trägt auf diese Weise dazu bei, dass es sich weiter ausbreitet. Genauso wenig wird es ein Zufall sein, dass das Wort *Schniedelwutz*, verbreitet von Otto Waalkes, Hella von Sinnen und einigen anderen, heutzutage im gesamten deutschen Sprachraum gern verwendet wird.

Im Krimi „Lebensabende und Blutbäder" des Wiener Autors Manfred Rebhandl tritt ein ostdeutscher „Puffkaiser" namens Schlevsky in

Erscheinung, der für das Wort *Dutteln* schwärmt, „eine österreichische Bezeichnung für Titten, die ihm als Deutschen ob ihrer Weichheit immer sehr gut gefallen hat". Ähnlich empfand das der deutsche Lyriker und Satiriker Robert Gernhardt: Bei mehreren Lesungen in den 1990er Jahren in Wien outete sich Gernhardt ebenfalls als Fan der *Dutteln*. Sie erschienen ihm als die lieblichere Variante des deutschen Wort-Pendants *Titten* – allerdings klingt *Dutteln* im Süden nicht viel milder als *Titten* im Norden.

Das Phänomen des vermeintlich argloseren Ausdrucks aus der Ferne gibt es auch in der Fäkalsprache. Österreicher halten das Wort *pissen* für relativ anständig, während das einheimische Wort *brunzen* in ihren Ohren unanständig klingt. Als wir einer Rheinländerin erzählten, dass die Stadt Wien einige kleinere Parks für Hunde reserviert und dort alte Autoreifen mit der Aufschrift ‚Pissringe' als Hundeklo aufgestellt hatte, war sie entsetzt. „Wie können es Stadtväter zulassen, dass so ein unanständiges Wort im öffentlichen Raum verwendet wird?" – „Was hätten sie sonst schreiben sollen? ‚Brunzringe'?" – „Ja. Das wäre lustig gewesen." Das Unbekannte, das Fremde, das Neue klingt nicht nur anständig, es amüsiert auch.

Amüsement ist freilich nicht die einzige Reaktion auf das unanständige Wort. Tabuwörter heißen nicht umsonst Tabuwörter, und der Impuls, sie möglichst aus der Öffentlichkeit zu verbannen, hat auch vor der Wissenschaft nicht Halt gemacht. So hat sich vor rund 250 Jahren unter den renommiertesten Sprachforschern und Wörterbuchmachern in deutschen Landen ein Streit entzündet, wie mit dem Wort *brunzen* umzugehen sei. Johann Christoph Adelung schrieb 1773 im ersten Band seines „Grammatisch-kritischen Wörterbuchs der hochdeutschen Mundart", dass *brunzen* „anfänglich vermuthlich ein edler und anständiger Ausdruck" war. „Allein er ist mit allen seinen Ableitungen und Zusammensetzungen, nunmehr schon lange dem niedrigsten Volke Preis gegeben worden, daher ich mich hier nicht länger dabey aufhalten (...) will."

Mit diesem Aufruf zur lexikografischen Enthaltsamkeit war Adelung bei den Brüdern Grimm an die Richtigen geraten. Sie zeichneten nicht nur Märchen auf, sondern erarbeiteten ein gigantisches „Deutsches Wörterbuch", das bis zum heutigen Tag (mit teilweisen Überarbeitungen) als wichtiges Nachschlagwerk gilt. Und sie kritisierten Adelung auf das Schärfste. „... als wenn es nicht die Pflicht der Sprachforschung wäre, solchen Wörtern – die herabgekommen sind, nicht weil das Volk sie in ihrer natürlichen Geltung festhielt, sondern weil die vornehme Welt sie durch fremde, nichts sagende verdrängte und zuletzt vergaß – gleichsam die Ehre zu retten."

Es versteht sich von selbst, dass wir uns als Verfasser eines „Unanständigen Lexikons" der Position von Jacob und Wilhelm Grimm anschließen. Es geht uns allerdings nicht darum, die „Ehre" der Tabuwörter aus der Sexual- und Fäkalsphäre zu retten. Was wir wollen, ist: Eine Auswahl dieser sprachlichen Schmuddelkinder dokumentieren, klären, wie sie entstanden sind, welche Bedeutung und Geschichte sie haben, wie sie verwendet werden. Jedes Wort trägt ja seine Vergangenheit gleichsam in einem Rucksack mit sich herum, auch wenn der Inhalt dieses Gepäcks manchmal niemandem mehr bewusst ist. Und: Wenn wir von unanständigen Wörtern sprechen, sollten wir uns natürlich auch im Klaren sein, dass nicht die Wörter unanständig sind, sondern die Sachverhalte, die sie benennen – und zwar in den Köpfen der Sprecher. Wobei man lange darüber diskutieren könnte, warum die primären und sekundären Geschlechtsmerkmale in unserer Gesellschaft mehrheitlich als unanständig klassifiziert werden.

Wir haben uns in diesem Buch auf die zahlreichen mundartlichen und umgangssprachlichen Wörter für Vagina, Penis, Koitus, Masturbation, Anus, Urin, Kot und einige andere konzentriert, wobei Ausdrücke für Geschlechtsorgane und Körperausscheidungen häufig auch als Schimpfwörter dienen. Im Gegensatz zum Angloamerikanischen (*fuck you, fuck off* etc.) wird im Deutschen meist nicht mit Sexual-, sondern mit Fäkalwörtern geschimpft; die große Zahl von Komposita mit *Arsch-, Moors-, Scheiß-* etc. unterstreicht dieses Phänomen. Signifikante Ausnahmen sind *Sack, Seckle* und *Seggl* im Alemannischen sowie *Beutel* im Österreichischen. Da auch uns das Fremde fasziniert, war es uns ein besonders Anliegen, die niederdeutschen/plattdeutschen und friesischen Ausdrücke mit ihren eigenständigen Herkunftsgeschichten ausführlich zu dokumentieren: *Piephahn, Niller* und *Stert*, natürlich auch *Pus, Fläut* und *Kunt*, ferner *Hinnerst und Achterdeel* sowie *nöken, miegen* und viele andere mehr.

Wir konnten also aus dem Vollen schöpfen. Dafür sorgte die auffällig große regionale Vielfalt im Bereich der Sexual- und Fäkalsprache. Wir haben mit Hilfe von Gewährsleuten und durch das Studium von regionalen Wörterbüchern und Internet-Sammlungen die einschlägigen Ausdrücke vom nördlichsten Platt bis zum südlichsten Bairisch recherchiert und waren erstaunt: Die Menschen im deutschsprachigen Raum unterscheiden sich durch die unanständigen Wörter, die sie verwenden – diese Wörter haben manchmal sogar den Charakter eines Schibboleths. Und beim Ersinnen neuer Ausdrücke legen sie eine unglaubliche Kreativität an den Tag.

Ungeachtet aller regionalen Verschiedenheit sind wir immer wieder auf gleiche oder ähnliche Benennungsmotive und Wortbildungsmuster gestoßen. Ein *Büxenkacker* oder *Büxenschieter* ist nach demselben Gedanken entstanden wie *Hosenscheißer* und *Hemdscheißer*. Was die einen als *Furz mit Fransen* bezeichnen, ist für die anderen ein *Pup mit Puschel* oder ein *Schas mit Quasteln*. Ob jemand *die schnelle Katharina, die schnelle Maria* beziehungsweise *den flotten Heinrich* oder *den flotten Otto* hat, ist regionalspezifisch determiniert – vermutlich funktioniert die Wendung auch mit anderen Vornamen.

Auch die Lust der Jugendlichen an neuen Wortschöpfungen aus der Sexual- und Fäkalsprache sorgt dafür, dass den Lexikografen der Stoff nicht ausgeht. Viele dieser Kreationen sind aus einer antiautoritären Haltung heraus entstanden. Die Jugendlichen erfinden Ausdrücke, mit denen sie das Prinzip der Verhüllung ad absurdum führen – sie machen das genaue Gegenteil. Ihre Wortschöpfungen sind nicht euphemistisch, sondern dysphemistisch, sie werten nicht auf, sondern ab. Wenn das Etikett der Unterhose hervorschaut, bezeichnen sie dieses kleine Stoffstück als *Arschfax*, statt sinnlos sagen sie *arschlos*, aus dem Verb dazwischenfunken wird *dazwischenmösen*, das Gericht Calamari fritti wird *gebackene Arschlöcher* genannt. Manchmal greifen die Jugendlichen Ausdrücke ihrer Eltern oder Großeltern bzw. aus fremden Sprachregionen auf und verändern die Schreibung ein wenig: *Amateuse* wird zu *Amatöse*. In den regelmäßig in den Verlagen Duden, Pons, Langenscheidt und C.H. Beck erscheinenden Wörterbüchern der Jugendsprache werden einschlägige Einsendungen von Jugendlichen dokumentiert. Einige davon – vor allem solche, die wir besonders originell, drastisch oder witzig fanden – haben wir in unser Wörterbuch aufgenommen, wobei natürlich niemand seriös prognostizieren kann, ob es sich bei diesen Kreationen um sprachliche Eintagsfliegen handelt oder ob sie sich länger halten werden.

Zur Ergänzung: Der antiautoritäre Impuls des jungen Menschen, der sich in der Verwendung unanständiger, verpönter Wörter zeigt, setzt nicht erst in der Pubertät ein. Wir verweisen hier auf das Buch „Über das Volksvermögen“, einen erstmals 1969 erschienenen Klassiker des deutschen Schriftstellers Peter Rühmkorf, in dem hunderte, teils in sehr drastischer Sprache verfasste Kinderreime dokumentiert sind. Erwachsene erfreuen sich seit Jahrhunderten an erotischen Volksstücken, Fastnachtspielen und Volksliedern; diese haben entweder schamvoll-verklausuliert oder schamlos-direkt das Geschlechtliche zum Thema. Eine jüngere Form für den Transport solcher Inhalte sind Schüttelreime.

Das Feld der unanständigen Wörter ist anarchisch bunt, sodass es nicht leichtfallen würde, eine allgemeine Klassifikation dessen durchzuführen, was sich hier alles tummelt. Einige Untergruppen und markante Beispiele, die ihnen angehören, wollen wir dennoch hervorheben.

Die Klassiker aus dem Volksmund, also gleichsam der unanständige Mainstream. Hierher gehören Wörter wie *Schwanz, Möse* oder *ficken,* die anerkannt unständig, allgemein (also überregional) verständlich und seit langem in Gebrauch sind. Über den *Schwanz* räsonierte schon Johann Wolfgang von Goethe, durchaus mit kritischem Unterton: „Gib mir statt *Der Schwanz* ein ander Wort, o Priapus! / Denn ich Deutscher, ich bin übel als Dichter geplagt. / Griechisch nennt ich dich φαλλος, das klänge doch prächtig den Ohren, / Und lateinisch ist auch *mentula* leidlich ein Wort. / *Mentula* käme von *mens,* der Schwanz ist etwas von hinten, / Und nach hinten war mir niemals ein froher Genuß." Die nach hinten gehenden Assoziationen hinderten Goethe freilich nicht am Gebrauch des Wortes, so heißt es etwa in den Paralipomena zum „Faust": „Für euch sind zwei Dinge / Von köstlichem Glanz / Das leuchtende Gold / und ein glänzender Schwanz ..." Während ein anderes von Goethe verwendetes Penis-Synonym, das aus dem Lateinischen stammende *Iste* („Jener", oft auch *Meister Iste*), längst im sprachgeschichtlichen Orkus verschwunden ist, hat sich der Schwanz über die Jahrhunderte hinweg behauptet und dürfte auch heute noch das überregional am häufigsten verwendete Wort für Penis sein.

Die Ähnlichkeiten (es gibt natürlich auch Unterschiede) zwischen dem animalischen Schwanz („beweglicher Teil der Wirbelsäule hinter dem Tierafter", Mackensen, Deutsches Wörterbuch) und dem menschlichen Penis sind durchaus augenfällig, sodass sich der metaphorische Gebrauch des einen für den anderen unschwer nachvollziehen lässt. Auch bei anderen volkstümlichen Bezeichnungen für die männlichen Genitalien ist der Grundgedanke der Übertragung leicht zu erahnen. So gibt es eine Reihe von Wörtern, die ursprünglich Schnabel bedeutet haben: *Schnäbber, Schnäbi, Schnärpfl* etc. Gemeint ist ein kleiner, vorstehender Körperteil. Außerdem müssen für metaphorische Übertragungen oft – wen wundert es – harte und lange Gegenstände herhalten, vor allem in pornografischen Texten: *Bolzen, Keule, Kolben, Knüppel, Lanze* etc.

Wieder andere Ausdrücke symbolisieren nach ihrer Wortherkunft ein (abgerissenes oder abgeschnittenes) Stück von einem größeren Ganzen: *Schniepel, Schniedel, Zipfel, Zumpel, Zümpfel, Zumpferl* etc. Klassische Wortbildungen mit dem zweiten Bestandteil *-mann* sind *Butzelmann, Kitzmann, Pillermann, Pissmanntje, Pullermann* und *Ziesemann,* heißt doch der Penis auch *der kleine Mann* – oder *der Bursche, der Kerl, der Kamerad* etc. Da ist es kein weiter Weg zu der Praxis, die männlichen Geschlechtsorgane mit einem Vornamen zu versehen:

Hansi, Hugo, Johannes, Jürgen, Max, Otto, Siegfried, Willy etc. Oft kommen auch Namen von gefiederten Tieren zum Zug, zum Beispiel *Hahn, Spatz* oder *Specht*.

Ein weiteres Wortbildungsmuster ist der metaphorische Vergleich mit Blasinstrumenten wie *Flöte, Pfeife, Trompete* etc. Ein sprachliches Prunkstück für humanistisch Gebildete ist *Zebedäus*. Um dieses Wort zu entschlüsseln, muss man Hebräisch können und bibelfest sein.

Bei den volkstümlichen Bezeichnungen für die weiblichen Genitalien dominiert eine Wortgruppe, die etymologisch nicht genau einzuordnen ist; das Benennungsmotiv ist möglicherweise die Verbindung zwischen Katzenfell und Schambehaarung: *Möse, Mösch, Musch, Musche, Muschi, Mutz, Mutze* etc. Ein weiteres Wortbildungsmuster ist der metaphorische Vergleich mit Streich- oder Zupfinstrumenten wie *Balalaika, Geige* etc. Bei den Wörtern *Fut, Fud* und *Fotze* deutet einiges darauf hin, dass sie früher sowohl Vulva als auch Anus bedeutet haben, wobei Anus wohl die ursprüngliche Bedeutung war. Sie ist in einigen Regionen des deutschen Sprachraums noch lebendig, und zwar mit den Wörtern *Füdla, Fiedle, Füdche, Fott, Fött, Föttche*. Die ursprüngliche Doppelbedeutung dürfte es auch bei *Kunte* und *Kunt* gegeben haben – die enge Verwandtschaft mit englisch *cunt* (= Vagina, Vulva) ist evident. Auch *Gatt* und *Gattloch* bedeuten sowohl Anus als auch Vagina.

Bei metaphorischen Übertragungen kommt oft – im Gegensatz zu den harten und langen Gegenständen bei den Männern – eine runde, weiche, saftige Frucht zum Zug, zum Beispiel eine *Dattel, Feige, Pflaume, Zwetsche/Zwetschge/Zwetschke*. Bei anderen Ausdrücken besteht eine gedankliche Verbindung zu einer Art von Behälter: zum Beispiel *Büchse, Dose* (mit den Komposita *Honigdöschen, Puderdöschen* etc.), *Schmuckkästchen* und *Tasche*. In pornografischen Texten dominieren *Loch, Schlitz* und *Spalte* mit diversen Synonymen. Weibliche Vornamen als Bezeichnung für Vagina und Vulva sind nicht so oft anzutreffen wie beim männlichen Pendant, einige Belege konnten wir dennoch finden: *Mimi* und *Minna* (diese beiden Namen werden auch häufig für Katzen verwendet), *Lieschen* etc.

Nicht zuletzt sei darauf hingewiesen, dass bei manchen Wortbildungen Bedeutungspaare eine Rolle spielen: *Scheide* und *Säbel, Nest* und *Vogel, Schnalle* und *Dorn* (= Metallstift zum Schließen), *Knopfloch* und *Knopf, Honigtopf* und der dazugehörende *Dosierstab, Tulpe* und *Tulpenstängel* etc.

Ficken, bumsen, nageln: Viele der klassischen Ausdrücke für *koitieren* symbolisieren ein Klopfen, Hämmern, Reiben oder Stoßen bzw. eine

Hin- und Herbewegung. An diesen Wörtern gibt es einen interessanten Sprachwandel zu beobachten. Während früher beim transitiven Gebrauch von *ficken* („X fickt Y“) das handelnde Subjekt X (sprachwissenschaftlich: das Agens) nur ein Mann sein konnte, kann im jüngeren Sprachgebrauch auch eine Frau diese Rolle übernehmen. Ein Witz, ein Fundstück aus dem Internet, veranschaulicht dies: „Sagt eine Blondine zu einer anderen: ‚Gestern hab ich einen Akademiker gefickt.‘ – ‚Und, wie war’s?‘ – ‚Stell dir vor: Er hat einen Penis!‘ – ‚Was ist denn das?‘ – ‚Wie ein Schwanz. Nur viel kleiner.‘“

Im Großen Duden findet man bei *ficken* bereits Hinweise auf diesen neueren Gebrauch des Wortes – *eine Frau/einen Mann ficken; sie/er lässt sich (nicht) ficken* – bei *bumsen* und *vögeln* hingegen noch nicht. Aber Sätze nach diesem Muster sind heute von jungen Leuten sehr wohl zu hören: *Sei ehrlich, Karin! Hast du diesen Typen gleich in der ersten Nacht gebumst?* Womöglich kann man dies als eine sprachliche Emanzipationsentwicklung deuten: Junge Frauen wollen sich von der passiven Rolle verabschieden, sie wollen nicht nur als Patiens gesehen werden *(sie hat sich ficken lassen, sie hat die Beine breit gemacht, sie hat ihn reingelassen/drübergelassen)*, sondern sie wollen als Agens eine aktive Rolle in der Sexualität und in der Sexualsprache spielen: *Sie hat ihn gefickt/gebumst/gevögelt.* Außerdem wird *ficken, bumsen* und *vögeln* heute auch für die Praktiken gleichgeschlechtlicher Sexualpartner verwendet.

Die Kommunikation über den Sexualakt hat viele Nuancen. Eine transitive Verwendung des Verbs *(er bumst sie/sie bumst ihn)* klingt härter als eine intransitive *(er bumst mit ihr/sie bumst mit ihm/die zwei bumsen miteinander)*. Die zweite Variante signalisiert ein ausgewogenes Rollenverständnis der Sexualpartner oder ein beidseitiges Einverständnis zur Art und Weise des Sexualakts.

Beobachtet man die Entwicklung der Jugendsprache, so fällt auf, dass die von Wörtern aus dem Sexualbereich geprägte angloamerikanische Schimpfkultur in den deutschen Sprachraum überschwappt und das traditionelle Schimpfen mit Ausdrücken aus dem Fäkal- und Analbereich zurückdrängt. Junge Menschen, vor allem im großstädtischen Milieu, schimpfen immer öfter mit *Fuck!* statt mit *Scheiße!* – so wird es ihnen schließlich in den Synchronisationen amerikanischer Kinofilme und Seifenopern vorgeführt.

Euphemistische Ausdrücke. Wo Dinge und Sachverhalte tabu sind, neigt man dazu, sie sprachlich zu verballhornen und zu bemänteln. Auch dieses Phänomen ist keineswegs neu. Wir zitieren abermals Goethe, der in einem Briefgedicht an Friedrich Wilhelm Gotter schreibt: „Und bring’, da hast du meinen Dank / Mich vor die Weiblein ohn’ Gestank. / Musst alle garst’gen Worte lindern, / Aus Scheißkerl Schurken, aus Arsch mach Hintern.“

Laut Sigmund Freud ist alles ein Tabu, was heilig oder unrein ist. „Heilig" bezieht sich beispielsweise auf blasphemische Flüche, aus Herr Jesus und O Jesus wird *Herrje* und *Oje*, aus Sakrament wird *Sackerment* oder gar *Sackzement*. Außerdem war es in früheren Zeiten ein Tabu, den Namen des Teufels auszusprechen, daher entstanden zahlreiche Verballhornungen wie *Deibel* oder *Deixel* und verhüllende Ersatzausdrücke wie der *Leibhaftige* oder der *Gottseibeiuns*. „Unrein" bezieht sich für Freud auf den sexuellen und fäkalen Bereich – jetzt sind wir bei unserem Thema angelangt.

Der US-amerikanische Psychologe, Linguist und Bestsellerautor Steven Pinker weist in seinem Buch „Der Stoff, aus dem das Denken ist" darauf hin, dass sich beim Fluchen ein Übergang vom Religiösen zum Sexuellen und Fäkalen vollzieht. Im Englischen wird aus *Who (in) the hell are you?* die Formel *Who the fuck are you?* Aus *for God's sake* wird *for fuck's sake* und *for shit's sake*. Genauso ist *Fuck you!* keine Kurzform von *I (will) fuck you!*, sondern ein Ersatz für *Damn you!* und *God damn you!*

Im Deutschen wird aus *Es ist seine verdammte Pflicht* die Formel *Es ist seine scheiß Pflicht*, und aus *Heilige Maria!* wird *Heilige Scheiße!* oder *Heiliger Scheißdreck!* Die religiösen Kraftausdrücke haben im Verlauf der Sprachgeschichte „ihren Stachel verloren", schreibt Pinker, sie werden sukzessive durch fäkale oder sexuelle ersetzt.

In der Rhetorik wird der Vorgang des Verhüllens als Euphemismus bezeichnet. Man könnte auch sagen: Es wird beschönigt, verklausuliert, verhüllt. Typische Hüllwörter, die wir in dieses Lexikon aufgenommen haben, sind etwa *der Allerwerteste* für das Gesäß, *Sportflecken* für Spermareste auf dem Sofa oder *Erektionsbekleidung* für das Kondom – so gelesen in der Internetwerbung eines Kondomversands. Andere euphemistische Formulierungen können zustande kommen, indem ein Tabuwort kurzerhand ausgelassen wird, aus dem Kontext aber glasklar hervorgeht, was gemeint ist. Wenn jemand fragt: „Wer hat da einen fahren lassen?", wird der *Furz* (*Pforz, Schoaß, Schas* etc.) zwar nicht ausgesprochen, aber jedermann weiß, um welches Wort es sich dreht. Eine ähnliche Methode zur Tabuwort-Verschleierung ist die Abkürzung: Recht alt sind *WC* für Toilette, *GV* für Geschlechtsverkehr und *LMAA* für das Götzzitat. Neuere Beispiele dieser Art sind *ONS* (für das aus dem Englischen entlehnte One-Night-Stand), *AFH* (für Arsch frisst Hose), *MFH* (für Muschi/Möse frisst Hose), MoLa und Allmoprala (für eine morgendliche Erektion beim Aufwachen) und *SaSaLa* (für Samensammellappen). Bei NPZ und LEO muss man um die Ecke denken – wie in einem Kreuzworträtsel der Wochenzeitung „Die Zeit".

Unanständige Wortbestandteile. Was wir ebenfalls in dieses Wörterbuch aufgenommen haben, sind zusammengesetzte Wörter mit einer unanständigen Komponente, auch wenn das dadurch entstandene Wort nichts Unanständiges bezeichnet. Ein Beispiel hierfür ist das jugendsprachliche *Arschfax* für das aus der Hose hervorlugende Etikett. Das Etikett an sich ist keineswegs unanständig, wohl aber der erste Bestandteil des Arschfaxes. Ähnlich verhält es sich mit dem *Anschiss*, der, wenn man denn mit einem bedacht wird, unangenehm, aber nicht unanständig ist, obwohl er sich vom unanständigen *anscheißen* herleitet. Wörter wie *Arsch* oder *Scheiß* werden ob der ihnen innewohnenden Drastik allgemein gern dazu verwendet, in derber Manier einen hohen Intensitätsgrad zu bezeugen: *arschkalt, scheißfreundlich, scheißteuer*. In solchen Zusammensetzungen verblasst der ursprüngliche unanständige Sinn dieser Wörter weitgehend. Sie bedeuten dann nicht mehr als „sehr, ungemein, äußerst" oder Ähnliches.

„Anstand" ist ein schillernder Begriff, und obwohl die meisten der hier versammelten Eintragungen den Tatbestand des „Unanständigen" problemlos erfüllen, so gilt es doch auch zu berücksichtigen, dass das Unanständige in sich noch einmal differenziert ist. Wie unanständig ein Wort wirkt, hängt stark vom gesellschaftlichen Milieu ab, in dem es man es ausspricht, aber auch von situativen Umständen, vom Kontext. Außerdem stößt man immer wieder auf große Unterschiede im subjektiven Vulgaritäts-Empfinden. Im „Vorarlberger Wörterbuch" von 1960 heißt es zum Beispiel, *brunzen* sei ein viel weniger derbes Wort als *seichen* – ob dies allerdings überall und von jedermann so empfunden wird, ist zweifelhaft. Natürlich kommt auch bei den Wörtern für *koitieren* ein Moment des persönlichen Geschmacks und Anstandsgefühls herein. Die deutsche Entertainerin und Komikerin Anke Engelke zieht zum Beispiel das *Ficken* dem *Vögeln* vor (*„Ficken* ist ein sehr klares Wort mit einer schön schmutzigen Konnotation. *Ficken* klingt viel schöner als dieses süße *Vögeln*."). Dass man solch subjektiv geprägte Einschätzungen nicht zwangsläufig teilen muss, ist evident.

„Anstand" ist aber nicht nur ein schillernder, sondern auch ein wandelbarer Ausdruck. Wer sich mit unanständigen Wörtern befasst, wird zwangsläufig auf die Frage stoßen, welche Rolle das Unanständige im öffentlichen Diskurs der Gegenwart spielt. Ist es so, dass die Kulturpessimisten – Motto: Früher war alles besser! – recht haben, wenn sie auch in den sprachlichen Sitten Verfall und Niedergang wittern? Sofern dieser Eindruck entsteht, ist er sicher manchen Medien geschuldet, Stichwort: „Unterschichtfernsehen". In den Prolo-Formaten des Reality-TVs und in brachialen Castingshows wird bekanntlich nicht mit der feinen verbalen Klinge gearbeitet. Dieter Bohlens Sprüche aus dem Fäkal- und Sexualbereich können als Beispiele herhalten: „Wenn das Wetter so wäre wie deine Stimme, dann würde es Scheiße regnen." – „Du hast weniger Töne getroffen, als ein peruanischer Nackthund Haare am Arsch hat." – „Das Einzige, was du kannst, ist als Geruch auf'm Fischkutter arbeiten."

Natürlich ist auch das Internet in diesem Zusammenhang von Bedeutung: Die immense Ausweitung der Kommunikationsmöglichkeiten und die Absenkung der Zugangsschwellen haben dazu geführt, dass unständige Wörter nicht mehr nur in ihren typischen Verbreitungsgebieten (wie etwa am Stammtisch) anzutreffen sind, sondern sich auch munter im Cyberspace verbreiten. Internetforen, die einen Ruf als Austragungsort zivilisierter gesellschaftlicher Debatten zu verteidigen haben, führen einen ständigen Abwehrkampf gegen Poster, die auf die Gebote der Höf- und Schicklichkeit pfeifen und sich rücksichtslos artikulieren. Dies ist einer gehobenen Diskussionskultur natürlich nicht dienlich und provoziert Gegenmaßnahmen. In den Foren von Qualitätszeitungen und öffentlich-rechtlichen Rundfunkanstalten müssen alle Postings eine elektronische Eingangskontrolle passieren, ehe sie online gehen. Wenn ein Wort gepostet wird, das auf einer Liste verpönter Wörter von *Arsch* bis *Zumpferl* aufscheint, schlägt das System an und blockiert den Text. Gewitzte Poster, die das als Einschränkung ihrer Meinungsfreiheit interpretieren, sind auf den Trick verfallen, anrüchige Wörter geringfügig orthografisch zu verändern – aus *Arsch* wird *Arxxx*, aus *Scheiß* wird *Schice*, aus *Fut* wird *F. U. T.* –, sodass der elektronische Kontrollor keinen Verdacht schöpft, die Leserinnen und Leser aber sofort wissen, was gemeint ist. Offenbar herrscht bei manchen der Eindruck, dass das Recht auf obszönen Sprachgebrauch auch in der Öffentlichkeit durchgesetzt werden muss.

Trotz der vermehrten Hör- und Sichtbarkeit von vulgärem Vokabular im öffentlichen Raum glauben wir, dass kein Anlass zu übertriebenem Kulturpessimismus besteht. Der deutsche Publizist Klaus Harpprecht veröffentlichte 2004 in der Zeitschrift „Cicero" den dramatischen Aufschrei: „Gebt uns die Tabus zurück!" Ursache seines Missbehagens: „Seitdem selbst FAZ und NZZ das Wort *ficken* wie selbstverständlich drucken, sind die letzten Tabus der Erotik gefallen." Wir konnten nicht mehr feststellen, welche Häufung von Tabuwörtern Harpprechts Empörung damals provoziert hat, und möglicherweise war sie ja auch aus einem konkreten Anlass durchaus gerechtfertigt. Die Langzeitbeobachtung lehrt freilich, dass Medien, die auf Qualität Wert legen, Schutzwälle eingezogen haben, die verhindern sollen, dass sie vom Vulgärjargon überflutet werden.

Hier ist nun die Stelle, darauf hinzuweisen, dass das unanständige Wort in manchen öffentlichen Biotopen besonders gute Lebensbedingungen vorfindet. Eines dieser Biotope ist die Literatur, wo das Gesetz der künstlerischen Freiheit herrscht und der Artikulationsradius weiter und freier ist als in den typischen alltäglichen Kommunikationssituationen, in denen das Anstößige und Vulgäre tunlichst vermieden wird. Wir haben für viele Ausdrücke in literarischen Werken Belege gefunden, sie erfüllen dort die unterschiedlichsten Funktionen; zum Beispiel sprachliche Charakterisierung von Milieus, Kritik an der Männersprache, wie häufig bei Elfriede Jelinek, oder als Mittel der Provokation. Auch der ungemein beliebte Berufstand der Kabarettisten und Comedians hat im unanständigen Ausdruck einen stets verlässlichen und hilfreichen Partner, wie Michael Mittermeier, Mario Barth und einige andere immer wieder beweisen – auf unterschiedlichem Qualtitätsniveau, aber jeweils mit großer Anhängerschaft. Als Moderator einer Late-Night-Show hat Harald Schmidt mit Verstößen gegen die political correctness – nicht nur im Sexualbereich, aber auch dort – lange Zeit für Furore gesorgt.

Der populäre „Willkommen Österreich"-Moderator Dirk Stermann, der gemeinsam mit seinem Partner Christoph Grissemann das derbe Wort ebenfalls nicht scheut, hat uns verraten, dass dieses, wann immer es auf der Bühne geäußert wird, wie ein Fanfarenstoß wirkt, der das Publikum umgehend aus der Lethargie reißt. Nicht von ungefähr hat ein Wiener Schauspieler – wir konnten nicht eruieren, wer es war – das Bonmot geprägt: „Der *Schas* ist der beste Komiker!" Oder um es freudianisch zu formulieren: Es kann lustvoll sein, ein Tabu, also ein Verbot, zu durchbrechen. Worüber man nicht reden darf, darüber lässt es sich trefflich scherzen. Damit kann der Reiz vieler Wörter dieses Buches erklärt werden, die als „scherzhaft" einzustufen sind.

Ein Thema, das für viele Mutmaßungen und Spekulationen gut ist, ist der geschlechtsspezifische Aspekt der vulgären Rede: Ist das unanständige Sprechen eine typische Männerdomäne? Richtet sich die unanständige Sprache tendenziell gegen Frauen? Einige Jahrzehnte gesteigerter feministischer Sensibilität haben den sprachlichen Sinn geschärft, und obwohl man mit Generalisierungen vorsichtig sein sollte, ist unübersehbar, dass Schieflagen existieren. Die Comedienne Carolin Kebekus ärgert sich zum Beispiel darüber, dass es unzählige Wendungen für die Selbstbefriedigung des Mannes gibt *(die Banane schälen, den Lurch würgen, das Äffchen pelzen, einhandsegeln, Fünf gegen Willy, Mütze-Glatze-Schneemann etc.)*, während der korrespondierende Wortschatz bei Frauen dünn gesät und oft mit einer abschätzigen Note versehen ist. Die Formulierung *die Hölle putzen* ist Kebekus besonders unangenehm aufgestoßen: „Habt ihr keine anderen Ausdrücke dafür?", fragt sie ihre Geschlechtsgenossinnen.

Die amerikanische Schriftstellerin und Feministin Naomi Wolf wiederum beklagt in ihrem Buch „Vagina. Eine Geschichte der Weiblichkeit“ die häufig beleidigende und bestenfalls triviale Art und Weise, mit der über weibliche Geschlechtlichkeit gesprochen wird. Für viele Frauen bedeute es einen erheblichen Stress, mit diesem abschätzigen Vokabular konfrontiert und traktiert zu werden. Das weibliche Sexualorgan wird oft auf ein *Loch*, einen *Schlitz*, eine *Ritze*, eine *Spalte* oder eine *Klumse* reduziert oder überhaupt nur durch sein männliches Pendant definiert (z. B. *„Schwanzgarage“*). Als Beispiel für einen wertschätzenden, erotisch reifen sprachlichen Umgang mit der weiblichen Sexualität zitiert Wolf taoistische chinesische Liebeslyrik, in der die *Goldene Lotusblüte*, die *duftende Laube*, das *Tor zum Paradies*, das *Himmelstor* oder die *Jadetür* gepriesen werden. Und man muss gar nicht einmal geografisch in die Ferne schweifen: Wirft man einen Blick in die pornografische Literatur früherer Zeiten, so stößt man dort auf ein gemäßigteres, poetischeres Vokabular: *Liebesstab* und *Liebesgarten, Cupido* und *Venus, den Freudenquell fließen lassen, den Zauberbecher der Wollust leeren* etc. (aus: Anonym: Lina's aufrichtige Bekenntnisse, um 1790).

Ganz offenbar existiert heute so etwas wie eine gesteigerte weibliche Wehrhaftigkeit gegen eine vulgäre, unanständige Sprache, die als männerdominiert und frauenfeindlich gelten muss, sei es nun, dass Elfriede Jelinek in ihren Romanen machistische Sprachstereotypen aufs Korn nimmt oder Naomi Wolf die Trivialitäten der männlichen Sexualsprache analytisch-kritisch aufbereitet. Eine besonders interessanter Fall ist jener der englisch-deutschen TV-Moderatorin und Schriftstellerin Charlotte Roche, die in ihrem – inzwischen auch verfilmten – Megabestseller „Feuchtgebiete“ Tabuthemen wie Analrasuren, exotische Sexualpraktiken und Körperausscheidungen aller Art in einem Duktus abhandelt, der an Explizitheit und Vulgarität nichts zu wünschen übrig lässt. Fräuleinwunder einmal anders: Roche überlässt die unanständige Rede nicht mehr den Männern, sondern bedient sich ungeniert einer Sprache, die selbst an einschlägig geeichten Stammtischen auffallen würde. Dass die „Feuchtgebiete“ zu einem der größten publizistischen Erfolge der letzten Jahrzehnte geworden sind, zeigt, dass Roche einen Nerv getroffen hat.

Die deutsche Rapperin Lady Bitch Ray wiederum zahlt den Männern sexuelle Beleidigungen in Liedtexten mit gleicher Münze heim. Die promovierte Sprachwissenschaftlerin, eigentlich Reyhan Şahin, erregt außerdem mit hintergründigen Provokationen große mediale Aufmerksamkeit. Wenn sie für den Fernsehsender VOX Gerichte mit der Bezeichnung *Schamlippenfilet, Venus-Muschis* oder *Mös' au Chocolat* serviert, berichtet sogar die Boulevardpresse. „Ich wurde von meiner Muschi inspiriert“, erklärt Lady Bitch Ray der BILD. „Ich finde, dass die Vagina in unserer Gesellschaft zu kurz kommt. Also: Respektiere Deine Pussy!"

Neu ist auch, dass Frauen beim Beschimpfen von Frauen auf jenes Sprachinventar zurückgreifen, das normalerweise Männer gegen Frauen verwenden – vielleicht auch mit der Absicht, die Wörter aus dem Schimpfwortinventar der Männer herauszulösen. Lady Bitch Ray bezeichnet in dem Lied „Ich hasse dich!" die deutsche Soulsängerin und Docu-Soap-Darstellerin Sarah Connor als *Schleimfotze, Pissnelke, Fickgrotte, Kackbratze, Dorfmatratze* ..." Das aus dem Angloamerikanischen entlehnte Schimpfwort *Bitch* verwendet sie als Teil ihres Künstlernamens und erklärt diese Selbstbezeichnung in einem Liedtext so: „Ich bin ne Bitch! / Du meinst, dass du mich disst, / nennst du Ficker mich Bitch? / Junge die Wahrheit ist – / Ich bin ne Bitch!, (...) / Pisser, ich mach mein Ding, Nutte steht auf meinem Ring, keiner kann mich bezwingen! / Ich bin ne Bitch!"

Die Rapperin und Sprachwissenschaftlerin dürfte mit diesen Texten auch noch ein anderes Ziel vor Augen haben: Auf Frauen gemünzte Schimpfwörter sollen durch häufiges Verwenden abgenützt werden, sodass sie an Schärfe verlieren. Psycholinguisten sprechen in diesem Fall von semantischer Sättigung. Sprache ist immer in Bewegung, und es scheint so, als wären auch auf dem Gebiet der unanständigen Wörter die Verhältnisse ins Tanzen geraten.

Wer sich mit der Herkunft und der Geschichte der Wörter befasst, kommt zu der Erkenntnis, dass viele Wörter für „Frau" vom Althochdeutschen bis zum Neuhochdeutschen eine gravierende Bedeutungsverschlechterung durchgemacht haben. Ein Beispiel von vielen ist *diorna*. So nannte man im Althochdeutschen ein Mädchen, eine junge Frau – in einigen Mundarten des deutschen Sprachraums ist das auch heute noch so. Im Mittelhochdeutschen war *dierne* vorwiegend eine junge Dienerin. Doch schon bald begann sich jene Bedeutung herauszubilden, die im Neuhochdeutschen die gängigste ist: Unter *Dirne* verstehen wir heutzutage eine Prostituierte. Da das Wort vorwiegend in abwertenden und sexualisierten Kontexten verwendet wurde, hat der Kontext auf die Wortbedeutung abgefärbt. Für dieses Phänomen gibt es viele Beispiele. Eine *Metze* war ursprünglich ein Mädchen niederen Standes, eine *Hure* war eine Liebhaberin, eine *Nymphe* eine Kindfrau. Heute dienen auch diese drei Wörter als Bezeichnungen für Prostituierte.

„Wenn Männer rumficken, ist das der Hit, / wenn Frauen rumficken, sind sie nur Shit", singt Lady Bitch Ray. Ein Mann, der Geschlechtsverkehr mit häufig wechselnden Partnern hat und nicht an langfristigen Bindungen interessiert ist, wird anerkennend als *Schürzenjäger, Deckhengst* oder *Gemeindebock* bezeichnet; eine Frau mit promiskuitiver

Lebensweise wird mit abwertenden Ausdrücken wie *Dorfmatratze* oder *Fickschnitzel* belegt. Groß ist auch die Zahl jener Wörter, die ursprünglich Vagina, Vulva bedeutet haben, in einer zweiten Entwicklungsphase pars pro toto für Frau standen und in einer dritten als Bezeichnung für eine Prostituierte herhalten müssen: *Britsche, Büchse, Geige, Klumse, Kutt, Musch(e)* etc.

In diesem Zusammenhang sind zwei Hypothesen Steven Pinkers von Interesse: die Euphemismus-Tretmühle (engl. *euphemism treadmill*) und ihr Gegenstück, die Dysphemismus-Tretmühle. Das Konzept der Euphemismus-Tretmühle geht davon aus, dass jeder Euphemismus irgendwann die negative Konnotation seines Vorgängerausdrucks annimmt, solange sich die gesellschaftlichen Verhältnisse nicht ändern. Entscheidend für die Bedeutungsbildung in den Köpfen der Menschen sind nämlich nicht die Wörter selbst, sondern die hinter den Wörtern stehenden Vorstellungen, Meinungen und Vorurteile – also die Begriffe.

So werden fortwährend neue Wörter kreiert, um negative Assoziationen bei den alten Wörtern zu vermeiden. Aus Krüppel wird der Invalide, aus der Invalide wird der Behinderte, und inzwischen empfinden wir auch bei dem Wort der Behinderte ein Unbehagen und registrieren die neuen Ersatzausdrücke im Englischen: *disabled* (= entfähigt) und *differently-abled* (= anders befähigt).

Die Dysphemismus-Tretmühle beschreibt den umgekehrten Vorgang. Ein negativ konnotierter Ausdruck erfährt eine Bedeutungsverbesserung, als Folge davon entsteht ein neuer abwertender Ausdruck oder ein bestehender Ausdruck wird abgewertet. Schwuler war ursprünglich ein Schimpfwort für männliche Homosexuelle, wird aber heute von der Schwulen-Bewegung bewusst als positiv besetzte Selbstbezeichnung verwendet, sodass infolgedessen die alte Benennung Homosexueller, besonders aber die Kurzform Homo schon beleidigenden Charakter aufweist.

Vielleicht sind diese zwei Tretmühlen schuld daran, dass die Menschen im Bereich des Analen, Fäkalen und Sexuellen immer wieder neue Wörter kreieren und bestehende Wörter neu bewerten.

Ein paar technische Details zum Schluss: Die Themenabgrenzung hat uns einiges Kopfzerbrechen bereitet. Schließlich fassten wir den Entschluss, im Sinne Sigmund Freuds das Anale, das Fäkale und das Sexuelle zu dokumentieren. In diesen Bereichen stoßen wir heute auf das Gros der deutschen Tabuwörter. Wobei es zum Wesen des menschlichen Körpers gehört, dass – grob gesprochen – jene Organe, die für die Sexualität geschaffen sind, auch der Ausscheidung dienen. Heinrich Heine hat es so formuliert: „Zwei Funktionen, die so greulich / Und so schimpflich und abscheulich / Miteinander kontrastieren / Und die Menschheit sehr blamieren."

Viele dieser Ausdrücke werden auch als Schimpfwörter verwendet, wobei wir uns nicht in der Lage sahen, sie in Abstufungen wie „derb" oder „vulgär" einzuordnen, wie dies andere Wörterbücher tun. In Robert Musils Essay „Über die Dummheit" finden wir eine Rechtfertigung für unser Versäumnis: „Denn die Bedeutung von Schimpfworten liegt bekanntlich nicht so sehr an ihrem Inhalt als an ihrem Gebrauch ... Das Schimpfwort vertritt nicht, was es vorstellt, sondern ein Gemisch von Vorstellungen, Gefühlen und Ansichten, das es nicht im mindesten auszudrücken, sondern nur zu signalisieren vermag." Wir müssen es unseren Lesern überlassen, den durchaus wechselvollen Charakter der aufgelisteten Wörter zu beurteilen. Oft ist auch der Kontext entscheidend. Alte Freunde gebrauchen manchmal ein derbes Schimpfwort als Begrüßung – damit soll gezeigt werden: Seht her! So gut ist unsere Freundschaft, dass wir uns derartige Wörter an den Kopf werfen können! Und Ausdrücke wie *Föttchen, Arscherl* oder *Höhnermoors* können sogar als Kosewörter verwendet werden, zum Beispiel für kleine Kinder.

Man könnte, wie es Steven Pinker nahelegt, nicht nur das Anale, Fäkale und Sexuelle mit den dazugehörenden Tabuwörtern dokumentieren, sondern auch Körperausscheidungen jeder Art. Um den Umfang dieses Buches nicht zu sprengen, haben wir auf alltagssprachliche und mundartliche Ausdrücke für Nasenschleim, Speichel etc. bewusst verzichtet.

Ausgeklammert haben wir auch pejorative Wörter für homosexuelle Frauen und Männer sowie für Transsexuelle, ferner Spezialausdrücke aus dem Jargon der Prostituierten und der Zuhälter sowie Termini, mit denen die Pornobranche ihr Angebot an teilweise recht extravaganten Sexualpraktiken feilbietet.

Die regionale Differenzierung innerhalb des deutschen Sprachraums war für uns ein Faszinosum. Hier offenbarte sich eine unglaubliche Vielfalt, die historisch gewachsen ist. Die Quellenlage ist allerdings alles andere als optimal.

- Das „Variantenwörterbuch des Deutschen" von Ulrich Ammon befasst sich mit der Standardsprache in den deutschsprachigen Ländern und enthält aus dem Bereich des Fäkalen und des Sexuellen nur wenige Wörter: *brunzen, pieseln, pullern* und *strullen*, ferner *Titten* und *Möpse*. Nur bei diesen sechs Wörtern sind also die aktuellen geografischen Verbreitungen wissenschaftlich erhoben worden.
- „Das große Wörterbuch der deutschen Sprache" des Duden hat bei vielen Wörtern nur die Markierung „landschaftlich". Auch unsere Angaben zur geografischen Verbreitung sind von ungefährer Natur.

- Bei wichtigen Ausdrücken führt „Das große Wörterbuch der deutschen Sprache" die Etymologie an. Wenn Sie in der Folge den Vermerk „Duden" finden, ist immer „Das große Wörterbuch der deutschen Sprache" gemeint, nicht der „Rechtschreib-Duden".
- Was die Etymologie einzelner Wörter anlangt, haben wir auch in jenem Standardwerk nachgesehen, das unter Sprachforschern kurz und bündig als „der Kluge" bezeichnet wird – genauer: „Etymologisches Wörterbuch der deutschen Sprache", bearbeitet von Elmar Seebold.
- Da im „Duden" und im „Kluge" nur die wichtigsten Ausdrücke der Sexual- und Fäkalsprache vermerkt sind, mussten wir in vielen Fällen eigene Recherchen anstellen. Im Internet können im sogenannten „Wörterbuchnetz" das Grimmsche Wörterbuch und einige altehrwürdige regionale Wörterbücher abgerufen werden. Oft führte der Weg zur Herkunft eines Wortes über solche Abrufe.
- Das Corpus des allgemein zugänglichen Wörterbuchs auf duden.de ist nicht identisch mit jenem des „Großen Wörterbuchs der deutschen Sprache". Es enthält bei den wichtigsten Ausdrücken Synonyme, was für unsere Arbeit eine große Hilfe war.
- Heinz Küppers grandioses „Wörterbuch der deutschen Umgangssprache", erschienen in verschiedenen Ausgaben und bei verschiedenen Verlagen, war ebenfalls eine wichtige Quelle. Wir verwendeten die digitale Version von Directmedia Publishing, Berlin, mit 65.000 Stichwörtern. Küppers hat eine derart große Anzahl an Wörtern der Sexual- und Fäkalsprache aufgenommen, dass wir eine rigorose Auswahl treffen mussten. Wir haben jene Wörter aufgenommen, bei denen die Vermutung berechtigt ist, dass sie auch heute noch verwendet werden – außerdem Wörter mit einer interessanten Etymologie. Küppers etymologische Angaben sind oft spekulativ, außerdem scheinen viele soldatensprachliche Ausdrücke aus dem Zweiten Weltkrieg kaum noch in Gebrauch zu sein.
- Ernest Bornemans klassisches Werk „Sex im Volksmund. Der obszöne Wortschatz der Deutschen" war gleichfalls eine wertvolle Quelle. Wegen seiner Schwerpunktsetzung auf die Sprache professioneller Sexarbeiterinnen und Sexarbeiter wird es seinem Titel („Volksmund") allerdings nur zum Teil gerecht. Auch bei diesem Buch mussten wir eine rigorose Auswahl treffen.
- Zum Glück hat die wissenschaftliche Aufarbeitung der Thematik inzwischen einige Fortschritte gemacht. Die von Rudolf Hoberg herausgegebene Sammlung von Aufsätzen unter dem Titel „Sprache – Erotik – Sexualität" enthält Hinweise zu weiterführender wissenschaftlicher Literatur.
- Wir konnten uns beim Sammeln und Beschreiben der Wörter einerseits auf unsere Gewährsleute in verschiedenen Regionen des deut-

schen Sprachraums stützen (siehe Danksagung am Ende des Buches), andererseits auf Mundartwörterbücher und Internetsammlungen – sofern sie nicht die Sexual- und Fäkalwörter aussparen, was leider oft der Fall ist.

- Leider fehlen sogar in den ausgezeichneten Mundartwörterbüchern die Angaben zur Flexion der Substantive. Wir mussten daher in manchen Fällen bei unseren Gewährsleuten die Pluralformen recherchieren.
- Da in vielen Mundarten keine Genitive gebildet werden, sondern Umschreibungen mit Dativ- und Possessivpronomen üblich sind (nach dem Muster: dem Vater sein Hut), tauchen in unserem Wörterbuch immer wieder Substantive mit dem Vermerk „kein Genitiv" auf. Wenn es um einen Mundartausdruck geht, der in einem standardsprachlichen Text vorkommen könnte, haben wir eine Genitivform nach den Regeln der deutschen Sprache konstruiert. Wir verwenden auch bei den Mundartausrücken die standardsprachlichen Artikel „der", „die", „das", obwohl sie in den Mundarten anders ausgesprochen werden. Dadurch kann das grammatische Geschlecht leichter erkannt werden.

Dieses Buch kann nicht mehr als ein erster Versuch sein, es ist sicher mit Fehlern behaftet und erhebt auch keinen Anspruch auf Vollständigkeit. Wir warten gespannt auf Reaktionen von Leserinnen und Lesern aus dem gesamten deutschen Sprachraum und sind dankbar für ergänzende oder kritische Hinweise. Wir werden sie interessiert zur Kenntnis nehmen und bei unserer weiteren Arbeit berücksichtigen. Schicken Sie einfach eine Nachricht mit Angabe Ihres Geburts- und Wohnortes (damit wir eine regionale Zuordnung treffen können) an: *unanstaendiges@robertsedlaczek.at*.

Aa ma|chen ‹hat› [siehe Aa] (kindersprachlich): *Kot ausscheiden:* „die lobesworte der alten frauen, wenn ich in den topf *aa* oder in den kübel *lulu* gemacht habe – ‚jo so brav gwesen! jo so viel gmocht! braves wernale!'" (Kofler: Guggile, 32)

Aa, das; -s, kein Plural [laut Kluge Lautgebärde für den Laut, der im Kehlkopf bei der Lösung der Darmpresse entsteht, später übertragen auf die Ausscheidung] (kindersprachlich): *feste menschliche Ausscheidung, Kot.*

Aal, der; -(e)s, -e [belegt bei Küpper; schlangenförmiger Fisch, metaphorisch aufgrund der Formähnlichkeit; siehe auch einäugig]: **1.** *Penis:* „Und ich sah zum erstenmal so einen aufgerichteten einäugigen Aal vor mir." (Kögl: Auf Fett Sieben, 160) ❖ **den Aal abziehen/pellen:** *masturbieren (vom Mann)* ❖ **den Aal essen:** *fellationieren* **2.** (gemeldet von Dirks) *Darmblähung* ❖ **he hett 'n Aaal ut de Achterpoot flegen laten** (ndd.): *er hat eine Darmblähung entweichen lassen.*

ab|bran|lie|ren ‹hat› [präfigierte Form des bei Goethe belegten Verbs branlieren (= koitieren; eigentlich: schwanken), zu franz. branler (= nicken, schlenkern, schütteln, wackeln)]: *masturbieren (vom Mann):* „Mir ist das liebe Wertherische Blut / Immer zu einem Probirhengst gut / Den lass ich mit meinem Weib spazieren / Vor ihren Augen sich abbranliren. // Und hinten drein komm ich bey Nacht / Und vögle sie dass alles kracht." (Goethe: Hanswursts Hochzeit oder der Lauf der Welt; in: Erotische Gedichte, hg. v. Ammer, 27)

ab|bre|chen ‹hat› ❖ **brich dir ja keinen ab** [belegt bei Borneman; eigentlich: brich dir nicht den Penis ab]: *sei nicht so zimperlich beim Koitus.*

ab|but|tern ‹hat› [belegt bei Küpper; aus der Butterproduktion; Butter wird mit Sperma verglichen]: *masturbieren (vom Mann).*

Abee, der, auch: das; -s, -s [französisierend für Abort oder Abtritt; eingedeutscht auch erstbetont] (verhüllend): *Raum zum Verrichten der Notdurft.*

åbe|ho|len, -rei|ßen, -zup|fen (bayerisch und österreichisch): *siehe herunterholen, -reißen, -zupfen.*

ab|fer|keln ‹hat› [belegt im Wörterbuch der Jugendsprache, Pons, 2014; siehe ferkeln]: *entbinden:* meine Schwester hat gestern abgeferkelt.

ab|fum|meln ‹hat› [belegt bei Küpper; zu fummeln] ❖ **jemanden abfummeln: 1.** *jemanden im Genitalbereich (plump) betasten* **2.** *jemanden im Gentalbereich mit den Fingern berühren, um ihn sexuell zu erregen* ❖ **sich einen abfummeln:** *masturbieren.*

ab|ge|fuckt ‹Adj.› [präfigiertes Partizip Perfekt zu engl. to fuck (= koitieren); laut Duden vermutlich in Anlehnung an abgewichst]: *her-*

untergekommen, abgerissen, in einem üblen Zustand: er sieht ganz schön abgefuckt aus.

ab|ge|hen ⟨ist⟩ ❖ **jemandem geht einer ab** [eigentlich: einen Samenerguss absondern] (verhüllend durch Auslassung): **1.** *jemand ejakuliert* (ohne Koitus, ohne Masturbation): „Es ist noch keinem einer abgegangen / bei Fosen, welche nackt Zigarren rauchen ...“ (Brecht: Ratschläge einer älteren Fose an eine Jüngere; frühe Fassung, belegt bei Stein) **2. jemandem geht einer ab/jemandem geht ein Achtel ab:** *jemand ist von etwas sehr begeistert* (von einem Film, von einem Konzert etc.) – „Das ist für mich die reinigende Kraft der Literatur und nicht das, was mir meine Lehrer hineinpressen wollten, jene Lehrer, denen wahrscheinlich bei der Lektüre von ‚Mein Kampf‘ ein Achtel abgegangen ist.“ (Manfred Deix in „Datum“, Heft 67, 2005) ❖ **einen abgehen lassen** [abgehen mit der Bedeutung absondern, ausscheiden] (verhüllend durch Auslassung): *einen Darmwind entweichen lassen.*

ab|gei|gen ⟨hat⟩ [belegt bei Küpper; zu geigen (wegen der Streichbewegung des Geigenspielers)] ❖ **sich einen abgeigen:** *masturbieren.*

ab|ge|pu|dert ⟨Adj.⟩ [präfigiertes Partizip Perfekt zu pudern, siehe dort] (ostösterreichisch): *heruntergekommen:* „Goisern, Goisern / i steh auf di / und i steh a auf dei oafachs / ågnudelts, åpuderts Jodl-ei-ti.“ (Hubert von Goisern: Goisern)

ab|ge|wichst ⟨Adj.⟩ [zu wichsen; vermutlich zunächst von alten Schuhen]: **1.** *heruntergekommen, abgerissen* **2.** *in einem üblen Zustand.*

ab|grap|peln ⟨hat⟩ [mndd. krabbelen, mhd. krappelen; laut Duden zu kerben in dessen ursprünglicher Bedeutung: ritzen, kratzen, kriechen, indem man sich festhält; Kluge sieht hingegen eine Verbindung mit Krabbe, demnach: kriechen wie eine Krabbe]: *sexuell belästigen, abgreifen, abtasten.*

ab|ja|gen ⟨hat⟩ [belegt bei Küpper; zu jagen] ❖ **sich einen abjagen:** *masturbieren.*

ab|jan|kern ⟨hat⟩ ❖ **sich einen abjankern** [zu Janker (= kurzes Obergewand, ursprünglich nur für Frauen); weitere Herkunft ungeklärt; abjankern bedeutet außerhalb der Sexualsprache: zusperren, ein Geschäft auflösen, sterben, vgl. auch verjankern (= unbewusst liegen lassen und nicht mehr finden; ursprünglich: unter dem Janker verbergen)]: *ejakulieren.*

ab|ju|ckeln ⟨hat⟩ [belegt bei Küpper; langsam holpernd mit einem Auto irgendwohin fahren; unruhig auf einer Sitzgelegenheit hin- und herrutschen; zu jucken] ❖ **sich einen abjuckeln** [eigentlich: wiederholt reizen] (ndd.): *masturbieren (von der Frau).*

ab|ka|cken ⟨hat⟩ [siehe Kacke] (ndd.): **1.** *versagen, einer Sache nicht gewachsen sein* **2.** *sterben.*

ab|knip|pern ⟨hat⟩ [belegt bei Küpper; zu knippern und knippen (= schnippen)] ❖ **sich einen abknippern:** *masturbieren.*

ab|knut|schen ⟨hat⟩ [siehe knutschen]: *umarmen und innig küssen.*

ab|lai|chen ⟨hat⟩ [vor allem in der Wendung: den Fisch ablaichen; siehe Fisch]: *ejakulieren:* „Da konnte man schauen, wer online war, mit Kamera, und meist waren es Typen, die ihren Fisch rausholten und ablaichten und es geil fanden, wenn ihnen jemand zusah dabei." (Kögl: Auf Fett Sieben, 38).

ab|lut|schen ⟨hat⟩ [lautmalend: eigentlich: an etwas, das in den Mund gesteckt worden ist, saugen]: *heftig küssen* ❖ **jemandem einen ablutschen:** *jemanden fellationieren:* „Die Gräfin ist durch ihre Vorfahren bis ins Blut hinein belastet. Weil sie davon loskommen will, kniet sie gern vor einem Manne nieder und lutscht ihm ganz romantisch einen ab." (Zwerenz: Kopf und Bauch, 235)

Ab|ort, der; -(e)s, -e [laut Duden wohl aus dem Niederdeutschen, eigentlich: abgelegener Ort; heute nur noch in der Amtssprache und Fachsprache]: *öffentlicher Raum zum Verrichten der Notdurft.*

Ab|ort|prin|zes|sin, die; -, -nen: *Frau, die beim Eingang von öffentlichen Toiletten sitzt und eine Eintrittsgebühr kassiert.*

ab|pel|len ⟨hat⟩ [belegt bei Küpper; zu pellen (= von der Schale befreien, schälen)] ❖ **sich einen abpellen** (ndd.): *masturbieren (vom Mann).*

ab|prot|zen ⟨hat⟩ [belegt in Duden und bei Küpper; ein Geschütz von der Protze (= vom Zugwagen) lösen und in Feuerstellung bringen]: **1.** *die Hose herunterlassen, um die große Notdurft zu verrichten* **2.** *die große Notdurft verrichten* **3.** *die Hose herunterlassen, um zu koitieren.*

Ab|ra|hams|häut|chen, das; -s, - [Abraham, so wird in der Bibel erzählt, hat zur Besiegelung des Bundes mit Gott die Beschneidung an sich und an seinen Söhnen durchführen lassen (1. Buch Mose, 17, 10–27)]: *Vorhaut.*

ab|schlep|pen ⟨hat⟩ [eigentlich: ein Fahrzeug mit einem anderen ziehend abtransportieren]: *jemanden (mit Überredungskunst) dazu bringen, dass er mitkommt, um sexuell zu verkehren:* er hat sie vom Lokal auf seine Bude abgeschleppt.

Ab|schlepp|lo|kal, das; -s, -e [siehe abschleppen]: *ein Lokal, wo man Frauen oder Männer trifft, die sich abschleppen lassen.*

ab|schnal|len ⟨hat⟩ ❖ **abgeschnallt haben** [belegt bei Küpper; gehört zu: sich des Riemens entledigen; siehe Riemen]: *die sexuelle Erregung hinter sich haben.*

ab|sei|len ⟨hat⟩ [belegt im Wörterbuch der Jugendsprache, Pons, 2014]: *Kot ausscheiden* ❖ **sich einen abseilen** [belegt bei Küpper]: *masturbieren (vom Mann).*

ab|sprin|gen 〈ist〉 ❖ **vorher abspringen/in der Kurve abspringen** [gemeint ist: vor der Ejakulation; siehe auch aussteigen] (verhüllend): *einen Coitus interruptus durchführen.*

Ab|sprin|ger, der; -s, - [belegt bei Reger; Nomen Agentis zu abspringen, siehe dort] (verhüllend): *Coitus interruptus.*

ab|sprit|zen 〈hat〉 [spritzen: im 16. Jh. entrundet aus mhd. sprützen, eigentlich: hervorschießen]: *ejakulieren:* „Er hat es nicht nötig, für etwas, das so kurz ist wie das Abspritzen, auch noch zu bezahlen, denn schließlich hat die Frau bei ihm das Vergnügen, das sie bei anderen Männern nicht hätte." (Jelinek: Die Klavierspielerin, 135) ❖ **das ist zum Abspritzen:** *das ist großartig.*

ab|stem|peln 〈hat〉 [belegt im Wörterbuch der Jugendsprache, Pons, 2014]: *entjungfern.*

Ab|tritt, der; -(e)s, -e [zu abtreten]: *Raum zum Verrichten der Notdurft.*

ab|wich|sen 〈hat〉 ❖ **sich (oder jemandem) einen abwichsen** [siehe wichsen]: **1.** *sich (oder jemanden) masturbieren (vom Mann)* **2.** *sich abmühen:* ich wichs mir da einen ab und du liegst auf der faulen Haut.

Ab|wichs|hu|re, die; -, -n [siehe wichsen]: *Prostituierte, die ihre Kunden vorwiegend masturbiert.*

ab|zap|peln 〈hat〉 ❖ **sich einen abzappeln** [belegt bei Küpper]: *(unter Mühen) masturbieren (vom Mann).*

ab|zie|hen 〈hat〉 ❖ **sich einen abziehen** [belegt bei Küpper]: *masturbieren (vom Mann).*

ach|ter, van ach|ter 〈Adv.〉 [mndd. achter (= hinter, hinten)]: *von hinten* ❖ **he hett van achtern fleit** [eigentlich: er hat von hinten geflötet] (ndd.): *er hat eine Darmblähung entweichen lassen.*

Ach|ter, Ach|tern, Ach|ter|ste(n), der; kein Genitiv, kein Plural [Substantivbildung zu mndd. achter (= hinter); geht laut Kluge genauso wie mhd. after auf indogermanisch *apo (= ab, weg, hinter) zurück, das Suffix *ter ist eine dem Komparativ nahestehende Gegensatzbildung] (ndd.): *Gesäß.*

Ach|ter|deil, Ach|ter|deel, das; kein Genitiv, -en [eigentlich: Hinterteil; mndd. achter (= hinter), substantiviert mit der Bedeutung Gesäß)] (ndd.): *Gesäß.*

Ach|ter|dör, die; kein Genitiv, -en [eigentlich: Hintertür; siehe Achterdeil] (ndd.): *Anus:* De Achterdör lat apen stan, denn kann de Dokter wiedergahn. (Herrmann-Winter: Plattdeutsch-hochdeutsches Wörterbuch, 20)

Ach|ter|ge|stell, das; kein Genitiv, -en [siehe Achterdeil] (ndd.): *Gesäß.*

Ach|ter|ka|stell, das; kein Genitiv, -en [in der Seemannssprache: hinterer Schiffsteil] (ndd.): *Gesäß.*

Ach|ter|puurt, Ach|ter|purt, Ach|ter|poort, die; kein Genitiv, -en [eigentlich: Hinterpforte; siehe Achterdeil] (ndd.): *Anus.*

Ach|ter|wa|gen, der; kein Genitiv, -s [eigentlich: Hinterwagen; siehe Achterdeil] (ndd.): *Gesäß.*

Adam, der [hebr. ạdạm (= der erste von Gott erschaffene Mensch im Alten Testament)] ❖ **der alte Adam** [belegt bei Borneman]: *Penis* ❖ **hum jöökt de olle Adam** [ihn juckt der alte Adam; gemeldet von Dirks] (ndd.): *er ist gierig nach einem Koitus.*

Äff|chen das; -s, - [Verkleinerung zu Affe, mhd. affe, ahd. affo] (verhüllend): **1.** *Penis* ❖ **das Äffchen pelzen** [Äffchen (= Penis); pelzen (= den Pelz oder die Haut abziehen); gemeint ist die Vorhaut; laut Grimm bedeutet pelzen auch: jemandem den Pelz ausklopfen, jemanden durchprügeln]: *masturbieren (vom Mann):* „Et Äffje pelzen. Dat seyt ma bei uns zur männlichen Onanie!" (Internetbeleg auf mundmische.de) **2.** *Vagina:* „Zwei Mädchen unter der Dusche. ‚Hey, dein Äffchen hat ja schon Haare.' – ‚Na und, es frißt ja auch schon Bananen.'" (Internetbeleg auf witze-ueber-witze.de)

Af|fen|arsch, der; -es, ...ärsche: *Schimpfwort:* „Dieser Affenarsch, sagte er und steckte sein Geld ein." (Dörrie: Für immer und ewig, 87)

Af|fen|schwanz, der; -es, ...schwänze [belegt bei Küpper]: **1.** *Penis* **2.** [Pars pro toto] *Mann* **3.** *Schimpfwort für einen Mann.*

AFH [kurz für: Arsch frisst Hose; siehe dort] (verhüllend durch Abkürzung): *der Stoff einer engen Hose oder Unterhose zieht sich in die Gesäßfalte hinein.*

Af|ter|sau|sen, das; -s, kein Plural; **Af|ter|säu|seln,** das; -s, kein Plural [1. Bestandteil eigentlich: Hinterer, Substantivierung von mhd. after, ahd. aftero (= hinter)] (verhüllend): *Darmblähungen.*

Ali|men|ten|fal|le, die; -, -n [lat. alimenta (Plural) (= Nahrungsmittel), zu: alere (= ernähren; aufziehen); regelmäßig zu zahlender Unterhaltsbeitrag für ein Kind]: *Vulva, Vagina.*

Ali|men|ten|schleu|der, die; -, -n [1. Bestandteil: siehe Alimentenfalle; 2. Bestandteil: Gerät zum Schleudern von Steinen]: *Penis.*

All|manns|brut, die; kein Genitiv, ...brü' und ...brutens [belegt bei Cyriacks; wörtlich: alle Mann seine]: *Prostituierte.*

Al|le|manns|hu|re, die; -, -n [belegt auf koeln.altstadt.de; siehe Allmannsbrut]: *Frau, die sich wahllos Männern an den Hals wirft und mit ihnen sexuell verkehrt.*

Alle|man|se, die; kein Genitiv, -n [belegt bei Mohn; siehe Allmannsbrut] (nordfriesisch): *Prostituierte.*

Al|ler|wer|tes|te, der; -n, -n; ein Allerwertester (verhüllend, scherzhaft): *Gesäß.*

All|mo|pra|la, die; -, -s [kurz für allmorgendliche Prachtlatte; siehe Morgenlatte] (verhüllend): *morgendliche Erektion beim Aufwachen:* „Uschi: ‚Geh du doch mal schnell die Kinder wecken!' Hans: ‚Nee, kannste knicken, hab gerade noch Allmoprala.' Uschi: ‚Könnten wir doch eigentlich direkt ausnützen.'" (Internetbeleg auf mundmische.de)

alt 〈Adj.〉 ❖ **auf alten Pferden lernt man reiten/auf alten Pfannen lernt man braten/auf alten Schiffen lernt man segeln** [Pferd, Pfanne und Schiff stehen metaphorisch für Frau; reiten steht für koitieren]: *bei einem Koitus mit einer älteren Frau kann man etwas lernen* ❖ **auch in alten Kirchen kann man Messen lesen:** *ein Koitus mit einer älteren Frau ist auch nicht zu verachten.*

Ama|teur- als 1. Bestandteil eines Kompositums; 2. Bestandteil: ein Substantiv für Prostituierte: **Amateurnutte, Amateurfose, Amateurfotze etc.** [belegt bei Küpper; franz. amateur, zu lat. amator (= Liebhaber), zu amare (= lieben): Amateur- drückt in diesem Fall aus, dass jemand eine bestimmte Tätigkeit nicht berufsmäßig, sondern aus Spaß an der Sache ausübt]: *Gelegenheitsprostituierte.*

Ama|teur- als 1. Bestandteil eines Kompositums; 2. Bestandteil: ein Substantiv für koitierender Mann: **Amateurstecher, Amateurficker etc.** [franz. amateur, zu lat. amator (= Liebhaber), zu amare (= lieben): Amateur- drückt in diesem Fall aus, dass jemand eine bestimmte Tätigkeit nicht berufsmäßig, sondern amateurhaft, das heißt nicht perfekt, ausübt]: *schlechter männlicher Sexualpartner:* „Deutsche Rapper, Riesenbrecher – / dicke Fresse aber Amateurstecher! / Ihr macht auf Porno und schiebt en ganz Dicken, / aber könnt nur elfjährige Groupies ficken ..." (Lady Bitch Ray: Deutsche Schwänze)

Ama|teu|se, die; -, -n [belegt bei Küpper; zu Amateur mit franz. Suffix -euse; Substantive mit diesem selten vorkommenden Suffix haben eine sexuelle Konnotation und eine abwertende Bedeutung, siehe Masseuse; die weibliche Normalform zu Amateur ist Amateurin (mit dem im Deutschen gängisten Suffix zur Bildung weiblicher Formen, nämlich -in); jugendsprachlich heute mit der Schreibung **Ama|tö|se**] (vor allem berlinerisch): **1.** *amtlich nicht registrierte (gelegentlich tätige) Prostituierte* **2.** *promiskuitive Frau.*

Amor, der; -s, kein Plural; auch: **Amors Pfeil** [in der römischen Mythologie Gott der Liebe (mit dem Liebespfeil); belegt bei Küpper]: *Penis:* „Mein Vergnügen war groß; denn der enge Eingang, der meinen Amor ganz fest umschloß, und ihn sanft preßte, erregte die angenehmsten Erschütterungen." (Schilling: Die Denkwürdigkeiten des Herrn v. H., 126) ❖ **Amors fünfte Kolonne:** *die Prostituierten* ❖ **Amor auf Hochtouren:** *Flitterwochen* ❖ **Amor auf Urlaub:** *Mangel an Sexualität.*

Amü|sier|rü|be, die; -, -n [belegt bei Küpper]: *Penis.*

Anal|trom|pe|te, die; -, -n [belegt im Wörterbuch der Jugendsprache, Pons, 2014]: *jemand, der oft Darmblähungen entweichen lässt.*

an- als Präfix zu einem Verb mit der Bedeutung urinieren: **anbrunzen, anpinkeln, anpissen, anschiffen, anseichen: 1.** *auf etwas oder an etwas urinieren, entleeren:* „‚Brunzen ist ein ziemlich ordinäres Wort, lachte die Dicke. Angeblich gibt es ja Männer, die darauf stehen.' – ‚Auf was?' – ‚Dass man sie anbrunzt.'" (Franzobel: Lusthaus, 103)

2. *gegen jemanden oder gegen etwas äußerst ausfällig werden, jemanden oder etwas verächtlich machen:* „Das komplett von Google finanzierte ‚Institut für Internet und Gesellschaft' ist ein Armutszeugnis für die deutsche Forschungsgemeinde. (...) Und das Fatale ist: Selbst, wenn es den Wissenschaftlern gelingt, sich so zu entscheiden, als wäre es nicht ihr Geldgeber, den sie anpinklen: Den Verdacht der Befangenheit werden sie nicht los." (Internet-Beleg auf philipbanse.de) **3.** (reflexiv) *sich anurinieren* **4.** (reflexiv) *Angst haben:* Piss dich nicht an! So schlimm wird es nicht kommen! **5.** *(reflexiv) etwas oder jemanden als besonders großartig, witzig, angenehm etc. empfinden, auch als Ausruf der Verwunderung oder des Erschreckens:* ich piss mich an, dieses Video ist der Hammer.

an|bag|gern ‹hat› [Herkunft unklar]: *jemanden herausfordernd ansprechen, um ihn zu einer sexuellen Handlung zu bewegen:* „Also, noch einmal, kurz, zur Erinnerung: FDP-Politiker baggert ‚Stern'-Journalistin mit ranzigem Altherrenschmäh an. Ein Jahr später kriegt die Journalistin den Auftrag, den Politiker zu porträtieren, und spart nicht aus, wie er versucht hat, ihr näher zu kommen ..." (Elfriede Hammerl, profil.at vom 16. Februar 2013)

an|bra|ten ‹hat› [eigentlich: Fleisch kurz, aber stark erhitzen] (österreichisch): *(mit einem Mädchen) flirten:* sie lässt sich von jedem x-beliebigen Typen anbraten.

an|buf|fen ‹hat› [belegt in Duden und bei Küpper; mhd. buffen (= schlagen, stoßen)]: *schwängern:* „... wo junge Männer (...) darüber fachsimpeln, wie das ‚Anbuffen' der Mädels, das Schwängern, am besten vermieden werden kann ..." (Spiegel, 2/97, 140) ❖ **angebufft sein:** *schwanger sein.*

an|dre|hen ‹hat› ❖ **einer (Frau) eins (= ein Kind) andrehen** [belegt bei Küpper; eigentlich: jemandem etwas Minderwertiges aufschwatzen]: *eine (ledige) Frau schwängern.*

an|fur|zen ‹hat› **jemanden anfurzen** [belegt bei Küpper; menschliche Ausscheidungen dienen zur Bezeichnung des Anherrschens]: *jemanden grob zurechtweisen, anherrschen; gegen jemanden äußerst ausfällig werden.*

an|ge|fuckt ‹Adj.› [zu engl. to fuck; vermutlich Variante zu abgefuckt; siehe dort; wohl vermengt mit angepisst; siehe dort]: **1.** *heruntergekommen, abgerissen* **2.** *in einer üblen Verfassung* **3.** *genervt:* „Ich war ziemlich angefuckt, dass ich hier einziehen musste, und ich textete ziemlich angepisst zurück." (Kögl: Auf Fett Sieben, 145)

an|ge|pisst ‹Adj.› [verselbstständigtes Partizip Perfekt zu anpissen, siehe an- als Präfix]: **1.** *heruntergekommen, abgerissen* **2.** *in einer üblen Verfassung.*

an|ge|spitzt sein [belegt bei Küpper; zu anspitzen (= auf Trab bringen, zu etwas veranlassen); spielt auf die Erektion an]: *gierig, lüstern sein:*

„Mensch, habe ich heute Nacht Frust geschoben, ich war so was von angespitzt, und dann hat er mich hängen lassen." (Internetbeleg auf sprachnudel.de)

an|grab|beln ‹hat› [präfigiertes grabbeln (= mit den Händen betasten); ursprünglich: kriechen wie eine Krabbe, zu lat. carabus (= Meerkrebs)] (ndd.): *wollüstig betasten.*

an|gra|ben ‹hat› [vermutlich Variante zu anbaggern]: *jemanden herausfordernd ansprechen, um ihn zu einer sexuellen Handlung zu bewegen:* „Dann habe ich den Typen angegraben. War nicht schwer. Wir verzogen uns in ein Schlafzimmer und nachdem er mich höllisch gut geleckt hatte, begann ich auf ihm zu reiten." (Internetbeleg auf gofeminin.de)

Angst|schis|ser, der; -s, - [belegt bei Pfeiffer] (vor allem hessisch): *Angsthase.*

An|ke|böl|le|li, die (Plural) [belegt im Zürislängikon; eigentlich: Butterbällchen; schweizerisch Anken, der (= Butter); mhd. anke, ahd. ancho; laut Duden wohl verwandt mit lat. ung(u)ere (= salben, mit Fett bestreichen)] (schweizerisch): *weibliche Brüste.*

an|klau|en ‹hat› [eigentlich: mit den Klauen anfassen; belegt bei Reiskel: Berliner Mundart, 1905; mhd. klā(we), ahd. klāwa (= Kralle; Tatze); eigentlich: die Packende] (berlinerisch): *wollüstig betasten:* „Ach Jott ja, die Lehrer! Die hab'n mir immer anjeklaut, ich war aber ooch schon een strammes Balj mit Ditten un' dicke Beene und hatte det ooch schon mit de Banane raus." (Zille: Hurengespräche, 20)

an|knal|len ‹hat› [belegt in Duden und bei Küpper; siehe knallen]: *schwängern.*

an|las|sig sein [mhd. an(e)lāʒ (= Ort, von dem das Rennen ausgeht)] (österreichisch): *sexuell zudringlich sein:* „Glaubt irgendwer, dass die Brüderles nur den Himmelreichs gegenüber anlassig sind, während sie sich bei, sagen wir, Serviererinnen wegen fehlender Waffengleichheit fair zurückhalten?" (Elfriede Hammerl, profil.at vom 16. Februar 2013)

An|ma|che, die; -, kein Plural [zu anmachen]: *direktes und aufdringliches Ansprechen, um sexuelles Interesse zu signalisieren:* „Mag er mich oder ist es bloß blöde Anmache?" (Internetbeleg auf gofeminin.de) – „Penetrantes Anmachen, ungewollte Berührungen bis zu echten Übergriffen. Laut einer Umfrage sind sechs von zehn Frauen schon einmal sexuell belästigt worden." (Internetbeleg auf frauenzimmer.de)

an|ma|chen ‹hat›: *direkt und aufdringlich ansprechen und dabei sexuelles Interesse signalisieren* ❖ **sich anmachen** ‹hat› [siehe auch: an- als Präfix] (österreichisch): **1.** in die Hose urinieren oder Kot entleeren **2.** *Angst haben* **3.** *lauthals lachen:* ich glaub, ich mach mich an ... das Video ist der Hammer.

an|schaf|fen ge|hen, auf An|schaf|fe ge|hen [eigentlich: Geld verdienen gehen]: *der Prostitution nachgehen.*

an|schei|ßen ⟨hat⟩: **1.** *mit Kot beschmutzen:* der Vogel hat mich angeschissen **2.** *betrügen:* bei diesem Kauf haben sie mich angeschissen **3.** [menschliche Ausscheidungen dienen zur Bezeichnung des Anherrschens]: *jemanden grob zurechtweisen, anherrschen; gegen jemanden oder gegen etwas äußerst ausfällig werden:* der Chef hat mich heute ordentlich angeschissen ❖ **sich anscheißen: 1.** *in die Hose Kot entleeren* **2.** *Angst haben* **3.** *lauthals lachen* ❖ **es scheißt mich an:** *es geht mir auf die Nerven, es ist mir zuwider* ❖ **(ich) scheiß mich an!** ⟨Interj.⟩: *Ausruf der Verblüffung:* „Scheiß mi an, ist das geil, dachte es in ihm, bin gespannt, wie das weitergeht." (Franzobel: Zirkusblut, 29) ❖ **Scheiß an Paula!** ⟨Interj.⟩ [Herkunft unklar] (österreichisch): *Ausruf der Verwunderung oder des Erschreckens.*

an|schie|ben ⟨hat⟩ [eigentlich: etwas durch Schieben in Bewegung setzen]: *koitieren.*

An|schiss, der; -es, -e [zu anscheißen mit der übertragenen Bedeutung: betrügen, zurechtweisen]: *grobe Zurechtweisung, heftiger Tadel.*

an|tau|chen ⟨hat⟩ [österreichisch für anschieben; siehe dort]: *koitieren.*

An|ten|ne, die; -, -n [belegt bei Küpper]: **1.** [Vorrichtung zum Empfang oder zur Ausstrahlung elektromagnetischer Wellen; ital. antenna, eigentlich: (Segel)stange; lat. antenna]: **1.** *Penis* **2.** *zum Koitus bereites Mädchen.*

an|tup|fen ⟨hat⟩ [eigentlich: leicht berühren: siehe tupfen]: *(eine Frau) koitieren.*

an|wich|sen ⟨hat⟩ [belegt in Langescheidt-Lilliput] (berlinerisch): *mit jemandem in sexuellen Kontakt treten.*

Ap|fel ent|ker|nen ⟨hat⟩ [belegt im Wörterbuch der Jugendsprache, Pons, 2014]: *masturbieren (von der Frau).*

Ap|pa|rat, der; -(e)s, -e [belegt bei Küpper; lat. apparatus (= Einrichtung, Werkzeuge), zu: apparare (= ausrüsten)]: *(großer) Penis.*

Ap|pa|ril|lo, der; -s, -s [zu Apparat und mit italienisierendem Suffix; außerhalb der Sexualsprache für einen größeren, meist länglichen Gegenstand; in letzter Zeit auch für Geräte jeder Art; besonders im Rheinland in Gebrauch]: *(großer) Penis:* „Hasse gesehen, wat der von Apparillo ine Hose hat?" (Internetbeleg auf lvr.de)

Ar|beits|lo|se, der; -n, -n; ein Arbeitsloser ❖ **dem Arbeitslosen die Hand schütteln** [Kebekus: Pussy Terror, 65]: *masturbieren (vom Mann).*

Ärbs|li un|der de Te|cki [belegt im Zürislängikon; eigentlich: kleine Erbsen unter der Decke)] (schweizerisch): *kleine weibliche Brüste.*

Ar|gu|men|t, das; -(e)s, -e [eigentlich: stichhaltiger Beweisgrund; lat. argumentum, zu arguere (= erhellen; beweisen); Argument steht für ein Nomen, das nicht ausgesprochen werden soll] ❖ **sie hat zwei gute Argumente:** *sie hat zwei beeindruckende Brüste.*

Arm|leuch|ter, der; -s, - [eigentlich: Leuchter mit mehreren Armen; verhüllend für Arschloch und so belegt in Duden]: *blöder Kerl, Dummkopf.*

arsch- als 1. Bestandteil eines Adjektivs [siehe drs.srf.ch/www/de/drs1/276181.arschchalt.html; die Wortbildungen sind jüngeren Datums]: **1.** *drückt eine Verstärkung aus:* arschblöd, arschkalt, arschreich **2.** *kennzeichnet eine Eigenschaft als übertrieben und verachtenswert:* arschfein, arschfreundlich, arschhöflich.

Arsch- als 1. Bestandteil von Substantiven: drückt aus, dass jemand oder etwas als schlecht und verabscheuenswürdig angesehen wird: **Arschpolitiker, Arscharbeit, Arschfilm.**

Arsch, der; -es, Ärsche [mhd. und ahd. ars, germanisch *arsa (= Gesäß) und indogermanisch *orso (= Hinterteil); ursprünglich wohl Anhöhe, Kuppe, also eigentlich: vorstehender Körperteil]: **1.** *Gesäß:* „Wer seinem Publikum hinterherläuft, wird auf Dauer nur dessen Arsch sehen." (Hildebrandt: Der Anbieter) – „Jennifer Lopez. Ick habe mir von der Alten auf Viva mal det Video anjeguckt. Also, Entschuldigung. Ick verstehe nicht, wie man mit so einem fetten Arsch so einen Erfolg haben kann." (Cindy aus Marzahn; zitiert auf bild.de; 24. September 2010) – „Caterina Valente / Hat 'n Kopf wie 'ne Ente / Hat 'n Arsch wie 'ne Kuh / Raus bist du." (volkstümlicher Auszählreim, belegt bei Peter Rühmkorf: Über das Volksvermögen, 46) ❖ **ein Arsch wie ein Brauereipferd/wie ein Postross:** *ein besonders großer Arsch* ❖ **leck mich am/im Arsch; du kannst mich am/im Arsch lecken;** verhüllend auch in vielen Varianten: **du kannst mich; du kannst mich am Ärmel küssen, du kannst mich gern/lieb haben; du kannst mir im Mondschein begegnen; du kannst mir den Zucker vom Kuchen lecken; du kannst mich am Auspuff lecken; du kannst mir den Buckel küssen, wo die Haut ein Loch hat/wo der Buckel ein Ende hat; du kannst mir den Buckel runterrutschen/hinaufsteigen; du kannst mir den Buckel runterrutschen und mit der Zunge bremsen; du kannst mir den Hobel ausblasen** [das Loch des Hobels steht metaphorisch für den Anus]; **du kannst mich buckelfünferln** [gemeint ist: mit den fünf Fingern der Hand den Rücken hinunterfahren]; **du kannst mich fünfern, hast um sechs Feierabend etc.** [das Zitat in Goethes „Götz von Berlichingen" lautet: „Sag deinem Hauptmann: Vor Ihro Kayserliche Majestät, hab ich, wie immer schuldigen Respect. Er aber, sags ihm, er kann mich im Arsche lecken!" (3. Akt, 133, Erstausgabe 1773, in späteren Ausgaben sind die letzten drei Wörter durch Auslassungszeichen ersetzt); ältere Belege der Wendung in „Narrenspital" von Johann Beer, bei Hans Sachs und in Grimmelshausens „Simplicissimus"; dieser „Schwäbische Gruß" geht auf einen alten Nacktheits- und Abwehrzauber zurück: zeigt man Dämonen, Hexen oder persönlichen Feinden sein bloßes Gesäß, so können sie einem nichts anhaben; so auch bei Martin Luther: „Wenn man nun aber den Teufel kennt, so kann man leichtlich zu ihm sagen: Leck mich im Arsch!"; daneben gehört die Wendung vom Arschlecken zu einer Reihe alter Demütigungsfloskeln wie Staub-, Fuß- und Speichellecken)]: *lass mich in Ruhe:* „Leck mire den A... recht schon, / fein sauber lecke ihn, / fein sauber lecke, leck mire den A... / Das ist ein fettigs Begehren, / nur gut mit Butter geschmiert, / den das Lecken der Braten mein tagliches Thun. / Drei lecken mehr als Zweie, / nur her, machet die Prob' / und leckt, leckt, leckt. / Jeder leckt sein A... fur sich." (KV 233, dreistimmiger Kanon, Text mit hoher Wahrscheinlichkeit von Wolfgang Amadeus Mozart, Musik vermutlich von Wenzel Trnka von Krzowitz) – „Leck mich im A... g'schwindi, g'schwindi! / Leck im A... mich g'schwindi! Leck mich, leck mich, leck mich, leck mich, leck mich. / Leck mich, leck mich, leck – g'schwindi, g'schwindi, g'schwindi, g'schwindi ..." (KV 231, sechsstimmiger Kanon, Text und Musik von Wolfgang Amadeus Mozart) ❖ **du kannst mir mal einen blasen/du kannst mir mal den Puller tuten/du kannst mir mal den Pisser knutschen:** *alternativ zum Götzzitat* (auf die Fellatio anspielend; im deutschen Sprachraum dominieren als Beleidigungsfloskeln die Fäkalausdrücke, Sexualausdrücke wie diese sind eher selten) ❖ **das hab ich schon einer andern Sau versprochen** [belegt bei Wander]: *Antwort auf das Götzzitat* ❖ [Leck mich am Arsch wird auch scherzhaft verwendet] *Ausruf der Verwunderung oder Bewunderung:* leck mich am Arsch, wo kommst du denn her? (= zu einem alten Freund, den man lange nicht gesehen hat) ❖ **sich (Dativ) für etwas/für jemanden den Arsch aufreißen:** *sich für eine Sache/für eine Person besonders anstrengen, für eine Sache/eine Person alles tun* ❖ **jemandem den Arsch aufreißen:** *jemanden hart hernehmen* ❖ **jemanden am Arsch haben/kriegen:** *jemanden für eine unangenehme Sache heranziehen* ❖ **sich in den Arsch beißen können:** *sich furchtbar ärgern* ❖ **sich auf den Arsch setzen:** **a)** *sich hinsetzen und fleißig lernen* **b)** *auf das Gesäß fallen* **c)** *überrascht sein* ❖ **in den Arsch gehen:** *misslingen* ❖ **im Arsch sein:** *kaputt, defekt sein* ❖ **am Arsch sein:** *verausgabt, erschöpft sein* ❖ **Geh in den Arsch!** *Verschwinde!* ❖ **den Arsch zukneifen:** *sterben* ❖ **einen kalten Arsch haben:** *tot sein* ❖ **einen kalten Arsch kriegen/sich einen kalten Arsch holen:** *sterben* ❖ **jemandem geht der Arsch auf/mit Grundeis** [wenn nach starkem Frost das Grundeis losbricht, entsteht ein polterndes Geräusch; laut Röhrich steht dieses metaphorisch für den Durchfall, der als Begleiterscheinung von

Angst auftritt]: *jemand hat große Angst* ❖ **einen Arsch voll:** *eine große Menge von etwas:* Wie viele Falten hat ein Huhn am Arsch? Einen Arsch voll! (Scherzfrage) ❖ **ein Arscherl voll:** *eine kleine Menge von etwas: sich ein Arscherl voll hersetzen* (= sich kurz hersetzen, sich einen Moment dazugesellen) ❖ **sich den Arsch vergolden lassen:** *eine Auszeichnung/einen Orden annehmen* ❖ **jemandem in den Arsch kriechen:** *sich in würdeloser Form kriecherisch und unterwürfig gegenüber jemandem verhalten* ❖ **sich den Arsch abfrieren:** *unter großer Kälte leiden* ❖ **sich etwas am Arsch abfingern/abklavieren können** [Groteskbildung zur Wendung: sich etwas an den fünf Fingern abzählen können]: *sich etwas Selbstverständliches denken können* ❖ **Schütze Arsch im letzten/dritten Glied sein:** *unterster Mannschaftsdienstgrad sein* ❖ **kein Arsch:** *niemand:* kein Arsch hat mir geholfen ❖ **am Arsch (die Räuber/die Waldfee):** *keineswegs, mitnichten (wenn etwas nicht so wird, wie es geplant oder gewünscht war)* ❖ **den Arsch offen haben:** *nicht recht bei Verstand sein* ❖ **jemandem wachsen die Hände aus dem Arsch**: *jemand ist äußerst ungeschickt* ❖ **Blei im Arsch haben:** *sitzen bleiben, nicht aufbrechen, träge sein* ❖ **der Arsch sein/den Arsch machen:** *unangenehme Aufgaben übernehmen müssen; immer zum Schuldigen gestempelt werden:* in dieser Firma bin ich immer der Arsch ❖ **am Arsch der Welt** [eigentlich: am Ende der Welt]: *an einem entlegenen Ort:* „Mein Großvater wohnt irgendwo am Arsch der Welt in einem Land, das Walachei heißt." (Wolfgang Herrndorf: Tschick, 98) ❖ **ein ganzer Arsch voll:** *jede Menge, sehr viele* ❖ **seinen Arsch riskieren:** *alles riskieren* ❖ **der/das geht mir am Arsch:** *der/das nervt mich sehr* ❖ **der/das geht mir am Arsch vorbei:** *der/das berührt mich nicht, lässt mich kalt:* „Persönliche Kritik geht mir am Arsch vorbei." (Johannes B. Kerner in der TV-Beilage des „Stern" vom 8. Juni 2006) ❖ **mir geht der Arsch** [metaphorisch für Durchfall, der als Begleiterscheinung von Angst auftritt]: *ich habe Angst* ❖ **den Arsch betrügen** [weil aus dem Mund hervorkommt, was durch den Anus ausgeschieden werden sollte]: *sich erbrechen* ❖ **jemanden am Arsch kriegen:** *jemanden erwischen, bestrafen* ❖ **arbeiten, dass einem das Wasser im Arsch kocht:** *hart arbeiten* ❖ **dir wird der Arsch in Tränen stehen:** *du wirst dumm dastehen* ❖ **den Arsch vollkriegen:** *verprügelt werden* ❖ **mit dem Arsch Nüsse knacken können: a)** *ein besonders attraktives Gesäß haben:* „Wow hast du den Hintern von der da gesehn? Mann, die kann ja echt mit dem Arsch Nüsse knacken!" (Internetbeleg auf mundmische.de) **b)** *besserwisserisch sein; verklemmt, verkrampft sein:* „Der Meier aus der Buchhaltung hat echt auch keine Sozialkompetenz. Der ist so verkrampft, der kann mit dem Arsch Nüsse knacken!" (Internetbeleg auf mundmische.de) ❖ **einen Stock/ein Steckerl im Arsch haben:** *in steifer Körperhaltung aufrecht ge-*

hen; steif, verklemmt, verkniffen sein ❖ **sich den Arsch nach etwas ablaufen:** *mit großem Einsatz ein Ziel anstreben* ❖ **das kannst du dir in den Arsch stecken/schieben:** darauf verzichte ich, das ist wertlos für mich ❖ **dann ist der Arsch ab:** *dann ist Schluss; dann ist eine Grenze überschritten und es passiert etwas Unangenehmes* ❖ **jemandem mit dem nackten Arsch ins Gesicht springen:** *jemandem grob und aggressiv seine Meinung sagen, auf jemanden drohend losgehen* ❖ **sich in den Arsch gefickt fühlen:** *sich verspottet, betrogen fühlen* ❖ **(ein Auto oder Ähnliches) in den Arsch fahren:** *zu Schrott fahren* ❖ **Pfeffer im Arsch haben:** *energiegeladen sein, voller Tatendrang sein; nicht still sitzen können* ❖ **der ist mir am Arsch/beim Arsch lieber als manch ein anderer im Gesicht/beim Gesicht:** *selbst mit seinen schlechten Seiten ist er mir lieber als die anderen:* „Wir Tiroler lieben unsere deutschen Gäste! Ich kann Ihnen versichern, Sie sind uns beim Arsch lieber wie jeder Wiener beim Gesicht!" (Ein Tiroler in Mitterer: Die Piefke-Saga, 24) ❖ **mit einem Arsch kann man nicht auf zwei Hochzeiten/Kirtagen/Kirmes tanzen:** *man kann nicht an zwei Unternehmungen gleichzeitig teilnehmen* ❖ **Ja, beim Arsch!** *grobe Ablehnung eines Ansinnens, das man für eine Zumutung hält* ❖ **wer einen großen Arsch hat, soll auch eine große Hose haben:** *wer reich ist, soll auch spendabel sein* ❖ **jemanden/etwas nicht mit dem Arsch ansehen/angucken:** *etwas wissentlich ignorieren* ❖ **seinen Arsch verwetten (können):** *sich einer Sache ganz sicher sein* ❖ **den Arsch nicht hoch kriegen:** *träge sein* ❖ **jemandem eine Ohrfeige geben, dass er mit dem Arsch auf die Uhr schaut** [eigentlich: jemanden so kräftig ohrfeigen, dass er bäuchlings auf den Boden fällt und sein Gesäß auf eine Wanduhr gerichtet ist]: *jemandem eine besonders kräftige Ohrfeige geben* ❖ **aus dem Arsch kommen:** *endlich aktiv werden* ❖ **seinen Arsch retten:** *sich in Sicherheit bringen, entkommen, entrinnen* ❖ **damit kannst du dir den Arsch abwischen:** *das ist wertlos* ❖ **jemandem Pfeffer unter den Arsch streuen:** *jemanden mit Nachdruck beibringen, was er zu tun hat* ❖ **fast auf den Arsch fallen:** *unangenehm überrascht werden* ❖ **du würdest auch noch deinen Arsch vergessen, wenn er nicht angewachsen wäre:** *du lässt aus Vergesslichkeit immer wieder etwas liegen* ❖ **am Arsch hängt der Hammer (und beim Zimmermann links):** *Kraftausdruck in Sätzen mit verneinendem Charakter:* er wollte mich reinlegen, aber es ist ihm nicht gelungen: am Arsch hängt der Hammer ❖ **du kannst einen Arsch noch so sehr schminken, es wird kein Gesicht daraus:** *wer hässlich ist, bleibt hässlich, auch wenn er stark geschminkt ist* ❖ **das passt wie (der) Arsch auf (den) Eimer:** *das passt ausgezeichnet zusammen* ❖ **sich alles an den Arsch tragen lassen:** *sich ungeniert bedienen lassen* ❖ **ich bin auch keiner Sau vom Arsch gefallen** [belegt bei Wander]: *Antwort, wenn jemand mit seiner Herkunft prahlt* ❖ **wer sich zu tief bückt, zeigt nur seinen Arsch:** *große Unterwürfigkeit ist auch entlarvend* ❖ **wer will schon einer fetten Sau den Arsch schmieren** [belegt bei Wander]: *man soll nicht denen, die schon überreichlich besitzen, zu ihrem Überfluss noch etwas hinzufügen* ❖ **beim Arsch/im Arsch ist es finster/düster:** *derbe Ablehnung:* „Beym Arsch ist's finster" (Titel eines zweistimmigen Kanons von Wolfgang Amadeus Mozart, KV 441b) ❖ **Beweg deinen Arsch!** *Setz dich in Bewegung! Tu doch etwas! Mach schon!* ❖ **sich ein zweites Loch in den Arsch freuen/ärgern:** *sich besonders freuen/ärgern* ❖ **(in Buxtehude,) wo die Hunde mit dem Schwanz/mit dem Arsch bellen** [laut Röhrich eigentlich: wo die Glocken mit dem Tau geläutet werden; Hunte (= Glocken), Schwanz (= das ausgefranste Ende des Glockentaus); später verballhornt und volksetymologisch neu gedeutet]: *in einer gottverlassenen Gegend, wo sich merkwürdige Dinge zutragen* ❖ **geh nach Buxtehude, wo die Hunde mit dem Arsch bellen:** *schroffe Abweisung* ❖ **wie Arsch und Friedrich schmecken, klingen etc.:** *sehr schlecht schmecken, klingen etc.:* dieses Orchester klingt wie Arsch und Friedrich ❖ **das war für Arsch und Friedrich:** *das war eine vergebliche Mühe* **2.** *Dummkopf, Idiot, hinterhältiger Mensch:* so ein Arsch! ❖ **ein Arsch mit Ohren sein** [eigentlich: Mensch mit einem nichtssagenden, dummen Gesicht]: *ein besonderer Dummkopf, Idiot sein* ❖ **Himmel, Arsch und Zwirn/Wolkenbruch** [siehe Himmel, Arsch und Zwirn]: *ein Fluch* ❖ **keinen Arsch in der Hose haben:** *verzagt und feige sein* ❖ **mit dem Arsch übers Leintuch/Betttuch fahren:** *zu Bett gehen* ❖ **sich bis in den Arsch hinein schämen:** *sich furchtbar schämen.*

Arsch-auf-der-Erd, kein Genitiv, kein Plural [vgl. Föttche-aan-der-Äd]: *kleiner Mensch.*

Arsch|fick, der; -s, -s [siehe Fick]: *anales Koitieren.*

Arsch frisst Ho|se [auch abgekürzt und verhüllend AFH]: *der Stoff einer engen Hose oder Unterhose zieht sich in die Gesäßfalte hinein:* „Hot Pants heißt: Arsch frisst Hose. Manchmal sind die Dinger so kurz, dass Frauen sich nicht hinsetzen können. Manchmal sind sie so kurz, dass Männer nicht mehr aufstehen können." (Harald Schmidt; zitiert auf spruechetante.de)

Arsch|ba|cke, die; -, -n [Backe (= Gesäßhälfte); Verwandtschaft mit Backe (= Wange) ist möglich, aber nicht gesichert]: **1.** *Gesäßhälfte:* „Ich drückte voller Freude meine Arschbacken zusammen, um mich nicht anzuscheißen." (Franzobel: Was die Männer so treiben ..., 324) ❖ **das geht auf keine Arschbacke:** *das übersteigt jedes vernünftige Maß, das ist unerträglich* ❖ **etwas auf einer (halben/linken) Arschbacke absitzen/abreißen/runterreißen:** *etwas ohne größere Schwierigkeiten erledigen, eine Strafe ohne Reue verbüßen* ❖ **die**

Arschbacken lockern: *einen Darmwind entweichen lassen* ❖ **die Arschbacken zusammenkneifen:** *seinen Mut zusammenraffen* **2.** *Idiot, Dummkopf.*

Arsch|ba|cken|ge|sicht, das; -(e)s, -er: **1.** *rundes, grobporiges, feistes Gesicht* **2.** *Mann mit einem derartigen Gesicht* **3.** *allgemeines Schimpfwort (ohne Bezug zum Aussehen des Beschimpften).*

Arsch|bom|be, die; -, -n [auf das Wegspritzen des Wassers und das laute Geräusch anspielend]: *Sprung ins Wasser mit dem Gesäß voran:* „Die meisten Kinder in unserem Alter toben schon seit Tagen im Freibad herum, machen Arschbomben vom Dreier und holen sich einen respektablen Sonnenbrand." (Bonner/Weiss: Generation Doof, 201)

Ar|scherl, das; -s, -n [süddeutsches Diminutivum von Arsch]: **1.** *kleiner Arsch* **2.** *liebevolle Anrede z.B. für ein Kind:* na, du klans Arscherl!

Arsch|fax, das; -, -e: *Etikett, das aus der Hose lugt:* hey, du hast ein Arschfax bekommen!

Arsch|fick, der; -s, -s [siehe Arsch und Fick]: *Analverkehr.*

Arsch|fi|cker, der; -s, - [Arschfick]: **1.** *jemand, der Analverkehr praktiziert* **2.** *Schimpfwort für Männer.*

Arsch|fin|ger, der: *siehe Stinkefinger.*

Arsch|gang, der [Substantivbildung zu gehen (vgl. mir geht der Arsch (= ich habe Angst)] ❖ **Arschgang haben/bekommen/kriegen:** **1.** *Darmblähungen haben/bekommen* **2.** *Angst haben/bekommen.*

Arsch|gei|ge, die; -, -n [2. Bestandteil: eigentlich: weibliches Geschlechtsorgan; hier Anus des passiven Partners]: **1.** *passiver Partner bei einem Analverkehr:* „Er ist die Stradivari unter den Arschgeigen." (Internetbeleg auf mir-gefaellts.de) **2.** *unsozialer oder tollpatschiger Mann.*

Arsch|ge|sicht, das; -(e)s, -er: **1.** *rundes, grobporiges, feistes Gesicht* **2.** *Mann mit einem derartigen Gesicht* **3.** *allgemeines Schimpfwort (ohne Bezug zum Aussehen des Beschimpften).*

Arsch|ge|weih, das; -(e)s, -e [2. Bestandteil: mhd. gewīge, ursprünglich: Geäst; vgl. Arschvignette, Schlampenstempel]: *symmetrische Tätowierung oberhalb des Steißbeins:* „Wenn du eine mit Arschgeweih von hinten poppst, sieht das aus, wie wenn dir ein Hirsch einen bläst." (Michael Mittermeier: Paranoid, 2005.)

Arsch|gorps, der [belegt im Zürislängikon; oberdeutsch Gorps, Görps, Gurps (= Rülpser), lautmalend] (schweizerisch): *Darmblähung.*

Arsch|haar ❖ **um ein Arschhaar** [siehe auch um ein Schamhaar]: *ganz knapp.*

Arsch|kap|pe, die; -, -n [2. Bestandteil laut Grimm zu ital. chiappa (= Arschbacke); also verdeutlichende Verdoppelung; wer mit ital. chiappa schimpft, muss fürchten, dass die Beschimpfung ins Leere geht; daher wird Arsch- davorgesetzt: *Arsch-Chiappa,* später verballhornt zu Arschkappe; die Ableitungen von Kapplbube und Arschkapellmeister sind verfehlt]: *Schimpfwort für einen Mann.*

Arsch|kappl|mus|ter, das; -s, - [eigentlich: das Muster (etwas in seiner Art Beispielhaftes) von einem Arsch; 2. Bestandteil: Diminutivum zu Kappe; zur Wortbildung mit Muster vgl.: diese Frau ist das Muster einer liebevollen Mutter; dieser Fußballrasen ist das Muster von Gepflegtheit] (ostösterreichisch): *Dummkopf, Idiot, hinterhältiger Mensch:* er ist ein echtes Arschloch, ein Arschkapplmuster.

Arsch|kar|te, die; -, -n [vielleicht aus einem Kartenspiel oder nach der Praxis mancher Fußballschiedsrichter, die rote Karte in der Gesäßtasche und die gelbe in der Brusttasche zu tragen]: *schlechte Karte* ❖ **die Arschkarte ziehen/bekommen/haben:** *Pech haben, der Verlierer sein:* „Die anen ham 's Glück im Leben, de anderen ziehn d' Oaschkartn." (Kaiser: Blasmusikpop, 24).

Arsch|keks, der; -, -e [Keks bedeutet hier wohl Kopf; vielleicht auch angelehnt an die Wendung: Du gehst mir auf den Keks! (= Du gehst mir auf die Nerven)]: *Schimpfwort (milder als Arschloch, oft auch freundschaftlich gemeint).*

Arsch|kerbe, die; -, -n: *Gesäßspalte.*

Arsch|kerl, der; -s, -e: *widerlicher, gemeiner Kerl.*

Arsch|kir|schen, die (Plural) [2. Bestandteil: Tertium Comparationis ist die Form der Kotreste]: **1.** *kleiner Klumpen Kot, der in den Haaren am Anus klebt* **2.** *Fusselkügelchen (aus dem Stoff der Unterhose), die sich im Anus angesammelt haben* **3.** *Hämorrhoiden.*

arsch|knapp ⟨Adj.⟩: *ganz knapp:* „Das Rennen um Platz drei ist arschknapp." (Van der Bellen, österreichischer Politiker der Grünen, am 29. September 2006 zu den Wahlaussichten seiner Partei)

Arsch|krat|zer, der; -s, -: *übertrieben schmeichlerischer Mensch; jemand, der sich in würdeloser Form kriecherisch und unterwürfig gegenüber jemand anderem verhält.*

Arsch|krie|cher, der; -s, -: *übertrieben schmeichlerischer Mensch; jemand, der sich in würdeloser Form kriecherisch und unterwürfig gegenüber jemand anderem verhält.*

Arsch|krin|ne, die; -, -n [mhd. krinne, ahd. chrinna (= Einschnitt, Rinne)] (vor allem tirolerisch): *Gesäßfalte.*

Arsch|krott, die [eigentlich: Arschkröte]: *nichtsnutziges Kind oder Mädchen.*

Arsch|le|cken, das; -s, kein Plural ❖ **jemandem das Arschlecken anschaffen:** *jemanden das Götzzitat sagen* ❖ **Arschlecken bringt nichts – der eine wird nicht satt, der andere nicht sauber:** *brüske Zurückweisung des Götzzitats* ❖ **ums Arschlecken:** *um eine winzige Kleinigkeit, ein ganz klein wenig (z. B. von einem Ziel entfernt).*

Arsch|le|cker, der; -s, -: *übertrieben schmeichlerischer Mensch; jemand, der sich in würdeloser Form kriecherisch und unterwürfig gegenüber jemand anderem verhält.*

Arsch|loch, das; -(e)s, ...löcher; auch: **Arsch|löch|le** und andere regionale Varianten [1. Bestandteil: siehe Arsch]: **1.** *Anus:* „Jeder Arme will reich werden, das ist ein genauso natürliches Phänomen, wie daß man sich alles mögliche ins Arschloch einführen will, kleine wie auch überraschend große Gegenstände." (Jelinek: Gier, 269) ❖ **gebackene Arschlöcher** [gebratene Tintenfischringe; Wortbildung aufgrund der Form; Dysphemismus]: **1.** *Calamari fritti* **2.** *Dummköpfe, Idioten, hinterhältige Menschen:* „Mit Verlaub, Herr Präsident, Sie sind ein Arschloch." (Joschka Fischers Zwischenruf, gerichtet an Bundestagsvizepräsident Richard Stücklen, nachdem dieser den Abgeordneten Jürgen Reents ausgeschlossen hatte, weil er Helmut Kohl als „von Flick freigekauft" bezeichnet hatte, 18. Oktober 1984) – „Sie hob den Kopf und sah über das Meer. Laut und zu niemand Bestimmten sagte sie: Ihr Arschlöcher!" (Dörrie: Bin ich schön?, 290) ❖ **krommbohrts/grummbuads Arschloch** [eigentlich: krummgebohrtes (vor allem schwäbisch und fränkisch): *Idiot, Dummkopf, hinterhältiger Mensch.*

arsch|los ⟨Adj.⟩ [belegt in „Jugendsprache unplugged 2013", Langenscheidt]: *sinnlos.*

Arsch|run|zeln, das ❖ **das kostet jemanden nur ein müdes Arschrunzeln** [belegt bei Scheeman; offensichtlich dysphemistische Ersetzung: müdes Arschrunzeln statt müdes Lächeln]: *das macht jemandem keine große Mühe.*

Arsch|tor|pe|do, der; -s, -s [2. Bestandteil: eigentlich: Geschoß mit einer Sprengladung; nach lat. torpedo (= Zitterrochen; der laut Duden seinen Gegner bei Berührung durch elektrische Schläge lähmt), zu: torpere (= betäubt, erstarrt sein)]: *Stuhlzäpfchen, Suppositorium.*

Arsch|vi|gnet|te, die; -, -n [2. Bestandteil: eigentlich: Aufkleber für Autobahngebühr; franz. vignette, ursprünglich: Weinrankenornament, Diminutivum von vigne (= Weinrebe) zu lat. vinea (= Weinstock, Weingarten, Weinberg), zu lat. vinum (= Wein); vgl. Arschgeweih, Schlampenstempel] (besonders schweizerisch und österreichisch): *symmetrische Tätowierung oberhalb des Steißbeins.*

Arsch|was|ser, das; -s, kein Plural [belegt in „Jugendsprache unplugged 2013", Langenscheidt]: *Schweiß, der sich in der Gesäßfalte sammelt.*

Arsch|wolf, der; -es, ...wölfe [der Name des Tiers wird schon im Mittelhochdeutschen für Hauterkrankungen verwendet]: *wunde Stelle am Gesäß (bei Reitern oder Radfahrern, verursacht durch Reiben am Sattel).*

As|phalt|schwal|be, die; -, -n [1. Bestandteil: franz. asphalte, zu lat. asphaltus und griechisch ásphaltos, eigentlich: unzerstörbar; das

Gemisch von Bitumen und Mineralstoffen, das als Straßenbelag verwendet wird, steht pars pro toto für die Straße selbst]: *Straßenprostituierte.*

Ast, der; -(e)s, Äste; mit Agglutination: Noost, der [belegt bei Küpper; starker Zweig eines Baumes; mhd., ahd. ast, eigentlich: das, was ansitzt]: *Penis* ❖ **se is an'n Noost loopen** [belegt bei Piirainen; eigentlich: sie ist an einen Ast gelaufen] (westmünsterländisch): *sie ist ungewollt schwanger geworden.*

Ast|loch, das; -(e)s, ...löcher [belegt bei Küpper; verhüllend für das Wort Arschloch mit geringfügiger Lautveränderung]: *Schimpfwort.*

Ast|loch|gu|cker, der; -s, - [belegt bei Küpper; eigentlich: Mann, der durch ein Astloch die Frauen in der Umkleidekabine oder in einem Nacktbadebereich beobachtet]: *Voyeur.*

Atom|bu|sen, der; -s, - [eigentlich: ein bombiger Busen]: *besonders attraktive, große weibliche Brüste.*

auf|gei|len ⟨hat⟩ [zu geil]: **1.** *jemanden durch etwas in sexuelle Erregung versetzen:* „Das Stöhngeschrei hatte mich aufgegeilt." (Franzobel: Was die Männer so treiben ..., 192) **2.** *sich durch etwas in geschlechtliche Erregung versetzen:* „Mein Freund geilt sich an Bildern auf, obwohl ich da bin." (Internetbeleg auf gofeminin.de) **3.** *sich durch etwas eine innere Befriedigung verschaffen:* „Peter Handkes humorloser Scheiß, an dem sich besonders die Germanisten aufgeilen." (von Praunheim: Sex und Karriere, 21)

auf|stel|len ⟨hat⟩ ❖ **die Beine/die Füße/die Haxen aufstellen:** *sich koitieren lassen (von der Frau).*

Au|ge, das; -s, -n [mhd. ouge, ahd. ouga, weitere Herkunft unklar; siehe auch Nudelauge und einäugig]: *Öffnung der Harnröhre an der Spitze des Penis (ostium urethrae externum)* ❖ **ein steifes drittes Auge haben** [belegt auf mundmische.de; die Öffnung der Harnröhre als Pars pro toto für den Penis]: *eine Erektion haben* ❖ **Augen,** die (nur Plural) [belegt im Zürislängikon; Auge steht hier für ein anderes Nomen, das nicht ausgesprochen werden soll; Tertium Comparationis: paarweise Organe des menschlichen Körpers; siehe Ohren, das in diesem Zusammenhang häufiger vorkommt] (verhüllend): *weibliche Brüste:* lueg emal dären iri Auge a (= schau, was die für Brüste hat).

Au|gen|sex, der; (-es), kein Plural [belegt in „Jugendsprache unplugged 2013", Langenscheidt]: *intensives Flirten mit den Augen.*

aus|grei|fen ⟨hat⟩ **1.** *jemanden im Genitalbereich plump betasten* **2.** *jemanden im Genitalbereich mit den Fingern berühren, um ihn sexuell zu erregen.*

aus|kom|men <ist> [mhd. ūʒkomen, ahd. ūʒqueman, eigentlich: aus etwas herauskommen, bis zum Ende kommen); mit der im Süddeutschen anzutreffenden Nebenbedeutung: entkommen, entfliehen, entwischen] ❖ **es ist mir einer aus(ge)kommen:** *ich habe eine Darmblähung (unabsichtlich) entweichen lassen.*

aus|schei|ßen ⟨hat⟩ ❖ **(bei jemandem) ausgeschissen haben:** *(bei jemandem) endgültig verspielt haben.*

aus|staf|fie|ren ⟨hat⟩ [mit etwas ausstatten; ndd. utstafferen, mnld. stofferen, altfranz. estofer, zu Stoff, also eigentlich: mit Stoff ausstatten; vgl. bestücken] ❖ **gut ausstaffiert sein** [belegt bei Küpper]: *mit einem überdurchschnittlich großen Penis ausgestattet sein.*

aus|stei|gen ⟨ist⟩ **in Kombination mit einer Bahnstation, die in unmittelbarer Nähe einer Großstadt liegt** [eigentlich: eine Station vor dem eigentlichen Fahrziel aussteigen; metaphorisch für: vor der Ejakulation; siehe auch Bahnhof und abspringen]: einen Coitus interruptus durchführen ❖ **in Oerlikon aussteigen** [belegt im Zürislängikon; kurz vor Zürich aussteigen; Oerlikon war früher eine selbstständige Gemeinde, jetzt ist Oerlikon ein Teil von Zürich] ❖ **in Wandsbek aussteigen** [Spiegel, 13/1969; die ehemals selbstständige Stadt Wandsbek ist heute ein Teil von Hamburg] etc.

aus|tre|ten ⟨ist, nur Infinitiv⟩ (verhüllend): *einen Raum verlassen, um seine Notdurft zu verrichten:* ich musste austreten.

B

Bab|bel|arsch, der; -(e)s, ...ärsche [belegt bei Plankenhorn; zu babbeln (= töricht reden, schwatzen); nach den ersten Lauten von Kleinkindern] (vor allem schwäbisch): *schwatzhafter Mensch.*

Bach, der; -es, Bäche ❖ **einen Bach (ein Bächlein) machen** (kindersprachlich): *urinieren.*

Bach|walm, der; -(e)s, kein Plural [belegt bei Wolf als rotwelsch; 2. Bestandteil: eigentlich: das Wallen des Wassers, zu ahd. walm, genaue Herkunft des Kompositums unklar]: *Penis* ❖ **den Bachwalm einhängen/versenken:** *koitieren.*

Ba|cke, die: *siehe Arschbacke.*

Backs, der; -, -e [Herkunft unklar; wohl lautmalend] (bayerisch und österreichisch): *entweichende Darmblähung:* es ist ihm ein Backs ausgekommen.

Bad|hur, die; -, -en [abwertend zu Bademagd; die Bäder des Mittelalters dienten laut Borneman weniger der Reinlichkeit, sondern waren nach unserem heutigen Verständnis Bordelle; neben den Bademägden kümmerten sich auch Badeknechte um die Gäste] (vor allem österreichisch): *Prostituierte.*

Bahn|hof, der; -(e)s, ...höfe [übertragene Bedeutungen belegt bei Küpper] **1.** *Gesäß* **2.** *Bordell* ❖ **vor dem Bahnhof abspringen** [oft auch unter Nennung eines bestimmten Bahnhofes kurz vor einer Hauptstadt]; auch: **vorher abspringen** (verhüllend): *einen Coitus interruptus durchführen.*

Ba|la|lai|ka, die; -, -s und ...ken [ein Saiteninstrument mit dreieckigem Klangkörper, russisch balalajka, Herkunft unklar]: *Vulva, Vagina* ❖ **mit der Balalaika spielen/an der Balalaika zupfen** (verhüllend): *masturbieren (von der Frau).*

Bal|kon, der; -s, -s und -e [eigentlich: offener Vorbau eines Gebäudes; franz. balcon, zu ital. balcone, ein Augmentativum zu ital. balco (= Balken, Gerüst); laut Duden aus dem Germanischen ins Lateinische entlehnt]: *große weibliche Brüste:* „Dirndl statt Yoga-Dress: Pink-türkis und mit üppigem Balkon erschien das Münchner Busen-Modell zum Almauftrieb im Käfer-Zelt. Sonst kennt man Jordan (Carver) eher freizügiger." (abendzeitung-münchen.de, 24. September 2012)

Bäl|le, die (Plural) [mhd., ahd. bal (= Kugel), eigentlich: geschwollener oder aufgeblasener Gegenstand; Bedeutung 2 entlehnt aus engl. balls (= Hoden); zu altengl. bealluc (= Hode)]: **1.** *weibliche Brüste* **2.** *Hoden:* „... die Potenz des Vortragenden ist nicht selten ein Schlüsselmotiv der Gossen-Poplyrik. ‚Meine Bälle wiegen gemeinsam vier Zentner', singt Kool Savas da nassforsch." (Bonner/Weiss: Generation Doof, 229)

bal|lern ⟨hat⟩ [gemeldet von Dirks; eigentlich: anhaltend laut schießen, knallen; laut Duden zu mndd. balderen, vgl. schwed. mundartlich ballra (= lärmen); lautmalend] **een ballern laten** [einen ballern lassen; das Substantiv wird nicht ausgesprochen, nur der unbestimmte Artikel verbleibt] (ndd., verhüllend durch Auslassung): *eine Darmblähung entweichen lassen.*

Bal|lon, der; -s, -s und -e [eigentlich: kugelförmiges Gefäß; auch: ein Luftfahrzeug; entlehnt aus franz. ballon, dieses zu ital. pallone (= großer Ball), Augmentativum zu ital. palla, balla (= Kugel); dieses wohl von germanischer Herkunft]: *große weibliche Brüste.*

Bal|lon|hül|le, die; -, -n [belegt bei Borneman; 1. Bestandteil: siehe Ballon]: *Büstenhalter.*

Bam|mel, der; -s, - [belegt bei Küpper; rückgebildet aus bammeln (= baumeln), nach dem Hin- und Herschwingen der Glocke)]: *Penis.*

Bam|me|la|ge, die; -, -n [belegt bei Küpper; französisierend zu Bammel]: *Penis und Hoden.*

Ba|na|ne, die; -, -n [längliche Frucht eines tropischen Baumes; zu port. banana, laut Kluge aus einer Mundart Guineas; Bedeutung in der Sexualsprache belegt bei Borneman] (verhüllend): *(großer oder erigierter) Penis:* „Ausgerechnet Bananen, / Bananen verlangt sie von mir, / nicht Erbsen, nicht Bohnen, auch keine Melonen, / das ist ein Schikan von ihr ...“ („Ausgerechnet Bananen“; deutsche Version des amerikanischen Schlagers „Yes! We have no bananas“; Text der deutschen Fassung: Fritz Löhner-Beda; ursprünglich auf eine Lieferknappheit dieser tropischen Früchte anspielend) ❖ **weiche Banane:** *schlaffer Penis* ❖ **die Banane schälen/pellen:** *masturbieren (vom Mann):* „Ich möchte wissen, wie viele sich jetzt eine Banane schälen.“ (Kögl: Auf Fett Sieben, 73) ❖ **die Banane essen:** *fellationieren.*

Bär, der; -en, -en; Diminutivum: **Bär|chen,** das; -s, - [mhd. ber, ahd. bero, eigentlich: der Braune, verhüllende Bezeichnung für das Tier; siehe Biber mit gleichem Benennungsmotiv] (verhüllend): **1.** *weibliche Schambehaarung* **2.** *Vulva, weibliche Genitalien:* „Laden Sie Ihre Freunde und Bekannten doch mal zu einer Gummibärenparty ein! Die Herren bringen die Gummis mit und die Damen die Bären.“ (Internetbeleg auf witze-fun.de) – „Nich am Bär packen!“ (legendärer Witz aus dem Duisburger Zoo: Schild am Bärengehege)

Bä|ren|fut, die; -, - [wegen der Formähnlichkeit mit der Vulva und der Anmutung eines Bärenfells; vgl. Fotze, Bedeutung 3] (österreichisch): *Pelzmütze mit Ohrlappen (beim österreichischen Bundesheer eine Winterkopfbedeckung).*

Bä|ren|ge|knut|sche, das; -s, kein Plural [belegt in Langenscheidt-Lilliput; laut Röhrich ist Bär eine Bezeichnung für einen rauen, plumpen Menschen] (berlinerisch): **1.** *heftiger Kuss* **2.** *ruppiger Geschlechtsverkehr.*

Bä|ren|höh|le, die; -, -n [siehe Bär]: *Vagina, weibliche Genitalien.*

Bart|wisch, der; -es, -e [belegt bei Oswald Wiener; eigentlich: kleiner Handbesen] (bayerisch und österreichisch): *Schamhaare.*

Bau|ar|bei|ter|de|kol|leté, das; -s, -s [2. Bestandteil: zu franz. décolleté, Partizip Perfekt von décolleter; eigentlich: den Hals entblößen; vgl. Maurerdekolleté]: *die sichtbar werdende Gesäßspalte, wenn sich ein Mann bückt und die locker sitzende Hose herunterrutscht.*

Bauch|schwa|ger, der; -s, ...schwäger [belegt bei Reiskel: Idioticon viennense eroticum, 1905; 2. Bestandteil: Ehemann einer Schwester; Bruder des Ehemanns, der Ehefrau; siehe auch Futschwager, Lochschwager]: *Vorgänger oder Nachfolger des Liebhabers einer Frau (muss nicht unbedingt der direkte Vorgänger oder der direkte Nachfolger sein).*

Bauch|schwä|gerin, die; -, -nen [belegt bei Reiskel: Idioticon viennense eroticum, 1905; 2. Bestandteil: Ehefrau einer Bruders; Schwester des Ehemanns, der Ehefrau; siehe auch Lochschwager]: *Vorgängerin oder Nachfolgerin der Geliebten eines Mannes.*

Bau|er, der;-s, -n ❖ **der kalte Bauer, ein kalter Bauer** (schweizerisch): chalte Puur und chüele Landwirt (kalter Bauer und kühler Landwirt) [mhd. (ge)būre, ahd. gibūro, zu: būr (= Wohnung, eigentlich: einer, der im selben būr = Wohnort lebt); in der Sexualsprache ist būr der Ort der Wonne und der Wollust; belegt bei Herdi 2001]: **1.** *Samenerguss durch Masturbation bzw. der auf diese Weise ergossene Samen* **2.** *Flecken auf der Bettwäsche nach einem unwillkürlichen nächtlichen Samenerguss.*

Bau|er, der; ❖ **der warme Bauer, ein warmer Bauer** [zur Herkunft siehe der kalte Bauer, ein kalter Bauer]: *Samenerguss während eines Koitus in der Vagina.*

Baun|zerl, das; -s, -n [laut Duden ein mürbes Milchbrötchen; Diminutivum von Baunze; vermutlich ursprünglich: etwas Rundes, Weiches, verwandt mit Punze; laut Schranka früher in Wien eine durch einen Querschnitt in zwei Hälften geteilte Semmel; laut Borneman ursprünglich für ein Gebäck, das als Fruchtbarkeitsmittel galt; auch außerhalb Wiens verbreitet, wie das folgende Beispiel aus Tirol zeigt] (österreichisch): *Vulva, Vagina:* „Dein Baunzerl is oans / is a netts und a kloans / is a schians (= ein schönes) und a feins / und des Baunzerl is meins.“ (nach: Tirol isch lei oans; neuer Text von Pirchner: Ein halbes Doppelalbum)

Bau|si, das; -s, -s [belegt im Schweizerischen Idiotikon; Flaum, Wollknäuel; Kosename der Katze] (schweizerisch): **1.** *Vagina, Vulva* **2.** [belegt im Wörterbuch der Schweizer Jugendsprache, Pons, 2002]: *gut aussehende, attraktive Frau.*

Be|berln, die (Plural) [abgekürzt aus Zibebe; ital. zibibbo, zu arab. zibīb (= Rosine)] (süddeutsch und österreichisch): *kleiner Klumpen Kot,* *der in den Haaren am Anus klebt (auch bei Schafen, Ziegen, Kühen etc.):* „... du kannst ma die Beberln / vom Arsch åbaklauben ...“ (Spittelberglieder, Wien, Mitte des 19. Jhs.).

Be|dürf|nis|an|stalt, die; -, -en (verhüllend, Amtssprache): *öffentlicher Raum zur Verrichtung der Notdurft.*

Beff, die; -, -en [belegt bei Borneman; laut Wolf und Puchner zu Befze (= Lippen)]: *Vulva.*

Beff|chen, die (Plural) [belegt bei Borneman; siehe Beff]: *Schamlippen.*

be|fin|gern ⟨hat⟩ [eigentlich: etwas (ungeniert) mit den Fingern betasten, um es zu untersuchen] ❖ **jemanden befingern: 1.** *jemanden im Genitalbereich (plump) betasten* **2.** *jemanden im Gentalbereich mit den Fingern berühren, um ihn sexuell zu erregen:* „Ich hatte sie auf einem Tanzabend in einem der modischen Cafés kennengelernt und anschließend heimgebracht. (...) Sie ließ sich andauernd, anstandslos die Möse befingern.“ (Zwerenz: Tantenliebe, 69) ❖ **sich befingern** [belegt bei Küpper]: *masturbieren (von der Frau).*

Be|geis|te|rungs|knöpf|chen, das; -s, - [belegt bei Borneman; 1. Bestandteil: verhüllend für sexuelle Lust; 2. Bestandteil: von mhd. knopf (= Knorren, Knospe, Knoten); ahd. knopf; gehört zu einer Gruppe von Wörter, die mit kn- anlauten und Zusammengedrücktes, Zusammengeballtes bedeuten; relevant ist hier Knopf im Sinn von: kleiner runder Teil eines Geräts, der auf Druck oder durch Drehen etwas ein- oder ausschaltet; siehe auch Lust-, Bedeutung 2] (verhüllend): **1.** *Brustwarze* **2.** *Klitoris (Kitzler).*

Beidl, der: *siehe Beutel.*

beid|sei|tig be|fahr|bar: *bisexuell.*

Bei|la|ger, das; -s, - [eigentlich: Beischlaf in der Hochzeitsnacht; nach germanischem Recht legalisierte nicht die Trauung, sondern der erste Koitus die Ehe; laut Borneman stellte bis ins späte Mittelalter der Koitus der Brautleute den Kernpunkt der Hochzeitsfeier dar, bei fürstlichen Personen im Rahmen von aufwendigen Zeremonien]: *Koitus:* „Wenn diese Hände ihn liebkosen würden beim Beilager, so taumelten ihm die Sinne.“ (Mann: Joseph und seine Brüder, 169; zitiert in Duden)

Bein[1]**,** das; -(e)s, -e [Gliedmaße zum Stehen und Fortbewegen; süddeutsch, österreichisch und schweizerisch: Knochen; mhd. und ahd. bein, weitere Herkunft unklar] ❖ **das dritte Bein, das kurze Bein:** *(erigierter) Penis* ❖ **die Beine breit machen/aufstellen:** *einen Koitus zulassen (von der Frau)* ❖ **zwischen die Beine/die Schenkel einer Frau geraten** (verhüllend): *eine Frau koitieren:* „profil: Schreiben Sie immer noch vorrangig deshalb, um, wie von Ihnen öfters behauptet, ‚zwischen die Beine einer Frau zu geraten‘? Peter Turrini: Sicher kennen Sie das französische Gemälde mit dem Titel ‚Vom Ursprung der Welt‘. Es zeigt die Scham einer liegenden Frau (...) Für mich hat das weibliche Geschlecht schon immer Monstranzcharakter gehabt, und das Knien vor dieser Monstranz hat meine wesentlichsten Energien freigesetzt. Die Gier ist der Neugier sehr nahe und insofern eine Gewerbsvoraussetzung für den Dramatiker. Wie soll man über den Menschen schreiben, wenn man nicht an den Ursprung des Lebens heran will? Ich kann mir kein edleres Motiv für die Kunstausübung vorstellen." (Profil vom 31. Dezember 2005) ❖ **einen zwischen die Schenkel/Beine kriegen** (verhüllend): *sich von einem Mann koitieren lassen.*

Bein[2], das; -(e)s, e [Herkunft unklar; vielleicht wie Bein[1]; Wolf vermutet eine Anlehnung an romanes p'én (= Schwester)]: *Prostituierte.*

Bei|schlaf, der; -(e)s, kein Plural [zu beischlafen, siehe dort]: *Koitus:* „Schlankheit gefällt wegen des besseren Anschlusses im Beischlaf und der Mannigfaltigkeit der Bewegung." (Georg Christoph Lichtenberg) – „Denn eigentlich ist so ein Beischlaf die unnatürlichste Sache der Welt. Die jeweiligen Körperkräfte und Körpersäfte mochten zwei verschiedene Menschen noch halbwegs koordinieren, aber all das lief lediglich auf einen Aneinandervorbeischlaf hinaus, wenn nicht zugleich die Phantasien, die Tag- und Nachtträume – der ganze unaussprechliche Bodensatz der Person also – miteinander ins Gespräch und gemeinsam in Bewegung kamen." (Gernhardt: Reich der Sinne, Welt der Wörter; zitiert in Zutzel: Zweite Folge, 180)

bei|schla|fen ⟨hat⟩ [präfigiert zu schlafen, siehe dort]: *koitieren.*

Bei|schlä|fer, der; -s, -; ndd. **Bi|sla|per,** der; kein Genitiv, -s [Nomen Agentis zu schlafen, siehe dort]: *Mann, der den Koitus ausübt oder ausgeübt hat (meist vor- bzw. außerehelich).*

Bei|schlä|ferin, die; -, -nen; ndd. **Bi|sla|pers|ke,** kein Genitiv, -s [siehe Beischläfer]: *Frau, die den Koitus ausübt oder ausgeübt hat.*

Bei|strich, der; -(e)s, -e [Komma, ein Satzzeichen]: *streifenförmige Kotspur in der Unterhose.*

Bej|zem, Bej|zes, die (Plural) [belegt bei Wexler und Lötzsch; zu hebr. bejza, Plural bejzim (= Ei); vgl. russisch bejcy (= Hoden)] (jidd.): *Hoden.*

be|kib|bi|schen ⟨hat⟩ [belegt bei Borneman; laut Train im Jenischen mit folgender Bedeutung: einen Gefangenen visitieren] (rotwelsch): **1.** *betasten* **2.** *masturbieren.*

be|la|xeln ⟨hat⟩ [belegt bei Wolf; zu rotwelsch Lachs (= Prügel) und lachsen (= prügeln)] (rotwelsch): *koitieren.*

Bel|lo, der; -s, -s [etwas Großes, Dickes, z. B. der Fünfkilohammer] (vor allem rheinisch): **1.** *Penis* **2.** *Toilette:* „Mensch, wennste da so aufm Bello thronst, kannste ma richtich nachdenken." (Internetbeleg auf lvr.de)

Ben|gel, der; -s, - [belegt bei Küpper und Borneman; mhd. bengel (= derber Stock, Knüppel); übertragen: ungezogenes Kind] (norddeutsch): *Penis.*

Ber|zel, der; -s, - [belegt bei Puchner und Wolf; zu Bürzel, Pürzel (= kurzer Schwanz, Geflügelsteiß) zu borzen, bürzen (= hervorstehen), zu mhd., ahd. bor (= oben); vgl. Pertz] (rotwelsch): *Penis.*

B

Be|schä|ler, der; -s, - [eigentlich: Zuchthengst; zu mhd. schel (= aufspringend, auffahrend, wild)]: *Beischläfer:* „In der Zwischenzeit hatte sie deshalb immer einen Beischläfer um sich, der meistens auch tagsüber bei ihr blieb." (Degenhardt: Zündschnüre, 137; zitiert in: Duden)

be|schei|ßen 〈hat〉 [mhd. beschīȝen (= besudeln); zu scheißen]: *übervorteilen, betrügen, hereinlegen:* sie haben ihn beim Verkauf des Gebrauchtwagens beschissen.

be|schei|ßen 〈hat〉 ❖ **jemanden bescheißen:** *jemanden betrügen.*

be|schis|sen 〈Adj.〉 [isoliertes Partizip Perfekt von bescheißen, siehe dort]: *sehr schlecht; äußerst unerfreulich:* es geht ihm beschissen; das war ein beschissenes Konzert; mein Leben ist beschissen.

be|schla|fen, beschlief, beschlafen 〈hat〉 [mhd. besläfen, auch: schwängern]: *mit jemandem den Koitus vollziehen (von der Frau und vom Mann):* „Sie empfand nichts, als sie später ein Mann beschlief." (Süskind: Das Parfum, 26; zitiert in Duden) – „Sie ließ sich nicht beschlafen, sie beschlief einen, als hätte sie seit Urzeiten nichts zwischen die Schenkel gekriegt." (Zwerenz: Kopf und Bauch, 237)

be|schweif|we|deln 〈hat〉 [belegt bei Küpper; zu Schweif (= Penis) und dem Wedeln eines Hundes]: *einer Frau den Hof machen.*

be|sei|beln 〈hat〉 [belegt in Duden und bei Wolf (dort unter Sefel, der (= Kot, Mist, Dreck); eigentlich: bescheißen; zu jidd. seiwel, seibel (= Kot, Mist, Dreck): *betrügen.*

Be|sen, der; -s, - [belegt auf duden.de; eigentlich: Gerät zum Kehren]: *Penis.*

be|sor|gen 〈hat〉 [mhd. besorgen, ahd. pisoragēn (= mit Sorge bedenken, sorgen); aus ahd. soraga hat sich nicht nur die Bedeutung Sorgfalt, sondern auch die Bedeutung Kummer, Angst entwickelt] ❖ **es jemandem besorgen/jemandem eins besorgen** [eigentlich: jemandem seine Meinung sagen; es jemandem heimzahlen; Substitution des Substantivs durch das Personalpronomen es] (verhüllend): *mit jemandem koitieren, jemanden sexuell befriedigen:* „Wem du 's heute kannst besorgen, / den vernasche nicht erst morgen." (Klospruch, Internetbeleg auf unmoralische.de) – „Er hatte seine Erektion, und das genügte ihm erst mal. Nun wollte er es ihr besorgen. Gutgelaunt biß er sie ein weiteres Mal ins Ohr ..." (Gernhardt: Reich der Sinne, Welt der Wörter; zitiert in Zutzel: Zweite Folge, 179)

be|spren|zen 〈hat〉 [siehe sprenzen]: *mit Urin beschmutzen:* „Andere in der Angst ihres Herzens die Stube so besprenzten, dass du hättest das Schwimmen drin lernen können." (Schiller, Räuber II, 3)

be|stei|gen 〈hat〉 [aus der Reitersprache]: *mit einer Frau koitieren.*

be|sprin|gen 〈hat〉: *eine Frau koitieren* ❖ **er bespringt alles, was sich bewegt:** *er koitiert wahllos bei jeder sich bietenden Gelegenheit:* „Oui, j'aime les femmes, et alors?, gestand erst vor einem Monat Dominique Strauss-Kahn (...) Ich liebe die Frauen, na und? Ganz Frankreich stieß einen erregten, fast nachsichtigen Seufzer aus. Er bespringt alles, was sich bewegt! Er hat Feuer im Hosenschlitz! Man lachte." (Potsdamer Neueste Nachrichten vom 21. Mai 2011)

be|stü|cken 〈hat〉 [Verbalbildung zu Stück; dieses laut Kluge zu Stock, was auf eine ursprüngliche Bedeutung Abgeschnittenes schließen ließe; laut Grimm ist jedoch eine unmittelbare Ableitung von Stock aus Bedeutungsgründen abzulehnen, wenngleich auch eine Wurzelverwandtschaft besteht; das Verb bestücken geht auf die ab dem 16. Jh. belegte Bedeutung Stück (= Kanone) zurück; also ursprünglich: mit Geschützen versehen, mit etwas ausrüsten; vgl. ausstaffieren] ❖ **gut bestückt sein:** *mit einem überdurchschnittlich großen Penis ausgestattet sein:* „Diese Frage beschäftigt nicht nur die Damen-, sondern vor allem die Männerwelt seit Generationen: Wer hat den Längsten? Der Penis-Atlas des Google-Diensts targetmap.com verrät, wo die Männer wie bestückt sind."(tz-online.de vom 25. April 2012)

Bett, das; -(e)s, -en ❖ **mit jemandem ins Bett gehen/steigen** (verhüllend): *mit jemandem koitieren* ❖ **die Trennung von Tisch und Bett** [nach dem katholischen Kirchenrecht]: *Aufhebung der ehelichen Lebensgemeinschaft, wodurch jedoch die Ehe selbst nicht aufgehoben ist.*

Bett- als 1. Bestandteil; als 2. Bestandteil ein Nomen Agentis zu urinieren: **Bettseicher, Bettpisser etc.: 1.** *jemand, der im Schlaf ungewollt Wasser lässt* **2.** *allgemeines Schimpfwort für einen Mann.*

be|tüt|teln, be|tüt|tern, be|tut|teln 〈hat〉 [zu Tutte, siehe dort] (rheinisch): *bemuttern.*

Beu|le, die; -, -n [mhd. biule, ahd. būlla, außerhalb der Sexualsprache: Schwellung durch einen Schlag oder Ähnliches]: *(leicht erigiertes) männliches Geschlechtsorgan, das sich durch die Hose abzeichnet:* „Es war im Juli, die Sonne stach und es hatte 30 Grad, / Ich dachte mir, ooeeoo, da geh ich ins nächste Freibad. / (...) Doch was kommt da, ooeeoo, a 9er-Frau und mir wird ganz heiß. / Und schon kommt die Badehosenbeule, / Eeooeeooeejeeooeeoo / Walk with an Erection." (J.B.O.: Walk with an Erection; nach der Melodie von: Walk like an Egyptian)

Beu|tel, der; -s, - [ahd. būtil, eigentlich: Aufgeschwollenes; gesamtdeutsch: sackähnliches Behältnis, Geldbörse; der Sexualausdruck ist vor allem in Österreich und Bayern in Gebrauch] **1.** *Hodensack, Hoden* **2.** *Penis* **3.** *Trottel.*

Beu|tel-, -beu|tel als 1. oder 2. Bestandteil von Schimpfwörtern: **Beu|tel|vieh, Floh|beu|tel** (= kleiner Hund; unverlässlicher Mensch),

Hunds|beu|tel (= Hoden eines Hundes; schlechter Mensch, Schuft, Lump), ❖ **glänzen wie ein Hundsbeutel:** *vor Sauberkeit glänzen* ❖ **Hurenbeutel:** *Mann, der häufig, und zwar mit wechselnden Partnerinnen, Geschlechtsverkehr hat* ❖ **notiger Beutl** [mhd. nōtec, nōtic (= Not habend, bedrängt, notwendig, dringend)]: *geiziger Mensch.*

Beu|tel|hut|schen, das; -s, kein Plural [belegt bei Reiskel: Idioticon viennense eroticum, 1905; 2. Bestandteil: schaukeln] (süddeutsch, österreichisch): *das Spielen mit dem Hodensack.*

Beu|tel|mur|rer, der; -s, - [1. Bestandteil: siehe Beutel; 2. Bestandteil: Murrer (= klebrige Masse)]: *Sperma.*

Beu|tel|schnü|rer, der; -s, - [1. Bestandteil: siehe Beutel]: *enge und knappe Unterhose für Männer, Sportslip.*

Beu|tel|steu|er, die; -, -n [1. Bestandteil: siehe Beutel]: *Alimente.*

Beu|tel|was|ser, das; -s, kein Plural [1. Bestandteil: siehe Beutel]: **1.** *Urin* **2.** *(leichter) Tee* **3.** *ekelhaftes Getränk, Cola.*

BH, der; des BH(s), die BH(s) [B steht für Büste, eigentlich: Darstellung eines Menschen bis zur Schulter, franz. buste, zu ital. busto, weitere Herkunft unklar; laut Kluge wurde im 19. Jh. aus dem franz. Wort die Bedeutung weibliche Brust entlehnt] (verhüllend): *Büstenhalter (neuerdings wird zwischen Büstenhalter und Büstenheber/Büstenhebe unterschieden; der Büstenheber stützt die weibliche Brust von unten, ohne die Brustwarzen zu bedecken).*

Bib|bel, Bip|pel, Bib|bes, Bip|pes, der; -, - [vermerkt im Rheinischen Wörterbuch und im Pfälzischen Wörterbuch; auch männliche Genitalien von Tieren (z. B. Hahn, Pferd; siehe auch Pippel; dieses gehört laut Grimm zu Pieplein (= Junges von Geflügel, besonders des Huhns); lautmalend] (rheinisch und pfälzisch): **1.** *Penis* **2.** *kleiner Mensch.*

bib|bel|när|risch [vermerkt im Pfälzischen Wörterbuch; 1. Bestandteil: siehe Bibbel] (rheinisch und pfälzisch): *mannstoll; auf sexuellen Kontakt mit einem Mann versessen.*

Bi|ber, der; -s, - [eigentlich: Nagetier mit braunem Fell, das in Gewässern lebt; mhd. biber, ahd. bibar, eigentlich: der Braune; übertragen: Vollbart, langes Nackenhaar, Bartstoppeln, unrasiertes Gesicht; siehe Bär mit gleichem Benennungsmotiv]: **1.** *weibliche Schambehaarung* **2.** *Vulva, weibliche Genitalien:* „Ein Mann kommt zu seinem Hausarzt und druckst verlegen herum: ‚Ja also, Herr Doktor, mein Sohn Lars Ulrich hat auf einer Party – wie er es ausdrückt – eine derbe Hobelschlunze klargemacht und sie pornomäßig durchgepötert. Leider hat sie ihm dabei einen bestialischen Tripper angehängt.' Der Arzt sagt: ‚So ein Lattenrost kann recht lästig sein. Ihr Sohn muss schnell herkommen und mir seine Sorgenflöte zeigen.' Der Mann erwidert: ‚Das ist ja noch nicht alles: Mit seinem Tropfkolben hat mein Herr Sohn unsere pummelige Putzfrau gepimpert. Leider hat sich die pralle

Perle auch angesteckt.' Der Arzt sagt: ,Tja, mit einem Prengelpilz darf man auf keinen Fall einfach herumorgeln!' Zögernd fährt der Mann fort: ,Aber es geht noch weiter: Ahnungslos habe ich etwas später unsere Putze gebumst und mir die Schwengelschwäre eingefangen.' Erstaunt fragt der Arzt: ,Wie bitte? Sie haben ebenfalls so einen Willi-Brand?' Der Mann sagt: ,Ach, das ist noch nicht das Ende der Geschichte: Danach habe ich meiner Frau den Biber gebürstet. Und jetzt leidet sie auch daran.' Da stöhnt der Arzt auf: ,Ja, leck mich am Arsch, dann haben wir es jetzt ja alle!'" („Herrenwitze", gelesen von Mirjam Weichselbraun in „Harald-Schmidt-Show", 11. März 2013, Text von Christian Storms)

bie|gen ⟨hat⟩ **(eine Frau) über etwas biegen:** *koitieren (vom Mann):* „Der hat sich rinjeschlichen, un' mir uff Mutter'ns Stoßlade überjebogen. Er hat mir jeschunden un' volljeklirt, die olle dreckije Hottepese ..." (Zille: Hurengespräche, 20) – „Und wauns es sågts i bin a Futkarli, daunn håbts jå recht / i bin mid Leib und Söl ein echta Puderant / i reiß a jede auf, de wås bei uns ins Beisl kummt / und nåch zwa Stund håb is im Haustor zuweglahnt / i håb scho haufnweis de Håsn übers Glanda bogn." (Danzer: Vorstadtcasanova)

Bie|sel, der; -s, kein Plural [laut Zehetner eine jüngere substantivische Ableitung zu bieseln] (bayerisch und österreichisch]: *Urin.*

Bie|se|ler, der; -s, -s [zu bieseln] (schwäbisch): *kleines Kind.*

bie|seln, pieseln ⟨hat⟩ [laut Duden eine Wortmischung aus pissen und nieseln, um einen verhüllenden Effekt zu erzielen; laut Zehetner ist diese Ableitung verfehlt, weil beide Ausdrücke im Bayerischen und Österreichischen nicht gebräuchlich sind; eher lautmalend und verwandt mit wiescherln, wiescheln (vgl. biesi-biesi machen, wiesi-wiesi machen)] (laut Variantenwörterbuch in Österreich, Bayern, Nordrhein-Westfalen, Hessen und in Teilen von Rheinland-Pfalz): **1.** *urinieren* „Billa und Bipa, das klang wie Pieseln und Pipi, wie Pullern, Brunzen, Wischeln und Schiffen." (Franzobel: Lusthaus, 28) **2.** *in feinen Tropfen anhaltend regnen.*

Bie|serl, das; -s, -n [zu bieseln] (bayerisch und österreichisch): *Penis eines Kindes.*

Bies|ler, der; -s, - [zu bieseln] (bayerisch und österreichisch): *Mann, der uriniert.*

Bim|bam; der; -, -(s) (schweizerisch) ❖ **de Bim und de Bam** [belegt in „Jugendsprache unplugged, 2013", Langenscheidt; auf das Schwingen eines Glockenschwengels anspielend] (schweizerisch): **1.** *Hoden* **2.** *männliches Geschlechtsorgan insgesamt* ❖ **den Bimbam baumeln lassen:** *sich ausruhen.*

Bim|ber, der; -s, - [eigentlich: Glockenschwengel; belegt bei Grimm und im Wörterbuch der elsässischen Mundarten; verwandt mit Pimpel, Pimmel und Pimperle; siehe dort]: *Penis.*

Bim|ber|le, das; -s, - [Diminutivum von Bimber, siehe dort; belegt auf undinger.de] (vor allem schwäbisch, kindersprachlich): *(kleiner) Penis.*

B

bim|bern 〈hat〉 [zu Bimber, siehe dort] (fränkisch): *koitieren:* „Drinner innerm Schubb'm (= im Abstellraum) / Da hob i ana bimbern woll'n / Etz war's a Blasdigg-Bubb'm (= eine Plastikpuppe) / Drinner innerm Schubb'm." (J.B.O.: Bimber, Bumber, Dödel, Dei)

bim|sen 〈hat〉 [belegt im Brandenburg-Berlinischen Wörterbuch und auf duden.de; eigentlich: mit einem Bimsstein abreiben, putzen, schleifen; auch prügeln, drillen; laut Kluge ist die Wortbildung angeregt durch bumsen, aber die Bedeutungen scheuern und reiben sind ebenfalls ein passender Ausgangspunkt]: *koitieren.*

Bims|stein, der; -(e)s, -e [vgl. bimsen; belegt auf wie-sagt-man-noch.de]: *Klitoris (Kitzler).*

Bix, die: *siehe Büchse.*

blank|zie|hen 〈hat〉 [aus der Fechtersprache: den Säbel aus der Scheide ziehen] **1.** [belegt bei Küpper] *die Hose herunterziehen; den Penis aus der Hose nehmen, um zu koitieren* **2.** *sich nackt ausziehen (z.B. für einen Fotografen):* „Splitterfasernackt im Sand: Ihre jüngsten Nacktaufnahmen haben Heidi Klum nicht gereicht. Das Topmodel zieht erneut blank – und beweist, dass es auch noch nach drei Kindern mit seinen Konkurrentinnen mithalten kann." (focus.de, 6. April 2009)

bla|sen 〈hat〉 [eigentlich: eine Luftbewegung hervorrufen, ein Blasinstrument spielen, z.B. die Trompete blasen; der Penis wird metaphorisch häufig mit Blasinstrumenten verglichen; bereits 1906 von Ostwald mit Belegen vermerkt, zunächst Homosexuellensprache; es fehlt in „Josefine Mutzenbacher", dort: Minette machen, in den Mund nehmen; unabhängig davon im Englischen to blow (= fellationieren), älteste Belege laut Online Etymology Dictionary in den 1930er Jahren, ursprünglich Jargon der Prostituierten, vielleicht zu to blow (someone) off (= jemanden entleeren); siehe Blowjob mit weiteren Erklärungsversuchen]: *fellationieren:* sie/er hat ihn geblasen ❖ **jemandem einen blasen:** *jemanden fellationieren:* „Grissemann: Er wollte, dass du ihm einen bläst, der berühmte O. W. Fischer? Erni Mangold: Ja, das hat aber mit Berühmtheit nichts zu tun. Grissemann: Und dein Buch ist morgen bei Amazon auf Platz eins, wenn wir so weitermachen. (Aus der ORF-Sendung „Willkommen Österreich" vom 1. März 2012) – „Das ist noch lange kein Grund, uns mit so billigen Anmachsprüchen abzuschleppen: ‚Hallo, hast du dir eigentlich weh getan, als du vom Himmel auf die Erde gefallen bist?' (...) Ich denk dann immer: O Gott! Irgendwann ham die mal funktioniert! Stell dir mal vor, irgendwo auf der Welt hat 'ne Frau mal auf so nen Spruch so reagiert: ‚Ja, wirklich? Glaubst du, die Engel haben mich im Himmel gemacht? Das hat gar nicht weh getan ... Ma, das ist voll süß von dir. Komm, ich blas dir einen ...' Das wär' doch 'ne Schande für unser Geschlecht!" (Carolin Kebekus – Ladies Night, WDR, 22. Juni 2013) – „Er hatte es von Anfang an darauf angelegt, sich von Heinz einen blasen zu lassen." (Hölscher: Keine Konzessionen, 56) ❖ **blasen wie ein Tornado/wie ein Hurrikan:** *stürmisch fellationieren:* „Was haben die Ehe und ein Tornado gemeinsam? Beides fängt mit Blasen an, und wenn alles vorbei ist, ist das Haus weg." (Internetbeleg auf mir-gefaellts.de)

Blas|hüt|te, die; -, -n [1. Bestandteil: zu altwienerisch blasen (= trinken); laut Wolf deshalb, weil Zinken die Bedeutung Schoppen, Kanne etc. hatte und die zum Mund geführte Trinkkanne mit dem alten Blasinstrument Zinke(n) (= Kornett) verglichen wurde; blasen (= fellationieren) daher wohl sekundär; Blashütten mit der Bedeutung 2 findet sich in Krimis von Ernst Hinterberger; 2. Bestandteil: kleines, primitives Haus, das meist nur aus einem Raum besteht] (ostösterreichisch): **1.** *kleine Branntweinstube; Lokal, wo schwere Alkoholiker verkehren* **2.** *Bar im Rotlichtmilieu mit Prostituierten.*

Blas|kis|te, die; -, -n [1. Bestandteil: siehe blasen; 2. Bestandteil: siehe Kiste, Bedeutung 1] (ndd.): *Anus.*

Bleck|arsch, der; -es, ...ärsche [zu blecken (= sichtbar sein), mhd. blecken (= aufblitzen lassen, entblößen); vgl.: der Hund bleckt die Zähne] (bayerisch und österreichisch): *entblößtes, nacktes Gesäß.*

ble|dern ⟨hat⟩ [belegt auf oewb.retti; eigentlich: schnell und geräuschvoll mit dem Auto, Motorrad etc. fahren] (österreichisch): *koitieren.*

Blei|arsch, der; -(e)s, ...ärsche [2. Bestandteil: siehe Arsch] **1.** *Segelflugpilot mit besonders geringem Körpergewicht (die Pilotenkanzel wird zusätzlich beschwert, um den Schwerpunkt nach vorne zu verlagern; dazu verwendet man ein mit Stoff überzogenes Stück Blei* **2.** *Gast, der ewig sitzen bleibt und nicht nach Hause gehen will.*

blick|fi|cken ⟨hat⟩ [eigentlich: mit Blicken koitieren; belegt im Wörterbuch der Jugendsprache, Pons 2014]: *jemanden mit einem Ausdruck sexueller Begierde ansehen:* „Als sie Frankie de Luxe blickfickten wie eine Chica, konnte ich nur hoffen, dass sie cremig [= locker] blieben." (Kögl: Auf Fett Sieben, 59)

Bloß|arsch, der; -(e)s, ...ärsche [belegt bei Pfeiffer; 1. Bestandteil: mhd. blōȝ (= nackt, unbedeckt; unbewaffnet; unvermischt, rein)] (vor allem hessisch): *armer Schlucker* ❖ **Ei, der (Hans) Bloßarsch!** *Antwort auf die als unberechtigt empfundene Frage „Wer war denn das?"*

Blow|job, der; -s, -s [entlehnt aus engl. blow job mit gleicher Bedeutung; im Englischen laut Online Etymology Dictionary erst seit den späten 1950er Jahren; euphemistisch für to suck (= saugen, fellationieren), eventuell verkürzt aus to blow up (= explodieren, in die Luft gehen, sprengen; Metapher für den Orgasmus); siehe auch blasen mit einem weiteren Erklärungsversuch für to blow (= fellationieren); vermutlich hat sich Blowjob im Deutschen deshalb rasch durchgesetzt, weil blasen (= fellationieren) hier bereits in Gebrauch war]: *Fellatio* ❖ **jemandem einen Blowjob geben:** *jemanden fellationieren:* „Bei einem Solo von Van Halen gab mir Stefanie einmal einen Blowjob." (Peer: Bis dass der Tod uns meidet, 217). „Den Mund zu voll genommen: Lara Love scheitert an Blowjob-Weltrekord. (...) Nach Mann Nr. 150 wurde der Weltrekordversuch von Laras Arzt abgebrochen." (bild.de vom 26. Januar 2011)

Blub|ber, der; -s, - [belegt bei Reiskel: Berliner Mundart, 1905 und auf sprachnudel.de; vgl. blubbern (= von einem dickflüssigen Stoff: Blasen werfen); vermutlich lautmalend]: *Sperma.*

Blub|be|rer, der; -s, - [siehe Blubber]: *entweichende Darmblähung:* „Ein erster Furz braute sich zusammen, es brodelte, gärte und ein Blubberer mit Aroma kam aus meiner Schleuse herausgeschossen." (Internetbeleg auf forumromanum.com)

Blu|me, die; -, -n [mhd. bluome, ahd. bluoma, bluomo, zu blühen, das ursprünglich knospen, schwellen bedeutet hat; Grimm erwähnt die frühere Bedeutung: Jungfernschaft; vgl. engl. flower (= Blume; Vagina, Vulva; Jungfernschaft)]: *Vagina, Vulva* ❖ **die Blume (be)gießen:** *koitieren:* „Irene besaß einen Schlüssel für die Wohnung der Wirtin, die oft verreiste und von Irene die Blumen gießen ließ. Während meiner Anwesenheit ließ sich Irene ganz frenetisch die eigene Blume gießen." (Zwerenz, Tantenliebe, 36)

Blüm|chen, das; -s, - [belegt bei Borneman; Diminutiv zu Blume, siehe dort]: *Klitoris (Kitzler):* am Blümchen nagen (beim Cunnilingus) ❖ **Blümchen pflücken:** *masturbieren* (von der Frau).

Blüm|chen|sex, der; -(es), kein Plural [Benennungsmotiv: zarte Beschaffenheit einer kleinen Blume]: *sanfter, auf Zärtlichkeit ausgerichteter Koitus, Kuschelsex:* „Sie reden offener über ihre Fetische und wollen nicht nur Blümchensex. Der Blick in die Zimmer der Mädchen offenbart denn auch ein Sammelsurium von Sextoys, Dessous, Augenbinden, Peitschen und Knebeln." (tagesanzeiger.ch, 30. Januar 2011) – „Don Jon ist pornosüchtig. (...) Auch als er sich in Barbara Sugarmann verliebt. Die hat allerdings eine völlig andere Vorstellung von Leben und Liebe. Kurz umrissen: Vorstadt, Haus, Auto, Kinder, Blümchensex und Monogamie." (Format, Nr. 45 vom 8. November 2013; Filmvorschau zu „Don Jon")

Blut|peit|sche, die; -, -n [1. Bestandteil: die moderne Sexualwissenschaft unterscheidet zwischen Fleischpenis und Blutpenis; letzterer ist von Haus aus recht klein, wird allerdings im erigierten Zustand rund doppelt so groß; beim Fleischpenis ist es umgekehrt; 2. Bestandteil: spätmhd. (ostmitteldeutsch) pītsche, pīcze; aus einer slawischen Sprache]: **1.** *Blutpenis* **2.** *Penis (allgemein).*

Bob|bo, der: *siehe Popo.*

Bock, der; -s, ...böcke [mhd., ahd. boc, ursprünglich: Ziegenbock; weitere Herkunft unklar; siehe auch bocken]: *besonders potenter Mann:* „Schließe deine Säume / Oben und unten am Rock. / Was ich von dir träume / Träumt ein Bock" (Ringelnatz: Letzte Worte an eine Spröde; zitiert bei Kinder) ❖ **geil wie ein Bock sein:** *besonders erregt sein* ❖ **Bock auf etwas haben:** *Lust auf etwas haben.*

bo|cken 〈hat〉 [belegt auf duden.de und bei Küpper; mhd. bocken (= stoßen wie ein Bock); außerhalb der Sexualsprache: störrisch stehen bleiben und nicht weitergehen (z. B. von Zugtieren); in der Sprache der Landwirtschaft: brünstig sein (von Schafen und Ziegen); der Sexualausdruck geht auf die im Mittelhochdeutschen dokumentierte Verwendung zurück] (mitteldeutsch, ndd.)]: *koitieren* ❖ **aufs Bocken folgt das Lammen** [belegt bei Küpper; Anspielung auf unerwünschten Kindersegen nach einem Koitus]: *wer das Angenehme genießt, muss auch das Unerwünschte hinnehmen.*

Bocks|beu|tel, der; -s, - [bauchige Frankenweinflasche; wegen der Ähnlichkeit mit dem Hodensack eines Bocks]: *Hodensack eines Menschen, Skrotum* ❖ **einen Bocksbeutel leeren** [belegt bei Küpper] (verhüllend, da auch eine Flasche Wein gemeint sein könnte): *koitieren.*

Bock|schein, der; -(e)s, -e; **Bock|kar|te,** die; -, -n [zu bocken (= koitieren); vor allem mitteldeutsch und ndd.]: *gesundheitsamtliche Bescheinigung für Prostituierte.*

Bock|wurst, die; -, ...würste [ursprünglich in der Zeit von Fronleichnam zu Bockbier gegessen; dieses Wort ist eine mundartliche Umgestaltung von einbeckisch Bier, d. h. Bier aus der Stadt Einbeck in Sachsen; Verwendung in der Sexualsprache auch aufgrund der Doppeldeutigkeit mit bocken (= koitieren); siehe dort]: *Penis* ❖ **Bockwurst essen:** *fellationieren.*

Bol|li|to Mis|to,, das; kein Genitiv, kein Plural [belegt bei Herdi 2001; eigentlich: Gemischtes Gekochtes; opulentes italienisches Gericht aus mehreren Fleischsorten und Würsten (schweizerisch): *Gruppensex.*

Boog|mie|ger, der; kein Genitiv, -s [siehe miegen] (ndd.): *Knabe, der im Bogen uriniert.*

Bol|zen, der; -s, - [belegt auf duden.de; mhd., ahd. bolz; außerhalb der Sexualsprache ein dicker Metall- oder Holzstift, ferner Geschoß für die Armbrust; die männlichen Genitalien werden oft mit länglichen und harten Gegenständen verglichen, z. B. Keule, Klachel, Knüppel, Latte, Pint, Prängel, Schwengel etc.]: *(erigierter) Penis* ❖ **sich am Bolzen reißen:** *masturbieren (vom Mann).*

Bon|jour|trop|fen, der; -s, - [zu franz. bonjour (= guten Tag); siehe auch Liebessaft, Lusttropfen]: **1.** *eine klare Flüssigkeit, die bei höchster sexueller Erregung (vor der Ejakulation) oder bei jungen Männern oft morgens aus dem Penis austritt (das Sekret wird von den Cow-*

perschen Drüsen abgesondert) **2.** [belegt bei Borneman] (verhüllend) *der bei chronischem Tripper frühmorgens aus der Harnröhre austretende Sekrettropfen.*

B

Bord|stein|schwal|be, die; -, -n [1. Bestandteil: steinerne Einfassung zwischen Straße und Bürgersteig/Gehsteig/Trottoir; 2. Bestandteil: ein Singvogel; vgl. Trottoiramsel]: *Straßenprostituierte.*

Borst, Bost, die; kein Genitiv, -en [Metathese zu Brust, mhd. brust und ahd. brust, aber schon mndd. und mndl. borst mit Konsonantenumstellung] (ndd.): *Brust:* se hett 'n platte Borst (= sie hat kleine Brüste); se hett dicke Bosten (= sie hat große Brüste) – „En Hand glee overhör Liev, en Tung over hör Borsten. Dat was HE. Dat *was* he." (Dirks: Unner de Buukreem, 47)

Bos|köpp|li, die (Plural) [belegt im Zürislängikon; abgeleitet aus dem Sortennamen des Apfels „Der Schöne aus Boskoop"; die recht großen Äpfel zählen zu den Winteräpfeln; der Zufallssämling wurde erstmals in Boskoop (Niederlande) entdeckt] (schweizerisch): *weibliche Brüste.*

bo|ßen ⟨hat⟩ [zu mhd. bōʒen (= stoßen); gehört zu einer Reihe von Wörtern mit der Grundbedeutung rhythmisch hin- und herbewegen; vgl. bürsten, geigen, striegeln etc.]: *koitieren.*

bran|lie|ren ⟨hat⟩ [zu franz. branler (= nicken, schlenkern, schütteln, wackeln)]: *koitieren (nur intransitiv):* „Caffé wollen wir trinken mein Fremder! – da meynt sie [die Dirne] branlieren." (Goethe: Venezianische Epigramme, Nachtrag 36) ❖ **sich branlieren** ⟨hat⟩: *masturbieren (vom Mann):* „Als Jüngling hat er sich branlirt, / Und als Student auch renomirt." (Goethe: Über****Junius an die Nachkommen; in: Erotische Gedichte, hg. v. Ammer, 159)

brät|schen: *siehe prätschen.*

braun ⟨Adj.⟩ [braun steht für die Farbe des Kots] ❖ **brau|ner Sa|lon:** *Anus* ❖ **Liebhaber des braunen Salons:** *Mann, der gerne und häufig Analverkehr praktiziert* ❖ „Wie einst Adolf sitz' ich hier, / die braunen Massen unter mir!" (Klospruch, Internetbeleg auf fun.wikia.com)

Brau|ne, das (verhüllend): *Exkremente, Kot* ❖ **ins Braune greifen/ einen Griff ins Braune machen:** *einen Fehler begehen, Pech haben.*

Bräu|ti|gams|schmer|zen, die (Plural) [Herkunft unklar; vielleicht bezogen auf sexuelle Enthaltsamkeit bei gleichzeitiger Erregung in der Zeit der Verlobung; siehe blaue Eier haben und Kavaliersschmerzen]: *Schmerzen im Hodenbereich infolge langer sexueller Erregung ohne Ejakulation.*

Breit|arsch, der; -es, ...ärsche, auch: **Broad|orsche|der:** *Mensch mit großem Gesäß und breiten Hüften.*

breit|ar|schig ⟨Adj.⟩ [zu Breitarsch]: **1.** *mit großem Gesäß und breiten Hüften* **2.** *voluminös und deftig:* dreckiger Rock, wie er breitarschiger nicht klingen kann.

Brems|spur, die; -, -en [eigentlich: Gummiabrieb auf der Straße]: *streifenförmige Kotspur in der Unterhose.*

Brit|sche, die; -, -n; **Brit|schen,** die; -, - [mhd. britze, britsche (= Vulva); nicht verwandt mit gesamtdeutsch Pritsche (= Bett)] (bayerisch und österreichisch): **1.** *Vagina, Vulva* **2.** *klatschsüchtige, bösartige Frau* **3.** *promiskuitiv lebende Frau (hat Geschlechtsverkehr mit häufig wechselnden Partnern)* **4.** *Prostituierte.*

brit|schen, prit|schen ⟨hat⟩ [zu mhd. britze, brütsche, ahd. britissa; Kollektivbildung zu Brett, also eigentlich: mit einem Brett auf etwas schlagen und ein klatschendes Geräusch verursachen; nicht verwandt mit Britsche (= Vagina, Vulva)]: *eine Darmblähung mit klatschendem Geräusch entweichen lassen.*

bri|t|schi|go|gerln: siehe pfitschigogerln.

Brom|beer|bums, der; -es, -e [belegt in „Jugendsprache unplugged, 2013", Langenscheidt]: *Koitus mit einer Person, deren Intimbereich stoppelig ist.*

Brom|be|eren, Bram|be|eren, die (Plural) [belegt im Rheinischen Wörterbuch]: *kleiner Klumpen Kot, der in den Haaren am Anus klebt (auch bei Schafen, Ziegen, Kühen etc.).*

bron|zen: *siehe brunzen.*

Bron|zer, der: *siehe Brunzer.*

Bruch|se|ckel, der; -s, - [belegt bei Plankenhorn; 1. Bestandteil: kurz für Hodenbruch; 2. Bestandteil: siehe Seckel] (schwäbisch): *impotenter Tölpel.*

Bru|der, der; -s, Brüder ❖ **der kleine Bruder** (verhüllend): *Penis.*

Brumm|fut, die; -, - [belegt bei Teuschl]: *verlebte Frau.*

Brunn|wie|se, die; -, -n [1. Bestandteil: zu Brunnen; angelehnt an die Wortherkunft von brunzen, siehe dort; 2. Bestandteil: Metapher für die Schambehaarung] (verhüllend): *Vagina, weibliche Genitalien.*

brun|sen: *siehe brunzen.*

Bruns|kuddl, die; kein Genitiv, -; **Bruns|kun|ner|la,** die; kein Genitiv, - [belegt bei Meister; 1. Bestandteil: siehe brunzen; 2. Bestandteil: Kurzform des in Franken häufigen Vornamens Kunigunde] (fränkisch): **1.** *Bettnässer* **2.** *dreckiger, ungepflegter Mensch.*

Brunst|ru|te, die; -, -en [belegt bei Küpper; eigentlich: männliches Glied beim Schalenwild; Brunftrute]: *Penis.*

Brunz|bu|schen, der; -s, - [zu brunzen, siehe dort, und Buschen (= Strauß, gebündelte Zweige, Blumen etc.)] (bayerisch und österreichisch): *Schambehaarung* ❖ **Brunzbuschen z'sammtuschen** [zusammentuschen (= lautstark zusammenprallen)] (bayerisch und österreichisch): *koitieren.*

Brun|ze|li|a|num, das; -s, kein Plural [belegt bei Küpper; nachgebildet dem Basler Bernoullianum]: *öffentliche Toilette.*

brun|zeln ⟨hat⟩ [zu brunzen (= urinieren); mit -l-Einschub]: *nach Harn riechen:* „Würmler (...) hatte am Telefon gemeint, dass der Kopf ziemlich mit Pische getränkt gewesen sei und dementsprechend gebrunzelt habe." (Franzobel: Zirkusblut, 32)

brun|zen ⟨hat⟩ schwäbisch: **bron|ze;** badisch: **brund|se;** fränkisch: **brunsn** [von mhd. brunnezen, Intensivbildung zu brunnen (= hervorquellen); verwandt mit dem Substantiv Brunnen, vgl. schweizerisch einen Brunnen setzen; das Verb brunzen wurde bereits im 18. Jh. als grob und verächtlich eingestuft] (laut Variantenwörterbuch in Bayern, Baden-Württemberg, Saarland, in Teilen von Rheinland-Pfalz, in der Schweiz und in Österreich): *urinieren:* „In die Ecke brunzen ist keine Kunst, / an die Decke scheißen, das ist Kunst!" (Klospruch, Internetbeleg auf fun.wikia.com) – „Alle Freude verliert man auf Dauer an dem Familienausflug, wenn er immer so prekär ausgeht. Eine brunzt, das andere kotzt." (Jelinek: Die Ausgesperrten, 49) ❖ **gehen, wie der Bär brunzt/wie die Sau brunzt** [vgl. pissen: süht ut, as wenn de Bull pisst hett] ❖ *torkeln, zickzack gehen* ❖ **red, wann d' Gäns' brunzen** [belegt bei Jakob]: *du sollst schweigen, du hast nichts zu sagen* ❖ **ka Germane brunzt allane** (= kein Germane brunzt allein): *Ausspruch, wenn Gasthausbesucher gleichzeitig auf die Toilette gehen* ❖ **Haben wir vielleicht als Buben gemeinsam über den Zaun gebrunzt?** *Grobe Zurechtweisung, wenn jemand penetrant das vertrauliche Du verwendet, ohne dass es ihm angeboten wurde.*

Brun|zer, der; -s, - [Nomen Agentis zu brunzen]: **1.** *urinierender Mann* **2.** *junger, unerfahrener Mann:* der junge Brunzer weiß alles dreimal besser **3.** *Schimpfwort für einen Mann:* der alte Brunzer soll sich vor mir in Acht nehmen.

Brunz|ka|chel, die; -, -n; schwäbisch: **Bronz|ka|chel** [1. Bestandteil: zu brunzen, bronzen (= urinieren); 2. Bestandteil: zu Kachel (= Fliese)] (bayerisch, österreichisch und schwäbisch): **1.** *Nachttopf* **2.** *Vagina* **3.** *böse, unanständige Frau.*

Brunz|kam|mer, die; -, -n [zu brunzen (= urinieren)]: *Vulva.*

Brunz|lert, das; kein Genitiv, kein Plural; ein Brunzlertes [zu brunzen]: *Urin.*

Brunz|kar|ter, Brunz|kart|ler, Bruns|kardd|ler, der; -s, - [1. Bestandteil: siehe brunzen; 2. Bestandteil: mundartlich für Kartenspieler]: *schlecht spielender Kartenspieler oder Anfänger (kommt nur zum Einsatz, wenn ein Spieler auf die Toilette geht).*

Brunz|rin|ne, die; -, -n [1. Bestandteil: zu brunzen; 2. Bestandteil: mhd. rinne, ahd. rinna, zu rinnen] (bayerisch und österreichisch): *im Pissoir eine halbkreisförmige Ausnehmung zwischen Wand und Fußboden, in die uriniert wird und die gleichzeitig als Abfluss für den Urin dient:* „Nur war der Körper [die Leiche] diesmal nicht in der Popcornmaschine gefunden worden, sondern in der Brunzrinne am Männerklo." (Franzobel: Zirkusblut, 32)

Brunz|schädel, der; -s, -n [2. Bestandteil: mundartlich für Kopf] (bayerisch und österreichisch): **1.** *Peniskopf, Eichel* **2.** *Schimpfwort.*

Brunz|wim|merl, das; -s, -n [zu brunzen und Wimmerl (= Eiterpustel)]: *kleiner Penis.*

Brunz|win|kel, der; -s, - [belegt bei Jakob; zu brunzen]: *Pissoir.*

Brunz|zeug, das; -s, kein Plural [2. Bestandteil: Gerät, Ausstattung; siehe Pisszeug]: *Genitalien (weiblich und männlich)* ❖ **das Brunzzeug zusammenstecken:** *koitieren.*

Brust|fick, der; -s, -s [siehe Fick]: *intermammales Koitieren.*

brü|ten, ndd.: **brü|den, brü|en** ⟨hat⟩ [Bedeutung 1 belegt bei Borneman mit der Schreibung brüten, Bedeutung 2 belegt bei Herrmann-Winter mit der Schreibung brüden; laut Braune (Glossar bei Lauremberg) zu mhd. briuten (= koitieren, sich verloben, sich vermählen), mndd: bruden, bruen; die Grundbedeutung 1 wird heute meist nicht mehr erkannt; brüten (= auf dem Gelege sitzen; von Vögeln) geht auf mhd. brüeten, ahd. bruoten zurück] **1.** *koitieren* **2.** (ndd.) *necken, foppen, aufziehen.*

Bsoach|te, der; -n, -n; ein Bsoachter [zu seichen (= urinieren); aus dem Kartenspiel „Kritisch Watten" (weil er unerfahrenen Spielern gerne in die Hand soacht, d. h. zu lange im Blatt klebt, sodass er im letzten Stich von einem höheren Kritischen gestochen wird] (bayerisch): *Eichelsiebener.*

Bu|bi, der; -s, -s [belegt bei Küpper, Koseform von Bub]: *(junger) Kunde einer Prostituierten.*

Büb|les|schme|cker, der; -s, - [belegt bei Meister] (fränkisch): *Frau, die oft mit jungen Männern flirtet.*

Büch|se, die; -, -n; auch: **Büchs, Bühs, Bix,** Diminutivum: **Bixle;** ndd.: **Büss,** die; kein Genitiv, Büssen [zu ahd. buhsa, dieses zu lat. buxis (= Dose aus Buchsbaumholz), zu gleichbedeutend griech. pýxos mit unklarer Herkunft; laut Kluge waren kleine Kästchen für Arzneimittel oder Gewürze gemeint; gehört zu einer Reihe von Ausdrücken, die das weibliche Geschlechtsorgan mit einer Art von Behälter in Verbindung bringen; vgl. Dose, Schmuckkästchen, Tasche]: **1.** *Vagina* ❖ **die Büchse aufstellen:** *sich koitieren lassen (von der Frau)* ❖ **die Büchse putzen** (vor allem rheinisch): *mit einer Frau koitieren* ❖ **die Büchse ausleeren:** *urinieren (von der Frau)* **2.** *Frau:* „... und führte mich einen Schritt zur Seite, ‚wir sind gute Freunde. Du mußt verstehen – und die Büchs versteht mich', deutete der Alte auf Susanne und tippte mit der anderen Hand auf sein Ohr, ..." (Henscheid: Geht in Ordnung - Sowieso -- Genau ---, 55) **3.** *durchtriebenes Frauenzimmer* **4.** *Prostituierte.*

Büch|sen|fa|bri|kant, der; -en, -en [belegt bei Borneman; 1. Bestandteil: siehe Büchse]: *Vater mit vielen Töchtern.*

Büch|sen|öffner, der; -s, - [belegt bei Borneman; 1. Bestandteil: siehe Büchse]: **1.** *Penis* **2.** *alkoholisches Getränk, das Frauen willig macht.*

Buch|sta|ben, die ❖ **die vier Buchstaben** [gemeint ist das Wort Popo]: *Gesäß:* „Man sagte zu einem Ungarn in Wien, der sich während einer Sitzung nicht beruhigen konnte und aufgesprungen war, in gutem Wienerisch: ‚Setz di auf deine vier Buchstaben!' Er darauf: ‚Was sind die vier Buchstobän?' Man deutete es ihm an. Später meldete er sich noch einmal; ‚Sind ober fünf Buchstobän, bittaschän.'" (Robert Löffler in der Kolumne „Telemax", „Krone", Wien)

Bu|ckel, der; -s, - [mhd. buckel, entlehnt aus altfranz. boucle (= Schildknauf), zu lat. bucca (= Backe, Kiefer, Mund, Wange); die Bedeutung Rücken wohl unter Einfluss von bücken, eine Intensivbildung zu biegen]: *(gekrümmter) Rücken* ❖ **du kannst mir den Buckel hinunterrutschen (und mit der Zunge bremsen):** *verhüllend für das Götzzitat.*

bu|ckel|fün|ferln (nur in Verbindung mit einem Hilfszeitwort) ❖ **du kannst mich buckelfünferln** [eigentlich: du kannst mir mit den fünf Fingern der Hand über den Buckel (= über den Rücken) bis zum Gesäß hinunterfahren; 1. Bestandteil: siehe Buckel; auch: ich lass mich von dir nicht buckelfünferln] (ostösterreichisch, verhüllend): *milde Form des Götzzitats.*

bud|deln ⟨hat⟩ [belegt bei Reiskel: Berliner Mundart, 1905; zu pudeln (= im Wasser planschen)]: *die Geschlechtsteile eines Mannes oder einer Frau betasten.*

Bü|del, der; kein Genitiv, -; abgekürzt auch: **Bül** [wie Beutel zu ahd. bütil, eigentlich: Aufgeschwollenes; gesamtdeutsch: sackähnliches Behältnis, Geldbörse]: *Hodensack, Skrotum* ❖ **ne kole Bries un een Noordenwind geef een krusen Büdel un een lütten Pint** [eine steife Brise macht den Hodensack faltig und den Penis klein; Anspielung darauf, dass Skrotum und Penis bei niedrigen Temperaturen schrumpfen; belegt auf deutsch-plattdeutsch.de] (ndd.): *wer unter großem Druck steht, hat kein sexuelles Verlangen.*

bu|dern: *siehe pudern.*

Bü|gel|brett, das; -(e)s, -er [mit Stoff bezogenes Brett, das beim Bügeln als Unterlage dient; mitteldeutsch und ndd.: Plättbrett, siehe dort]: *flache weibliche Brüste.*

Bü|gel|ei|sen, das; -s, - [belegt bei Küpper und Borneman; vermutlich rückgebildet zu bügeln]: *Penis.*

bü|geln ⟨hat⟩ [eigentlich: Stoff mit dem Bügeleisen glatt streifen]: *koitieren.*

bu|jen ⟨hat⟩ [belegt auf sprachnudel.de und bei Borneman; Herkunft unklar] (vor allem moselfränkisch): *koitieren:* ich will net schwätze, ich will bujen!

Bul|ler|kist, die; kein Genitiv, -en [1. Bestandteil: siehe Bullerlock; 2. Bestandteil: siehe Kiste] (ndd.): *Gesäß.*

Bul|ler|lock, das; kein Genitiv, ...löcker/...locken [1. Bestandteil: zu bullern, bollern (= mit einem polternden Geräusch fallen); verwandt mit Böller; 2. Bestandteil: Loch] (ndd.): *Anus.*

Bumbl, die; kein Genitiv, -n, **Bum|berl,** das; kein Genitiv, -n [verwandt mit ndd. pumpeln und pümpeln (= mit dem Pumpel im Mörser stampfen, stoßen); siehe Pumpel] (fränkisch): **1.** *Vagina, Vulva* **2.** *dumme Frau* **3.** *(altmodische) Unterhose* **4.** (Kartenspielersprache) *Schellen-Ass* **5.** *saloppe Anrede:* ey du Bumbl!

Bums|bom|ber, der; -s, - [1. Bestandteil: siehe bumsen]: *Linienmaschine mit Sextouristen.*

bum|sen ⟨hat⟩ [außerhalb der Sexualsprache mit den Bedeutungen: dumpf dröhnen, heftig gegen etwas prallen; gehört zu einer Reihe von Wörtern mit der Grundbedeutung rhythmisch ein Geräusch erzeugen: dengeln, knallen, nageln, pempern, pimpern, pumpern etc.]: **1.** (intransitiv) *den Koitus vollziehen:* sie bumsen im Stehen; er/sie bumst mit ihr/ihm **2.** (transitiv) *mit jemandem den Koitus vollziehen.*

Bum|se|rei, die; -, -en [zu bumsen]: *häufiges, lang andauerndes oder als unangenehm empfundenes Koitieren.*

Bums|lokal, das; -s, -e [1. Bestandteil: laut Kluge ist von einer abschätzigen Bezeichnung für Blechmusik auszugehen, die auch Bumsmusik genannt wurde; der Zusammenhang mit bumsen (= koitieren) ist möglichweise sekundär, allerdings erwähnt Kluge auch ein älteres Bums (= Bordell)]: *anrüchiges Vergnügungslokal.*

Bun|te|li, Bün|te|li, das; *siehe Püntu.*

Bur|sche, der; -n, -n [ursprünglich: Angehöriger einer Burse; mhd. burse (= Beutel, Kasse), laut Duden eigentlich: aus einer Stiftung finanziertes Haus, in dem Studenten wohnen; relevant für die Verwendung in der Sexualsprache ist wohl auch eine Nebenbedeutung von Bursche: der Fisch an der Angel ist ein mächtiger Bursche (= ist ein besonders großes Exemplar)]: *Penis.*

bur|schen, ber|schen, bür|scheln ⟨hat⟩ [ursprünglich: herumfuchteln (etwa mit der Peitsche), an einem Gegenstand hin- und herrütteln (belegt in den Nachträgen zum Rheinischen Wörterbuch]: *koitieren:* „Wo Liebe, Glaube, Hoffnung häscht, wird morgens, mittags, abends gebäscht.“ (Internetbeleg auf kraehseite.de/sms-sprueche; in dieser Mundart wird -er- zu -äsch-)

Bürs|te, die; -, -n [belegt bei Küpper; Gerät zum Bürsten; siehe bürsten; eigentlich: Schamhaare der Frau]: *Vagina, Vulva:* „Er konnte wieder ruhig schlafen, mit der Hand auf meiner Bürste, wie er's bei Mutter gewohnt war." (Zille: Hurengespräche, 44)

bürs|ten, bürs|teln ⟨hat⟩ [belegt im Brandenburg-Berlinischen Wörterbuch; mhd. bürsten, verwandt mit Borste; außerhalb der Sexualsprache: mit einer Bürste über etwas fahren; gehört zu einer Reihe von Wörtern mit der Grundbedeutung rhythmisch hin- und herbewegen; vgl. boßen, geigen, striegeln etc.]: *(mit einer Frau) koitieren:* **wer in der Jugend viel bürstet, braucht sich im Alter nicht zu kämmen:** *scherzhafter Ausspruch von älteren Herren mit Glatze:* „Also sprach die erste: Meine läßt sich bürsten / von Grafen und von Fürsten. / Junge, wenn du willst, Junge, wenn du willst, /spiel auf meiner Geige, / Junge, wenn du willst, Junge, wenn du willst, / spiel auf mei'm Klavier." (aus einem sächsischen Volkslied, in: Brednich, 15).

Busch, der; -(e)s, Büsche [eigentlich: dicht gewachsener Strauch; mhd. busch, bosch, ahd. busk; weitere Herkunft unklar]: *Schamhaare:* „Ich kraulte den warmen Busch, spürte meine Gier wachsen, und presste meine Finger leicht in Daphne hinein." (Strohmeier: Küss mich, Libussa, 21)

bu|schen ⟨hat⟩ (gesprochen mit langem u) [gemeldet von Honnen; Herkunft unklar, vielleicht verwandt mit buschieren (= Flaschen verkorken)] (vor allem im Gebiet der Eifel): *koitieren.*

Busch|wich|ser, der; -s, - [belegt auf physiologus.de; 2. Bestandteil: siehe wichsen]: **1.** *Mann, der in einem FKK-Gelände hinter einem Busch masturbiert* **2.** *Schimpfwort für einen Mann.*

Bu|sen|grap|schen, das; -s, kein Plural [1. Bestandteil: standardsprachlicher Ausdruck für weibliche Brust; mhd. buosen, buosem, ahd. buosam (= Busen; Bausch des Kleides); 2. Bestandteil: laut Duden zu mundartlich grappen (= raffen, an sich reißen); verwandt mit grabbeln (= mit den Fingern herumtasten), eine Iterativbildung zu ndd. grabben]: *das Greifen eines Mannes nach der Brust einer Frau als sexuelle Belästigung.*

Bu|sen|grap|scher, der; -s, - [zu Busengrapschen]: *Mann, der eine Frau durch Busengrapschen sexuell belästigt.*

Büss, die: *siehe Büchse.*

Bu|t|scha|ri, die; -, -s [belegt bei Zehetner; außerhalb der Sexualsprache: wertloses Zeug, Gerümpel; Herkunft unklar] (bayerisch und österreichisch): **1.** *Busen* **2.** *Vagina.*

Bu|t|schet|te, die; -, -n [Herkunft unklar; vielleicht zu Butschari; siehe dort]: *Vagina.*

Butter|schas, der; -es, -e: *leiser, wenig gehaltvoller Darmwind:* „‚Jo und jetzt kummt a Lüfterl nach dem anderen.' ‚Na wenigstens riacht ma nix.' ‚Weil s Butterschas san. Do riecht ma ni wos.' ‚Butterschas? Und wie hoaßn die gemeinen, leisen Stinker bei euch?' ‚Des san de Eierschas.'" (Suckert: Kommissar Prohaska, 27) – „‚Tschuldigen, es zerreißt mi, das ist wie eine Stalinorgel aus Fürzen bei mir. (...) A klassischer Eierschaß. Aber ein ganz ein feiner Butterschaß war auch dabei. Wie bei einem feinen Herrn.“ (Stermann: Sechs Österreicher unter den ersten Fünf, 118)

But|zel|mann, der; -(e)s; ...männer [belegt bei Borneman und auf vagapedia.wikispaces.com; wohl zu mhd. bōȝen (= schlagen, klopfen); im Rotwelschen auch mit der Bedeutung Spaßvogel; 2. Bestandteil: typisch für Wortbildungen dieser Art; vgl. Kitzmann, Pillermann, Pissmanntje, Pullermann, Ziesemann]: *Penis.*

Büx, die; -, -en [entstanden durch Zusammenziehung von mndd. buckhose (= bockslederne Hose)] (ndd.): *Hose* ❖ **em bäwern di Büxen** [eigentlich: ihm zittert die Hose]: *er hat Angst.*

Bü|xen|ka|cker, Bü|xen|schie|ter, der; kein Genitiv, -s [1. Bestandteil: siehe Büx] (ndd.): *ängstlicher Mensch.*

C

C

Ca|fé Acht|eck, das; -s, -s [vor allem berlinerisch; wegen der früher achteckigen Form der Herrentoiletten; belegt auf in-berlin-brandenburg.com]: ***Pissoir.***

Chin|ger|do, der -s, -s [belegt bei Borneman und auf physiologus.de; Wolf und Wlislocki vermerken rotwelsch Cingerdo (= Bohrer); zu einem Verb, das reißen, schneiden bedeutet] (rotwelsch): ***Penis*** ❖ **den Chingerdo einlegen:** ***koitieren*** ❖ **den Chingerdo singen lassen: 1.** ***koitieren*** **2.** ***masturbieren (vom Mann).***

chop|sen ⟨hat⟩ [engl. to chop (= hauen); laut mo' urban dictionary auch mit der Bedeutung to have sex with]: ***koitieren:*** „Ich hab manchmal, wenn ich lange nicht gechopst hab, im Bus 'n Dicken (...) Dann muss ich immer schnell an was anderes denken, damit der Hammer verschwindet." (Internetbeleg auf d2jsp.org)

Cor|ni|chon, das; -, -s [belegt bei Herdi 2001; eigentlich: kleine Gurke, über franz. corniche zu lat. cornu (= Horn)] (schweizerisch): ***Klitoris (Kitzler).***

Cu|pi|do, der; -, kein Plural [Liebesgott in der römischen Mythologie] (verhüllend): ***Penis:*** „Liebau rückte nun weiter mit seinem Cupido herauf und näherte ihn meinen weibliche Brüsten (...) Ich drückte die weiblichen Brüste zusammen und er fitschelte nun auf und unter, so gut er konnte. Es dauerte lange, ehe sein Priap schäumte." (Anonym: Lina's aufrichtige Bekenntnisse, 42)

da|nach ⟨ist⟩ ❖ **die Zigarette danach:** *das Zigarettenrauchen nach einem Koitus:* „Hast du Feuer? / Gib mir Feuer und dann steck dein Streichholz wieder ein / Hast du Feuer? / Hast du Feuer? / Gib mir Feuer, dann geh bitte wieder heim / Die Zigarette danach rauch ich lieber allein." (Jennifer Rostock: Feuer)

Da|ne|ben|pis|ser, der; -s, -: **1.** *jemand, der daneben uriniert* **2.** *allgemeines Schimpfwort für Männer.*

Darm|stadt [eine kreisfreie Stadt im Süden Hessens; die Herkunft des Stadtnamens ist strittig, der Name hat aber sicher nichts mit Darm (= schlauchförmiger Teil des Verdauungsapparates) zu tun] ❖ **Gruß aus Darmstadt/Darmstadt lässt grüßen:** *Kommentar zu einer abgehenden Darmblähung.*

Dat|tel, die; -, -n [mhd. datel, über das Italienische zu span. dátil, zu lat. dactylus und griech. dáktylos; die weiblichen Genitalien werden oft mit runden, weichen und saftigen Früchten verglichen; siehe Feige, Pflaume, Zwetsche]: *Vulva.*

Dat|tel|kern, der; -s, -e [2. Bestandteil: Kern im Sinn von: etwas kleines Rundes oder Kugeliges wie Lustknöpfchen, Lustperle etc.]: *Klitoris (Kitzler):* am Dattelkern lutschen (beim Cunnilingus).

Dau|er|stän|der, der; -s, - [siehe Ständer]: *lang anhaltende Erektion:* „Gemäßigter Romantizismus! Das wäre ja wie das Abspritzen ohne Erektion oder umgekehrt wie ein Dauerständer ohne Entladung." (Peer: Bis dass der Tod uns meidet, 93)

da|zwi|schen|mö|sen ⟨hat⟩ [präfigierte Verbalbildung zu Möse, siehe dort; vielleicht auch in Anlehnung an mosern (= schimpfen, nörgeln); belegt in „Jugendsprache unplugged, 2013", Langenscheidt; dysphemistisch]: *dazwischenfunken; sich in das Sexualleben eines Liebespaares einmischen, jemandem den Sexualpartner abspenstig machen.*

De|ckel, der; -s, - [zu decken mit -l-Suffix für Gerätenamen, wie Hebel zu heben; außerhalb der Sexualsprache: Verschluss etc.] (österreichisch): *gesundheitsamtliche Bescheinigung für Prostituierte.*

Deck|hengst, der; -(e)s, -e [eigentlich: Zuchthengst; für das Erzeugen von Nachkommenschaft geeignetes Tier; zu decken (= begatten); ähnliche Wortbildung wie Gemeindebock, Beschäler etc.] **1.** *Mann, der Frauen schwängert* **2.** *Frauenheld.*

Deich|sel, die; -, -n [belegt auf duden.de; mhd. dīhsel, ahd. dīhsala, ursprünglich: Zugstange; Teil des Wagens, an den die Zugtiere gespannt werden]: *(erigierter) Penis* ❖ **die Deichsel einhängen:** *koitieren* ❖ **Hand an der Deichsel/Lenkstange:** *Hand in der Hosentasche.*

den|geln ⟨hat⟩ [mhd. tengelen (= hämmern, klopfen), zu mhd. tengen (= schlagen), ahd. tangil (= Dengelhammer); eigentlich: eine Sense durch Hämmern schärfen; gehört zu einer Reihe von Wörtern mit der Grundbedeutung rhythmisch ein Geräusch erzeugen: bumsen, nageln, pempern, pimpern, pumpern etc.]: *koitieren:* „Und hint drein schreit die Bäurin glei / und sagt, sie kennts am Greifn glei / sie sagt, sie kennts as ganz gewiss, / was a guater Wetzstoan isch. / Ös Herrnleut' mit die dicken Bäuch, ös sollts es grad probiern, / dos Dangln und dos Wetzn isch / gwiss gsünder als studiern." (aus: „I bin der Hans vom welschen Land"; vordergründig ein Lied über den Hausierhandel der österreichischen oder Südtiroler Wetzsteinträger) – „Was ist der Unterschied zwischen Bumsen und Blasen? Schon mal Bumsen an den Füßen gehabt?" (Internetbeleg auf witze-ueber-witze.de)

der|schei|ßen ⟨ist⟩ [zu scheißen, mit dem bayerischen und österreichischen Verbalpräfix der- (anstelle des sonst gebräuchlichen er-); meist perfektiv: Erzielen eines positiven Resultats, das in Frage gestellt oder verneint wird] ❖ **es ist nicht zum Derscheißen** (dysphemistisch): *es ist zu viel, ich kann es nicht verdauen/nicht aufessen:* „Tse, das wird ja net zum Derscheißen sein, morgen ..." (der Schauspieler Fritz Imhoff nach einem opulenten, vielgängigen Mahl; zitiert in Torberg: Die Tante Jolesch, 54)

Di|a|mant, der; -en, -en [eigentlich: fast farbloser, kostbarer Edelstein; mhd. diamant, dīemant, über das Französische und Lateinische zu griech. adámas, eigentlich: Unbezwingbares]: *Klitoris (Kitzler):* „Ronsaria trat singend vor mich hin, die Hände mit den Handflächen nach oben gehalten, die Beine gespreizt, daß der hübsche kleine Diamant weithin leuchtete. (...) woraufhin ich mich rücklings ganz fanatisch zu Boden legte und sie sich über mich niederließ, den Fotzdiamant an meiner Nase wetzend, womit sie sich auch dieses Sinnes bemächtigt hatte." (Zwerenz: Tantenliebe, 30)

dicht ⟨Adj.⟩ ❖ **nicht dicht sein: 1.** *Bettnässer sein, das Wasser nicht halten können* **2.** *einen Darmwind entweichen lassen* **3.** *nicht recht bei Verstand sein.*

Dick, der; -s, -s [engl. dick (= Penis); Koseform von Richard]: *Penis:* „Suck it baby, suck it bitch. Ich will jetzt Fotze statt 'nem harten Dick. / Suck it baby, suck it bitch. Ich bin geil auf Mösenfick, ich bin geil auf eine Klit. Ahh." (Lady Bitch Ray: Suck it)

dick ⟨Adj.⟩ ❖ **eine (Frau) dick machen** [belegt in Duden und bei Küpper]: *eine Frau schwängern.*

Dick|arsch, der; -(e)s; ...ärsche; **Dick|fied|le,** das; -s, -; **Dick|oors;** der; -, - [siehe Arsch, Füdle und Oors]: *Mensch mit breitem Gesäß.*

Di|cke, der; -n, -n; ein Dicker [zu dick; mhd. dicke, ahd. dicki; Herkunft unklar; außerhalb der Sexualsprache bedeutet dick: von mehr als normalem Umfang]: **1.** *(großer) Penis:* „So liegst du gut! Gleich wird sich's prächtig zeigen, / wie klug mein Rat. Ich schiebe meinen Dicken / in dein bemoostes Tor. Man nennt das Ficken. / Du fragst warum? Davon laß mich jetzt schweigen." (Schlegel: Erotische Sonette, 5. Sonett, 316 f.) **2.** *erigierter Penis:* „Da will ich nicht tauschen, in der Schule 'nen Dicken kriegen ..." (Kebekus: Pussy Terror, DVD) – „Licht aus, Licht aus / Mutter zieht sich nackend aus / Vater holt den Dicken raus / Fertig ist der kleine Klaus." (volkstümlicher Reim, belegt bei Rühmkorf: Über das Volksvermögen, 56)

Dick|mann, der; -s, ...männer [belegt bei Ostwald, Wolf und Groß] (rotwelsch): **1.** *Hoden* **2.** *Penis.*

Didd|las, die (Plural) [siehe Titte und Duttel] (fränkisch): *weibliche Brüste.*

Didd|las|grab|scher, Didd|las|bat|scher, der; -s, - [belegt bei Meister; 2. Bestandteil: grapschen bzw. patschen] (fränkisch): *Mann, der eine Frau durch Busengrapschen sexuell belästigt.*

Dil|do, der -(s), -s [engl. dildo, Herkunft unklar, vielleicht zu ital. diletto (= Genuss, Vergnügen)]: *künstliche Nachbildung des erigierten Penis:* „„Schade eigentlich', sagte Daphne. ‚Beim Ficken verwenden wir oft Dildos und sie gibt mir oft Ohrfeigen.'" (Strohmeier: Küss mich, Libussa, 131)

Dil|le, die; kein Genitiv, -n; auch: **Döll, Töll** [zu Tülle (= kleine Rinne, Röhre, Ausgussmündung von Gefäßen); mhd. tülle, ahd. tülli; mndd. dölle; gehört vermutlich zu einer indogermanischen Wurzel die Wölbung oder Höhlung bedeutet hat; laut Pfälzischem Wörterbuch über das Rotwelsche vermittelt (siehe Eintragung bei Wolf)]: *Vulva.*

Ding, das; -s, -e und -er [mhd. dinc, ahd. thing, laut Duden eigentlich: Gerichtsversammlung der freien Männer, Rechtssache] (verhüllend): **1.** *Penis:* „Ihr täuscht euch, wenn ihr glaubt, dass das was mit dem Ding zwischen meinen Beinen zu tun hat." (Langlauf-Olympiasieger Øystein Pettersen aus Norwegen über seinen Spitznamen Pölsa-Wurst; zitiert auf welt.de, 28. Februar 2010) – „Er zeigte mir / sein Ding. / Es sah aus wie der Hals eines Truthahns. / Ich lachte laut." (Patrizia Fortenkopp: Mal so gesehen; aus: Für Sylvia; zitiert bei Kinder) – „Da ist niemand, sagte er, und zog seine unter die Eier geklemmten Shorts endlich über sein Ding." (Kögl: Auf Fett Sieben, 32). – „Beim zweiten Espresso stand auch schon das Fundament der zweiten Strophe: In meiner Hose bin ich King / In meiner Hose ist ein Ding." (Henscheid: Dolce Madonna Bionda, 404) **2.** *Vulva, Vagina:* „Dirndl, geh her zum Zaun, / Lass ma dei Ding anschaun, was s firi [für] Federn hat, / Schwarz oder rot." (aus einem Wiener Volkslied; in: Weber: 233) **3.** *Koitus:* ein Ding drehen (koitieren) **4.** (nur Plural) *weibliche Brüste:* guck, was die für Dinger hat! – „Albert ergriff die beiden runden Dinger und begann an den Warzeln zu spielen." (Salten: Josefine Mutzenbacher, 250)

Din|ge|rees, das; kein Genitiv, kein Plural [eigentlich: Dingerei; gemeldet von Dirks] (ndd., verhüllend): **1.** *Vagina, Vulva* **2.** *Penis.*

Din|ge|rich, der; -s, -e [zu Ding, regional auch: eigentümlicher Kerl] (verhüllend): *Penis.*

Dings, das; -s, kein Plural [eigentlich: Ersatzwort für etwas, das einem gerade nicht einfällt; mhd. dinges, partitiver Genitiv von dinc, siehe Ding] (verhüllend): **1.** *Penis:* „Es war mal in Ägypten / für zwei innig Verliebte, / doch der Sand hat ihr Gefühl verbrannt. / Die Sphinx stand in der Mitte / als ganz neutrale Dritte / und sie fand, was da im Wege stand. / ‚Allerdings', / sprach die Sphinx, / ‚rück das Dings / mehr nach links', / und mit einem Mal da gings ..." (Evelyn Künneke: Allerdings, sprach die Sphinx; wiederholt zitiert von Nedward „Ned" Junior Flanders in „Die Simpsons") **2.** *Vagina, Vulva.*

Dir|ne, die; -, -n [mhd. dierne (= Dienerin, Magd, Mädchen), ahd. diorna (= Mädchen, Jungfrau); außerhalb der Sexualsprache hat sich in einigen Mundarten die Bedeutung Mädchen erhalten; die Wortgeschichte von Dirne ist ein plakatives Beispiel für die Bedeutungsverschlechterung von Wörtern für Frau]: *Prostituierte:* „Auf der einen Seite die Heilige, die man verehrt, auf der anderen die Dirne, die man begehrt. („Hörzu", Nr. 23/1996)

Dis|co-Schnal|le, die; -, -n [2. Bestandteil: siehe Schnalle]: *Frau, die in einer Diskothek Männerbekanntschaften für Sexualkontakte sucht:* „Dass er (...) mit jeder Disco-Schnalle rumgemacht, die mal 'n langen Schwanz zwischen die Beine haben wollt." (Schädlich: Mal hören, was noch kommt, 92)

Docht, der; (e)s, -e [belegt bei Borneman; laut Küpper eigentlich: Geschlechtsteil des Bullen]: *Penis.*

docht|geil 〈Adj.〉 [siehe Docht]: *gierig nach einem Koitus (von der Frau).*

Dö|del, der; -, - [außerhalb der Sexualsprache mit der Bedeutung Trottel; Herkunft unklar; österreichisch Dodel; zu mhd. todern (= undeutlich reden, stottern); und toderer (= Stotterer, Schwätzer); gemeindeutsch nur die Bedeutung Trottel, nicht die Bedeutung Penis] (ndd.): *Penis:* „‚Wie rasiert man sich die Klöten?' – ‚Dödel an die Seite ziehen und vorsichtig loslegen. Wie das normale Rasieren auch, nur viel vorsichtiger.'" (Dialog in einem Lebenshilfe-Blog) – „Mit Knödli (= Knoten) im Dödli ist vögli net mögli." (mundmische.de).

Dog|gy|style, der; kein Genitiv, kein Plural; auch verkürzt zu **Doggy,** der [entlehnt aus dem Englischen]: *Hündchenstellung:* „Aber ich finde etwa, dass ein guter Doggy nicht daraus bestehen kann, den Arsch rauszustecken, den Lümmel zu packen und einzuschieben, den Kopf zum Rammler zu drehen, ein wenig einen geilen Blick aufzusetzen und dann wartend schaukeln, bis es zu Ende ist." (Internetbeleg auf 6profi.com)

D

Dol|lar|flitt|chen, das; -s, -; bayerisch und österreichisch: **Dol|lar-flit|schen,** die; -, - [2. Bestandteil: siehe Flittchen und Flitsche] (historisch): *Frau, die während der Besatzungszeit mit amerikanischen Besatzungssoldaten Beziehungen hatte.*

Dop|pel|mi|net|te, die; -, -n [2. Bestandteil: siehe Minette; das Kompositum ist belegt bei Borneman in der Variante: doppelte Minette]: *gegenseitiger Oralverkehr zweier Frauen.*

Dorf|ma|trat|ze, die; -, -n [siehe Matratze]: *promiskuitive Frau vom Lande:* „Hure, Tusse, Luder, Schrulle, Kerbe, Schlampe, ich hasse dich / Schleimfotze, Dreckssau, Pissnelke, Fickgrotte, Kackbratze, Dorfmatratze / Ich hasse dich." (Lady Bitch Ray: Ich hasse dich)

Dorf|schlam|pe, die; -, -n [siehe Schlampe]: *promiskuitive Frau vom Lande:* „Ganz zu schweigen von den ganzen Dorfschlampen, die kurz davor waren, ihren BH für dich auszuziehen." (Kaiser: Blasmusikpop, 419)

Dorn, der; -(e)s, -en [belegt bei Küpper: Stift in der Mitte einer Scheibe; laut Borneman Dorn und Schnalle (= Penis und Vagina, Mann und Frau)]: *Penis* ❖ **am Dorn zupfen:** *masturbieren (vom Mann).*

Do|se, die; -, -n; Diminutivum: **Dös|chen,** das; -s, -; auch: **Ho|nig-dös|chen, Pu|der|dös|chen etc.** [gehört zu einer Reihe von Ausdrücken, die das weibliche Geschlechtsorgan mit einer Art von Behälter in Verbindung bringen; vgl. Büchse, Schmuckkästchen, Tasche; laut Duden stammt Dose aus dem Niederrheinischen; zu mndd. und mndl. dose (= Behälter zum Tragen, Lade, Koffer); weitere Herkunft unklar; Kluge vermutet Entlehnung aus griech. dósis (= Gabe), unter der Annahme, dass Arzneigaben in einer Kapsel verabreicht wurden; außerhalb der Sexualsprache mit der Bedeutung: kleines Gefäß mit Deckel]: *Vagina:* „Ich bin wie ein Hund: / total treu, / pinkele überall hin, / und wenn jemand eine Dose aufmacht, / wedele ich mit dem Schwanz!" (Oliver Pocher; zitiert auf spruechetante.de) – „Manfred sitzt im Café und hat schnell bemerkt, dass das Mädchen ihm gegenüber keinen Slip anhat. Geschickt zieht er sich Schuhe und Socken aus, und fängt mit seinem großen Zeh an, bei dem Mädchen zu spielen. Eine Woche später muss er zum Arzt, weil er ein Jucken am Zeh verspürt. Der Arzt untersucht ihn und sagt: ‚Tja, tut mir leid, aber Sie haben Tripper am Zeh!' Da sagt Manfred: ‚Ach, Herr Doktor, so etwas gibt's doch gar nicht!' – ‚Haben Sie eine Ahnung', antwortet der Arzt. ‚Gestern war ein Mädchen hier, die hatte Fußpilz an der Dose.'" (Internetbeleg auf witze-fun.de)

Dotsch, die; -, Plural unklar [belegt bei Borneman und Wolf; letzterer verweist auf Datsch (= Weib, Ente); laut Grimm ist das Maskulinum Datsch im südlichen Deutschland ursprünglich eine in Butter gebackene Mehlspeise, der meist Obst beigemischt ist, überhaupt ein mit der Hand geschlagener, gekneteter, zusammengedrückter Teig; verwandt mit rheinisch Dötsch(e) (= Delle) und andötschen (= eine Beule hineinfahren)] (rotwelsch): *Vulva.*

Dreh|arsch, der; -(e)s, ...ärsche; **Dreh|fott,** der; -, - [2. Bestandteil: siehe Arsch und Fott] **1.** [belegt im Rheinischen Wörterbuch]: *Frau, die beim Gehen mit dem Gesäß wackelt* **2.** [belegt bei Wander und im Pfälzischen Wörterbuch]: *langweiliger, langsamer Mensch* **3.** [belegt bei Meister] (fränkisch): *übereifriger Mensch.*

D

Drei|bei|ner, der; -s, - [belegt auf mundmische.de; siehe Bein; eigentlich: Mann mit erigiertem Penis]: *Kunde einer Prostituierten.*

Drei|er, der; -s, -; auch: **flotter Dreier:** *Geschlechtsverkehr zu dritt.*

Drei|er|zie|gel, der; -s, -n (wienerisch): *Sexualverkehr zu dritt:* „Glei übern Bett a großer Spiagl / und er trinkt Sekt aus Damenschuh'n / bei einem flotten Dreierziagl / a schöne Art sich auszuruh'n." (Danzer: A alte Drecksau)

Driss, Drieß, der; -, kein Plural [das Standardwort für Kot im Rheinischen, aber in der Umgangssprache nur noch mit Bedeutung 4; Herkunft unklar] (rheinisch): **1.** *menschlicher Kot* **2.** *Durchfall* **3.** *entwichene Darmblähung* **4.** *etwas Unbedeutendes, eine Kleinigkeit.*

dris|sen, drie|ßen ⟨hat⟩ [siehe Driss]: *Kot ausscheiden* ❖ **der Düvel drieß nit op ne kleine Haufe** [belegt bei Gröbe; eigentlich: der Teufel scheißt nicht auf kleine Haufen]: *wer schon viel hat, kriegt immer noch mehr* ❖ **drieß der jet, dann häs de jet** [eigentlich: verrichte deine Notdurft, dann hast du etwas]: *von mir bekommst du nichts (derbe Ablehnung).*

drü|ber|kräu|len ⟨ist⟩ **über eine Frau drüberkräulen** [1. Bestandteil: drüber (= darüber: über diese Stelle, über diesen Ort hinweg; 2. Bestandteil: siehe kräulen]: *mit einer Frau koitieren:* ich frage mich, wie viele über die schon drüberkräult sind.

drü|ber|las|sen ⟨hat⟩ [1. Bestandteil: über diese Stelle, über diesen Ort hinweg; siehe drüberkräulen]: *sich koitieren lassen (von der Frau):* „Herrgott ... da wär man ja der reine Narr, wenn man so an Mann nicht drüberlasset ..." (Salten: Josefine Mutzenbacher, 52)

drü|ber|rut|schen ⟨ist⟩ **über eine Frau drüberrutschen** [1. Bestandteil: darüber: über diese Stelle, über diesen Ort hinweg]: *mit einer Frau koitieren:* „Klar, ich weiß, wie die Gesellschaft ist, wie Deutschland ist und wie die Medien sind. Trotzdem gibt es einfach viel, mit dem man nicht rechnen kann. Zum Beispiel, dass man irgendwann nach acht Monaten einen Nervenzusammenbruch kriegt, weil man ununterbrochen mit fremden Menschen über psychische Probleme und Analverkehr spricht. (...) Ich habe mich wirklich gefühlt wie eine Prostituierte, über die die Journalisten zehn Mal am Tag drüberrutschen." (Roche im Gespräch mit n-tv, 20. August 2013)

drü|ber|stei|gen ⟨ist⟩ **über eine Frau drübersteigen** [1. Bestandteil: darüber: über diese Stelle, über diesen Ort hinweg]: *mit einer Frau koitieren.*

Dub|bas, Dob|bas, der; -, - [belegt bei Küpper; eigentlich: Dubasse (= flaches, barkenähnliches Ruderboot in Polen und Russland); großer Gegenstand, den man nicht näher bezeichnen will] (westndd.): *Penis.*

Du|ches|ma|lou|ches; auch: **Do|ches|ma|lo|ches** [belegt bei Herdi und Klepsch; Ausgangspunkt war vielleicht eine scherzhafte Fehlinterpretation der Ortsbezeichnung Aschaffenburg zu Arsch-schaffen-Burg; die Elemente wurden dann durch Hebraismen ersetzt: Duches (= Gesäß); malouchen (= schaffen, arbeiten); Zion (= Burg), wobei der letzte Bestandteil später entfallen ist; siehe Toches] (verhüllend): *Götzzitat.*

Dun|kel|bum|ser, der; -s, - [jemand, der aus Scham nur im Dunkeln koitiert; ähnliches Wortbildungsmotiv wie Warmduscher]: *Weichling.*

Dünn|fitsch, Dünn|flitsch, der; kein Genitiv, kein Plural [belegt bei Honnen; zu fitschen (= schnell laufen)] (rheinisch): *Durchfall:* kein Wunder, datte Dünnfitsch krichs, wenne die Äppel grün frisst.

Dünn|pfiff, der; kein Genitiv, kein Plural [2. Bestandteil: rückgebildet zu pfeifen]: *Durchfall.*

Dups, der; -es, -e [zu poln. dupa (= Gesäß; Vagina; attraktive Frau; Niete, Versager); zu altslawisch dupło (= Loch in der Erde, in einem Felsen, in einem Gegenstand, im menschlichen Körper] (ndd., kindersprachlich): *Gesäß.*

durch- als Präposition eines Verbs für koitieren; transitiv: **jemanden durch|bumsen, durch|ficken, durch|jückeln, durch|schnalzen, durch|vögeln etc.**: *intensiv oder lang mit jemandem den Koitus vollziehen:* „Im Karpfenteich der flotte Hecht / bumst alle Karpfen durch / nicht schlecht!“ (Grissemann/Stermann: Speichelfäden in der Buttermilch, 479) – „Durchschnalzen hätte ich sie können, bis sie abgespritzt hätte, doch nichts ist geschehen.“ (Franzobel: Was die Männer so treiben ..., 241) – „Der gute alte Privatporno. Zu sehen gab es eine sichtlich sedierte Gina-Lisa, die sich von einem schmierigen Südländer mit Bierbauch durchjückeln ließ. Damit war sie endgültig in die erste Liga der TV-Luder aufgestiegen.“ (Kebekus: Pussy Terror, 107)

durch|zie|hen ⟨hat⟩: *(eine Frau) koitieren:* „Selbst hab ich's mir gemacht, da Du nicht bei mir bist, Elender, (...) durchziehen wirst Du mich. Durchziehen.“ (Zwerenz: Rasputin, 104) – „Deine Frau hat sich von ihrem Lover ordentlich durchziehen lassen – wieder und wieder in allen Stellungen. (...) Sie hat dich angelogen und hintergangen.“ (Internetbeleg auf gofeminin.de)

Dut|te, die; -, -n [ahd. tutta, Lallwort der Kindersprache, verwandt mit Zitze; ndd.: Titte, das sich in den Süden ausgebreitet hat] (bayerisch und österreichisch): *weibliche Brust.*

Dut|tel, Duttl, Tut|tel, die; -, -n [Dutte mit Diminutivsuffix, drückt jedoch nicht aus, dass es sich um kleine weibliche Brüste handelt; das Suffix signalisiert emotionale Zuwendung] (bayerisch und österreichisch): **1.** *weibliche Brust:* „Er hielt die Brüste ruhig in seiner Hand. Aber jetzt war es Melanie, die sich schaukelte und so ihre Duteln in Alberts Händen rieb." (Salten: Josefine Mutzenbacher, 250) – „Vielleicht, überlegt der total versaute Puffkaiser, wollte der Mallinger aber auch nur ‚Dutteln' statt ‚Duden' auf sein Namensschild schreiben. Eine österreichische Bezeichnung für Titten, die ihm als Deutschen ob ihrer ausgesprochenen Weichheit immer sehr gut gefallen hat." (Rebhandl: Lebensabende und Blutbäder, 78) **2.** *besonders große weibliche Brüste:* Kuhdutteln, Hängedutteln, Knieschussdutteln etc.

Dut|tel|ber|gerin, die; -, -nen [erfundener Familienname mit weiblicher Endung] (bayerisch und österreichisch): *vollbusige Frau, Sexbombe.*

Dut|tel|bo|xer, der; -s, -; **Dut|tel|bär,** der; -en, -en [weil die Boxermotoren links und rechts am Motorrad angebracht sind] (bayerisch und österreichisch, Bikersprache): *BMW-Motorrad mit Boxermotor* (R-Reihe).

Dut|tel|fee, die; -, -n (bayerisch und österreichisch): *vollbusige Frau, Sexbombe.*

Dut|tel|geschirr, das; -s, -e [Geschirr (= Riemenzeug, mit dem Zugtiere vor den Wagen gespannt werden)] (bayerisch und österreichisch): *Büstenhalter.*

Dut|tel|he|ber, der; -s, - [vgl. Büstenheber] (bayerisch und österreichisch): **1.** *Kleidungsstück, das die weibliche Brust von unten stützt, ohne die Brustwarzen zu bedecken* **2.** *Schönheitschirurg.*

Dut|tel|krax, die; -, -en; **Dut|tel|kra|xen,** die; -, - [Krax(en) (= Traggestell); siehe Mämmestipper, Püppihutte, Tittenrackje] (bayerisch und österreichisch): *Büstenhalter.*

Dut|tel|she|riff, der; -s, -s [siehe Tittensheriff] (bayerisch und österreichisch): *Polizistin.*

Dut|tel|zipf, der; -(e)s, -(e) [mhd. zipf (= spitzes Ende)] (bayerisch und österreichisch): *Brustwarze.*

Dwag|gel|moors, der: *siehe -moors.*

D

Ecken|pups, der; -es, -e: *eine abseits entweichende Darmblähung:* „Eckenpups – das ist die schnelle Flucht weg vom Partner in eine unschuldige Ecke, wo man dann das gute Stück hinstellt, abwedelt und ohne Duft zurück zum Partner tänzelt." (Internetbeleg auf mundmische.de)

Edel|nut|te, die; -, -n [2. Bestandteil: siehe Nutte]: *anspruchsvolle, attraktive Prostituierte mit wohlhabenden Kunden.*

Ehe|kno|chen, der; -s, - [belegt bei Küpper, Bedeutung 2 auch in Duden belegt]: **1.** *Penis* **2.** *Ehemann.*

Ei, das; -s, -er (meist Plural) [gehört zu einem Wort mit der Bedeutung Vogel, ursprünglich: das vom Vogel Gelegte; Übertragung in die Sexualsprache aufgrund der Form]: *der Hoden:* „Wenn die anderen nach Hause gehen und sich die Eier in den Pool hängen, dann sind wir noch da und tüfteln weiter am Auto." (Sebastian Vettel nach dem Grand Prix von Singapur 2013) – „Spaß muß sein, sprach Wallenstein, / und schob die Eier mit hinein." (Klospruch, Internetbeleg auf unmoralische.de) „Wann ist ein Mann 1 Euro wert? – Wenn die Eierpreise auf 50 Cent steigen." (Internetbeleg auf witzeverzeichnis.de) – „Warum leckt/schleckt sich der Rüde die Eier? Weil er's kann." (Internetbeleg auf geschaut.com) ❖ **dicke Eier haben: 1.** *geschlechtskrank sein (vom Mann)* **2.** *Zustand während der sexuellen Erregung des Mannes ohne Ejakulation (siehe Kavaliersschmerzen)* ❖ **blaue Eier haben:** [vermutlich Lehnübersetzung von engl. blue balls; siehe Kavaliersschmerzen]: *Zustand während der sexuellen Erregung des Mannes ohne Ejakulation; das angesammelte Blut in den Hoden verleiht der Haut eine bläuliche Färbung* ❖ **das hat Eier:** *das ist großartig* ❖ **das dritte Ei suchen:** *eine Hand in den Hosensack stecken und mit den Hoden spielen; vom Hosensack aus die Hoden zurechtrücken* ❖ **Wenn dir jetzt die Eier explodieren, hast du keine Hände mehr!** *Nimm die Hände aus den Hosentaschen!* ❖ **sich die Eier kraulen/sich die Eier schaukeln:** *träge sein, faulenzen (vom Mann)* ❖ **sich die Eier schaukeln lassen:** *sich bedienen lassen (vom Mann)* ❖ **jemand/etwas geht mir auf die Eier** [vermutlich dysphemistische Substituierung von: jemand/etwas geht mir auf die Nerven; siehe auch Eierstöcke]: *jemand/etwas setzt mir in zermürbender Weise zu* ❖ **jemandem die Eier polieren:** *jemanden heftig verprügeln* ❖ **jemandem die Eier schleifen:** *jemanden schleifen, drillen* ❖ **Ich reiß dir die Eier aus!** *derbe Beleidigung* ❖ **hinten hat der Fuchs die Eier** [Fuchs steht hier für Klugheit, Eier für Kraft und Ausdauer und hinten (verhüllend für Gesäß) hat in der Metapher eine temporale Bedeutung: hinterher, hintendrein]: *am Ende kommt doch* *noch die Genugtuung:* „„Hinten hat der Fuchs die Eier!‘: Mit diesem Spruch freute sich Bundestrainer Markus Eicher über den Sieg der deutschen Frauen in der Team-Verfolgung beim Eisschnelllauf. In den letzten beiden Runden hatten sie mehr als eine Sekunde aufgeholt.“ (welt.de am 28. Februar 2010)

Ei|chel|kä|se, der; -s, kein Plural [2. Bestandteil: die Eigenschaften eines Penis bei mangelhafter Hygiene werden vor allem durch Komposita mit dem Bestandteil Käse umschrieben; siehe auch Käse-]: *Smegma* (von den Talgdrüsen unter der Vorhaut abgesondertes Sekret).

Ei|chel|solo, der; -s, ...soli [1. Bestandteil: die Spielkartenfarbe Eichel (= Treff, Kreuz), hier doppeldeutig mit Glans (= Eichel, vorderster Teil des Penis); 2. Bestandteil: Spielansage im Kartenspiel Schafkopf]: *masturbieren (vom Mann).*

Ei|er|arsch, der; -(e)s, ...ärsche; [2. Bestandteil: siehe Arsch] (vor allem rheinisch): *Mensch, bei dem beim Gehen das Gesäß hin- und herwabbelt.*

Ei|er|be|cher, die (Plural): *Suspensorium.*

Ei|er|fei|le, die; -, -n [belegt im Wörterbuch der Jugendsprache, Pons, 2014; 2. Bestandteil: Werkzeug zum Glätten von Oberflächen, mhd. vīle, ahd. fī(ha)la, weitere Herkunft unklar]: *Fahrrad.*

Ei|er|ko|cher, der; -s, - [eigentlich: Gerät zum Kochen von Hühnereiern; 1. Bestandteil: siehe Ei; das Kompositum mit der neuen Bedeutung ist belegt in „Jugendsprache unplugged, 2013“, Langenscheidt]: *Whirlpool.*

Ei|er|ko|g|nak, der; -s, kein Plural; auch: **Eierlikör,** der; -, kein Plural; **Eierpunsch,** der; -(e)s, kein Plural [eigentlich: Getränk aus den Hoden]: *Sperma* ❖ **Eierkognak bereiten:** *masturbieren* ❖ **Eierkognak trinken:** *fellationieren.*

Ei|er|schas, der; -es, -e: *Darmwind, der nach faulen Eiern stinkt.*

Ei|er|schau|kel, die; -, -n [belegt auf duden.de]: *Fahrrad.*

Ei|er|speis|dut|teln, die (Plural) [1. Bestandteil: bayerisch und österreichisch für Rührei; folgt einem ähnlichen Wortbildungsmuster wie Spiegeleiertitten, siehe dort] (österreichisch): *flache, schwabbelige weibliche Brüste mit großem Warzenhof.*

Ei|er|stö|cke, die (Plural) ❖ **jemand/etwas geht mir auf die Eierstöcke** [vermutlich Analogiebildung zu: jemand/etwas geht mir auf die Eier]: *jemand/etwas setzt mir in zermürbender Weise zu (von der Frau gesagt):* der Haushalt geht mir auf die Eierstöcke (Internetbeleg auf gofeminin.de).

Ei|haut, die; -, kein Plural: *Hodensack (Skrotum).*

ein|äu|gig 〈Adj.〉 [eigentlich: mit nur einem Auge] attributiv vor einem Kompositum, das als Metapher für das männliche Glied verstanden wird: *Penis:* z. B. **einäugige Hosenschlange, einäugiger Taschenaal, einäugiger Glatzenaal** (siehe auch Schlange und Aal).

Ein|hand|se|geln, das; -s, kein Plural [in der Seglersprache das Segeln eines Bootes durch eine einzige Person; zu engl. hand (= Besatzungsmitglied)]: *Masturbation (vom Mann).*

ein|hand|se|geln ⟨hat⟩ [belegt im Wörterbuch der Jugendsprache, Pons, 2014; siehe Einhandsegeln]: *masturbieren (vom Mann).*

ein|hän|gen ⟨hat⟩ **in Kombination mit einem Wort, das als Metapher für Penis verstanden wird: den Bachwalm, den Gebärvater, den Hugo, den Rührer etc. einhängen:** *eine Frau koitieren.*

ein|lo|chen ⟨hat⟩ [belegt im Wörterbuch der Jugendsprache, Pons, 2014; siehe Einhandsegeln]: *(eine Frau) koitieren.*

ein|par|ken ⟨hat⟩ [die Genitalien der Frau werden hier mit einer Parklücke verglichen, der Penis mit einem Auto]: *(eine Frau) koitieren:* „Der konnte sich doch nichts anderes gewünscht haben, als im Beam-Tempo in ein Schnellfickloch einzuparken." (Kögl: Auf Fett Sieben, 149)

ein|zap|fen ⟨hat⟩ [belegt bei Küpper; zu Zapfen]: *(eine Frau) koitieren.*

Ele|fant, der; -en, -en ❖ **einen Elefanten auf der Blase haben:** *starken Harndrang verspüren.*

Elek|tro|gur|ke, die; -, -n, **Elek|tro|prinz,** der; -en, -en [2. Bestandteil: siehe Gurke bzw. Prinz]: *Vibrator:* „Was ist denn das? Das vibriert ja so lustig! / Eine rosa Elektrogurke, putzig!" (Lady Bitch Ray: Hengzt, Arzt, Orgi)

En|de, das; -s, -n ❖ **das kleine Ende;** ndd.: **dat lütte Enn** [das vorangestellte Adjektiv entspricht einem Diminutiv (= Endchen, Endelein): ostfriesisch: dat lüttje Enn (zusätzlich ein Adjektivsuffix -je)]: *Penis.*

En|ten|arsch, der; -es, ...ärsche [belegt bei Butz]: *Mensch mit sehr großem Gesäß.*

En|ten|fott, der; -, - [belegt auf koeln-altstadt.de/kölsch; 2. Bestandteil: siehe Fott]: *Frau, die ein riesiges Getue um ihre Geschäftigkeiten macht.*

ent|lee|ren ⟨hat⟩ ❖ **sich entleeren** (verhüllend): *Kot ausscheiden.*

Erd|äp|fel/Er|pel ab|schüt|ten: *siehe Kartoffeln/Erdäpfel/Erpel abgießen.*

Erd|beer|wo|che, die; -, -n [siehe auch Preiselbeerwoche] (verhüllend): *Zeit der Menstruation.*

Erek|ti|ons|be|klei|dung, die; -, -en [1. Bestandteil: lat. erectio (= Aufrichtung)]: *Kondom:* „Die kreative Erektionsbekleidung." (Werbeslogan auf kondom.at)

er|göt|zen ⟨hat⟩ [eigentlich: jemandem Vergnügen bereiten; an etwas Vergnügen haben] ❖ **du kannst mich ergötzen** [wortspielerischer Hinweis auf Goethes „Götz von Berlichingen" (verhüllend): *milde Form des Götzzitats.*

er|ken|nen ⟨hat⟩ [mhd. erkennen, ahd. arkennen, irkennen (= geistig erfassen); die Bedeutung koitieren fußt laut Kluge auf einer Lehnübersetzung aus dem biblischen Urtext (lat. cognoscere feminam, das auf griech. und hebr. Vorbilder zurückgeht] (verhüllend): *koitieren:* „Und Adam erkannte sein Weib Eva, und sie ward schwanger." (1. Moses 4, 1)

er|leich|tern ⟨hat⟩ ❖ **sich erleichtern** (verhüllend): **1.** *Kot ausscheiden* **2.** *urinieren* **3.** *masturbieren.*

et|was ⟨Indefinitpron.⟩ [mhd., ahd. etewaȥ] ❖ **mit jemandem etwas haben** [das Indefinitpronomen etwas vertritt hier ein Nomen, das nicht ausgesprochen werden soll] (verhüllend): *mit jemandem sexuell verkehren:* hast du vielleicht etwas mit ihr?

Eu|ter, das; -s, -; auch: der [mhd. iuter, ūter, ahd. ūtar(o), eigentlich: Schwellendes; das Wort wird primär für das Milchorgan von Kühen, Ziegen und Schafen verwendet] (bei Menschen abwertend): *weibliche Brüste:* „Wie sie mir ihre weiblichen Brüste ins Gesicht gedrückt hat – so unangenehm, diese erstickenden feuchten Euter, Panik hatte ich empfunden." (Menasse: Don Juan de la Mancha, 39) „Aber bei dieser Hitzinger war ich gewesen, einem Riesenweib mit mächtigen Eutern." (Simmel: Der Stoff, aus dem die Träume sind, 117; zitiert in Duden)

fah|ren[1] ⟨ist⟩ [hier Weiterentwicklung der Nebenbedeutungen: durchbohren, durchdringen, z. B. das ist ihm in die Glieder gefahren, und fahren im Sinn von: eine schnelle Bewegung machen] (verhüllend): *koitieren:* bist du mit ihr schon gefahren?

fah|ren[2] ⟨ist, nur Infinitiv⟩ ❖ **einen fahren lassen** [das Substantiv wird ausgelassen, nur der unbestimmte Artikel verbleibt] (verhüllend): *einen Darmwind entweichen lassen.*

Fah|rer, der; -s, - [zu fahren[1]; außerhalb der Sexualsprache: hastige Handbewegung, Ritzer]: *Koitus:* „Jå da Foi wiad imma klåra, heite Åbend gibt's kan Fåhrer mehr." (Danzer: Jå da Foi wiad imma klåra!)

Fal|ten|rock, der; -s, ...röcke [Faltenrock (= Rock, der in Falten fällt); der Ausdruck spielt auf die faltige Vorhaut eines nicht erigierten Penis an] (verhüllend): *Vorhaut.*

Fa|mi|li|en|schmuck, der; -(e)s, kein Plural [2. Bestandteil: eigentlich: eng anschmiegen, im Niederdeutschen hat sich die heutige Bedeutung von Schmuck (= schmückendes Beiwerk, Ringe, Ketten etc.) entwickelt] (verhüllend): *männliches Geschlechtsorgan.*

Fa|mi|li|en|strumpf, der; -(e)s, ...strümpfe [2. Bestandteil: mhd. strumpf, eigentlich: Baumstumpf, Rumpfstück, laut Duden vielleicht im Sinn von Steifes, Festes zu starren; die heutige Bedeutung entstand im 16. Jh., als die ursprünglich als Ganzes gearbeitete Bekleidung der unteren Körperhälfte (Hose) in Kniehose und Strumpf (= Reststück, Stumpf der Hose) aufgeteilt wurde; vgl. Nahkampfsocke] (verhüllend): **1.** *Penis* ❖ **den Familienstrumpf auswringen** [belegt bei Reiskel: Berliner Mundart, 1905]: *heftig koitieren* **2.** *Kondom.*

Färt, der; kein Genitiv, -s [belegt bei Outzen; Herkunft wie engl. fart, zu altengl. feortan, vgl. mhd. verzen, ahd. verzan mit gleicher Bedeutung; engl. fart hat also dieselbe Wurzel wie Furz und furzen] (friesisch): *(laut) entweichende Darmblähung.*

Fart|wind, der; -(e)s, -e [1. Bestandteil: engl. fart (= laut entweichende Darmblähung); der lautliche Gleichklang mit Fahrtwind dürfte bei der Wortbildung eine Rolle gespielt haben; belegt in „Jugendsprache unplugged, 2013", Langenscheidt]: *(laut) entweichende Darmblähung.*

Fassl|fi|cker, der; -s, - [Fassl (= kleines Fass); Tertium Comparationis: groß und bauchig]: *Sexualpartner eines beleibten Menschen.*

Faust, die; -, Fäuste ❖ **in die Faust ficken:** *masturbieren (vom Mann)* ❖ **mit Fausts Gretchen verkehren/ein Rendezvous mit Grete Faust haben/mit Fräulein Faust verkehren/arbeiten/gehen** [Anspielung auf Gretchen in Goethes Faust)]: *masturbieren (vom Mann).*

Faust|ma|rie, die; -, kein Plural [Faust steht für die masturbierende Hand]: **1.** *masturbierende Hand (des Mannes):* „Die Faustmarie hat man ja immer bei der Hand." (Internetbeleg auf seniorkom.at) **2.** *Masturbation (des Mannes):* „Du hast wohl nichts abbekommen in deinen Singlejahren außer Faustmarie." (Internetbeleg auf pattaya-forum.net) ❖ **sich mit der Faustmarie vergnügen:** *masturbieren (vom Mann).*

faut|är|sen ⟨hat⟩ [belegt auf ndr.de; 1. Bestandteil: Fuß; 2. Bestandteil: zu Arsch]: *in das Gesäß treten.*

fe|gen ⟨hat⟩ [aus dem Niederdeutschen; zu mhd. vegen, ahd. fegon; verwandt mit mndl. vāgen, aber genaue Zusammenhänge unklar; außerhalb der Sexualsprache mit der Bedeutung: etwas mit einem Besen oder mit Ähnlichem säubern]: *koitieren.*

Fei|ge, die; -, -n [mhd. vīge, ahd. fīga, dieses zu lat. ficus, die Frucht des Feigenbaumes wird in vielen Kulturen mit der Vulva gleichgesetzt]: **1.** *Vulva:* „Lehrerin: Seid artig und ich zeige / euch heute meine Feige." (Jandl: Alt-Wiener Futoper) **2.** *Hure* ❖ **jemandem die Feige zeigen** [geballte Faust, aus welcher der Daumen zwischen Zeige- und Mittelfinger dem anderen entgegengestreckt wird – Penis und Vulva verschränkt als Geste der Geringschätzung und Beleidigung] **1.** *jemanden verhöhnen, beleidigen* **2.** *einen Antrag ablehnen* ❖ **Ja, Feigen!** [das Substantiv ist eine Singularform, im Bayerischen und Österreichischen haben viele Feminina auch im Singular ein -n; ähnlicher Ausruf der Verärgerung wie: Ja, Fut! (siehe Fut)]: *Verdammt!* Ja, Feigen! Jetzt fahrt uns die Straßenbahn davon!

fei|len ⟨hat⟩ [eigentlich: etwas mit einer Feile glätten; mhd. vīlen, ahd. fīhalōn] *koitieren (vom Mann):* „Hör besser auf, Minderjährige zu feilen und wag dich mal an richtige Frauen!" (Internetbeleg auf d2jsp.org)

Fein|pis|ser, der; -s, -; ndd.: **Fien|piss,** der; kein Genitiv, kein Plural [belegt bei Schuster]: *jemand, der sich vornehm und überlegen gibt.*

Fell, das; -(e)s, -e [mhd., ahd. vel, verwandt mit lat. pellis (siehe unter Pelz)]: *Schambehaarung der Frau.*

fer|keln ⟨hat⟩ [zu Ferkel (= junges Hausschwein; Mensch, der nicht auf Sauberkeit achtet; jemand, der sich unanständig benimmt); mhd. verkelīn, ahd. farhilīn, Diminutivum von: far(a)h (= junges Schwein), laut Duden eigentlich: Wühler; Kluge sieht hingegen eine Bedeutungsentwicklung von Furche über weibliches Geschlechtsteil zu Mutterschwein]: **1.** *Junge gebären (von der Sau)* **2.** *unanständige Bemerkungen machen* **3.** *beim Essen sich selbst oder den Tisch beschmutzen.*

Fe|sel, der: *siehe Fisel.*

fet|zen ⟨hat⟩ [belegt bei Schatz, Herkunft unklar] (österreichisch): *urinieren.*

Fet|zer, der; -s, - [belegt bei Schatz, vielleicht zu fetzen, das früher wohl auch Kot ausscheiden bedeutet hat; laut Grimm, weil das Gesäß gehauen, gestrichen, gefetzt wird] (österreichisch): **1.** *Penis* **2.** *Gesäß:* „Ich kann es mit meiner frühzeitigen Jugend mehr als genugsam bezeugen, was für eine große Torheit die Schulmeister begehen, welche ihre anvertrauten Kinder gleich den Hunden in der Schule herumpeitschen. (...) Endlich warf er mich zu Boden und kriegte mir die Hosen von hinten hinunter. Da hat er wohl mehr als zwei Ruten an mir stumpf und zuschanden geschmissen, so daß ich sowohl unter der Nase als auf dem Fetzer voll Blut war." (Beer: Das Narrenspital, 6) **3.** *Schimpfwort für einen Mann.*

Feucht|bio|top, das oder der; -s, -e [Biotop, das auf das Vorhandensein von Wasser angewiesen ist (z. B. Moore)] (verhüllend): *Vulva.*

Feu|er|furz, der; -es, ...fürze [2. Bestandteil: siehe Furz; siehe auch Schoaßzündeln]: *Anzünden eines Darmwindes.*

FFH [kurz für: Fut frisst Hose] (verhüllend durch Abkürzung): *Zustand, wenn sich die Schamlippen durch die Hose abzeichnen.*

Fick, der; -s, -s [rückgebildet aus ficken; siehe dort]: *Koitus, Geschlechtsverkehr* ❖ **keinen Fick auf etwas geben:** *etwas nicht beachten, kein Interesse an etwas haben.*

Fick- als 1. Bestandteil eines Kompositums; 2. Bestandteil: etwas Hartes, Längliches: *Penis:* **Fick|bol|zen, Fick|mast, Fick|rohr, Fick|rü|be, Fick|stab, Fick|stan|ge etc.**

fi|cken ⟨hat⟩ [die Herkunft des Wortes gibt den Sprachforschern Rätsel auf, obwohl sie sich intensiv mit diesem Ausdruck beschäftigt haben; im Althochdeutschen ist das Wort nicht belegt; ursprüngliche Bedeutung außerhalb der Sexualsprache: reiben, hin- und herfahren, mit der Peitsche einen kurzen Streich versetzen, auch: die Augenlieder schnell auf und ab bewegen; auf der Sitzbank herumficken (= unruhige Bewegungen machen), das Kleid verficken (= abwetzen); vermutlich ist das Wort erst in jüngerer Zeit in die Sexualsprache übertragen worden oder ältere Verwendungen in der Sexualsprache sind nicht belegt; eine Verwandtschaft mit engl. fuck ist evident, was auf eine gemeinsame germanische Wurzel schließen lässt; das Wort hat sich mit der sexuellen Bedeutung von Norden nach Süden ausgebreitet; es kann sowohl intransitiv als auch transitiv verwendet werden, auch für gleichgeschlechtliche Beziehungen und unabhängig davon, wer Agens ist: von Mann zu Frau, von Frau zu Mann, von Frau zu Frau und von Mann zu Mann]: **1.** (intransitiv): *den Koitus vollziehen:* sie ficken im Stehen; er/sie fickt mit ihr/ihm **2.** (transitiv): *mit jemandem den Koitus vollziehen:* eine Frau/einen Mann ficken, er/sie lässt sich (nicht) ficken – „Engel verführt man gar nicht oder schnell. / Verzieh ihn einfach in den Hauseingang / Steck ihm die Zunge in den Mund und lang / Ihm untern Rock, bis er sich naß macht, stell / Ihn das

Gesicht zur Wand, heb ihm den Rock / Und fick ihn. Stöhnt er irgendwie beklommen / Dann halt ihn fest und laß ihn zweimal kommen / Sonst hat er dir am Ende einen Schock. / Ermahn ihn, daß er gut den Hintern schwenkt / Heiß ihn dir ruhig an die Hoden fassen / Sag ihm, er darf sich furchtlos fallen lassen / Dieweil er zwischen Erd und Himmel hängt – / Doch schau ihm nicht beim Ficken ins Gesicht / Und seine Flügel, Mensch, zerdrück sie nicht." (Brecht: Über die Verführung von Engeln; in: Hecht (Hg.), 198) – „Andererseits war Rita hierhergekommen und hatte ihn gefickt und geschlagen." (Schalko: Knoi, 221) – „‚Ficken' ist ein sehr klares Wort mit einer schön schmutzigen Konnotation. ‚Ficken' klingt viel schöner als dieses süße ‚vögeln'. Bei ‚vögeln' denke ich an zwitscher, zwitscher, tirili, tirili." (Anke Engelke zitiert auf zitate-portal.com) – „Es fickt die Biene, es bumst der Bär, lang lebe der Geschlechtsverkehr." (Internetbeleg auf mundmische.de) – „Descartes: Ich ficke, also bin ich." (Peer: Bis dass der Tod uns meidet, 219) ❖ **ficken, dass die Pup krachen** [belegt bei Reiskel: Berliner Mundart, 1905]: *heftig koitieren* ❖ **ficken, dass die Haare in der Nachbarschaft herumfliegen** [belegt bei Reiskel: Berliner Mundart, 1905]: *heftig koitieren* ❖ **in den Arsch ficken:** *als aktiver Partner Analverkehr praktizieren:* „Die Schönheit und Weisheit des Zölibats verstand ich zum ersten Mal, als Christa Chili-Schoten zwischen den Händen zerrieb, mich danach masturbierte und schließlich wünschte, dass ich sie – um es mit ihren Worten zu sagen – in den Arsch ficke." (Menasse: Don Juan de la Mancha, 7) ❖ **in die Hände ficken:** *masturbieren (vom Mann)* **3.** *erwischen, ertappen:* gestern wurde ich ohne Fahrschein gefickt (= gestern wurde ich beim Schwarzfahren erwischt) **4.** (Soldatensprache): *hart hernehmen, schikanieren, quälen:* die Ausbildner haben uns ordentlich gefickt **5.** *hereinlegen:* diese Arschlöcher haben mich beim Verkauf des Handys gefickt ❖ **etwas gefickt bekommen:** *etwas zustande bringen:* die Verschiebung der Prüfung bekommen wir nie gefickt ❖ **das fickt mich:** *das setzt mir zu, das ärgert mich* ❖ **Fick dich (ins Knie)!** Ausdruck heftiger Ablehnung, energischen Überdrusses ❖ **Fick die Henne!** [belegt auf redensarten-index.de; eventuell Lehnübersetzung aus amerikanisch *fuck-a-doodle-doo*] *Fluch, wenn etwas schiefgeht* ❖ **Fick die Katz(e)!** [belegt in „Jugendsprache unplugged, 2013", Langenscheidt] *Mach's gut.*

Fi|cker, der; -s, - [zu ficken und Fick; siehe dort]: **1.** *koitierender Mann:* „Jeden Montagmorgen Mädchentreff auf dem Klo; sie tauschen ihre Wochendenderfahrungen aus. (...) Sie reden ohne Umschweife vom Ficken. Schlechte Ficker kommen schlecht weg bei ihnen, gute Ficker gut." (Zwerenz: Kopf und Bauch, 31 f.) **2.** *jemand, der oft Geschlechtsverkehr hat:* „Du hast ein Riesenarschloch, da werden unsere Ficker mit den dicksten Schwänzen Freude haben." (Sobota: Minus-Mann, 87;

zitiert in Duden) **3.** *Schimpfwort:* „Armer Ficker, zur falschen Zeit am Ort ohne Zeit." (Meyer: Im Stein, 32)

Fi|cker|chen, das; -s, - [zu Fick mit Diminutivsuffix]: *(kurzer oder besonders zärtlicher) Koitus:* „Geht ein Mann zum Arzt, doch die Praxis ist verschlossen. Vorsichtig guckt er durchs Fenster und sieht, wie der gerade seine Sprechstundenhilfe vernascht. Er geht wieder zur Tür und klopft energisch an. Kurz darauf kommt der Arzt und entschuldigt sich, er habe gerade ein kleines Nickerchen gemacht. ‚Ja', sagt der Mann, ‚habe ich gerade durchs Nenster gesehen.'" (Internetbeleg auf roulette-forum.de)

Fi|cke|rei, die; -, -en [zu ficken und Fick; siehe dort]: *häufiges, lang andauerndes oder als unangenehm empfundenes Koitieren:* „Hörgas [ein Name] sah sich in Vilma liegen, Unzucht treiben. Er spürte einen protuberanzigen Muskelkater in sich von der vielen Fickerei. Total am Sand." (Franzobel: Zirkusblut, 114)

fi|cke|rig, fick|rig ⟨Adj.⟩ [zu ficken, siehe dort] **1.** *lüstern, geil:* durch das Betrachten der Bilder wurde er fickerig. – „So fickrig ist der Oktopus, / dass er am Tag fünf-, sechsmal muss." (Grissemann/Stermann: Speichelfäden in der Buttermilch, 476.) **2.** *nervös, aufgeregt, unruhig in der Erwartung von etwas:* fickrig auf ein Wiedersehen; fickrig vor Aufregung, Freude, Vorfreude etc.; fickrig nach dem neuen PC; du machst mich fickrig mit diesem Getue.

Fick|rou|let|te, das; -s, -s [1. Bestandteil: zu ficken und Fick; 2. Bestandteil: ein Glücksspiel; eigentlich: Rollrädchen]: *Koitus ohne Kondom.*

Fick|schnit|zel, das; -s, -n [2. Bestandteil: Diminutivum von veraltetem Schnitz (= abgeschnittenes Stück Fleisch); hier vermutlich eine Anspielung darauf, dass Schnitzel geklopft werden; belegt in „Jugendsprache unplugged, 2013", Langenscheidt; oft zu hören in der TV-Serie „New Kids"]: **1.** *Frau, die für ein sexuelles Abenteuer leicht zu haben ist* **2.** *Frau, die mit verschiedenen Männern Geschlechtsverkehr hat.*

Fick|vo|gel, der; -s, ...vögel: **1.** [belegt auf mundmische.de] *ein Mann, der nur als Koituspartner in Anspruch genommen wird* **2.** [belegt im Wörterbuch der Jugendsprache, Pons, 2014] (schweizerisch) *Mensch, der viel Sex hat.*

Fied|le, das; -s, - [siehe Füdle]: **1.** *Vagina* **2.** *Gesäß.*

fie|ren ⟨hat⟩ [eigentlich: gleiten lassen, ein Tau oder eine Leine ablaufen lassen; laut Herrmann-Winter zu ndl. vieren] ❖ **een fieren laten** [gemeldet von Dirks; das Substantiv wird nicht ausgesprochen, nur der unbestimmte Artikel verbleibt] (ndd., verhüllend durch Auslassung): *eine Darmblähung entweichen lassen.*

Fin|ger, der; -s, - ❖ **der elfte Finger** [belegt auf duden.de]: *Penis:* „Meine Zunge (versagte), und ich ließ mir einen elften Finger wachsen, da die zehn Finger gleichfalls versagten." (Grass: Die Blechtrommel, 363) ❖ **der dicke/steife Finger:** *erigierter Penis.*

Fin|ge|rei, die; -, -en [belegt in Duden]: *häufiges oder als lästig empfundenes Befingern, Fingern.*

fin|gern ⟨hat⟩ bayerisch und österreichisch auch: **fin|gerln** [eigentlich: mit den Fingern herumsuchen, nach etwas greifen; stehlen; mhd. vingern (= mit den Fingern berühren)]: *eine Frau mit den Fingern masturbieren.*

fip|sen, fip|seln ⟨hat⟩ [eigentlich: eine schnelle Bewegungen machen; nur in alten Wörterbüchern des Wienerischen belegt, z. B. bei Castelli] (ostösterreichisch): *koitieren.*

Fip|si, der; -s, -s [Herkunft unklar; Zusammenhang mit fipsen unwahrscheinlich]: *Vibrator.*

Fisch, der; -es, -e [vor allem in der Wendung: den Fisch ablaichen, siehe ablaichen]: *Penis:* „Da konnte man schauen, wer online, mit Kamera, und meist waren es Typen, die ihren Fisch rausholten und ablaichten und es geil fanden, wenn ihnen jemand zusah dabei." (Kögl: Auf Fett Sieben, 38)

Fisch- als 1. Bestandteil [die Eigenschaften einer Vagina bei mangelhafter Hygiene werden vor allem durch Komposita mit dem Bestandteil Fisch- ausgedrückt; zum Pendant bei Männern siehe Käse-]: *(unhygienische) Vagina:* **Fisch|dose, Fisch|kut|ter, Fisch|ritze, Fisch|ta|sche etc.:** „Was ist dagegen die Frau. Sie ist schmutzig. Eine Fischfabrik. Sich in ihren Körper einzufügen, ist weder nötig noch ratsam." (Jelinek: Gier, 291) „Ich werde ja ständig von Männern angebaggert. (...) Wenn die Katze den Fisch ned kriegt, sagt die Katze: ‚Der Fisch stinkt!' Weil die Katze den Fisch ned gekriegt hat." (Daniela Katzenberger, Youtube)

Fi|sel, Fie|sel, Fe|sel, der; -s, -; ndd.: **Pe|sel, Pie|sel, Päs, Pä|sen, Pä|sel,** der [belegt bei Grimm, Borneman, Küpper und Herrmann-Winter; mhd. visel, vesel (= Penis); engl. pizzle (= Penis eines Bullen); laut Etymonline ein Diminutivum zu nld. pees (= Sehne, Flechse, Flachse) von einer altndd. Wurzel *pisa]: **1.** *Penis des Bullen, des Ebers, des Hammels etc.* **2.** *Penis des Mannes* **3.** *Zuhälter.*

Fist, Fiest, der; -(e)s, -e; auch: **Pfist** [Nebenform von Pfurz; laut Herrmann-Winter in der ndd. Seemannsprache auch schwacher Wind]: *(leise) entweichende Darmblähung.*

fi|t|schi|go|gerln: siehe pfitschigogerln.

flach|le|gen ⟨hat⟩ [eigentlich: in eine horizontale Lage bringen]: *eine Frau/einen Mann dazu bringen, dass er/sie einen Koitus zulässt:* „Wichtig ist ihm, wie vielen Angehörigen der Generation Doof, anscheinend nur eines: seine Manneskraft zu betonen, möglichst viele Bräute flachzulegen und dabei das Maximum an Spaß herauszukitzeln." (Bonner/Weiss: Generation Doof, 225) – „Er weiß, dass er nicht alle Frauen auf diesem Planeten flachlegen kann, aber er möchte es zumindest versuchen.“ (profil.at, 20. Januar 2011)

Flach|wich|ser, der; -s, - [altes Schimpfwort aus dem Mundartbereich; durch den Film „Bridget Jones – Schokolade zum Frühstück“ zu neuer Popularität gelangt; im engl. Original der Buchvorlage fuckwit (= Dummkopf, Blödmann, Idiot), in der deutschen Ausgabe des Buches und später auch im Film: emotionaler Flachwichser] **1.** *Mann mit mangelnder Potenz* **2.** *Schwächling, Versager* **3. emotionaler Flachwichser:** *Mann, der mit den Gefühlen einer Frau nur spielt.*

Flag|ge, die; -, -n ❖ **die Flagge hissen** [belegt im Wörterbuch der Jugendsprache, Pons, 2014; hissen bedeutet eigentlich: eine Fahne an einem Mast oder an einer Fahnenstange hochziehen]: *masturbieren (vom Mann).*

Fläut, Fleut, die; kein Genitiv, -en [belegt bei Herrmann-Winter: Plattdeutsch-hochdeutsches Wörterbuch; wie Flöte zu mhd. vloite; zu altfranz. flaüte; siehe Flöte, das in der Sexualsprache sowohl Penis als auch Vagina bedeutet] (ndd.): **1.** *Geschlechtsorgan eines weiblichen Tieres* **2.** *Vagina, Vulva:* „Leut Leut / de Deerns de hebbt ’n Fleut / De Jungs de hebbt ’n Zuckerstang / Door mookt se all de Deerns mit bang.“ (volkstümlicher Reim, belegt bei Rühmkorf: Über das Volksvermögen, 58)

Fleisch|flö|te, die; -, -n [1. Bestandteil: die moderne Sexualwissenschaft unterscheidet zwischen Blutpenis und Fleischpenis; letzterer ist von Haus aus recht groß, gewinnt allerdings im erigierten Zustand nicht viel an Größe; beim Blutpenis ist es umgekehrt; 2. Bestandteil: ein Blasinstrument]: **1.** *Fleischpenis* **2.** *Penis (allgemein).*

Fleisch|peit|sche, die; -, -n [1. Bestandteil: siehe Fleischflöte; 2. Bestandteil: spätmhd. (ostmitteldeutsch) pītsche, pīcze; aus einer slawischen Sprache]: **1.** *Fleischpenis* **2.** *Penis (allgemein).*

Fleisch|po|pel, der; -s, - [2. Bestandteil: (ost-)mitteldeutsch für: Stück verdickter Nasenschleim]: *Klitoris (Kitzler).*

flie|gen ⟨hat⟩ ❖ **einen fliegen lassen** [das Substantiv wird nicht ausgesprochen, nur der unbestimmte Artikel verbleibt] (verhüllend durch Auslassung): *eine Darmblähung entweichen lassen.*

Flie|gen|schiss, der; -es, -e [2. Bestandteil: siehe Schiss] ❖ **reg dich nicht über jeden Fliegenschiss auf:** *reg dich nicht über jede Kleinigkeit auf.*

Flin|te, die; -, -n [belegt bei Borneman; kurz für Flintbüchse, bei der ein Flint (= Feuerstein) den Zündfunken liefert]: *Penis:* „Guter Jäger: Hase im Rucksack, Flinte auf der Schulter, Hund steht daneben. Schlechter Jäger: Hase im Bett, Flinte in der Hand und der Hund steht nicht.“ (Internetbeleg auf kraehseite.de/sms-sprüche) – „Oh mein Gott, was ne Frau (...) Kommt nachhaus, bin geschlaucht, sie holt mich bestimmt da raus. / Sie hebt die Flinte auf, nimmt den Korn, trinkt ihn aus ...“ (Rapper Cro: Mein Mädchen)

Flit|sche, die; -, -n; **Flit|schen,** die; -, -, **Flit|sch|je,** die; -, -n; **Flit|scherl,** das; -s, -n, **Flind|scher|la,** das; -s, - [entweder zu mhd. vlittern, vlettern (= kichern, schmeicheln, kosen), im Wort Flitterwochen mit einer aufwertenden Bedeutung, oder zu Flittich, Nebenform von Fittich (= Flügel)]: *promiskuitive junge Frau.*

flit|schen ⟨hat⟩ [laut Grimm von dem Laut, den eine geschwungene Gerte oder ein geschossener Pfeil in der Luft macht, was dem Flattern bzw. Flatschen der Flügel nahe steht] (rheinisch): *koitieren.*

F

Flitt|chen, das; -s, - [laut Duden zu Flitter (= Metallplättchen zum Aufnähen auf Kleidungsstücken); falls das Wort mit Flitschen verwandt ist, kommt auch die dort angeführte Etymologie in Frage]: *promiskuitive junge Frau.*

flop|pen, flöp|pen ⟨hat⟩ [belegt im Rheinischen Wörterbuch] (rheinisch): *(eine Frau) koitieren* ❖ **Du bes wahl vam Möpp (= Hund) geflöpp!** (belegt im Rheinischen Wörterbuch): *Du bist wohl verrückt!*

Flö|te, die; -, -n [belegt bei Borneman; mhd. vloite; zu altfranz. flaüt; ein Blasinstrument]: **1.** *Penis* ❖ **Flöte spielen:** *koitieren* ❖ **mit der Flöte spielen:** *fellationieren* **2.** *Vagina* **3.** *Frau* **4.** *Prostituierte.*

flö|ten ⟨hat⟩ **jemandem einen flöten, jemandem die Flöte blasen** [siehe Flöte, Bedeutung 1)]: *fellationieren* ❖ **sie bläst die Flöte gut:** *sie fellationiert gekonnt.*

Flö|ten|künst|le|rin, die; -, -nen [zu: jemandem einen flöten]: *Frau, die gekonnt fellationiert.*

Flö|ten|mi|net|te, die; -, -n [1. Bestandteil: siehe Flöte; 2. Bestandteil: siehe Minette]: *gegenseitiger Oralverkehr zweier Männer.*

Flu|gerl, das; -s, -n [Verkleinerung von Flügel] (vor allem Wienerisch): **1.** *promiskuitive junge Frau* **2.** *sexuelles Interesse:* er hat auf sie ein Flugerl.

Flug|fut, die; -, - [2. Bestandteil: siehe Fut]: **1.** *Nymphomanin* **2.** *Vagina einer Nymphomanin.*

Flüpp|che, das; -s, -; **Flupp|chen,** das; -s, - [Diminutiv zu Fluppe, die (= promiskuitive junge Frau); zu fluppen (= sich schnell und leicht bewegen, schlüpfen)] (rheinisch): *promiskuitive junge Frau (hat mit häufig wechselnden Partnern Geschlechtsverkehr und ist an langfristigen Bindungen nicht interessiert).*

föh|nen ⟨hat⟩ [zu Föhn (= ein warmer Fallwind)] (schweizerisch): *eine Darmblähung entweichen lassen.*

Foh|se, die: *siehe Fose.*

foh|sen: *siehe fosen.*

Forz|auf|le|ser, der; -s, - [belegt bei Meister; eigentlich: jemand, der die entwichenen Darmblähungen der vor ihm Gehenden vom Boden auflesen muss] (fränkisch): *jemand, der immer der Letzte, der Zuspätkommende, der Angeschmierte ist.*

Forz|mol|le, die; -, -n [2. Bestandteil: mndd. molle, Nebenform von Mulde] (berlinerisch): *Bett.*

Fo|se, die; -, -n; auch: **Foh|se** und **Vo|hse** [belegt bei Reiskel: Berliner Mundart, 1905; in Duden mit der Schreibung Fose, wohl zu alemannisch Fotz (= Zotte, Fetzen), vgl. Fötzel (= Lump, Taugenichts)] (süddeutsch und berlinerisch): **1.** *promiskuitive Frau* **2.** *Prostituierte:* „Eene nackende, rotkäppiche Fohse an seiner Seite, besoffen, mit uffjesperrte Schnauze un' de Klaue an sein Maxe." (Zille: Hurengespräche, 80) – „Was seinem Weib nicht frommt, der Fose frommt's / Drum – musst du ihn hereinziehn auch am Strick – / Seufz, wenn er drinnen ist: ‚Ihrer ist dick!' / Und wenn's ihm kommt, denn stöhne schnell: ‚Mir kommt's!'" (Brecht: Ratschläge einer älteren Fose an eine Jüngere, in: Hecht (Hg.), 200)

fo|sen, foh|sen ⟨hat⟩ [belegt bei Küpper; zu Fose]: **1.** *häufiger Kunde von Prostituierten sein* **2.** *eine sexuelle Beziehung ohne feste Bindung unterhalten.*

Fo|sen|gift, Foh|sen|gift, das; -(e)s, -e [belegt bei Küpper; siehe Nuttendiesel]: **1.** *aufdringliches Parfüm* **2.** *billiges, minderwertiges Parfüm.*

Fo|se|rich, Foh|se|rich, der; -s, -e [belegt bei Küpper; nach dem Muster von Enterich, Gänserich etc. gebildet]: **1.** *(häufiger) Kunde einer Prostituierten* **2.** *Freund einer Prostituierten.*

Fott, Fött, das; -, -er; verniedlichendes Diminutivum: **Föttche, Föttches;** auch: **Futt** [regionale Variante von Fut, Füdler etc., siehe dort; z. B. rheinisch; laut Honnen ist Fott in den rheinischen Mundarten weniger derb als Arsch]: *Gesäß:* **wä sich de Fott verbrennt, dä muss op de Blose setze** [belegt bei Gröbe; eigentlich: Wer sich das Gesäß verbrennt, der muss auf den Blasen sitzen]: *Schicksalsschläge muss man hinnehmen* ❖ **dä liet sich för ne Jrosche e Seil durch de Fott trecke** [belegt bei Gröbe; eigentlich: für einen Groschen lässt er sich ein Seil durch den Hintern ziehen]: *für Geld tut er alles* ❖ **op ander Lücks Föttcher ka'mer jot klätsche** [belegt bei Gröbe; auf anderer Leute Hintern lässt es sich gut schlagen]: *kehr vor deiner eigenen Tür* ❖ **do bes do fies op et Föttche jefalle** [belegt bei Gröbe; eigentlich: du bist gehörig auf den Hintern gefallen]: *das war ein böser Reinfall* ❖ **sei dräht im sujar de Fott noh** [belegt bei Gröbe, eigentlich: sie trägt ihm sogar den Hintern nach]: *sie bedient ihn fortwährend in unterwürfiger Weise* ❖ **ein Gesicht wie ein Affenfott:** *ein rot angelaufenes Gesicht (wie das Gesäß eines Pavians)* ❖ [Honnen verzeichnet zahlreiche Komposita mit Fott oder Futt als 2. Bestandteil]: **Hunds|fott** (= moralisch minderwertiger Mensch), **Hib|bels|fott, Rap|pel|futt** (= nervöser, zappeliger Mensch) **Quän|gels|fott** (= Quälgeist), **Me|cker|futt, Knöt|ter|fott** (= Meckerer) etc.

Fött|che-aan-der-Äd [belegt auf koeln-altstadt.de/koelsch; 1. Bestandteil: siehe Fott; vgl. Arsch-auf-der-Erd]: *kleiner Mensch.*

Fött|ches|föh|ler, der; -s, - [belegt auf koeln-altstadt.de/koelsch und bei Honnen; 1. Bestandteil: siehe Fott]: *Mann, der Frauen ans Gesäß greift (und sie sexuell belästigt).*

Fott|fin|ger, Futt|fin|ger, der; -s, - [belegt bei Honnen; siehe Stinkefinger und Fott] (rheinisch): *Mittelfinger:* Lass deine Fottfinger von der Frau. – Musse deine Futtfinger eigentlich überall drin haben?

Fot|ze, die; -, -n [im 15. Jh. erstmals belegt, laut Kluge vielleicht aus fud (= Scheide, Hintern) entstanden, dann hätte sich -t zu -tz- entwickelt; vgl. auch den Plural Hundsfötter; ursprünglich norddeutsch, aber stark ins Bayerische und Österreichische ausgebreitet; dort trifft es auf Fotzen, die; -, - mit den Bedeutungen Mund und Ohrfeige]: **1.** *weibliches Geschlechtsteil, Vagina, Vulva:* „Er hatte ja noch Charlotte Roche angesprochen, jedenfalls meinte er sich zu erinnern, wie man es schaffe, unverkrampft das Wort ‚Fotze' auszusprechen." (Rubinowitz: Ramses Müller, 79) ❖ **kalte Fotze mit Schneegestöber** [belegt bei Küpper]: *Ausdruck der Gleichgültigkeit* ❖ **vor ihrer Fotze hockt noch der Staatsanwalt** [belegt bei Küpper]: *sie ist noch keine 16 Jahre alt, darf also noch keine Ehe eingehen (versteht sich nach § 182 StGB „Verführung")* ❖ **da lacht die Fotze** [belegt bei Küpper]: *eine Frau hat eine aussichtsreiche Herrenbekanntschaft geschlossen; Freude wegen eines Erfolgs* **2.** *(promiskuitive) Frau* **3.** Schimpfwort für eine Frau, die abgelehnt oder verachtet wird **4.** [belegt bei Küpper; wegen der Formähnlichkeit mit der Vulva; siehe Bärenfut] *Feldmütze des Soldaten* **5.** [belegt bei Küpper; wegen der Kopfbedeckung (Schiffchen)]: *Maat.*

Fot|zen|de|pot, das; -s, -s [2. Bestandteil: Warenlager; belegt bei Küpper]: **1.** *Bordell* **2.** *die Prostituierten im Dienst eines Zuhälters.*

Fot|zen|feld|we|bel, der; -s, - [belegt bei Küpper]: *Verwaltungsbeamter in einer Frauenhaftanstalt.*

Fot|zen|fum|meln, das; -s, kein Plural [belegt bei Küpper]: *Stimulierung der weiblichen Genitalien durch Berühren, Reiben etc., ohne dass es zu einem Koitus kommt (oft auch vor einem Koitus).*

Fot|zen|furz, der; -es, ...fürze [zu Fotze, siehe dort; belegt bei mundmische.de; in der Sprache der Mediziner: Flatus vaginalis]: *Geräusch, wenn beim Koitus Luft aus der Vagina austritt.*

Fot|zen|ge|stüt, das; -(e)s, -e [2. Bestandteil: Kollektivbildung zu Stute; siehe Pferd]: *Bordell.*

Fot|zen|glot|zen, das; -s, kein Plural [zu Fotze, siehe dort]: **1.** *Frauen in der Sauna oder im FKK-Bad zwischen die Beine schauen* **2.** *Pornomagazine anschauen.*

Fot|zen|gu|cker, der; -s, - [belegt bei Küpper]: *Arzt bei der Gesundheitskontrolle der Prostituierten.*

F

Fot|zen|jo|ckey, der; -s, -s [belegt bei Küpper; 2. Bestandteil zu reiten (= koitieren)]: *Mann, der häufig Kunde von Prostituierten ist.*

Fot|zen|ka|ta|log, der; -(e)s, -e [belegt bei Küpper]: *Verzeichnis der registrierten Prostituierten.*

Fot|zen|lap|pen, der; -s, - [siehe Fotze]: *Schamlippe.*

Fot|zen|le|cker, der; -s, - [siehe Futschlecker]: **1.** *jemand, der den Cunnilingus ausübt* **2.** *widerlicher, schmeichlerischer Mann* **3.** *Schoßhund.*

Fot|zen|nas|sau|er, der; -s, - [belegt bei Küpper; frühnhd. nass (= liederlich; ohne Geld, umsonst); unter scherzhafter Anlehnung an die Bezeichnung für die Einwohner des früheren Herzogtums Nassau]: *Mann, der mit einer Prostituierten unentgeltlich koitieren will.*

Fot|zen|neid, der; -(e)s, kein Plural [belegt bei Küpper; dem Futterneid nachgebildet; siehe Futneid]: *Eifersucht einer Frau auf eine andere (wegen deren Geschlechtsverkehr mit einem bestimmten Mann).*

Fot|zen|schleim, der; -(e)s, kein Plural: *Vaginalsekret:* „Hinter jeder starken Bitch steckt ne harte Clit. / Deshalb will ich auch auf die Hip-Hop-Open und will mein Fotzenschleim auf die Bühne schmieren. / 20 Minuten lang mit bisschen Pussy-Flavour / Yeah Vagina Style, Pussy Deluxe.“ (Lady Bitch Ray: Du bist krank)

Fot|zen|spit|zel, der; -s, - [belegt bei Küpper; 2. Bestandteil: Diminutivum von Spitz (= ein Hund), in Anlehnung an spitzen (= lauern)]: *Kriminalbeamter, der Prostituierte am Straßenstrich kontrolliert.*

Fot|zen|trä|ger, der; -s, - [belegt bei Küpper; siehe Fotze, Bedeutung 4]: *Maat.*

fotz|ran|geln 〈hat〉 [1. Bestandteil: bayerisch und österreichisch der Fotz (= Mund); wird von norddeutsch die Fotze (= Vagina) strikt unterschieden, obwohl eine gemeinsame Wortwurzel mit der Bedeutung Lippe denkbar ist; 2. Bestandteil: sich balgen, spielend raufen; Intensivbildung von veraltet rangen (= sich hin- und herwenden, begierig sein)] (bayerisch und österreichisch): *heftig küssen.*

Frack|sau|sen, das; -s, kein Plural [2. Bestandteil: einen brausenden oder zischenden Ton hervorbringen (gemeint ist ein Darmwind)] ❖ **Fracksausen haben/bekommen/kriegen:** *Angst haben, Angst bekommen.*

fran|zö|sisch 〈Adj.〉 ❖ **es französisch machen** [Herkunft und Bedeutungszusammenhang der Wendung unklar; Länderbezeichnungen für Sexualpraktiken spiegeln oft Vorurteile sowie Projektionen wider]: *Oralverkehr praktizieren.*

Frei|er, der; -s, - [mhd. und mndd. vrīer; ursprünglich: der Werbende, der Buhlende, der Verehrer; zu freien (= sich um eine Frau bewerben, um die Hand einer Frau anhalten; heiraten); in dieser Bedeutung veraltet; nur noch in gehobenen Wendungen wie: auf Freiersfüßen sein] (verhüllend): **1.** *Kunde einer Prostituierten, eines Strichjungen* **2.** *Bordellbesucher.*

Frei|luft|fah|rer, der; -s, - [zu fahren; siehe dort]: *Koitus im Freien.*

fremd|ge|hen ⟨ist⟩ [siehe gehen, das oft als Metapher für koitieren verwendet wird]: *außerhalb der Ehe oder außerhalb einer festen Beziehung sexuellen Kontakt haben.*

Freu|den- als 1. Bestandteil eines Kompositums [mhd. vröude, ahd. frewida, frouwida, zu froh; hier im Sinn von sexuelle Freuden]; 2. Bestandteil: etwas Kugelförmiges, Rundes, Zapfenförmiges: *Klitoris (Kitzler):* **Freudenknopf, Freudenknöpfchen, Freudenkugel, Freudenperle etc.**

Freund, der; -(e)s, -e ❖ **der gute Freund, der beste Freund, der kleine Freund:** *Penis:* „profil: ‚Mit dem Alter werden die Ohren länger, die Haare wachsen aus der Nase, und der gute Freund wird auch nicht größer.' – Berger: ‚Ist das von mir?' – profil: ‚Ja, ein schöner Satz. Aber warum werden die Ohren länger?' – Berger: ‚Weil man sich an den Ohrläppchen zieht. Meine Läppchen sind ganz dick. Greif mal mein Läppchen an!'" (André Müller im Gespräch mit Helmut Berger, „profil", 30. März 2009) ❖ **der falsche Freund/ein falscher Freund:** *ungewollter Abgang von Kot beim Entweichenlassen eines Darmwindes.*

Frisch|fleisch, das; kein Genitiv, kein Plural [belegt auf szenesprachenwiki.de des Dudenverlags]: *junge Männer oder Frauen (als Objekte der sexuellen Begierde).*

Frit|ze, der; kein Genitiv, -n [belegt bei Reiskel: Berliner Mundart, 1905; männlicher Vorname; zeugt von der Vorliebe der Männer, ihrem Geschlechtsorgan einen Namen zu geben; siehe Willy]: *Penis.*

Fromms, der; -, - [benannt nach Julius Fromms; dieser errichtete 1912 in Berlin eine kleine Produktionsstätte für Kondome, vermutlich weltweit die erste Serienproduktion; später vermarktete er die Kondome unter seinem eigenen Namen, somit ist Fromms das erste Markenkondom der Welt]: *Kondom.*

Fromm|ser, der; -s, - [siehe Fromms]: *Kondom.*

Frosch, der; -es, Frösche [belegt bei Küpper]: **1.** *Vagina, Vulva* **2.** [Pars pro toto] *junge Frau.*

Frucht|wur|zen, die; -, - [Wurzen ist die mundartliche Nebenform von Wurz und Wurzel] (bayerisch und österreichisch): *Penis.*

fuch|sen ⟨hat⟩ [belegt im Brandenburg-Berlinischen Wörterbuch; in Anlehnung an Fuchs zu mundartlich fucken (= hin- und herfahren); außerhalb der Sexualsprache mit der Bedeutung: jemandes Ärger erregen; sich fuchsen (= sich ärgern)]: *koitieren.*

Füd|che, das; -s, - [Diminutivum von Füd, siehe Fut; oft ironisch für großes Gesäß]: *(kleines) Gesäß* ❖ **en Füdche wie en Sesterpääd** [eigentlich: ... wie ein Sesterpferd; die Kölner Brauerei Sester hat in ihrem Logo ein Pferdefuhrwerk mit Bierfässern; Abwandlung von: ein Arsch wie ein Brauereipferd] (kölsch): *ein besonders großes Gesäß.*

fü|de|le, fud|le ⟨ist⟩ [belegt auf berndeutsch.ch und bei Weber/Bächtold; zu Füdle, Bedeutung 2] (schweizerisch): *mit dem Gesäß beim Gehen hin- und herwackeln, breitspurig gehen.*

Füd|le, Füd|la, Fied|le, das; -s, - [alemannisch; verwandt mit Fut (siehe dort), das früher sowohl Vagina als auch Gesäß bedeutet hat; manchmal wird zwischen Füdi (= Vagina) und Füdle (= Gesäß) unterschieden; auch: Vorderfüdle (= Vagina)]: **1.** *Vagina* **2.** *Gesäß:* „He, Psychiat'r, säg wie nennt man däs, / die Luscht nach einem Frauengesäß? – Sie sind ein Füdla... / Sie sind ein Füdla... Sie sind ein Füdlafetischist!" (Reinhold Bilgeri und Michael Köhlmeier in einem Scherzlied) ❖ **jemandem etwas ins Füdla ihi gönnen:** *jemandem etwas in den Hintern hinein gönnen* (z. B. ein Missgeschick) ❖ **kast mr im Füdle lecke/kasch mr am Füdla blasa:** *milde Variante des Götzzitats (siehe Arsch)* ❖ **lupf emol es Füdli:** *beweg dich doch, tu endlich was* ❖ **e Schutt is Füdle/e Schutt in Arsch** [die Wendung mit Füdle wird als weniger derb empfunden als jene mit Arsch]: *ein Tritt in das Gesäß* (als Aufforderung, etwas endlich zu tun) ❖ **einem ins Füdle schlüpfen:** *jemanden unterwürfig entgegentreten* ❖ **dem isch s Füdle zugschnappt:** *er ist gestorben* ❖ *scherzhafte Antwort eines Kindes auf die Frage: Wie alt bist du?* **So alt wie mei Füdle, und des hat no kei Zah!** (= So alt wie mein Gesäß und das hat noch keinen Zahn) – „Appezeller Mädele, wie machst denn du dein Käs? – Ma tut ihn in e Kübele und druckt ihn mit em Füdele. Drum ist der Käs so räs" (= Man gibt den Käse in einen Kübel und drückt ihn mit dem Gesäß, darum ist er so würzig-scharf") (alemannischer Kinderreim, belegt bei Fischer/Keller) ❖ **s Füdla voll Arbat:** *eine Menge Arbeit* ❖ **s Füdli vo de Wält** [eigentlich: am Ende der Welt]: *an einem entlegenen Ort* **3.** *Nadelöhr.*

Füdle|putz|ge|schwatz, das; kein Genitiv, kein Plural [belegt bei Kluge/Ochs] (badisch): *dummes Gerede.*

Fud|grif|fel, die (Plural) [belegt bei Kluge/Ochs]: *Grabschhände:* der hat Fudgriffel (= er greift häufig Frauen an die Genitalien).

Füd|li|bür|ger, der; -s, - [belegt bei Herdi] (schweizerisch): *Spießbürger:* „Frau, Kind, VW-Kombi und ein Reihenhäuschen in der Agglo: ein klassischer Füdlibürger – wenns nach dem schnieken Städter geht. Aber auch die City hat ihre Spiesser, getarnt als moderne Singles." (blick.ch vom 6. Januar 2008)

Füd|lein, das; -s, -s [eigentlich: Fütlein; mit beiden Bedeutungen bei Grimm vermerkt]: **1.** *Vagina* **2.** *Gesäß.*

Fum|mel, die; -, -n [zu fummeln (= hin- und herreiben); ob eine Verwandtschaft mit Fummel (= Kleid) besteht, ist ungeklärt]: **1.** *Vulva, Vagina:* „Kumm Herzerl, kloans Sterzerl, / Kumm mit mir z' Haus, / Da zeig i dir Sachn, / Du, da wirst lachn / Paß nur recht auf. // Da klappern die Ärsche, / Da fiedlen dö Nudeln, / da tanzen dö Beuteln, /

Da gucken dö Fummeln / zum Bettstattl 'raus." (altes Wiener Hetärenlied, in: Blümml, 103) **2.** *dumme Frau.*

Fum|mel|bun|ker, der; -s, - [1. Bestandteil: siehe fummeln]: *Diskothek, in der man fummeln kann:* „Und am Abend mit den neuen Klamos [= Klamotten] in den Fummelbunker." (Kögl: Auf Fett Sieben, 24)

fum|meln ‹hat› [mnnd. fummelen, ursprünglich lautmalend; hat außerhalb der Sexualsprache die Bedeutung: hin- und herreiben, mit den Händen herumsuchen, sich in unsachgemäßer, ungeschickter Weise an etwas zu schaffen machen; breitet sich von Norden gegen Süden aus, wobei die Filme „Nicht fummeln, Liebling" und „Zur Sache, Schätzchen" von May Spils zur Popularisierung von Bedeutung 1 beitrugen]: **1.** *jemandes Genitalien durch Berühren, Reiben etc. stimulieren, ohne dass es zu einem Koitus kommt (oft bis zum Orgasmus)* **2.** (ndd.) *koitieren.*

F

Fumm|ler, der; -s, - [siehe fummeln]: *jemand, der fummelt:* „‚So, zum Beispiel (berührt sie am Hals), das is schwer gefummelt. Wenn ich es so mache (legt die Hand um ihren Hals), das ist erst recht unheimlich gefummelt. Verflixt, ich hab ganz klar gefummelt.' – ‚Fummler!' – ‚Jajaja!'" (Dialog aus: Zur Sache, Schätzchen, May Spils)

fünf gegen einen spielen [fünf (= die fünf Finger einer Hand); einen (mit diesem Zahlwort ist der Penis gemeint); verhüllend durch Auslassung]: *masturbieren (vom Mann).*

fünf ge|gen Wil|ly [fünf (= die fünf Finger einer Hand); engl. willy (= Penis)] (verhüllend): *Masturbation (eines Mannes).*

Fünf ❖ sich (die) Fünf geben [Fünf (= die fünf Finger einer Hand)] (verhüllend): *masturbieren (vom Mann).*

fün|fern ‹hat› **❖ du kannst mich fünfern (und hast um sechs Feierabend)** [eigentlich: du kannst mir mit den fünf Fingern der Hand über den Rücken bis zum Gesäß hinunterfahren] (verhüllend): *milde Form des Götzzitats.*

Fur|chen|schei|ßer, der; -s, - [dysphemistisch für Furchengänger, Furchengeher; 1. Bestandteil: gemeint ist die Ackerfurche]: *Bauer, Landwirt (Schimpfwort der Städter für die ländliche Bevölkerung).*

Furz, der; -es, Fürze [mhd. vurz, ahd. furz, zu mhd. verzen, ahd. verzan (= furzen); lautmalend]: **1.** *(laut) entweichende Darmblähung:* einen Furz lassen – „Salomo der Weise spricht: / Laute Fürze stinken nicht / Aber die so leise zischen / Und so still dem Arsch entwischen / Mensch vor denen hüte dich, / Denn die stinken fürchterlich." (volkstümlicher Kinderreim, belegt bei Rühmkorf: Über das Volksvermögen, 73) – „Aus einem traurigen Arsch fährt nie ein fröhlicher Furz / aus einem verzagten Arsch kommt kein fröhlicher Furz." (wird Luther zugeschrieben) **❖ einen Furz quer sitzen haben:** *Darmbeschwerden haben, sich unwohl fühlen, schlechte Laune haben* **❖ wie ein Furz im Wind:** *unbedeutend sein, schnell verschwinden* ❖

hin- und hersausen wie ein Furz auf der Gardinenstange: *sehr schnell hin- und herlaufen, emsig sein* **2.** *Unsinn* **3.** *Kleinigkeit:* mit jedem Furz kommt er zu mir (= mit jeder Kleinigkeit belästigt er mich) ❖ **nur ein kleiner Furz sein:** *unbedeutend sein* ❖ **aus einem Furz einen Donnerschlag machen:** *etwas aufbauschen, aus einer Kleinigkeit eine große Sache machen* ❖ **kleiner Furz** (eher liebevoll): *nichtsnutziger kleiner Junge.*

Furz mit Fran|sen [Franse laut Kluge zu mhd. franze, entlehnt aus altfranz. fringe, frange; dieses geht zurück auf lat. fimbria (= Franse, Troddel); der Duden hält eine Ableitung von ahd. faso, fasa (= im Wind wehender Faden) für möglich; Verb: ausfransen; vgl. Pup mit Puschel, Schas mit Quasteln]: *feuchter Darmwind (bei dem etwas Kot abgeht).*

Furz und Feu|er|stein: **1.** *alles Mögliche:* in diesem Billigladen kannst du Furz und Feuerstein kaufen **2.** *alle möglichen Leute:* die neue PR-Dame kennt wirklich Furz und Feuerstein.

fur|zen ⟨hat⟩ [siehe Furz]: *eine Darmblähung entweichen lassen:* „Warum rülpset und furzet ihr nicht? Hat es euch nicht geschmacket?“ (wird oft Luther zugeschrieben, ist aber älter) – „Bin durch den dichten Rauch gelaufen. Du hoffst, dass einer furzt, dass es frische Luft gibt.“ (Kaya Yanar; zitiert auf comedy-comedians.de)

Furz|ka|no|ne, die; -, -n: *Person, die ständig Darmblähungen entweichen lässt.*

Furz|kis|te, die; -, -n [2. Bestandteil: mhd. kiste, ahd. kista, zu lat. cista, das seinerseits aus griech. kístē (= Korb; Kiste) stammt]: *Bett.*

Furz|klem|mer, der; -s, - [zu klemmen; wörtlich: einer, der sogar seine Darmblähungen zurückhält]: *Geizhals.*

Furz|kuhle, Furz|kul|le, die; -, -n [belegt mit Beispielen bei Honnen; 1. Bestandteil: siehe Furz; 2. Bestandteil: Kuhle (= Mulde, flache Grube, Vertiefung); zu mndd. kule, verwandt mit Keule]: **1.** *Mittelritze im Bett:* dat Kind kann inne Furzkulle schlafen **2.** *Vertiefung einer durchgelegenen Matratze* **3.** *schlechtes Bett:* in sonne Furzkulle schlaf ich nich.

Furz|mul|de, die; -, -n [belegt in „Jugendsprache unplugged, 2013“, Langenscheidt; vgl. Forzmolle und Furzkuhle]: *Bett.*

furz|tro|cken ⟨Adj.⟩ [zu Furz und trocken]: *sehr trocken (vom Boden, vom Wein etc.).*

Fut, die; -, - (älterer Plural: Futnan); auch: **Fud, Fut|ta** etc. [ursprünglich süddeutsch; mhd. vut, das früher auch Gesäß bedeutet hat, daher verwandt mit alemannisch Füdla (= Gesäß); vermutlich auch verwandt mit Fotze, genauer Zusammenhang aber unklar]: **1.** *Vagina, Vulva:* eine Fut wie ein Turnsaal (= eine große Vagina): „A Fut und a Fliagn / san sehr schwar zum Kriagn, / hättat die Fut die Fliegeln von da Fliagn, / warats no schwara zum Kriagn.“ (Variante des Wiener Volkslieds „A Floh und a Fliagn") – „Die Frau will jetzt, daß er sie überfällt, ihr die Kleider herunterreißt bzw. hinaufschiebt, wie so oft, und sich voll Appetit an ihrer Fut festbeißt wie in einem dick belegten Brot." (Jelinek: Gier, 330) ❖ „morgenstund hat fut im mund" (Bayer: fut und ebbe, in: Das Gesamtwerk, 255) ❖ „(*sinnspruch.* fut und beutel sind geschwister, und der arsch ist kriegsminister.)" (Kofler: Guggile, 35) ❖ **jenseits von Fut und Möse sein:** *kein Interesse an einem Koitus haben* ❖ **Jetzt zieh doch die Fut nicht so kraus!** [Weiterentwicklung von: die Stirn krausziehen]: *Sei nicht so mieselsüchtig, sei nicht beleidigt und eingeschnappt!* ❖ **Ja, Fut!** ‹Ausruf als Zeichen der Verärgerung› [wie: Ja, Feigen!, siehe dort]: *Verdammt!* Ja, Fut! Jetzt fahrt uns die Straßenbahn vor der Nas'n davon! ❖ **Viertel vor Fut, die Uhr ist kaputt!** *scherzhafte Antwort auf die Frage, wie spät es ist* **2.** *Frau* **3.** *Schlampe, Miststück* **4.** [belegt bei Küpper; wegen der Formähnlichkeit mit einer Vulva; siehe Bärenfut und Fotze, Bedeutung 4] *in der Mitte geknifffte, schirmlose Feldmütze* **5.** [belegt bei Jutz] *längliche Einbuchtung, Kniff beim Hut.*

F

Füt|chen, das; -s, - [siehe Fut; verniedlichend mit Diminutivsuffix -chen]: *(kleine) Vagina.*

fü|tern ‹hat› [belegt bei Herrmann-Winter; laut Grimm zu lat. futuere (= eine Frau koitieren)] (ndd.): *koitieren (von Mensch und Tier).*

Fut|fle|ckerl, das; -s, -n [zu Fut und Fleckerl (= kleiner Fleck, kleines Stoffstück); vgl. Rüsseljäckchen]: *knappe Badehose für Frauen.*

Fut|haar, das; -(e)s, -e [1. Bestandteil: siehe Fut]: *Schamhaar:* „als der mann sich den futhaaren näherte waren sie blond" (Bayer: fut und ebbe; in: Das Gesamtwerk, 255) ❖ **um ein Futhaar:** *ganz knapp.*

Fut|kar|li, der; -s, -s [ursprünglich Futcharlie und auf sexuell besonders aktive US-Besatzungssoldaten in Wien bezogen; später auf Karli abgewandelt und ironisiert]: *lächerlicher, frauennärrischer Mann:* „Und wauns es sagts i bin a Futkarli, daunn habts ja recht / i bin mid Leib und Söl ein echta Puderant / i reiß a jede auf, de was bei uns ins Beisl kummt ..." (Danzer: Vorstadtcasanova)

Fut|lap|perl, das; -s, -n [zu Fut und Lapperl (= kleiner Lappen)]: *Schamlippe:* „Titten wie Medizinbälle, Futlapperl hängan ins Objektiv, d' Neger spritzen aus olle Schläuch." (Zimmerschied: Die Stachelbeersträucher von Saigon, 56) ❖ **mit den Futlapperln paschen** [paschen (= einen klatschenden Laut erzeugen; applaudieren)]: *sexbesessen sein, mit aufreizendem Verhalten einen Mann zum Koitus verleiten.*

Fut|lap|perl|schas, der; -es, -e [zu Fut und Lapperl; vgl. Fotzenfurz und Futschas]: *Geräusch, wenn beim Koitus Luft aus der Vagina austritt.*

fut|na|cke(r)t ‹Adj.› [zu Fut und nackert]: *völlig nackt (auf eine Frau bezogen).*

Fut|na|heftl, das; -s, -n [1. Bestandteil: zu Fut mit der alten Pluralform; 2. Bestandteil: Heft mit Diminutivsuffix -l, aber nicht Kleinheit ausdrückend]: *Pornomagazin.*

Fut|narr, der; -en, -en [belegt bei Grimm]: *weibstoller Mann; ein Mann, der auf sexuellen Kontakt mit Frauen versessen ist.*

fut|när|risch, fut|nar|risch ⟨Adj.⟩ [zu Futnarr]: *auf sexuellen Kontakt mit Frauen versessen (vom Mann).*

Fut|neid, der; -(e)s, kein Plural [vermerkt bei Grimm; dem Futterneid nachgebildet; siehe Fotzenneid]: *Eifersucht einer Frau auf eine andere (wegen deren Geschlechtsverkehr mit einem bestimmten Mann).*

fut|nei|dig ⟨Adj.⟩ [zu Futneid; vermerkt bei Grimm]: *eifersüchtig (eine Frau auf eine andere).*

Fut|ras|pel, die; -, -n [2. Bestandteil: Raspel (= grobe Feile zur Bearbeitung von Holz und anderen weicheren Materialien)]: **1.** *Penis* **2.** *Damenfahrrad.*

Fut|schas, der; -es, -e [zu Fut und Schas; in der Sprache der Mediziner: Flatus vaginalis]: *Geräusch, wenn beim Koitus Luft aus der Vagina austritt.*

Fut|schle|cken, das; -s, kein Plural [zu Fut und schlecken, siehe dort]: *Cunnilingus (Sexualpraktik, bei der die Genitalien der Frau oral stimuliert werden):* „O reine und unbeschwerte, unschuldige welt der kindheit: – ob ich die ‚kretzn' (pickel) um den mund des eishockeyspielers j. schon bemerkt habe, bin ich von schulkameraden gefragt worden; jene kommen, wurde mir erklärt, nämlich vom ‚futschleckn', ‚futschleckn' habe ich mir gedacht, ‚futschleckn', was es alles gibt." (Kofler: Guggile, 12)

Fut|schle|cker, der; -s, - [Bedeutung 3 auch mit Diminutivsuffix: Futschleckerl, siehe Fotzenlecker]: **1.** *Mann, der den Cunnilingus ausübt* **2.** *widerlicher, schmeichlerischer Mann:* „‚Spürst du das, du Gauner, du Räuber, du Futschlecker ..., du Laustanz ..., du Beutel ..., du Dreckfink (...)' Zenzi schlug drauflos und mit jedem Hieb kam ein neuer Schimpfname, mit jedem Hieb wurde Brust und Bauch röter." (Salten: Josefine Mutzenbacher, 238) **3.** *Schoßhund:* „Die ganz kleinen Hunde (...) heißen – Futschlecker. Das ist ein passender Name, der kommt aus dem Englischen ... weil sie so klein sind, dass sie nur die Füße, the foot ... Nicht das, was Sie jetzt denken!" (Vitásek: Der Doppelgänger; Kabarettprogramm)

Fut|schwa|ger, der; -s, ...schwäger [2. Bestandteil: Ehemann einer Schwester; Bruder des Ehemanns, der Ehefrau; siehe Bauchschwager, Lochschwager]: *Vorgänger oder Nachfolger des Liebhabers einer Frau (muss nicht unbedingt der direkte Vorgänger oder der direkte Nachfolger sein).*

Futz, die; -e, -e [belegt bei Grimm; Nebenform von Fotze, siehe dort] (schweizerisch): *Vulva, Vagina.*

füt|zeln ⟨hat⟩ [belegt bei Grimm; zu Futz] (schweizerisch): **1.** *übel riechen* **2.** *heftig koitieren* **3.** *weibisch tun.*

G

Ga|bel, die; -, -n [mhd. gabel(e), ahd. gabala, ursprünglich: gegabelter Ast, dann übertragen auf das Essgerät; in der Sexualsprache klingt die ursprüngliche Bedeutung nach] ❖ **die Gabel machen:** *die Beine spreizen, sich einem Mann hingeben, einen Koitus zulassen (von der Frau).*

Gack, der; -s, kein Plural [zu gacken; im Norden des Sprachraums: Kacke] (süddeutsch): *Kot.*

ga|cken ⟨hat⟩ [Lallwort aus der Kindersprache; vgl. lat. cacare, im Norden des Sprachraums: kacken]: *die Notdurft verrichten, Kot ausscheiden.*

Ga|ckerl, das; -s, kein Plural [Substantivbildung zu gacken, siehe dort; die Diminutivsuffix wirkt verniedlichend]: *Kot:* „Nimm ein Sackerl für mein Gackerl!" (sprechender Hund in einer Informationskampagne der Stadt Wien)

Ga|cki, das; -s, kein Plural [mit kindersprachlichem Suffix -i zu Gack, siehe dort]: *Kot:* Gacki machen.

Ga|cko|mat, der; -en, -en [zu Gack in Anlehnung an Automat gebildet]: **1.** *Popo* **2.** *WC, Toilette.*

Ga|gel, der; -s, Gägel [laut Grimm schweizerisch und vorarlbergisch, offenbar Nebenform zu gacken und kacken] (alemannisch): **1.** *Kotknollen von Ziegen, Schafen, Hunden etc.* **2.** *menschlicher Kot:* „I wet all Schumrolla essa, bis i wiße Gägl schiß" (= Ich möchte alle Schaumrollen essen, bis ich weiße Gägel scheiße", Liedtext von Walter Schuler und Bernie Weber für die Band Schellinski).

Ga|gerln, Go|gerln, Gag|ga|la, die (Plural) [zu gackern; Benennungsmotiv: Hühnerei; siehe Ei] (bayerisch, österreichisch, fränkisch etc.): *Hoden.*

Ga|lan|te|rie, die; -, -n; auch: **Galanterie-Seuche,** die; -, -n [franz. galanterie (= aufmerksames Benehmen), dieses zu franz. galant (= lebhaft, liebenswürdig, Partizip Präsens von altfranz. galer (= sich erfreuen, sich vergnügen); belegt bei Borneman] (verhüllend): *Geschlechtskrankheit:* sie verdankte ihrem untreuen Ehemann eine Galanterie und eine Reihe weiterer Unannehmlichkeiten ❖ **die große Galanterie:** *Syphilis* ❖ **die kleine Galanterie:** *Gonorrhö.*

gam|sen ⟨hat⟩ [ursprünglich: toben, herumtollen wie die Gams, bayerisch und österreichisch für Gämse (Rupicapra rupicapra), ein Wildtier, das im Hochgebirge der Alpen lebt und gejagt wird] (bayerisch und österreichisch): **1.** *nach Mädchen Ausschau halten* **2.** *sexuelle Abenteuer suchen.*

gam|sig ⟨Adj.⟩ [siehe gamsen, ursprünglich: flink, munter wie ein Gamsbock, dann auch lüstern] (bayerisch und österreichisch): **1.** *geil, sexuell erregt* **2.** *zu sexuellen Abenteuern bereit.*

Gan|ze, das; -n, kein Plural; ein Ganzes [Substantiv zu ganz, mhd. ahd. ganz (= vollständig, unversehrt, vollkommen); eigentlich: entschlossen auf ein Ziel in Angriff nehmen] ❖ **aufs Ganze gehen** (verhüllend): *koitieren:* „Dann machen wir es uns gemütlich / Ich hab noch etwas Popcorn übrig / Ach unsre Liebe wäre wunderschön, / Doch du mußt immer gleich aufs Ganze gehn. / Du willst immer nur ficken, immer nur ficken mit mir ..." (Ganz Schön Feist: Du willst immer nur ficken)

Gar|ten, der; -s, Gärten ❖ **Garten der Liebe, Liebesgarten, Garten der Wollust** etc.: *Vagina, Vulva:* „‚Haben Sie Lust', fragte dieser, ‚ihn in Ihren Liebesgarten zu führen? Er steht sogleich zu Befehl.'" (Anonym: Lina's aufrichtige Bekenntnisse, 16). – „Der Fotze fehlst Du, Gärtner, meinen trockenen Garten sollst Du gießen!" (Zwerenz: Rasputin, 104)

G

ga|sen ⟨hat⟩ [eigentlich: nach Gas riechen, außerhalb der Sexualsprache auch: schnell laufen oder fahren]: *eine Darmblähung entweichen lassen.*

Gatt, das; kein Genitiv, Gaten [mndd. gat (= Loch, Öffnung); altsächsisch gat (= Nadelöhr), altfries. gat (= Loch, Öffnung); vgl. engl. gate (= Tor), zu altengl. geat (= Tor, Öffnung), zu indogerm. *gatan] (ndd.): **1.** *Anus* **2.** *Vagina:* „Dat is 'n slechten Kater, de blot vör een Gatt musen deit." (belegt bei Buurman)

Gatt|lock, das; -s, ...löcker [2. Bestandteil: ndd. für Loch; verdeutlichende Verdoppelung] (ndd.): **1.** *Anus* **2.** *Vagina.*

Ge|bär|va|ter, der; -s, ...väter [analog zu Gebärmutter]: *Penis* ❖ **den Gebärvater einhängen:** *koitieren (vom Mann).*

Ge|bum|se, das; -s, kein Plural [zu bumsen, siehe dort]: *lang andauerndes oder als unangenehm empfundenes Koitieren:* „Du weißt aber, dass dieses ganze Flatrate-Gebumse nur den Markt und die Preise kaputt macht auf Dauer.'" (Meyer: Im Stein, 36)

Ge|flit|sche, das; -s, kein Plural [siehe flitschen] (rheinisch): *häufiges oder als unangenehm empfundenes Koitieren.*

Ge|hän|ge, das; -s, -; **Ge|häng|sel,** das; -s, - [zu hängen]: **1.** *männliche Geschlechtsteile* **2.** *hängende weibliche Brust.*

ge|hen, ging, gegangen ⟨ist⟩ [auch als Metapher für koitieren] ❖ **mit jemandem gehen** [eigentlich: sich mit jemandem Seite an Seite in der Öffentlichkeit zeigen]: *mit jemandem ein Liebesverhältnis haben und dies auch im Freundes- und Bekanntenkreis zeigen* (bei Erwachsenen meist verhüllend für eine sexuelle Beziehung): sie geht seit kurzem mit einem Autoverkäufer; die beiden gehen miteinander ❖ **bei ihr/bei ihm geht was** [eigentlich: weiterkommen, glücken, gelingen, ans Ziel gelangen]: *sie/er scheint einem sexuellen Abenteuer nicht abgeneigt zu sein* ❖ **heute Nacht geht was:** *heute Nacht kommt es zu einem Koitus* ❖ **da geht mir ein Achtel in die Wäsche**

[eigentlich: abgehen; ungewollt in die Hose ejakulieren (vgl.: da geht mir einer ab); sexuelle Variante von: ich scheiß mich an/ich piss mich an (vor Lachen)] (scherzhaft): *das war großartig, das habe ich genossen, es ist zum Totlachen* ❖ **einen gehen lassen** ⟨hat⟩ [das Substantiv wird nicht ausgesprochen, der unbestimmte Artikel verbleibt (verhüllend durch Auslassung): *eine Darmblähung entweichen lassen.*

Ge|ho|ckel, das; -s, kein Plural [belegt im Rheinischen Wörterbuch; siehe hockeln] (rheinisch): *häufiges oder als unangenehm empfundenes Koitieren.*

Gei|ge, die; -, -n [mhd. gīge; Herkunft unklar; die weiblichen Genitalien werden oft mit Streich- oder Zupfinstrumenten verglichen, die männlichen oft mit Blasinstrumenten; siehe auch geigen]: **1.** *Vagina* **2.** [Pars pro toto] *Frau:* eine klasse Geige (= eine Frau mit guter Figur); eine alte Geige (= eine alte Frau) **3.** *Prostituierte.*

gei|gen ⟨hat⟩ [eigentlich: Geige spielen; aufgrund der rhythmischen Bewegungen des Bogens in die Sexualsprache übertragen; gehört zu einer Reihe von Wörtern mit der Grundbedeutung rhythmisch hin- und herbewegen; vgl. boßen, bürsten, striegeln etc.]: *koitieren:* „Solange in diesem Lande noch gegeigt und geblasen wird, solange kann uns nichts geschehen." (Qualtinger über Österreich als Kulturnation; zitiert in der ORF-Sendung Kulturmontag, 21. Oktober 2013)

geil ⟨Adj.⟩ [ahd. geil (= kraftvoll, üppig, lustig; eigentlich: gärend, aufschäumend); in der Jugendsprache bedeutet geil soviel wie großartig, toll]: *sexuell erregt, gierig nach einem Koitus:* „Autos machen Dreck, / Umwelt geht kaputt / doch 'ne fette neue Karre is' / leider geil (...) Oh Gott, wer ist diese Schrulle, / neben mir im Bett, / ich war wohl gestern Abend / leider geil." (Deichkind: Leider geil)

gei|li, gei|lig, gei|lich ⟨Adj.⟩ [zu geil]: *sexuell erregt, gierig nach sexuellen Abenteuern.*

Geil|specht, der; -s, -e [Herkunft unklar; vielleicht zu Spechtler (= Voyeur) und dann an Genussspecht angeglichen; eventuell auch zu bayerisch und österreichisch Geilbär mit gleicher Bedeutung (eigentlich: Zuchteber)]: *sexuell besonders aktiver Mann* ❖ **alter Geilspecht:** *jemand, der den Frauen ins Dekolleté oder auf die Beine starrt; Voyeur.*

Gel|sen|dip|pel, die (Plural) [1. Bestandteil: Stechmücke; 2. Bestandteil: Schwellung, Beule] (österreichisch): *sehr kleine weibliche Brüste.*

Ge|mächt, das; -s, kein Plural [mhd. gemaht (Plural: gemehte), ahd. gimaht(i), zu Macht in der alten Bedeutung: Zeugungskraft]: *männliche Genitalien.*

Ge|mein|de|bock, der; -s, ...böcke [eigentlich: Bock, der die Ziegen einer Gemeinde befruchtet]: *Mann, der zu zahlreichen Frauen in seiner Umgebung Sexualkontakte hat.*

Ge|nick|fick, der; -s, -s [2. Bestandteil: knüpft an alte Bedeutungen von ficken an]: *Schlag ins Genick.*

Ge|nuss|wurzel, die; -, -n [2. Bestandteil: siehe Wurzel]: *Penis.*

Ge|ram|mel, das; -s, kein Plural [Substantivbildung zu rammeln, siehe dort]: *heftiges Koitieren:* „Nach einer Weile war ein achtbares Gerammel im Gange. Er war also dazu doch noch zu gebrauchen – erstaunlich, hochfrappant." (Heinscheid: Dolce Madonna Bionda, 489)

Ge|schäft, das ❖ **sein großes Geschäft machen/verrichten/erledigen** (verhüllend): *Kot ausscheiden.*

Ge|schich|te, die; -, kein Plural [Geschichte im Sinn von: unangenehme Angelegenheit]: *Menstruation* ❖ **die Geschichte haben:** *die Menstruation haben.*

G

Ge|schirr, das; -(e)s, -e [belegt bei Borneman mit Bedeutung 1 und 2; mhd. geschirre, ahd. giscirri, zu scheren, eigentlich: das Zurechtgeschnittene; laut Grimm bedeutete Geschirr früher auch Werkzeug, Instrumentarium, Geschlechtswerkzeuge, Genitalien (von Mann und Frau)]: **1.** *Vulva, Vagina* **2.** [gemeldet von Dirks] *Busen:* se hett 'n good Geschirr (= sie hat großartige Brüste) – „narren und frawen geschirre / machen die gantze welt irre" (Ambraser Liederbuch 77, 52).

Ge|schiss, das; -, kein Plural [zu scheißen] (bayerisch): *Umstände, Schwierigkeiten:* es war ein Mordsgeschiss, bis der Antrag erledigt war.

ge|schis|sen, gschis|sen ⟨Adj.⟩ [isoliertes Partizip Perfekt zu scheißen; entspricht ansonsten: beschissen] (österreichisch): *äußerst unerfreulich, sehr schlecht:* das war ein gschissener Film; dein Freund hat aber gschissen reagiert.

Ge|schis|se|ne, Gschis|se|ne, das; -n, kein Plural, ein G(e)schissenes (österreichisch): *Exkremente, Kot* ❖ **das Gschissene auswendig haben** (= äußerlich haben): *sich in einer misslichen Lage befinden:* „... I hab des Gschissene voll auswendig. (...) I werd zum Abteilungsinspektor befördert (...) ins Sicherheitsbüro (...) Und SB haaßt: Überstunden ohne End!" (Polycarp Trautman in „Kaisermühlenblues, 41")

Ge|schis|sene, Gschis|sene, der; -n, -n, ein Gschissener (österreichisch): **1.** *Idiot* ❖ **Gschissener!** (unter Freunden auch scherzhaft) *du-Anrede* **2.** [vgl. auch Moorsdreck mit ähnlichem Benennungsmotiv] (Wiener Würstelstandjargon) *Kremser Senf, auch süßer Senf genannt (wird aus grob gemahlenen Senfsamen, ursprünglich aus der Region Krems, hergestellt):* A Eitrige mit an Gschissenen, a Krokodil, a Buckl und a Sechzehnerblech (= eine Käsekrainer-Wurst mit Kremser Senf, eine Salzgurke, ein Brotanschnitt und ein Ottakringer Bier).

Ge|schlecht, das; -s, kein Plural [Gesamtheit der Merkmale in Bezug auf die Fortpflanzung]: **1.** *weibliche Genitalien:* „Er schiebt seine

Hand unter ihren Rock und streichelt ihr Geschlecht.“ (Chotjewitz: Der dreißigjährige Friede, 66) **2.** *männliche Genitalien:* „Es war ein erregendes Behagen, und mein Geschlecht wurde steif.“ (Schlink: Der Vorleser, 26)

Ge|schleck, Gschleck, das; -s, kein Plural [Substantivierung zu schlecken, regional auch für Süßigkeiten]: *Gekose, Küsserei.*

Ge|vö|gel, das; -s, kein Plural [zu vögeln]: *häufiges oder als unangenehm empfundenes Koitieren:* „Die (Eltern) fragen sich derweil angstvoll, ob das Online-Gevögel die gesunde Entwicklung ihrer Kinder gefährden könnte.“ (Spiegel, 15/2014)

Ge|wer|be, das; -s, - [mhd. gewerbe (= Geschäft, Tätigkeit), zu werben; eigentlich: sich um jemanden bewegen] ❖ **das horizontale Gewerbe, das ambulante Gewerbe** [franz. ambulant, lat. ambulans (= Partizip Präsens von ambulare = herumgehen)], **das älteste Gewerbe der Welt, das Gunstgewerbe:** *Prostitution.*

Gewich|terln, die (Plural) [zu Gewicht mit Diminutivsuffix)] (bayerisch und österreichisch): **1.** *weibliche Brüste* **2.** *Hoden.*

Gieß|kan|ne, die; -, -n [eigentlich: Behälter zum Begießen von Pflanzen]: *Penis* ❖ **sich die Gießkanne verbiegen** (verhüllend): *sich eine Geschlechtskrankheit zuziehen (vom Mann gesagt).*

Gi|ga|rit|schen, Gi|ga|rit|zen, Gi|ga|wit|zen, die; -, -n [viele Feminina auf -e haben im Bayerischen und Österreichischen auch im Singular die Endung -en; Herkunft unklar] (bayerisch und österreichisch): *Vulva:* „Bei der Gigaritschen, bei der Gogaritschen / aufn Kegelstaa(n) san ma glegn / Und da hab i ihr mein Bonapartl / In die Hollapritschn einigebn.“ (aus einem Wiener Volkslied, in: Weber 246 f.)

Gig|ger, der; -s, -; **Giggerler,** der [belegt auf Wiktionary, eigentlich: Hahn, ähnlich wie Güggel eine Nebenform von Gockel; Nachahmungen des Sammelrufes eines Hahnes] (schweizerisch): *Penis.*

gig|ge|rig ⟨Adj.⟩ [belegt bei Herdi 2001; siehe Gigger, Giggerler]: *lüstern, geil:* „Du dudu du dudu du dudu du dumachsch mi giggerig“ (Polo Hofer: Giggerig).

Gi|gu, der; -s, -s [belegt auf bernddeutsch.ch] (schweizerisch): **1.** *Penis* **2.** *Idiot.*

Gi|ri|ga|ri, der; -s, -s [vermutlich Weiterbildung einer sächlichen Form mit der Bedeutung: Hin und Her; vielleicht zu einem Fachausdruck der Billardspieler] (österreichisch): *Penis.*

git|schen [zu lautmalend Gitsch (= Delle, Schramme); außerhalb der Sexualsprache: aufprallen, anstoßen]: *koitieren.*

Glan|kel, der; -s, -; in vielen regionalen Varianten z. B. kärtnerisch Glankalan (Plural) [zu glankeln, klankeln (= hin- und herschwingen); außerhalb der Sexualsprache: Glockenschwengel] (bayerisch und österreichisch): **1.** (meist Plural) *Hoden* **2.** *Penis* **3.** *männliche Genitalien insgesamt.*

Glan|kel|tut|teln, die (Plural) [1. Bestandteil zu glankeln (= baumelnd herunterhängen); siehe auch Glankel] (bayerisch und österreichisch): *Hängebrüste.*

Glib|ber, der; -s, - [belegt bei Borneman; schlüpfrige, glitschige, gallertartige Masse; ndd. glibberig, mndd. glibberich (= wiech, schlüpfrig); vgl. engl. glibbery] (ndd.): **1.** *Sperma* **2.** *weibliche Brüste* ❖ **im Glibber wackeln:** *intermammal koitieren.*

Glied, das; -(e)s, -er [Kollektivbildung mit Präfix Ge- zu mhd. lit, ahd. lid, eigentlich: Bewegliches, Biegsames (am Körper); vielleicht Lehnübersetzung von lat. membrum (virile); früher Geschlechtsteile allgemein, also auch der Frau]: **1.** *Penis:* das männliche Glied **2.** [belegt bei Grimm] *Vagina, Vulva:* das Weibsglied, das Frauenglied.

G

Glin|se, die; -, -n **Glum|se,** die; -, -n: *siehe Klimse.*

Glo|cken, die (Plural) [belegt in „Jugendsprache unplugged, 2013", Langenscheidt]: *weibliche Brüste* ❖ **die Glocken schwingen lassen:** *einer Frau an die Brüste fassen.*

Glo|cken|schwen|gel, der; -s, - [2. Bestandteil: mhd. swengel, swenkel, zu: swenken, schwenken; Klöppel der Glocke, beweglicher Teil der Pumpe eines Brunnens; die männlichen Genitalien werden oft mit länglichen und harten Gegenständen verglichen, z. B. Bolzen, Keule, Klachel, Knüppel, Latte, Pint, Prängel, Schwengel etc.; beim Wort Schwengel ist auch das Schwingen im Bedeutungsumfang enthalten]: *Penis.*

Glo|cken|spiel, das; -s, kein Plural [1. Bestandteil: siehe Glockenschwengel; das Glockenspiel ist ein Musikinstrument aus der Gruppe der Metallophone]: *Hoden.*

Glo|ry Hole, das; -s, -s [engl. glory-hole (= Raum, Schrank oder Schublade, wo Krimskrams ungeordnet aufbewahrt wird; bei Glasbläsern: Öffnung im Warmhalteofen, mit dem geschmolzenes Glas beim Bearbeiten wieder aufgeheizt wird, im Bergbau: Einsturztrichter, Trichterabbau); Herkunft unklar, 1. Bestandteil: geht etymologisch nicht auf engl. glory (= Ehre, Herrlichkeit, Pracht) zurück, aber mit diesem vermengt; laut etymonline.com vielleicht zu schottisch glaur (= schmutzig machen); seit den 1940er Jahren in den USA auch in der Sexualsprache, zunächst unter Homosexuellen, später auch unter Heterosexuellen (Swingerclubs)]: **1.** *Wand mit Öffnung, durch die ein Mann oral befriedigt wird (für anonymen Oralverkehr):* „Laras Blowjob-Aktion fand am Wochenende in einem Berliner Swinger Club statt. Durch ein ‚Glory Hole' – eine Wand mit einem Loch auf Hüfthöhe, durch das der Penis gesteckt wird – wollte die Hamburgerin 250 Männer in 24 Stunden oral zum Höhepunkt kommen lassen." (bild.de vom 16. Januar 2011) **2.** *Vagina, Vulva* **3.** *Anus.*

Go|de|mi|ché [go:tmi'ʃe:], der; -, -s [laut Duden zu franz. godemiché, Herkunft unklar]: *künstliche Nachbildung des erigierten Penis:* „Bey einem ihrer Besuche, den sie bey mir abstattete, zog sie einen falschen Priap, Godemiché genannt, hervor (...).“ (Anonym: Lina's aufrichtige Bekenntnisse, 7)

Goe|the|fei|er, die; -, -n ❖ **du kannst mich zu einer (intimen) Goethefeier begleiten** [wortspielerischer Hinweis auf Goethes Götz von Berlichingen] (verhüllend): *milde Form des Götzzitats.*

Go|gel, der; -s, - [zu Gockel(-hahn); Nachahmung des Sammelrufes eines Hahnes]: **1.** *Kunde einer Prostituierten* **2.** *Betrogener, Ausgenützter.*

Go|gerln, die (Plural): siehe Gagerln.

Gram|mel, die; -, -n [Herkunft unklar; vielleicht lautmalend, weil Grammeln beim Kauen knirschen; bayerisch und österreichisch, sonst: Grieben (= Rückstand von ausgelassenem Speck)] (bayerisch und österreichisch): **1.** *hässliche Frau* **2.** *Hure.*

Gram|mel|trei|ber, der; -s, - [zu Grammel mit der Bedeutung Hure]: *Zuhälter.*

Grand Can|yon, der; -, kein Plural [eine steile, etwa 450 Kilometer lange Schlucht im Norden des US-Bundesstaates Arizona]: *sichtbarer Teil der Gesäßfalte bei tief sitzender Hose.*

grap|peln ⟨hat⟩ [mndd. krabbelen; laut „Duden“ zu kerben in dessen ursprünglicher Bedeutung: ritzen, kratzen, kriechen (indem man sich festhält); Kluge sieht hingegen eine Verbindung mit Krabbe, demnach: kriechen wie eine Krabbe]: *sexuell belästigen, abgreifen, abtasten.*

Grapp|ler, der; -s, - [zu grappeln; außerhalb der Sexualsprache: schwerfälliger Mensch, der nichts weiterbringt]: *ein Mann, der Frauen sexuell belästigt.*

Gras|mie|ger, die; kein Genitiv, -s [siehe miegen] (ndd.): *Mädchen, die im Gras sitzend uriniert.*

Grei|fen|stei|ner, Grei|fen|ber|ger, der; -s, - [erfundener Familienname, der das Verb greifen im Sinn von abgreifen, ausgreifen enthält]: *sexuell zudringlicher Mensch.*

grie|chisch ⟨Adj.⟩ ❖ **es griechisch machen** [vielleicht wegen der großen Bedeutung von Partnerschaften zwischen Männern in der Antike; Länderbezeichnungen für Sexualpraktiken spiegeln allerdings oft Vorurteile und Projektionen wider]: *Analverkehr praktizieren.*

Griff, der; -(e)s, -e [zu greifen] ❖ **der Griff in den Schritt:** *demonstrative Bewegung der offenen Hand zu den Genitalien (durch Michael Jackson populär geworden, inzwischen auch von weiblichen Popstars praktiziert).*

groß ma|chen [siehe die große Notdurft verrichten] (verhüllend): *Kot ausscheiden.*

Grot|te, die; -, -n; auch: **Grot|te der Wol|lust:** *Vulva:* „Ich gelangte an den Rosenhain und glaubte in dem Augenblicke keinen niedlicheren befühlt zu haben. Die kleine Grotte war eng und fest, ein Beweis, daß das niedliche Weibchen sie sparsam besuchen ließ. Ich verfiel in einen Taumel." (Schilling: Die Denkwürdigkeiten des Herrn v. H., 96) – „Ich bin noch klein / Mein Ding wird rein / Ich will auch immer artig sein / Ach liebes Gottchen / Bewahr mein Grottchen / Vorm ollen großen Hosenwurm / und seinen Samen / Amen." (Zille: Hurengespräche, 46)

Gül|le|hül|le, die; -, -n [belegt im Zürislängikon; 1. Bestandteil: südwestdeutsch und schweizerisch für Jauche; zu mhd. gülle (= Pfütze)]: *Kondom.*

Gum|mi, der; -s, -s [meist aus vulkanisiertem Kautschuk]: *Kondom.*

Gum|mi- als 1. Bestandteil eines Kompositums; 2. Bestandteil: ein Wort für Penis: **Gum|mi|pim|mel, Gum|mi|wurstl, Gum|mi|zip|fel,** der etc.: *Dildo:* „... jetzt wird gepoppt, Hure, / ich schnall den Gummipimmel um und mach den Job, Hure!" (Lady Bitch Ray: Suck it)

G

Gum|mi|fuff|zi|cher, der; -s, - [vor allem neue Bundesländer; weil Kondome dort zu Zeiten der DDR fünfzig Pfennig kosteten]: *Kondom.*

Gum|mi|su|si, die; -, -s (schweizerisch): *Sexpuppe.*

Gun|kel, die; -, - [Herkunft unklar]: **1.** *Vagina* **2.** *hässliche alte Frau.*

Gur|ke, die; -, -n [entlehnt aus poln. ogurek (heute ogórek) oder tschech. okurka, zu mittelgriech. ágovros (= unreif; weil Gurken unreif geerntet werden); wegen der Form in die Sexualsprache übernommen]: *(erigierter) Penis* ❖ **sich die Gurke schälen:** *masturbieren (vom Mann).*

Gur|kerl, das; -s, -n; schweizerisch Gürkli, das; -s, - (nur Bedeutung 2, belegt bei Herdi 2001) [Diminutivum von Gurke]: **1.** *kleiner Penis* **2.** *(schweizerisch) Klitoris (Kitzler).*

Gür|tel|schnal|le, die; -, -n [1. Bestandteil: eine mehrspurige Straße, die die inneren Bezirke Wiens von den äußeren trennt; früher von Prostituierten frequentiert; 2. Bestandteil: Hure]: *Straßenprostituierte.*

Gür|tel|tier, das; -(e)s, -e [1. Bestandteil: eine mehrspurige Straße, die die inneren Bezirke Wiens von den äußeren trennt; früher von Prostituierten frequentiert]: *Straßenprostituierte:* Der Professor hat an Dreia ausgfasst / heut geht er ham / sein Weg führt ihn direkt in Prater / in die Allee mit de Bam. / Kein Bein allein, / er fasziniert sein Gürteltier erblickt." (Falco: Wiener Blut)

Guss|ei|ser|ne, der [zu Gusseisen (= ein Roheisen von geringer Elastizität und hoher Druckfestigkeit)] ❖ **einen Gusseisernen mit Flügeln drauf haben:** *eine gewaltige und lang anhaltende Erektion haben:* „Du wirst glauben, du hast einen Gußeisernen mit Flügeln drauf!" (Frau Turecek in „Kaisermühlenblues, 17", sie verspricht Bezirksrat Schoitl eine tolle Liebesnacht)

GV, der; -, -s [kurz für: Geschlechtsverkehr] (verhüllend durch Abkürzung): *Geschlechtsverkehr:* „Gerade hat er (Boris Becker) seine zweite

Autobiografie geschrieben (...) Damit die Nation erfährt, dass seine Ex-Frau ihn gehauen hat, der Besenschrank-GV gar nicht im Besenschrank war, sondern auf der Treppe vollzogen wurde, und Sandy nicht kochen wollte." (Kolumne „Geht's noch?", taz.de, 27. September 2013)

H

Haar|tru|he, die; -, -n [belegt bei Wolf; ursprünglich rotwelsch]: *Vulva.*

ha|ben ⟨hat⟩ ❖ **mit jemandem etwas haben:** *mit jemandem eine sexuelle Beziehung unterhalten* ❖ **miteinander etwas haben:** *durch eine sexuelle Beziehung verbunden sein:* „Wie? Du bist sicher, daß sie miteinander etwas haben?' Ulrich hatte das etwas lebhaft gefragt, obgleich es ihm eigentlich nicht nahegehen sollte; Stumm glotzte ihn mit seinen kurzsichtigen, von der Erregung noch getrübten Augen mißtrauisch an und setzte seinen Zwicker auf. ‚Ich habe nicht behauptet, daß er sie gehabt hat', entgegnete er in unverblümter Offiziersweise (...)" (Musil: Der Mann ohne Eigenschaften, Kapitel 85) ❖ **zu haben sein** [ursprünglich aus der Kaufmannssprache: lieferbar sein (von einer Ware); siehe auch etwas]: *als möglicher (Sexual-) Partner in Frage kommen* [laut Duden deshalb, weil die Person noch nicht oder nicht mehr verheiratet ist; heute aber oft auch unabhängig davon: er/sie ist leicht zu haben (= es ist einfach, mit ihm/ihr Sexualkontakt zu haben)].

Haftl, Haf|tel, das; -s, -n [Diminutivum von älterem Haft (= Haken, Spange); außerhalb der Sexualsprache: Verschluss aus einer Öse und einem kleinen Haken zum Zusammenhalten eines Kleidungsstücks]: *Koitus* ❖ **ein Haftl machen:** *koitieren.*

Hahn, der; -es, Hähne [eigentlich: männliches Haushuhn; mhd. hane, ahd. hano, eigentlich: der Sänger; siehe auch Gigger sowie Krüllhahn, Piethahn, Piephahn]: *Penis:* „Mutter sagte manchmal: (...) ‚Es prüfe, wer sich ewig bindet, ob sich der Schwanz zur Möse findet!' Ooch: ‚der Hahn is' kurz, die Reu ist lang.'" (Zille: Hurengespräche, 64) ❖ **de Hahn in de Köken jagen** [gemeldet von Dirks; den Hahn in die Küche jagen] (ndd.): *koitieren.*

Häh|ne, die (Plural) [fachsprachlich: Vorrichtung zum Öffnen und Schließen von Rohrleitungen] (vor allem schweizerisch): *weibliche Brüste.*

Ham|mer, der; -s, Hämmer [belegt auf duden.de; mhd. hamer, ahd. hamar, eigentlich: (Werkzeug aus) Stein; außerhalb der Sexualsprache ein Werkzeug zum Schlagen]: *(erigierter) Penis.*

häm|mern ⟨hat⟩ [belegt bei Küpper, zu Hammer]: **1.** *koitieren* **2.** *masturbieren.*

Hand, die; -, Hände ❖ **sich die Hände waschen gehen:** *auf die Toilette gehen, um die Notdurft zu verrichten* ❖ **die Hände in den Schoß legen** [im wörtlichen Sinn: untätig sein]: *masturbieren (von der Frau)* ❖ **unter der Hand verschleudern** [eigentlich: eine Ware unter dem üblichen Preis weggeben]: *masturbieren (vom Mann):* „Ein Börsenmakler im Bett zu seiner Frau: ‚Die Aktien steigen, der

H

Kurs ist fest.' Die Frau dreht sich zur Seite und sagt: ,Die Börse ist zur Zeit geschlossen.' Da wendet sich der Makler enttäuscht ab. Nach einiger Zeit flüstert ihm die Frau zu: ,Liebling, die Börse ist geöffnet, ich nehme die Aktien zum Höchstwert!' Er: ,Zu spät, ich habe sie bereits unter der Hand verschleudert.'" (Internetbeleg auf proletenportal.de)

Hand|wa|gen, der: -s, - (süddeutsch, österreichisch: ...wägen); **Hand|wä|gel|chen,** das; **Hand|wa|gerl,** das etc. [eigentlich: mit der Hand zu ziehender oder zu schiebender kleiner Leiterwagen] ❖ **mit dem Handwagen fahren:** *onanieren (vom Mann).*

Hän|ge|arsch, der; -es, ...ärsche: *schlaffes Gesäß:* „In Hosen voll mit Hängeärschen / muss fürchterliche Enge herrschen." (Schüttelreim, Internetbeleg auf elkeswelt.de)

Hän|ge|tit|ten, Hän|ge|dut|teln, Hän|ge|tut|teln, Hän|ge|zit|zen etc., die (Plural) [2. Bestandteil: siehe Duttel]: *besonders große, hängende weibliche Brüste.*

Hän|ge|mat|te, die; -, -n [belegt bei Reiskel: Berliner Mundart, 1905]: *schlappe männliche Geschlechtsteile.*

Häns|chen|klein, das; kein Genitiv, kein Plural [Diminutivum von Hans mit Suffix -chen und verdeutlichende Verdoppelung durch Anfügung des Wortes klein; vgl. das Kinderlied: „Hänschenklein ging allein in die weite Welt hinein ..."]: *Penis:* „Halten wir fest: Der Blickfang des emanzipierten Frauenauges heißt nicht mehr, wie noch vor einem halben Jahrzehnt, ,Lumpi', ,Hänschenklein' oder ,Ziesemann', er heißt Penis. Und er erigiert." (Spiegel, 30. September 1969: Im Strudel der Lust. Martin Morlock über die Sexwelle 1969)

Han|si, der; -s, -s [Diminutiv und Koseform des Vornamens; dient vor allem in Wien als Ersatzwort für tabuisierte Ausdrücke; siehe Hänschenklein] (österreichisch): **1.** *Penis* **2.** *Klomuschel* ❖ **dem Hansi die Zähne putzen:** *Kot ausscheiden.*

Hap|perl, das; -s, -n [zu happen, eine Nebenform von hoppen (= hüpfen, springen); siehe schweizerisch Höpperli] (österreichisch): *(kurzer) Koitus:* ein Happerl machen.

Hard|ware, die [belegt bei Deppert; eigentlich: die technisch-physikalischen Teile eines Computers; engl. hardware; eigentlich: harte Ware]: *Penis.*

Har|fe, die; -, -n ❖ **an der Harfe zupfen:** *masturbieren (von der Frau).*

Harn, der; -(e)s, kein Plural [mhd. harn, ahd. harn, harm, ablautend zu mhd. hurmen (= düngen); weitere Herkunft unklar]: *Urin.*

har|nen ⟨hat⟩ [Verbalbildung zu Harn, aber selten]: *urinieren.*

Harp|fen, die; -, - [Herkunft wie Harfe (ein Musikinstrument)]: **1.** *Bett* (wegen der früher metallischen und federnden Einsätze): i hau mi in die Harpfen (= ich geh schlafen) – „Eingebildeter Aff! Bevor i mit an Kieberer in die Harpfen geh, kauf i ma lieber einen Vibrator." (Frau

Turecek in „Kaisermühlenblues, 2“) **2.** [die weiblichen Genitalien werden oft mit Streich- oder Zupfinstrumenten verglichen; die männlichen oft mit Blasinstrumenten]: *Vagina.*

ha|sig 〈Adj.〉 [belegt auf sprachnudel.de; vermutlich zu Hase bzw. Häsin]: **1.** *lüstern, geil (von der Frau)* **2.** *gierig nach einem Koitus (von der Frau):* „Deine Himmelslanze macht mich ganz hasig.“ (Internetbeleg auf sprachnudel.de)

Hau|be, die; -, -n [süddeutsch und österreichisch; zu ahd. hūba; Herkunft unklar; kann zu einer Reihe indogermanischer Wörter gehören, die Höcker oder Buckel bedeutet haben; Bedeutung außerhalb der Sexualsprache: Kopfbedeckung als Teil der Tracht, Kopfbedeckung, die sich ganz an den Kopf anpasst, Haube für Skifahrer etc.]: **1.** *Vorhaut* **2.** *Präservativ.*

H

Hau|fen, der; -s, - ❖ **einen Haufen machen/setzen/bauen:** *Kot ausscheiden.*

Häus|chen, das; -s, -; **Häusl,** -, -n [Diminutivum von Haus] (verhüllend): *Raum zur Verrichtung der Notdurft.*

hau|sen 〈hat〉 [belegt im Wörterbuch der Jugendsprache, Pons, 2014; geht zurück auf eine alte Bedeutung von hausen, die schon bei Grimm belegt ist: bezogen zunächst auf das eheliche Verhältnis zwischen Mann und Frau, später auf geschlechtliche Verhältnisse überhaupt]: *koitieren.*

Haut, die; -, Plural unklar (wienerische Gaunersprache): *Prostituierte.*

Ha|xen|sprei|zer, der; -s, - [1. Bestandteil: österreichisch und süddeutsch für menschliches Bein; mhd. hahse, ahd. hāhsina (= Kniebug des Hinterbeines, besonders vom Pferd)]: *hochprozentiges Getränk, das Frauen willig machen soll.*

heb|le 〈hat〉 [belegt auf berndeutsch.de; eigentlich: hebeln, auch: unsachgemäß mit einem Hebel hantieren (z.B. mit dem Schalthebel beim Auto)] (schweizerisch): *masturbieren.*

He|cken|schei|ßer, der; -s, - [eigentlich: jemand, der so weit wandert, dass er immer hinter einer Hecke seine Notdurft verrichten muss] (vor allem hessisch): *Mitglied eines Wandervereins.*

Heft, das; -(e)s, -e [belegt bei Borneman; laut Küpper Dolchgriff als Teil des Dolches, dieses als Gegenstück zu Scheide]: *Penis.*

Hei|lig|tum, das; -s, ...tümer [eigentlich: Stätte zur Verehrung eines Gottes; heiliger, verehrungswürdiger Gegenstand; mhd. heilectuom, ahd. heiligtuom]: *Vulva, Vagina:* „Frau Wirtin hat auch eine Schwester, / die trank des Abends alle Rester. / Und war sie dann besoffen, dann stand ihr ganzes Heiligtum / für zwanzig Pfennig offen.“ (aus dem Volkslied „Es steht ein Wirtshaus an der Lahn“, in: Brednich, 58).

Hein|rich, der [männlicher Vorname]: **den flotten/schnellen Heinrich haben:** *Durchfall haben.*

hei|zen ⟨hat⟩ ❖ **römisch heizen** [Herkunft unklar; vielleicht deshalb, weil die Römer schon eine Art Fußbodenheizung hatten]: *einen Darmwind entweichen lassen.*

Hemd, das; -(e)s, -en [mhd. hemede, hemde, ahd. hemidi, eigentlich: das Verhüllende, also Bekleidung insgesamt] ❖ **scheiß dir/mach dir nicht ins Hemd!** *Sei nicht so ängstlich!*

Hemd|schis|ser, der; -s, - [belegt bei Pfeiffer]: **1.** *Angsthase* **2.** *Spottbezeichnung für Maler und Anstreicher.*

Hemd|sprei|zer, He|mad|sprei|zer, der; -s, - [siehe Hemd]: **1.** *Penis* **2.** *Sellerie (wirkt nach einer abergläubischen Vorstellung als Aphrodisiakum).*

Hengst, der; -(e)s, -e [eigentlich: männliches Pferd; mhd. hengest, ahd. hengist, Herkunft unklar]: *besonders potenter Mann.*

Hen|na|fied|le, das; -s, - [belegt bei Plankenhorn; eigentlich: Hühnerhintern; 2. Bestandteil: siehe Füdle]: *Frau, die viel Unsinn redet.*

he|r|an|ma|chen, -schmei|ßen: *siehe ranmachen, ranschmeißen.*

Herr Schön|fuß, der; des Herrn Schönfuß, kein Plural [so nannte Christiane Vulpius Goethes Geschlechtsteil]: *Penis.*

Herr, der; -n, -(e)n [mhd. hĕr(re), ahd. herro, laut Duden zu dem Komparativ hēriro (= älter, ehrwürdiger, erhabener), zu hēr, hehr; wahrscheinlich Lehnübersetzung von mittellat. senior (= Herr)] (verhüllend): *Kunde einer Prostituierten:* „Du hast einmal an' Mann ghabt, / jetzt hast gelegentlich an' Herrn. / Du bist vü z'lang auf eam gstanden / und jetzt stehst am Praterstern." (Ostbahnkurti: Stern vom Praterstern)

he|r|um|bum|sen, -fi|cken, -fo|sen, -fum|meln, -hu|ren, -knut|schen, -ma|chen, -pu|dern, -tun: *siehe rumbumsen, -ficken, -fosen, -fummeln, -huren, -knutschen, -machen, -tun.*

he|r|un|ter|ho|len, -rei|ßen, -zup|fen: *siehe runterholen, runterreißen, runterzupfen.*

Herz, das; -ens, kein Plural [mhd. herz(e) (= als Sitz der Seele, des Gemütes, des Mutes, des Verstandes, der Vernunft); ahd. herza; zu indogermanisch *kerd; unter Herz wurde zunächst bei Frauen und (!) bei Männern die äußere Herzgegend, die Brust verstanden; bei Grimm ist die doppelte Bedeutung mit einer mundartlichen Redensart belegt: Ma sied em wol ofs Herz, aber nüd is Herz; später im Süden des Sprachraums mundartlich nur für die weibliche Brust] (bayerisch, österreichisch, schweizerisch): *weibliche Brust.*

Herz|li, Herz|le; die (Plural) [siehe Herz] (alemannisch): *weibliche Brüste.*

Hib|bel|arsch, der; -es, ...ärsche; auch: **Hib|bel|fott** [1. Bestandteil: zu hippeln, hippen: hinken, frösteln, zittern]: **1.** *zappelndes Gesäß* **2.** *ungeduldiger Mensch.*

Him|bee|re, die; -, -n [vgl. Kirsche, Knopf und Knospe; Tertium Comparationis ist die Form: klein und rundlich]: *Brustwarze einer Frau:* „Sie nahm ihre Brüste und wog sie in den Händen. Sie waren breit und fest und standen so stark zur Seite, daß man glauben konnte, die beiden Himbeeren wollten zwischen den Armen durch nach rückwärts schauen, wer wohl von hinten käme." (Salten: Josefine Mutzenbacher, 247)

Him|mel, Arsch und Zwirn [1. Bestandteil: laut Röhrich dient Himmel in Fluch- und Ausrufeformeln als superlativische Verstärkung für Wörter, die das Weite und das Hohe, das Laute und Große, aber auch das Unflätige bezeichnen (vgl. Himmeldonnerwetter, Himmelherrgottsakrament etc.); Zwirn war früher ein Tabuwort für Sexuelles, z. B. in Fastnachtspielen: „... si ist sicher ain guote Dirn / Und spint dar zu gar guoten Zwirn"; bei Grimm ist Zwirn mit der Bedeutung Sperma und einigen Redewendungen vermerkt, darunter: „er will seinen jungen Zwirn in keine alten Lumpen vernähen" (= von jungen Männern, die keine alten Frauen heiraten wollen)]: *ein Fluchwort.*

Him|mel, Sack und Pfei|fe [belegt bei Küpper; eine Variante von Himmel, Arsch und Zwirn; siehe Sack und Pfeife]: *ein Fluchwort.*

hi|n|ein|ste|cken ⟨hat⟩: *(den Penis in die Vagina) einführen.*

hi|n|ein|zie|hen ⟨hat⟩ ❖ **sich jemanden hineinziehen:** *einen Mann koitieren (von der Frau):* „Die Monika hat mi betrogn mid'n spitzbärtigen Fritz / sie hat si' ihn afoch einezogn am rückwärtigen Sitz / i woa am Steuer und hab g'segn / im Rückspiegel die Action / und dabei hat's no gsunga: I Can't Get No Satisfaction." (Danzer: Olle Weiber san G'fraster)

hin|ge|ben ⟨hat⟩ **sich hingeben** [eigentlich: opfern, sich jemandem völlig überlassen] (verhüllend): *koitieren (von der Frau).*

Hin|gersch, Hin|gesch, der; -, - [zu hinterst] (verhüllend, rheinisch): *Gesäß:* höpp he nit eröm un setz dich op dinge Hingersch (belegt auf koelner-wochenspiegel.de) ❖ **dä/die looren ich mem Hingersch nit mih aan** [vergleichbar mit: der geht mir am Arsch vorbei]: *den/die schaue ich nicht einmal mehr mit meinem Hinterteil an* ❖ **nä, wat es dat för en Welt: kaum dat do aanjekumme bes, kriss de ne Schlaach op der Hingersch:** *nein, was ist das für eine Welt: Kaum bist du angekommen, kriegst du einen Schlag auf den Hintern* ❖ **wä luuter ander Lück en der Hingersch krüff, muss oppasse, dat hä denne nit eines Daachs us dem Stross erushängk:** *wer immer anderen Leuten in den Hintern kriecht, muss aufpassen, dass er denen nicht eines Tages zum Hals heraushängt.*

Hin|ner- als 1. Bestandteil im Plattdeutschen [die folgenden Komposita belegt bei Herrmann-Winter: Neues hochdeutsch-plattdeutsches Wörterbuch] (verhüllend, ostndd.): *Gesäß (oder Teile da-*

H

von): **Hin|ner|deil,** das (= Gesäß); **Hin|ner|ge|stell,** das (= Gesäß); **Hin|ner|kas|tell,** das (= Gesäß); **Hin|ner|puurt,** die (= Anusöffnung), **Hin|ner|spei|gel,** der (= Gesäß); **Hin|ner|wa|gen,** der (= sehr großes Gesäß) etc.

Hin|nerst, Hin|nelst, der (verhüllend, ostndd.): *Gesäß.*

hin|set|zen ⟨hat⟩ ❖ **einer Frau ein Kind hinsetzen** [belegt bei Grimm] (verhüllend): *in einer außerehelichen Beziehung ein Kind zeugen:* „Gib du Acht! Gib du Acht! Und wenn du aus jedem Astloch ein Auge strecktest und vor jedem Blutstropfen Schildwache ständest, er wird sie, dir auf der Nase, beschwatzen, dem Mädel Eins hinsetzen und führt sich ab, und das Mädel ist verschimpfiert auf ihr Lebenlang ..." (Schiller: Kabale und Liebe, 1,1)

hin|ten ⟨Adv.⟩ ❖ **von hinten: 1.** *anal (nicht unbedingt Doggy Style):* von hinten und von vorne (= anal und vaginal) – „Um den Analsex wirklich genießen zu können, sollten Sie neben dem ausgedehnten Vorspiel auch jede Menge Gleitgel einplanen. Dann steht der Liebe von hinten nichts mehr im Wege." (Internetbeleg auf gofeminin.de) – „Es war optimal: Der Matthias von hinten und der Jürgen Klinsmann von vorne. Das war ein ideales ... Also ich mein jetzt aufn Platz ... Es war ein ideales Duo, aufn Platz ... Und auch außerhalb ... Mein Gott!" (der Fußballer Stefan Kuntz in einem zweideutigen Kommentar) **2.** *vaginaler Verkehr im Doggy Style:* „Hey! Ich wollt nur mal hören, ob viele Männer Sex von hinten (kein anal) besonders toll finden." (Internetbeleg auf gofeminin.de)

Hin|ter- als 1. Bestandteil [mhd. hinder] (verhüllend, ostndd.): *Gesäß (oder Teile davon):* **Hin|ter|ge|stell, Hin|ter|kas|tell, Hin|ter|par|tie, Hin|ter|sei|te, Hin|ter|teil, Hin|ter|vier|tel, Hin|ter|ba|cke** (= Gesäßhälfte) etc.

Hin|te|rer, der; des Hinteren; die Hinteren, zwei Hintere [mhd. hinder (= hinter, hinten)] (verhüllend): *Gesäß.*

Hin|tern, der; -s, - [mhd. hinder(e), zu Hinterer; das -n stammt aus den gebeugten Fällen] (verhüllend): *Gesäß* ❖ **ein Tritt in den Hintern:** *eine Aufforderung, etwas endlich zu tun.*

Hin|ter|ste, der; -n, -n; ein Hinterster (verhüllend, ostndd.): *Gesäß.*

Hin|ter|ste|ven, der; -s, - [Seemannssprache: hinterer Steven; mndd. steven; laut Kluge gehört das Wort zu Stab, vielleicht lautliche Berührung mit Stamm; Verlängerung des Kiels nach oben] (verhüllend, ostndd.): *Gesäß.*

hi|n|ü|ber|stei|gen ⟨ist⟩ [belegt in Duden; eigentlich: nach drüben steigen]: *mit einer Frau Geschlechtsverkehr haben:* ich frage mich, wie viele über die schon hinübergestiegen sind.

hirn|wich|sen ⟨hat⟩ auch: **geistig wichsen** [siehe wichsen]: *sich auf eitle Weise mit intellektuellen Nebensächlichkeiten abgeben:* „Oba olle samma Wixa und a jeda woass wia's geht / da oane wixt im Sitz'n, he, da on'nane wixt im Steh' / mir wixn bis ma hin san, macht nix, is jo sche' / oba sie onaniern geistig und davon werd ma bled." (Hans Söllner: Aba olle samma Wixa)

Hob|by|fle|cken, die (Plural): *Spermaflecken (auf Bett, Sofa, Unterhose etc.).*

Ho|bel, der; -s, - [belegt bei Küpper; siehe hobeln]: **1.** *Gesäßkerbe* ❖ **du kannst mir mal den Hobel ausblasen/du kannst mich mal am Hobel blasen** [eigentlich: die Holzreste aus dem Hobel blasen; metaphorisch für: du kannst mir das Loch (= den Anus) ausblasen] (verhüllend): *milde Form des Götzzitats* **2.** *Vulva* **3.** *Penis (wegen der Hin- und Herbewegung).*

ho|beln ⟨hat⟩ [mndd. hovel; ursprünglich ein ndd. Wort: Unebenheiten beseitigen] (verhüllend): *koitieren:* „Schön schwarzbraunes Mädchen, / du hast eine wunderschöne Hobelbank. / Die Hobelbank g'hört deine, / das Hobeln drauf g'hört meine; / so hobeln wir die ganze Nacht, / die ganze Nacht alleine." (aus dem Volkslied „Schön schwarzbraunes Mädchen"; in: Brednich, 112–113)

H

Ho|bel|schlun|ze, die; -, -n [1. Bestandteil: siehe hobeln; 2. Bestandteil: eigentlich: Schlampe, zu schlunzig (= unordentlich, schmutzig, schlampig) und schlunzen (= schlecht arbeiten, nachlässig gehen); laut Duden ursprünglich: schlaff herabhängen, lose baumeln] (mitteldeutsch, ndd.): **1.** *(ungepflegte) Frau, die mit vielen Männer Sexualkontakte hat* **2.** *Prostituierte.*

hoch|geschis|sen ⟨Adj.⟩ [zu scheißen]: *hochnäsig:* „‚Hochg'schissene Fut!', rief er noch, bevor er mit laut aufheulendem Motor und verfolgt von den anderen Dorfburschen Richtung Fußballplatz verschwand." (Kaiser: Blasmusikpop, 329; Fut hier Pars pro toto für Frau).

hoch|krie|gen ⟨hat⟩ (meist als Negation): **er kriegt keinen hoch:** *er kann keine Erektion bekommen.*

Ho|cke|lei, die; -, kein Plural [belegt im Rheinischen Wörterbuch; siehe hockeln] (rheinisch): *häufiges oder als unangenehm empfundenes Koitieren.*

Ho|ckel, der; -s, - [belegt im Rheinischen Wörterbuch; siehe hockeln]: *Koitus:* einen Hockel machen.

ho|ckeln ⟨hat⟩ [belegt im Rheinischen Wörterbuch; eigentlich: wackeln; ein Kind huckepack tragen; so wie hocken zu mhd. huchen (= kauern)] (rheinisch): *koitieren:* „Der Hänsel und die Gretel, / die gingen übers Feld; / die Gretel wollt gehockelt sein, / der Hänsel hat kein Geld." (aus dem Volkslied „Mei Vater is Dachdecker", in: Brednich, 108).

hö|cken ⟨hat⟩ [belegt im Brandenburg-Berlinischen Wörterbuch; siehe hockeln] (berlinerisch): *koitieren.*

Höh|le, die; -, -n: *Vagina:* „... während Frieda in ihr rechtes Handgelenk beißt, weil ihr gerade ein Stöhnen ausgekommen ist, stößt er hastig in diese wohlig warme, hinter dem borstigen Haarbüschel verborgene Höhle hinein, von alles überflutender Lust getrieben und von nicht minder heftiger Reue geplagt." (Geiger: Es geht uns gut, 63)

Höh|len|for|scher, der; -s, - [außerhalb der Sexualsprache: Geologe, der das Innere von Höhlen untersucht]: *Gynäkologe.*

Höh|ner|moors, der; kein Genitiv, -en; auch: **Höh|ner|neers,** der; kein Genitiv, -en [belegt bei Schuster; eigentlich: Hühnerarsch] (ndd.): *Schimpfwort.*

Höl|le, die; -, -n [eigentlich: Ort der ewigen Verdammnis für Sünder, Reich des Teufels; mhd. helle, ahd. hella, hellia, zu germanisch *haljō (= Unterwelt, Totenwelt); der Ausdruck fehlt bei Borneman; möglicherweise falsch verstanden für Höhle] ❖ **die Hölle putzen:** *masturbieren (von der Frau):* „Fürs Wichsen gibt's eine Milliarde schöne Begriffe: von der Palme wedeln, den Lurch würgen, sich einen kloppen, einen runterholen, einen schleudern, einen über die Alpen schleudern, den Kasper schnäuzen, die Kobra melken, Mutter Handfläche und ihre fünf schönen Töchter, fünf gegen Willi, dem Arbeitslosen die Hand schütteln, Rendezvous mit Grete Faust, Mützeglatzemützeglatze, Mützeglatze Schneemann ... Und bei den Mädels? MASTURBIEREN! Wir haben nur ein dämliches Wort. Obwohl, das stimmt gar nicht, ich hab mal gegoogelt und noch ein Synonym gefunden: ‚die Hölle putzen'. Na super, das haben sich doch bestimmt wieder irgendwelche katholischen Mönche ausgedacht, während sie sich an einem Hexenfeuer 'ne Zigarre angezündet haben." (Kebekus: Pussy Terror, 65)

Holz vor der Hüt|te/bei der Hütte; ndd.: **Holt vör 't Huus** [ursprünglich: gestapelte Holzvorräte an der Frontseite eines Bauernhauses] ❖ **viel Holz vor der Hütte haben:** *vollbusig sein* ❖ **wenig Holz vor der Hütte haben:** *flachbrüstig sein:* „Sagt ein Mann enttäuscht zu einer Prostituierten: ‚Sie haben aber wenig Holz vor der Hütte!' Darauf sie: ‚Um Ihr Würstchen zu grillen, wird's langen ...'" (Internetbeleg auf r-ene.de/witze/versautewitze)

Hön|nig|pott, Hon|nig|pott, der; kein Genitiv, Pött und Pötte [gemeldet von Dirks; eigentlich: Honigtopf; in der Sexualsprache ist Honigpott das weibliche Gegenstück zu Stab, siehe dort] (ndd.): *Vagina, Vulva.*

Hoor, die; kein Genitiv, Horen [siehe Hure] (ndd.): *Prostituierte* ❖ **Horenseggen is halv gelogen:** *die Worte einer Hure sind immer eine halbe Lüge* ❖ **büst du Hoor of büst du Deev – hest du Geld, man hett di leev:** *bist du eine Hure, bist du ein Dieb, hast du Geld, dann bist du lieb* ❖ **junge Horen – olle Bedesüsters:** *aus jungen Huren werden alte Betschwestern.*

Hoor|doom, das; kein Genitiv, kein Plural [zu Hoor]: *Hurerei, Ehebruch* ❖ **Hoordoom drieven** [eigentlich: Hurentum treiben]: *herumhuren.*

Hoo|re|ree, die: *siehe Hurerei.*

Hoor|huus, das; kein Genitiv, ...husen und ...hüser: *Bordell:* de d'r een Foot in 't Hoorhuus sett, sett de anner in 't Gasthuus (= wer einen Fuß in das Hurenhaus setzt, setzt den anderen ins Armenhaus).

Ho|ren|buck, der: *siehe Hurenbock.*

Ho|ren|kind, das: *siehe Hurenkind.*

Höp|per|li, das; -s, -s [zu hoppen mit Diminutivsuffix; vgl. österreichisch Happerl] (schweizerisch): *kurzer Koitus.*

hops ma|chen ⟨hat⟩ [vermutlich zu hoppern (= sich auf und nieder bewegen; ein Kleinkind im Arm oder auf dem Schoß halten)]: *schwängern.*

hör|nen ⟨hat⟩ [vgl. die Wendung: jemandem die Hörner aufsetzen] (rheinisch): **1.** *herumhuren* **2.** *koitieren.*

Ho|se, die; -, -n ❖ **Mach (dir) nicht in die Hose!** *Sei nicht so ängstlich!* ❖ **tote Hose: 1.** *kein Schwung, es tut sich nichts:* auf der Party war tote Hose **2.** (verhüllend) *impotent sein:* bei ihm ist tote Hose. ❖ **etwas in der Hose haben** [belegt bei phraseo.de] (verhüllend): *einen großen Penis haben.*

Ho|sen|ka|tarrh, der; -s, -e [belegt bei Sonnleithner; 2. Bestandteil lat. catarrus (= Schnupfen), zu griech. katárrous, eigentlich: das Herabfließen; nach antiker Vorstellung war der herabfließender Schleim die Ursache der Krankheit, nicht das Symptom; vgl. andere verhüllende Bezeichnungen wie Kavaliersschnupfen, Schnupfen unten haben] (verhüllend): *Geschlechtskrankheit.*

Ho|sen|kerl, der; -s, -e [belegt auf duden.de; 2. Bestandteil im Sinn von kleiner Mann]: *Penis.*

Ho|sen|la|den|steu|er, die; -, -n [1. Bestandteil: regional für Hosenschlitz; sonst: Geschäft, in dem Hosen verkauft werden]: *Alimente:* „Papa sagte immer, wenn er glaubte, der Jüngste hört nicht zu: ‚Die höchste Steuer ist die Hosenladensteuer.'" (Internetbeleg auf geschichtsforum.de)

Ho|sen|pis|ser, der; -s, - [siehe Pisser]: *ängstlicher Mensch.*

Ho|sen|schei|ßer, der; -s, - [siehe Scheißer]: *ängstlicher Mensch.*

Ho|sen|türl|steu|er, die; -, -n [1. und 2. Bestandteil: süddeutsch für Hosenschlitz; vgl. Hosenladensteuer]: *Alimente.*

Hübsch|le|rin, die; -, -nen [ursprünglich: Hübscherin; zu hübsch; schon im Mittelalter konnten Prostituierte durch aufreizende Kleidung und Schminke von den „ehrbaren Frauen" unterschieden werden]: *Prostituierte.*

Hu|go [männlicher Vorname; Sexualbedeutung belegt bei Borneman]: **1.** *Penis:* **den Hugo einhängen, einlegen, singen lassen: a.** *koitieren (vom Mann)* **b.** *sich fellationieren lassen* **2.** *Durchfall* ❖ **den flotten Hugo haben** [Wortbildung nach dem Muster: die flotte Katharina haben; siehe Katharina]: *Durchfall haben.*

Hüh|ner|dreck, der; -s, kein Plural [2. Bestandteil: hier nicht im Sinn von Schmutz, sondern mit der alten Bedeutung Kot; mhd., ahd. drec, ursprünglich: Mist, Kot]: *Hühnerkot* ❖ **ein aufg'stellter Hühnerdreck** (österreichisch): *kleinwüchsiger, geltungssüchtiger Mann.*

Hüh|ner|kacke, die; -, kein Plural [2. Bestandteil: siehe Kacke]: *Hühnerkot* ❖ **Hühnerkacke!** ⟨Interj.⟩: *Mist!*

hüh|nern ⟨hat⟩ [Analogiebildung zu vögeln]: *koitieren:* „Nimm dir'n Beispiel am Fritz-Kevin! Dem hammse unlängst beim Fußball die Klöten grün und blau getreten, und trotzdem hat er mich unmittelbar danach himmlisch gehühnert!" (Internetbeleg auf mundmische.de)

Hü|ker|nör|ßer, das; kein Genitiv, - [belegt auf ndr.de; 1. Bestandteil: Hocker, Schemel; 2. Bestandteil: siehe Noors] (ndd.): **1.** *Gesäß eines Kleinkindes* **2.** *Gesäß einer Frau* **3.** *etwas Putziges, Niedliches, Liebenswertes.*

Hum|mel, die; -, -n [mhd. hummel, humbel, ahd. humbal, eigentlich: die Summende, lautmalend; bei Grimm mit folgender Bedeutung: unruhiges, umherschwärmendes Mädchen] (vor allem ndd.): *promiskuitive Frau* ❖ **eine wilde Hummel:** *eine lebhafte, temperamentvolle junge Frau* ❖ **Hummeln im Hintern haben:** *nicht still sitzen können.*

Hunds|fott, der; -(e)s, -e und ...fötter [2. Bestandteil: siehe Fott und Fut; hier: Geschlechtsteil der Hündin; laut Duden bezieht sich dieses Kompositum auf das als schamlos empfundene Verhalten der läufigen Hündin]: *niederträchtiger Kerl, Schuft, Schurke.*

Hunds|föt|te|rei, die; -, -en [zu Hundsfott, siehe dort]: *niederträchtige Tat, Schurkerei.*

hunds|föt|tisch ⟨Adj.⟩ [zu Hundsfott, siehe dort]: *niederträchtig, schurkisch.*

Hunds|fot|ze, die; -, -n [siehe Fotze]: *niederträchtige Frau:* „Weiße Hundsfotze, murmelte der Kleinste, und die beiden anderen wiederholten es ernst, fast ergriffen." (Dörrie: Bin ich schön?, 126)

Hunds|hüs|li, das; -s, - [belegt bei Herdi 2001; eigentlich: Hundehütte, Diminutiv zu Haus] (schweizerisch): *Vagina.*

Hu|pen, die (Plural) [Hupe (= Vorrichtung an Fahrzeugen, mit denen akustische Signale gegeben werden) ist laut Duden im 19. Jh. aus den Mundarten (vgl. mundartlich Huppe = kleine, schlecht klingende Pfeife) in die Fachsprache übernommen worden; ursprünglich lautmalend; Verwendung in der Sexualsprache, weil Hupen früher einen Gummibalg hatten, der gedrückt wurde, angeblich von der Form her einer Brust ähnelte und sich vergleichbar anfühlte]: *weibliche Brüste:* „Ich glaube, dass jeder Mann mindestens einmal in seinem Leben bei seiner Frau oder Freundin auf die Brust gedrückt und gehupt hat: Mööp! (...) Und wir freuen uns, wir wissen nicht warum."

(Mario Barth) – „Ich bin ja heute als Model gebucht, bei einer ganz tollen Fotografin. (...) Das ist mein allerserstes Shooting mit meinen neuen Hupen, mal gucken, wie es so wird.“ (Daniela Katzenberger, Youtube) – „Früher, da hat man sich ein gebrauchtes Auto oder ’ne Couch zum achtzehnten Geburtstag gewünscht. Heute wollen die Mädels (...) nur noch die Hupen. Weil alle so schön sein wollen wie die Mädels auf dem Cover. Aber macht euch nichts vor, morgens ohne Make-up und vor allem ohne Photoshop sehen die auch alle aus wie hingekackt und hingeschissen.“ (Kebekus: Pussy Terror, 137)

Hüp|fer, der; -s, -; süddeutsch: **Hupfer** [zu hüpfen; außerhalb der Sexualsprache: Sprung, kurzer Besuch]: *(schneller) Koitus:* einen Hüpfer machen.

Hu|re, die; -, -n [mhd. huore, ahd. huora, zu: huor (= Ehebruch); ursprünglich: Liebhaberin; laut Kluge eine ro-Bildung zu indogermanisch *kā- (= begehren, lieben) und verwandt mit lat. carus (= lieb, begehrt); schon im Gotischen auch eine männliche Form: hors (= Hurer)]: **1.** *Prostituierte:* „Karl-Heinz Rummenigge hatte Probleme mit Luxus...uhren, Franck Ribéry mit ...“ (Harald Schmidt in der „Harald Schmidt-Show“ auf Sky, Trailer im November 2012) **2.** *Frau, die wahllos mit Männern sexuelle Beziehungen unterhält (auch als Schimpfwort)* ❖ **Au Hur!** [eigentlich: alte Hure, belegt bei Honnen] (Raum Aachen): *harmloser Fluch, auch als Diskussionsmarker am Beginn eines Satzes in Verwendung (der Sprecher erwartet Zustimmung):* au Hur, dat meinsde jetz doch nich im Ernst, oder?

hu|ren ⟨hat⟩ [mhd. huoren, ahd. huorōn; siehe Hure]: **1.** *mit jemandem außerehelichen Geschlechtsverkehr haben* **2.** *mit wechselnden Partnern sexuelle Beziehungen unterhalten:* „Dabei hatte sie bereits vor einem Jahr mit einem amerikanischen Besatzungsoffizier gehurt.“ (Kinski: Ich bin so wild nach deinem Erdbeermund, 247)

Hu|ren|beu|tel, der; -s, - [1. Bestandteil: siehe Hure; 2. Bestandteil: siehe Beutel]: *Mann, der häufig Geschlechtsverkehr mit wechselnden Partnerinnen hat.*

Hu|ren|bock, der; -s, ...böcke; niederdeutsch: **Ho|ren|buck,** der [1. Bestandteil: siehe Hure; 2. Bestandteil: mhd., ahd. boc, ursprünglich: Ziegenbock; weitere Herkunft unklar; siehe auch Bock und bocken]: (Schimpfwort): *Mann, der häufig Geschlechtsverkehr mit wechselnden Partnerinnen hat.*

Hu|ren|kind, das; -(e)s, -er [1. Bestandteil: siehe Hure; eigentlich: Kind einer Prostituierten (diese Kinder waren früher verachtet und wurden ausgegrenzt)]: **1.** (Schimpfwort) *heruntergekommenes Kind* **2.** (Sprache der Layouter) *Text, der an den Anfang der nächsten Spalte oder Seite hinüberläuft und keine ganze Spaltenbreite oder Seitenbreite ausfüllt (dadurch entsteht eine freie Fläche am Ende der ersten Zeile, was als unschön gilt).*

Hu|ren|sohn, der; -(e)s, ...söhne [1. Bestandteil: siehe Hure; eigentlich: Sohn einer Prostituierten (diese Kinder waren früher verachtet und wurden ausgegrenzt)]: **1.** (Schimpfwort) *niederträchtiger Kerl* **2.** (Sprache der Layouter) *Text, der an den Anfang der nächsten Spalte oder Seite hinüberläuft und keine ganze Spaltenbreite oder Seitenbreite ausfüllt (dadurch entsteht eine freie Fläche am Ende der ersten Zeile, was als unschön gilt).*

Hu|ren|vier|tel, das; -s, -: *Viertel, in dem Prostituierte ihrem Gewerbe nachgehen.*

Hu|rer, der; -s, - [mhd. huorer, ahd. huorāri; männliche Form zu Hure; siehe dort; bereits im Gotischen belegt: hors (= Hurer)]: *Mann, der wahllos mit Frauen sexuelle Beziehungen hat.*

Hu|re|rei, die; -, -en [siehe Hure]: **1.** *häufige (außereheliche) sexuelle Beziehungen* **2.** (ein Fluchwort) *Verdammt:* Hurerei, sie erhöhen schon wieder die Preise.

hut|zen ⟨hat⟩ [eigentlich: stoßen; Nebenform von hutschen] (rheinisch): *koitieren.*

Igel|na|se, die; -, -n: [belegt im Zürislängikon, die Brustwarze wird als Nase des Igels interpretiert, der pigmentierte Vorhof der Brustwarze als Kopf des Igels]: ***Brustwarze.***

in|tim 〈Adj.〉 [eigentlich: sehr nahe, vertraut; lat. intimus (= der Innerste, Vertrauteste), Superlativ von intera (= innen); Abstraktum: Intimität (meist Plural)] (verhüllend): **1.** ***den Koitus betreffend:*** die zwei haben ein intimes Verhältnis; mit jemandem intim sein/intim werden (= koitieren) **2.** ***den Bereich der Genitalien betreffend:*** Intimhygiene, Intimrasur etc.

Ische, die; -, -n [zu hebr. išạh (= Frau, Gattin)] (jidd.): **1.** ***Freundin (eines Mannes)*** **2.** ***Ehefrau*** **3.** ***Geliebte.***

Is|te, der; -, kein Plural [lat. iste, ista, istud (= dieser da, der da); auch: Meister Iste] (verhüllend): ***Penis:*** „So immerfort wuchs Neigung und Begierde, / Brautleute wurden wir im frühen Jahre, / Sie selbst des Maien schönste Blum' und Zierde; / Wie wuchs die Kraft zur Lust im jungen Paare! / Und als ich endlich sie zur Kirche führte, / Gesteh' ich's nur, vor Priester und Altare, / Vor deinem Jammerkreuz, blutrünstiger Christe, / Verzeih mir's Gott! es regte sich der Iste." (Goethe, Das Tagebuch, 1810, in: Erotische Gedichte, hg. v. Ammer, 166)

J

Jahr|gän|ger, der; -s, - [belegt bei Herdi; eigentlich: Person eines bestimmten Jahrgangs oder Person desselben Jahrgangs] (schweizerisch, westösterreichisch, süddeutsch): *Penis.*

Jo|han|nes, der; -, -se; auch: **Onkel Johannes;** anglisiert: **Jo(h)n|ny,** ndd.: **Jan;** auch: **Jan-bi-mi:** *Penis:* wie die Nase des Mannes, so sein Johannes. – An den Füßen (Händen) eines Mannes erkennt man seinen Johannes (Scherzsprüche).

John Händ|wix, kein Genitiv, kein Plural [belegt bei Herdi, 2001; anglisierende Scherzbildung; siehe Johannes] (schweizerisch): *ein Mann, der häufig masturbiert.*

Jo(h)n|ny, der; -s, -s [siehe Johannes]: **1.** *etwas Großes, Dickes, Kräftiges:* „Da stand son Jonny von Kerl ine Tür." (Internetbeleg auf mitmachwörterbuch.de) **2.** *(großer) Penis.*

Jo|sephs|ehe, die; -, -n; auch: **Engel|ehe, wei|ße Ehe, Jung|fern|ehe** [siehe Josephsnacht]: *Ehe, in der auf Geschlechtsverkehr verzichtet wird.*

Jo|sephs|nacht, die; -, ...nächte; [laut Borneman nach der Legende, dass Joseph die Ehe mit der Jungfrau Maria nicht vollzogen habe]: *Nacht der Enthaltsamkeit unter Ehepartnern.*

Joy|stick, der; -s, -s [eigentlich: Steuervorrichtung für Computerspiele; engl. joystick (= Steuerknüppel)]: *Penis.*

jü|ckeln ⟨hat⟩ [belegt im Rheinischen Wörterbuch; eigentlich: schnell fahren, laufen; siehe durchjückeln unter durch-] (rheinisch): *koitieren.*

ju|ckig ⟨Adj.⟩ [belegt auf szenesprachenwiki.de des Dudenverlags sowie im Wörterbuch der Jugendsprache, Pons, 2014; laut Honnen nur für Köln belegt; Adjektiv zu jucken mit der älteren Bedeutung hüpfen, springen; „Lass jucken Kumpel" war der Titel eines deutschen Sexfilms aus dem Jahr 1972; dort ruhrdeutsch mit der Bedeutung: Mach schnell!]: *lüstern, geil.*

Jud, der; -en, -en [die Bezeichnung war im Fin de Siècle Wiens gebräuchlich und ist inzwischen veraltet; die Klitoris wird mit einem beschnittenen Penis verglichen (siehe ostarrichi.org/forum), aus damaliger Sicht war die Beschneidung eine Art Kastration und stark negativ besetzt; Sigmund Freud vermutete in der sich in diesen Bildern niederschlagenden Kastrationsangst eine Wurzel des Antisemitismus]: *Klitoris (Kitzler)* ❖ **mit dem Jud(en) spielen:** *masturbieren (von der Frau)* ❖ **einer den Jud(en) wuzeln:** *(eine Frau) masturbieren.*

Jür|gen; der; -s, kein Plural [Männer versehen den Penis oft mit einem männlichen Vornamen; vgl. auch: Siegfried, Willy]: *Penis* ❖ **den Jürgen würgen** [Wahl dieses Vornamens vermutlich vor allem des Reimes wegen]: *masturbieren.*

K

Ka|chel, die; -, -n; auch: **Kachl, Kach|la,** die [mhd. kachel(e), ahd. chachala (= irdener Topf); mit lat. und griech. Wurzeln; gesamtdeutsch mit folgender Bedeutung: Fliese für Badezimmer oder Toilette, Verkleidung eines Ofens; süddeutsch auch mit den Bedeutungen irdener Topf, Nachttopf]: **1.** *Vulva:* „Die Faschingssitzung der Holzheimer Edelweiß-Schützen am vergangenen Donnerstag war ein großer Erfolg. (...) Alwin Hieber trat, verkleidet als Tupper-Frau Rosa, auf und parlierte über die Vor- und Nachteile von ‚Dosa, Büchsa und Kachla'." (www.augsburger-allgemeine.de/dillingen; 8. März 2011) **2.** *Schimpfwort für eine Frau* (meist: alte Kachel).

ka|cheln ⟨hat⟩ [zu Kachel, siehe dort; eigentlich: mit Kacheln verkleiden]: *koitieren:* „Der Alte, der sie selten genug kachelt, robotet fleißig in der Fabrik." (Zwerenz: Kopf und Bauch, 36)

Ka|cke, die; -, kein Plural [zu kacken]: *Kot* ❖ **auf die Kacke hauen:** *angeben* ❖ **nun ist die Kacke (aber wirklich) am Dampfen:** *jetzt ist es genug, es reicht.*

ka|cken ⟨hat⟩ [Lallwort aus der Kindersprache; vgl. lat. cacare, im Süden des Sprachraums: gacken]: *Kot ausscheiden.*

ka|cke|rig ⟨Adj.⟩ [zu kacken] (ndd.): *ängstlich, empfindlich, kleinlich.*

Kack|spur, die; -, en: *Reste von Kot in der Unterhose.*

Kack|stän|der, Kack|stel|zen, die (Plural): *Beine.*

Kai|ser, der; -s, - ❖ **Wo der Kaiser zu Fuß hingeht!** *Auf die Toilette!* (verhüllende und scherzhafte Antwort auf die Frage: Wohin gehst du jetzt?)

Kai|ser|bart, der; -(e)s, ...bärte [belegt bei Oswald Wiener; gemeint war der Bart von Kaiser Franz Josef I.] (österreichisch): *Schamhaare.*

Ka|kao|stich, der; -(e)s, -e [Kakao als Metapher für Exkremente] (verhüllend): *Analverkehr.*

Kak|tus, der; -, ...teen ❖ **einen Kaktus setzen** [der Pflanzenname hat eine ähnliche Lautform wie Kacke] (verhüllend): *die Notdurft verrichten, Kot ausscheiden.*

Ka|le, Ka|li, Käu|le, Käu|li, die; -, - [zu jidd. kal(l)e (= Braut)]: **1.** *junge Frau, Geliebte* **2.** *Prostituierte.*

Ka|me|rad, der; -en, -en [eigentlich: Person, mit der jemand durch die Gemeinsamkeit der Arbeit, des Spiels etc. verbunden ist; franz. camarade, ital. camerata (= Kammergemeinschaft, Zimmergemeinschaft, Genosse), zu lat. camera (= Kammer); in der Sexualsprache ähnliches Benennungsmotiv wie Kumpel] (verhüllend): *Penis.*

Kan|ne, die; -, -n; auch: **Gießkanne,** die (verhüllend): *Penis* ❖ **Druck auf der Kanne haben:** *Harndrang haben, dringend urinieren müssen.*

Kan|te, die; -, -n [ndd. kant(e) (= Rand), altfranz. cant (= Ecke); früher laut Grimm nicht nur vorstehende Linie, sondern auch vorstehende Spitze]: **1.** *weibliche Brust:* Mann, hat die 'ne Kante **2.** *attraktive Frau* **3.** *Bordellprostituierte* **4.** *Bordell* **5.** *Penis.*

Ka|pau|ner|fett, das; -s, kein Plural [Kapauner, Kapaun: verschnittener (= kastrierter) Masthahn; Kapaunerfetten laut Hügel: das Dickwerden alter Herren, die sich vom Dienste der Venus zurückgezogen haben]: *Dickbauch alter Männer, die bereits impotent sind.*

Karl Klop|per, der; -s, - [Wortbildung in Anlehnung an das Verb kloppen und an Sir Karl Popper (1902–1994), ein in Wien geborener Philosoph und Wissenschaftstheoretiker]: *jemand, der zwanghaft und oft masturbiert.*

Kar|ni|ckel|schein, der; -(e)s, -e [wegen der großen Fruchtbarkeit von Kaninchen; siehe auch rammeln]: *Ermäßigungsausweis (für kinderreiche Familien), z. B. für öffentliche Verkehrsmittel.*

Kar|tof|feln/Erdäpfel/Erpel ab|gie|ßen, sein Kar|tof|fel|was|ser/Erdäpfel|was|ser/Er|pel|was|ser ab|gie|ßen/ab|schüt|ten [Wendung aufgrund der gelblich-trüben Farbe des abgegossenen Kartoffelwassers, das hier mit Urin verglichen wird]: *urinieren* ❖ **die kleinen Erpel abschütten** (rheinisch): *koitieren.*

Kä|se- als 1. Bestandteil [die Eigenschaften eines Penis bei mangelhafter Hygiene werden vor allem durch Komposita mit dem Bestandteil Käse ausgedrückt; siehe auch Eichelkäse; zum Pendant bei Frauen siehe Fisch-]: *(unhygienischer) Penis:* **Käsestangerl, Käselatte etc.**

Kas|par, Kas|per, der; -s, -; **Kas|perl,** der; -s, -(n); **Kas|per|le,** das; -s, - (auch: der) [lustige Figur des Puppenspiels mit Zipfelmütze und großer Nase]: *Penis* ❖ **den Kasperl einwickeln:** *mit einer Frau Sexualverkehr haben* ❖ **(sich) den Kaspar/Kasper/Kasperl schnäuzen:** *masturbieren.*

Ka|tha|ri|na, die [weiblicher Vorname]: **die rote Katharina/Kathrin/Kathl etc. haben:** *die Menstruation haben.*

Ka|tha|ri|na, die [weiblicher Vorname]: **die schnelle/geschwinde/flotte Katharina/Kathrin/Kathl etc. haben:** *Durchfall haben.*

ka|tho|li|scher Bu|sen, der; -s, - [belegt bei Teuschl]: *hängende weibliche Brüste* (die bei jedem Schritt auf die Knie fallen).

Kat|ze, die; -, -n, **Kätz|chen,** das; -s, -; auch: **Mie|ze|kat|ze,** die; -, -n [mhd. katze, ahd. kazza; laut Kluge ein gemeineuropäisches, recht spät auftretendes Wanderwort, das in vielen Sprachen existiert; vielleicht nordafrikanischen Ursprungs; bei dem Ausdruck der Sexualsprache wird die Schambehaarung der Frau mit dem Fell einer (kleinen) Katze verglichen; siehe auch Mimi, Muschi]: *Vulva, Vagina.*

Ka|va|liers|krank|heit, die; -, -en [1. Bestandteil: eigentlich: ein Mann, der gegenüber Frauen hilfsbereit und höflich ist; auch: Begleiter einer

Frau; franz. cavalier, zu ital. cavaliere (= Reiter, Ritter), zu cavallo (= Pferd)] (verhüllend): *Geschlechtskrankheit (eines Mannes).*

Ka|va|liers|schmer|zen, die (Plural) [Herkunft unklar; vielleicht weil ein Kavalier seinen Orgasmus so lange hinauszögert, bis die Partnerin befriedigt ist; siehe blaue Eier haben, Bräutigamsschmerzen]: *Schmerzen im Hodenbereich infolge langer sexueller Erregung ohne Ejakulation* (durch Krämpfe der glatten Muskulatur ausgelöst).

Ka|va|liers|schnup|fen, der; -s, - [siehe Kavalierskrankheit] (verhüllend): *Geschlechtskrankheit (eines Mannes).*

Kebs|weib, das; -es, -er [1. Bestandteil: eigentlich: Kebse (= Nebenfrau); mhd. und ahd. kebeswīp; wurde laut Grimm von franz. maîtresse (eigentlich: Herrin) und von lat. concubine (eigentlich: Beischläferin) verdrängt]: *Geliebte eines verheirateten Mannes.*

Ke|gel, der; -s, - [belegt bei Küpper und Borneman; eine geometrische Form]: **1.** *Penis* **2.** *Haufen menschlichen Kots.*

ke|geln ⟨hat⟩ [zu Kegel, siehe dort]: *koitieren.*

Kehr|sei|te, die; -, -n [Lehnübersetzung von ndl. keerzijde; laut Duden zuerst für die Rückseite von Münzen gebraucht; laut Kluge Ersatzwort für Revers (= Mantelaufschlag)]: *Rücken, Gesäß.*

Kel|ler, der; -s, - [belegt bei Reiskel: Idioticon viennense eroticum, 1905]: *Unterleib einer Frau/eines Mannes* ❖ **in den Keller gehen:** *den Cunnilingus/die Fellatio praktizieren.*

Kel|ler|meis|ter, der; -s, - [belegt bei Reiskel: Idioticon viennense eroticum, 1905]: *ein Mann, der gekonnt den Cunnilingus praktiziert.*

Kend|les|ma|cher, der: *siehe Kindermacher.*

Ker|be, die; -, -n [eigentlich: Vertiefung; mhd. kerbe (= Einschnitt, Kerbe); zu kerben]: *Gesäßspalte* ❖ **jemandem die Kerbe aus dem Arsch bügeln:** *jemandem hart zusetzen, jemanden schikanieren.*

Kerl, der; -s, -(e) [eigentlich: Mann, Bursche; mndd. kerle (= freier Mann nicht ritterlichen Standes; grobschlächtiger Mann; laut Duden im Ablaut zu mhd. karl(e), ahd. karal (= (Ehe)mann)]: *Penis.*

Keu|le, die; -, -n [mhd. kiule, eigentlich: Gebogenes, Gekrümmtes; außerhalb der Sexualsprache: Schlagwaffe mit einem verdickten Ende; die männlichen Genitalien werden oft mit länglichen und harten Gegenständen verglichen, z. B. Bolzen, Klachel, Knüppel, Latte, Pint, Prängel, Schwengel etc.]: *(erigierter) Penis.*

keu|len ⟨hat⟩ [belegt bei Küpper; zu Keule (= Penis), vielleicht auch verkürzt von: die Keule polieren] ❖ **sich einen keulen:** *masturbieren.*

Kid|de|ler, der; kein Genitiv, -s [gemeldet von Dirks; zu ndd. kiddeln (= kitzeln); vgl. ndl. kitelaar, dän. und norw. kildrer; engl. tickle hat dieselbe Herkunft wie kiddeln (Konsonantenumstellung)] (ndd.): *Klitoris (Kitzler).*

kie|feln ⟨hat⟩ [Kievel ist eine veraltete süddeutsche Nebenform von Kiefer; zu mhd. kiver, kivel (= Kiefer)] ❖ **jemandem einen kiefeln:**

K

jemanden fellationieren ❖ **er lässt sich einen kiefeln:** *er lässt sich fellationieren:* „... am Schluss lässt er sich noch einen kiefeln / weu des strengt überhaupt ned an ..." (Danzer: A alte Drecksau)

Kiel|was|ser, das; -s, kein Plural [belegt in „Jugendsprache unplugged, 2013", Langenscheidt; eigentlich: Fahrspur im Wasser hinter einem Schiff]: *Schweiß, der sich in der Gesäßfalte sammelt.*

Kim|me, die; -, -n [verwandt mit Kamm; eigentlich: Einschnitt im Visier einer Handfeuerwaffe]: *Gesäßspalte:* mir juckt die Kimme.

Kin|der|ma|cher, der; -s, -; schwäbisch: **Kend|les|ma|cher:** *Mann, der viele Kinder gezeugt hat (der vielen Frauen ein Kind angehängt hat).*

Kin|der|ver|zah|rer, der; -s, - [zu zerren, mhd. zärren, daher bayerisch und österreichisch zah(r)n; (nicht zu ziehen, das mundartlich ziagn lautet)] (österreichisch): *Kinderschänder.*

Kir|sche, die; -, -n [vgl. Himbeere, Knopf und Knospe; Tertium Comparationis ist die Form: klein und rundlich]: *Brustwarze einer Frau.*

Kis|sen|pu|per, der: *siehe Sesselfurzer.*

Kis|te, die; -, -n [eigentlich: großer, rechteckiger Behälter; mhd. kiste, ahd. kista, lat. cista (= Kasten) und griech. kístē (= Korb; Kiste)]: **1.** *Gesäß* **2.** *Bett* ❖ **mit jemandem in die Kiste steigen** (verhüllend): *mit jemandem koitieren:* „Hier sind ein paar der überraschendsten, originellsten, lustigsten, schlimmsten und verrücktesten Gründe dafür, warum Menschen mit jemandem in die Kiste steigen: Mir war kalt. – Ich wollte mich Gott näher fühlen. – Ich wollte diese Beförderung kriegen. – Mir war langweilig (...)." (Internetbeleg auf stuttgarter-zeitung.de)

Kit|tel, der; -s, - [mhd. kittel, kitel (= leichtes Oberhemd für Männer wie für Frauen); wird als Überwurf getragen; später laut Grimm auch für ein spezielles Frauenkleid, und zwar für den weißen Kittel als Festkleid der Bauersdirnen; bayerisch und österreichisch auch Damenrock; im Althochdeutschen nicht belegt und Herkunft unklar, vielleicht zu Kutte] ❖ **hinter jedem Kittel herlaufen/her sein** (bayerisch und österreichisch): *ständig Frauen umwerben, um sie für eine sexuelle Beziehung zu gewinnen.*

Kitz|mann, der; -es, ...männer [scherzhafte Wortbildung der Band „J.B.O." nach der Brauerei Kitzmann in Erlangen, analog zu Butzelmann, Pillermann, Pissmanntje, Pullermann, Ziesemann] (lokal im Raum Erlangen): *Penis:* „Ich hab schon ganz schön viel versucht, / doch langsam glaub ich, er ist verflucht, / sobald ne Frau von fern ich seh, / schon geht mein Kitzmann in die Höh ..." (J.B.O.: Ejaculatio Praecox)

Kla|bus|tern, die (Plural); **Kla|bus|ter|bee|re,** die; -, -n; **Kla|bus|ter|per|le,** die; -, -n; **Kla|bus|ter|bäll|chen,** das; -s, - [laut Grimm zu schlesisch klabustern (= kleben, kleistern) und klabustrig (= schmierig) sowie sächsisch Klapustern (Plural) (= Menschenkot); vgl. auch klabastern (= dick streichen, klecksen, z. B. die Butter dick aufs Brot streichen) und pfälzisch Klabaster (= breiige Masse, klebriger Schmutz)] (ndd. und mitteldeutsch): **1.** *kleiner Klumpen Kot, der in den Haaren am Anus klebt (auch bei Schafen, Ziegen, Kühen etc.):* „Weil es zufällig Ihrer Klabusterbeere von Gehirn genügt, in der Zeit, wo Sie sich nicht fortpflanzen, Statistik über Kotsteine zu betreiben?'" (Benn: Ithaka; Sämtl. Werke, Band 1, 11) **2.** *Fusselkügelchen (aus dem Stoff der Unterhose), die sich im Anus angesammelt haben* **3.** *Hämorrhoiden* ❖ **jemandem die Klabustern aus dem Arsch fliegen lassen** (Soldatensprache): *jemanden hart hernehmen.*

Kla|chel, der; -s, -(n) [zu mhd. kleckel, klechel, klachel (= Glockenschwengel); verwandt mit Glocke; dieses entlehnt aus altirisch cloc(c) (= Schelle, Glocke); die männlichen Genitalien werden oft mit länglichen und harten Gegenständen verglichen, z. B. Bolzen, Keule, Klachel, Knüppel, Latte, Pint, Prängel, Schwengel etc.; beim Wort Klachel ist auch das Schwingen im Bedeutungsumfang enthalten)] (bayerisch und österreichisch]: *Penis.*

Klank, die oder der; -, -en [zu klanken (= schlingen, flechten); das Femininum belegt bei Zehetner]: **1.** (fem.) *schlampige Frau mit unstetem Lebenswandel* **2.** (mask.) *fauler Mann.*

K

Klan|kel, der; -s, -n [zu klankeln, glankeln (= hin- und herschwingen); außerhalb der Sexualsprache: Glockenschwengel; in vielen regionalen Varianten z. B. kärntnerisch Glankalan]: **1.** *Hoden* **2.** *männliche Genitalien insgesamt.*

Klap|pe, die; -, -n [mndd. klappe (= Klapper), eigentlich: Gegenstand, der mit einem Geräusch auf etwas aufschlägt]: *Toilette, Pissoir (als Ort für Kontakte unter Schwulen).*

Klap|perl, das; -s, -n [nach dem klappernden Geräusch; außerhalb der Sexualsprache auch: Sandale mit Holzsohle; vor allem bayerisch-österreichisch]: *Anus* ❖ **mir geht das Klapperl** [metaphorisch für den Durchfall, der als Begleiterscheinung von Angst auftritt; siehe mir geht der Arsch]: *ich habe Angst.*

klar|ma|chen ⟨hat⟩ [eigentlich: etwas zu einem bestimmten Zweck einsatzbereit machen (in der Seemannssprache)]: *koitieren:* „Jetzt habe ich vor kurzem erfahren, dass eine Freundin von mir, welche ich schon ca. acht Jahre kenne, auch als Betreuerin in dasselbe Zeltlager fährt wie ich. (...) Ich hatte noch nie eine Freundin und möchte sie in dem Zeltlager klarmachen. Wie stelle ich das am besten an? Ich kann ja schlecht fragen: Willst du mit mir gehen?" (Internetbeleg auf gulli.com)

Kla|ter, Klat|ter, Klä|ter, Klät|ter, der; kein Genitiv, -n; **Klad|de,** die; -, kein Plural; **Klatt,** die; -, Kladden [ursprünglich: angespritzter Schmutz, z. B. an Kleidern; laut Kluge und Duden letztlich lautmalend für das klatschende Geräusch beim Auftreffen von Dickflüssigem; vgl. ndd. kladdern (= im Wasser p(l)anschen) und ndd. Klatt (= Verfilzungen in Haar oder Fell)] (mitteldeutsch und ndd.): *kleiner Klumpen Kot, der in den Haaren am Anus klebt (auch bei Schafen, Ziegen, Kühen etc.).*

klein ma|chen ⟨hat⟩ (familiär): *urinieren.*

Klei|ne, der; -n, -n; ein Kleiner [die Kleinheit kommt auch beim Ausdruck Spatz (= ein kleiner Vogel) zum Vorschein]: *Penis (des Kindes).*

Klei|ne, die; -n, -n; auch: das [vermutlich Analogiebildung zu: Kleine, der]: *Vulva:* „‚Der brennt ihre Kleine!', sagte er mit Kennermiene. ‚Und wenn ich nichts weiß – eines schon, daß nämlich der alte Kracher von einem Mann bald im Grab liegen wird, weil ...'" [gemeint ist: Der Mann zahlt für ihre Vulva, indem er ihr eine Wohnung als Liebesnest finanziert] (Hinterberger: Salz der Erde, 204)

klem|men ⟨hat⟩ [gemeldet von Honnen] (Saarland): *koitieren:* Den Itzik on die Mämmel, die wollte spaziere gaihn; den Itzig wollt die Mämmel klemmen, die Mämmel wollt net staihn.

Klemm|fut, die; -, - [1. Bestandteil zu verklemmt sein; 2. Bestandteil siehe Fut; Pars pro toto]: *verklemmte Frau.*

Kle|sche, die; -, -n [süddeutsch: Kleschen; zu lautmalend kleschen (= knallen, krachen); außerhalb der Sexualsprache: knallender Laut, Ohrfeige]: **1.** *weibliche Geschlechtsteile:* „Die Spinnwebm auf der Kleschn hat sie åbegwaschen, / ja heute da wird gvögelt bis die Lapperln paschen" (Die Hinichen: Gruppensex im Pensionistenheim) **2.** *derbe Frau.*

Kle|schen|saft, der; -(e)s, ...säfte [1. Bestandteil zu Kleschen (= weibliche Geschlechtsteile)]: *Vaginalsekret.*

Klim|se, Klin|se, die: *siehe Klumse.*

Klip|pen|ka|cker, der; -s, - (vor allem berlinerisch): *Schimpfwort für einen Bewohner der Küstenregion.*

Klit|sche, die; -, -n [belegt bei Borneman, Küpper und im Rheinischen Wörterbuch; Herkunft unklar]: **1.** *Vagina, Vulva* **2.** *promiskuitive junge Frau.*

Klo, das; -s, -s; regional auch: Klo, der; Diminutivum: Klöchen [verkürzt aus Klosett; siehe dort]: *Raum zur Verrichtung der Notdurft.*

Klo|ben, der -s, - [belegt bei Reiskel: Berliner Mundart, 1905; eigentlich: gespaltenes Holz, zu klieben; regional auch mit der Bedeutung Pfeife]: *Penis.*

klop|pen ⟨hat⟩ [eigentlich: klopfen, schlagen; Herkunft wie klopfen, ahd. clophōn, lautmalend] (mitteldeutsch, ndd.) ❖ **sich einen kloppen:** *masturbieren.*

Klo|sett, das; -s, -s, auch: -e [abgekürzt aus engl. water-closet, zu water (= Wasser) und closet (= abgeschlossener Raum), zu lat. clausus (= Klause)]: *Raum zur Verrichtung der Notdurft.*

Klos|ter|glo|cken, die (Plural) [belegt bei Reiskel: Berliner Mundart, 1905]: *Hoden.*

Klö|te, die; kein Genitiv, -n [laut Duden zu mndd. klot (= Hoden, eigentlich: Klumpen, Kloß); vgl. engl. clot (= Klumpen)] (ndd.): *der Hoden:* Eine der Figuren in Thomas Manns „Tristan" ist Herr Klöterjahn („Klöten" ist auch ein Symbol für Lebenstüchtigkeit und Vitalität) – „Sind meine Klöt nur voll von Feuer, / Und macht mein Schwanz sein Meisterstück, / Dann bin ich reich bei einem Dreier, / Und scheiße fast auf alles Glück (...)" (Voss: An Priap, Privatdruck; zitiert bei Kinder) – „‚Wie rasiert man sich die Klöten?' – ‚Dödel an die Seite ziehen und vorsichtig loslegen. Wie das normale Rasieren auch, nur viel vorsichtiger.'" ❖ **die dritte Klöte suchen:** *eine Hand in den Hosensack stecken und mit den Hoden spielen, vom Hosensack aus die Hoden zurechtrücken* ❖ **wenn min Tanten Klöten haar, wiert n Unkel** [wenn meine Tante Hoden hätte, wäre sie mein Onkel; existiert in vielen Mundartvarianten; diese belegt auf deutsch-plattdeutsch.de] (ndd.): *scherzhafte Reaktion auf einen Gesprächspartner, der mit „Wenn ich hätte/wäre ..." argumentiert hat* ❖ **ick jreif da jleich anne Köten** [eigentlich: ich packe dich gleich bei den Hoden] (berlinerisch): *gleich setzt es Prügel.*

K

Klö|ten|köhm, der; kein Genitiv, kein Plural [1. Bestandteil: siehe Klöte; 2. Bestandteil: ndd. für Schnaps] (rheinisch): *Eierlikör.*

Klug|schei|ßer, der; -s, -; ndd.: **Klug|schie|ter, Klog|schie|ter** [zu scheißen, siehe dort]: *Besserwisser, Klugredner.*

klum|bie|ren ⟨hat⟩ [belegt in „Jugendsprache unplugged 2013", Langenscheidt; Herkunft unklar]: *masturbieren.*

Klum|se, die; -, -n; **Klun|se,** die; -, -n; **Klim|se,** die; -, -n; **Klin|se,** die; -, -n [zu spätmhd. klumse, klimse (= sehr schmale Spalte, Ritze); gleiches Bedeutungsmotiv wie Loch, Schlitz, Spalte etc.] (österreichisch und bayerisch, daneben auch in einigen weiteren Regionen Deutschlands): **1.** *Vulva* **2.** *Frau* **3.** *Prostituierte.*

Klun|ke|rer, Klun|ge|rer, der; -s, - [belegt bei Zehetner; zu klunkern, klunken (= schwergewichtig herunterhängen, baumeln); vgl. Klunker (= Quaste, Metallgehänge; große Schmucksteine, Brillanten); geht laut Kluge auf ein Lautbild für das Anschlagen hängender Gegenstände zurück, das zu klinken, einer Variante von klingen, gehört] (bayerisch und österreichisch): *Penis.*

Knack|arsch, der; -es, ...ärsche: *attraktives, pralles Gesäß.*

knal|len ⟨hat⟩ [wie gesamtdeutsch knallen (= einen Knall von sich geben); gehört zu einer Reihe von Wörtern mit der Grundbedeutung ein Geräusch erzeugen: bumsen, dengeln, nageln, pempern, pimpern, pumpern etc.]: *koitieren.*

Knat|ter|ton, der; kein Genitiv, kein Plural ❖ **einen Nick Knatterton machen** [Nick Knatterton war eine zwischen 1950 und 1959 in der deutschen Illustrierten „Quick“ erscheinende Comicserie, die später auch verfilmt wurde; in der Phrase wird der Name wegen der Anspielung „knatternder Ton“ und wegen des lautmalenden Charakters verwendet]: *(mit knatterndem Geräusch) einen Darmwind entweichen lassen.*

Knie|bies|ler, der; -s, - [belegt bei Zehetner] (bayerisch und österreichisch): **1.** *kleiner Bub (der in die Hose uriniert)* **2.** *unreifer, nicht ernst zu nehmender Kerl.*

Knie|bies|ler|ho|se, die; -, -n [1. und 2. Bestandteil: siehe Kniebiesler] (bayerisch und österreichisch): *besonders weite Hose, deren Bund unter der Hüfte getragen wird (engl. Baggy Pants, typisch für bestimmte Jugendszenen).*

Knie|scho|ner, der; -s, - [belegt in „Jugendsprache unplugged 2013“; wie Knieschützer (= Bandage oder Ähnliches zur Schonung der Knie]: *Hängebusen.*

Knie|schuss|tut|teln, die (Plural) [belegt bei Teuschl]: *hängende weibliche Brüste* (die so tief hängen, dass die Frau fast mit den Knien dagegen stößt).

Kno|chen, der; -s, - [belegt bei Borneman; mhd. knoche (= Astknorren); laut Duden zu mhd. knochen (= drücken, pressen, eigentlich: das, womit man gegen etwas schlägt); vgl. engl. to knock (= schlagen, stoßen)]: *Penis:* ein fester, ein großer, ein müder, ein schlapper Knochen ❖ **einen Knochen haben:** *eine Erektion haben:* „Rasputin, die vor ihm sich Ausbreitende in wüster Liebe befingernd, hat einen Knochen in der Hose. Sein Bauernschwengel steht auf dem Sprung.“ (Zwerenz: Rasputin, 8)

knö|pern ⟨hat⟩ [das Rheinische Wörterbuch verweist über knöpen zu älterem knäufen (= knöpfen, knüpfen, knoten; ein Weib beschlafen); vgl. Substantive mit Anlaut Kn- für verdickte Gegenstände] (rheinisch): *koitieren:* „Gina gab an, dass sie nicht mitbekommen habe, dass eine Kamera lief, und auch eine Klage gegen die Verbreitung dieses Videos eingebracht worden sei. Der Mann, mit dem sie dort knöperte, war ein Freund, mit dem sie Mitleid hatte und ihn ein paar Mal ranließ.“ (Kebekus: Pussy Terror, 107)

Knopf, der; -(e)s, Knöpfe [belegt bei Borneman; Bedeutung 1: männliches Gegenstück zu Knopfloch; Bedeutung 2 oft mit Diminutivsuffix: Knöpfchen; Tertium Comparationis ist in diesem Fall die Form: klein und rundlich): **1.** *Penis* **2.** *Brustwarze* **3.** *Klitoris (Kitzler).*

-knopf-, -knöpf|chen als 2. Bestandteil eines Kompositums [mhd. und ahd. knopf (= Knoten); gehört zu den mit kn- beginnenden Wörtern für verdickte Gegenstände wie Knödel, Knolle]: *Klitoris (Kitzler):* **Begeisterungsknöpfchen, Freudenknopf, Klingelknopf, Lustknöpfchen etc.**

Knopf|loch, das; -(e)s, ...löcher, ndd.: **Knoops|gatt** [gemeldet von Dirks; weibliches Gegenstück zu Knopf]: *Vagina, Vulva.*

Knos|pe, die; -, -n [vgl. Himbeere, Kirsche und Knopf; Tertium Comparationis ist die Form: klein und rundlich]: *Brustwarze einer Frau:* „Ninas Knospen tauchten nie in schlaffem Zustand auf, Nina, wenn sie sich auszog, war scharf, heiß und geil ..." (Zwerenz: Kopf und Bauch, 64)

Knub|bel|chen, das; -s, - [Diminutivum von Knubbel (= knotenähnliche Verdickung); gehört zu den mit kn- beginnenden Wörtern für verdickte Gegenstände wie Knödel, Knolle etc.]: *Klitoris (Kitzler):* „Man kann die Vorhaut durchaus freilegen, ist im Grunde nicht anders als beim Penis. Die Haut kann man zurückschieben und dann liegt das Knubbelchen ein Stück freier. Bei Erregung passiert das unter anderem auch. Und dort kann sich dann sehr wohl das Smegma festsetzen, wenn man sich nicht wäscht. Machen Männer schließlich auch nicht anders." (Internetbeleg, Forum von med1.de)

Knull, die; -, Plural unklar [belegt bei Borneman und Wolf; zu knüllen]: *Vulva.*

K

knül|len ⟨hat⟩ [belegt bei Grimm, Borneman und Wolf; mhd. knüllen (= zusammendrücken, stoßen, schlagen); vgl. schwed. knull (= koitieren) und ndd: knullen (= derb liebkosend drücken, knutschen); außerhalb der Sexualsprache nur präfigiert: zerknüllen, zusammenknüllen]: *koitieren.*

Knüp|pel, der; -s, - [aus dem Niederdeutschen; gehört zu den Wörtern mit Kn- für verdickte Gegenstände; die männlichen Genitalien werden oft mit länglichen und harten Gegenständen verglichen, z. B. Bolzen, Keule, Klachel, Latte, Pint, Prängel, Schwengel etc.]: *(erigierter) Penis.*

Knus|per|hüs|je, das; kein Genitiv, - [eigentlich: Knusperhäuschen] (kölsch, verhüllend): *Bordell.*

Knutsch|ecke, die; -, -n [siehe knutschen]: *dunkle Ecke in einer Diskothek, in der man sich ungestört küssen und durch Berühren stimulieren kann.*

knut|schen ⟨hat⟩ [ursprünglich: zusammendrücken, quetschen; verwandt mit knautschen; vgl. mhd. knutzen (= drücken, quetschen); gehört zu den Wörtern mit Kn- für verdickte Gegenstände; laut Kluge ist knutschen seit dem 13. Jh. belegt; sexuelle Bedeutung seit dem 19. Jh.]: *umarmen und innig küssen* ❖ **mit jemandem knutschen:** *mit jemandem (sexuelle) Zärtlichkeiten austauschen.*

Knut|sche|rei, die; -, -en [zu knutschen]: **1.** *lang anhaltendes Knutschen* **2.** *unangenehmes Knutschen.*

Knutsch|fleck, der; -(e)s, -e [1. Bestandteil: siehe knutschen]: *durch Saugen entstandene blutunterlaufene Stelle auf der Haut.*

Ko|be|rer, der; -s, - [zu rotwelsch kober(er) (= Wirt)]: **1.** *Wirt, Cafétier* **2.** *Kuppler, Bordellbesitzer.*

ko|bern ‹hat› [belegt bei Ostwald und im Duden; siehe Koberer]: **1.** *der Prostitution nachgehen* **2.** *verkuppeln.*

Kob|ra, die; -, -s [port. cobra (de capelo) (= Kappenschlange), lat. colubra (= Schlange)] ❖ **die Kobra melken** [Kebekus: Pussy Terror]: *masturbieren.*

Kof|fer, der; -s, - [franz. coffre (= Kasten, Truhe); gesamtdeutsch mit der Bedeutung: Behältnis für die Reise]: *Darmwind* ❖ **einen Koffer hinstellen/wegstellen/stehen lassen:** *eine übelriechende Darmblähung entweichen lassen* ❖ **vor den Koffer scheißen:** *eine Vereinbarung brechen, einen Plan durchkreuzen:* „Ich hab mich für den sowat von aussem Fenster gelehnt, und dann hat er mir voll vorn Koffer geschissen." (Internetbeleg auf lvr.de)

kof|fern ‹hat› [siehe Koffer]: *eine Darmblähung entweichen lassen.*

Kol|ben, der; -s, - [eigentlich: zylindrischer Teil, der sich in einer Maschine auf und ab oder hin- und herbewegt; mhd. kolbe, ahd. kolbo (= Keule), laut Kluge eigentlich: mit einem dicken Ende versehen]: *(erigierter) Penis.*

Kol|ben, der; -s, - [belegt auf duden.de; mhd. kolbe, ahd. kolbo (= Keule); außerhalb der Sexualsprache vor allem ein Terminus der Technik]: *Penis.*

Ko|ma|su|tra, der [belegt in „Jugendsprache unplugged 2013", Langenscheidt; Kontamination aus Koma (hier: am Rande der Bewusstlosigkeit infolge Alkoholkonsums) und Kamasutra (= indischer Leitfaden der Erotik)]: *versuchter Geschlechtsverkehr zwischen zwei Betrunkenen.*

kom|men ‹ist›: *zum Orgasmus gelangen* ❖ **es kommt mir:** *ich habe gleich einen Orgasmus:* „Spritzt du jetzt oder nicht, sonst hör ich auf. Aber da kommt es dem Gerhard auch schon mit Macht, er schreit laut wie ein gesengtes Schwein." (Jelinek: Die Ausgesperrten, 58) – „Wos sogt a Frau mit Sperma auf der Brille? – I hab's kumman sehn!" (Kaiser: Blasmusikpop, 325) ❖ **wie die Post kommen/mit dem Glockenschlag kommen:** *prompt und regelmäßig zu einem Orgasmus gelangen.*

Kom|post|lu|ke, die; -, -n [belegt in „Jugendsprache unplugged 2013", Langenscheidt, 1. Bestandteil: Dünger aus pflanzlichen Abfällen; zu mittellat. compostum (= Misthaufen); 2. Bestandteil: verschließbare Öffnung bei Schiffen, Panzern etc.]: **1.** *Anusöffnung* **2.** *Gesäß.*

Kö|nig, der; -s, -e ❖ **der rote König:** *Menstruation.*

Kon|ku|bi|nat, das; -s, -e [siehe Konkubine; im alten Rom bezeichnete concubinus (Plural: concubini) einen männlichen Sklaven, der von seinem Herrn zum Geliebten erwählt wurde; die lat. weibliche Form des Namens ist concubina; es gab im alten Rom das Konkubinat auch als Verbindung zwischen zwei freien Personen, die keine rechtlich bindende Ehe schließen konnten oder wollten, wie beispielsweise der Statthalter einer Provinz und eine einheimische Frau aus dieser Provinz, die er aufgrund seines Amtes nicht heiraten konnte] (historisch): *eheähnliche Gemeinschaft, doch haben Kinder aus einer derartigen Beziehung keine Erbansprüche (Besitz soll nicht aufgeteilt werden).*

Kon|ku|bi|ne, die [lat. concubina (= Beischläferin); zu lat. cubare (= liegen; mit jemandem schlafen); ursprünglich: gesetzlich erlaubte außereheliche Gemeinschaft für Personen, die nach römischem Recht keine bürgerliche Ehe eingehen konnten; siehe Konkubinat]: **1.** *Geliebte eines verheirateten Mannes* **2.** *feste Freundin, Lebenspartnerin.*

Ko|pu|la|ti|on, die; -, -en [lat. copulatio, zu copulare (= eng verbinden); in der Biologie: Begattung]: *Koitus.*

ko|pu|lie|ren ⟨hat⟩ [lat. copulare (= eng verbinden); in der Biologie: begatten; regional auch: verehelichen]: *koitieren.*

Ko|rin|then|ka|cker, der; -s, -; rheinisch: oft verkürzt zu **Krin|te|ka|cker,** der; auch: **Ko|rin|then|schei|ßer,** der; -s, - [1. Bestandteil: franz. raisin de Corinthe (= Rosine aus Korinth); sie ist kernlos, schwarzbraun bis schwarzblau und kleinbeerig, nach der griech. Stadt Korinth; 2. Bestandteil: siehe kacken und scheißen]: **1.** *kleinlicher, pedantischer Mensch* **2.** *Geizkragen.*

K

Kot, der; -(e)s, kein Plural [mhd. kāt, quāt, ahd. quāt (= Ausscheidung von Tier und Mensch); weitere Herkunft unklar]: *Exkrement, Darmausscheidung.*

Kö|tel, der; kein Genitiv, Kötels [zu Kot] (ndd.): *kleines Kotstück, kleine Tierexkremente:* **den sitt dei Kötel all in die Büx:** *er hat große Angst* ❖ **hett sien letzten Kötel kackt:** *er stirbt bald.*

Kö|tel|kist, die; kein Genitiv, ...kisten [1. Bestandteil: siehe Kötel; 2. Bestandteil: siehe Kiste] (ndd.): *großes Gesäß.*

kö|teln ⟨hat⟩ [zu Kot, siehe dort] (ndd.): **1.** *Exkremente fallen lassen* **2.** *frieren.*

Kö|tel|puurt, Kö|tel|purt, die [1. Bestandteil: siehe Kötel; 2. Bestandteil: Pforte, Tür] (ndd.): *Anusöffnung.*

Köt|tel, Küt|tel, der; -s, -; **Köt|tel|chen, Köt|tel|ken,** das; -s, - [laut Honnen wie Klütte, Klut (= Klumpen, Erdklumpen), zu mndd. klot (= Klumpen, Kloß), siehe Klöte; die oft zu hörende Annahme, dass es sich um ein Diminutivum von Kot handelt, ist wohl falsch]: *kleine, klumpenförmige Kotreste:* Kaninchen-, Katzen-, Mauseköttel.

Krack|arsch, der; -es, ...ärsche [belegt bei Honnen; 1. Bestandteil: kracken (= andauernd zanken, nörgeln, Unfrieden stiften); 2. Bestandteil: siehe Arsch] (südliches Rheinland): *streitsüchtiger Mensch.*

Krap|fen, der; -s, - [mhd. krāpfe (= hakenförmiges Gebäck), eigentlich: Haken, Klammer, ahd. krāpfo (= Haken); deutet darauf hin, dass Krapfen früher hakenförmig waren; außerhalb der Fäkalsprache mit der Bedeutung: kleines, rundes, meist mit Marmelade gefülltes Gebäck]: **1.** (bayerisch und österreichisch) *Kuhfladen* **2.** *Exkremente* ❖ **Ich scheiß einen Krapfen!** (Ausruf der Verwunderung): *Na so etwas!* ❖ **ein Krapferl liegen lassen:** *Angst haben* **3.** (meist Plural) *weibliche Brüste.*

Krap|ferln, die (Plural) [Krapfen mit Diminutivsuffix]: *(kleine) weibliche Brüste.*

kräu|len ⟨ist⟩ [eigentlich: kräueln, ahd. crewelōn; verwandt mit Kralle; außerhalb der Fäkalsprache mit den Bedeutungen langsam kriechen, klettern, steigen] ❖ **in den Arsch kräulen:** *in den Arsch kriechen, übertrieben schmeicheln.*

Kreuz, das; -es, -e ❖ **aufs Kreuz legen** [eigentlich: auf den Rücken legen]: *mit einer Frau koitieren; eine Frau dazu bringen, dass sie einen Koitus zulässt.*

Kron|ju|we|len, die (Plural) [eigentlich: Sammlung wertvoller Schmuck- und Kunstgegenstände eines Herrscherhauses; im übertragenen Sinn: besondere Kostbarkeit] (verhüllend): *Hoden:* „Ein Schuss – voll in die Kronjuwelen!" („Sky"- Berichterstattung über das Fußballspiel Hoffenheim gegen Dortmund am 14. Dezember 2013)

Krüll|hahn, der; kein Genitiv, -s; oft verkürzt zu **Krüll,** der [1. Bestandteil: Locke, zu krüllen, krullen (= kräuseln); belegt bei Schuster] (ndd.): *Penis.*

Krü|mel|ka|cker, der; -s, - [1. Bestandteil: kleines abgebrochenes Stück (Brot)]: *kleinlicher, pedantischer Mensch.*

Kuh|tut|teln, Kuh|dut|teln, die; Plural [2. Bestandteil: siehe Tuttel; eigentlich: Milchorgan bei Kühen]: *besonders große weibliche Brüste.*

Ku|jo|ne, die (Plural) [zu span. cojones (= Hoden); belegt bei Reiskel: Berliner Mundart, 1905]: *Hoden.*

Kum|pel, der; -s, - [laut Kluge über die Soldatensprache aus der Sprache der Bergleute; vermutlich ein Diminutivum von Kumpan (= Gefährte bei bestimmten Unternehmungen; Mittäter); mhd. kompān, zu altfranz. compain, zu mittellat. compania (Gemeinschaft); ähnliches Benennungsmotiv wie Kamerad] (verhüllend): *Penis:* „Deutsche Elektro-Nigger aus dem Solarium, / haben eine schöne Haut – doch eine Sache ist sehr dumm: / UV-Strahlen ziehen das Wasser aus dem kleinen Kumpel, / so dass er immer kleiner wird und irgendwann verschrumpelt." (Lady Bitch Ray: Deutsche Schwänze)

Kumpf, der; -es, -e [belegt bei Küpper und Borneman; runde Schüssel; Wetzsteinbehälter, dicke, große Nase]: *Penis.*

Kun|te, die; kein Genitiv, -n; **Kunt,** die; kein Genitiv, -en [laut Grimm früher mit den Bedeutungen Scham des Mannes und Scham der Frau; die Bedeutung Vulva ist bei Grimm belegt mit altfriesisch kunta, ostfriesisch kunt, nordfriesisch cunte, engl. cunt und mittelengl. cunte;

vermutlich zu einer urgermanischen Wurzel *kunton von unklarer Herkunft; so wie mhd. vut (siehe Fut und Füdle) dürfte auch Kunte im deutschen Sprachraum zeitweise sowohl Vulva als auch Gesäß bedeutet haben]: **1.** (rheinisch) *Gesäß* **2.** [belegt bei Outzen; er schreibt, dass „dergleichen alte Namen ursprünglich von gar keiner unehrbaren Bedeutung gewesen sind"] (friesisch und ndd.): *Vagina, Vulva:* Grote Mund, grote Kunt (bei Schuster vermerktes Sprichwort).

Kur|ven, die (Plural) [eigentlich: Bogenlinie; spätlat. curva linea (= gekrümmte Linie)]: **1.** *weibliche Brüste* **2.** *weibliche Köperformen insgesamt.*

Ku|schel|sex, der; -, kein Plural [1. Bestandteil zu kuscheln (= sich aus einem Bedürfnis nach Geborgenheit oder Wärme an jemanden schmiegen), zu franz. coucher (= niederlegen)]: *ein sanfter, auf Zärtlichkeit ausgerichteter Sexualakt, eventuell nur mit Petting.*

Kutt, die; kein Genitiv, -; **Kut|te,** die; kein Genitiv, -; auch: **Kutt|je, Kütt|je, Kütt|sche,** das; kein Genitiv, -s [ursprünglich: Grube, Loch, Vertiefung; Herkunft vermutlich wie Kunt unter Ausstoßung des Nasals n; kein Zusammenhang mit Kutte (= ein Gewand)] (ndd.): **1.** *Vagina, Vulva:* „Dei Köm un dei Kutt maken dei Minschen kaputt." (Schnaps und Frauen ruinieren den Mann) (belegt bei Herrmann-Winter) **2.** *Frau* **3.** *Prostituierte.*

kut|ten|toll 〈Adj.〉 [1. Bestandteil: siehe Kutt] (ndd.): *weibstoll; ein Mann, der auf sexuellen Kontakt mit Frauen versessen ist.*

Lä|cheln, das; **senkrechtes Lächeln, vertikales Lächeln,** auch: **Land des senkrechten Lächelns:** *Vagina.*

Lachs, der; -es, -e [großer Meeresfisch; die Farbe des Fleisches wird als lachsfarben bezeichnet (ein Rosa mit Orangetönen); mhd., ahd. lahs, Herkunft unklar; Verwendung in der Sexualsprache wohl in Anspielung auf die Farbe der Glans]: *Penis* ❖ **den Lachs reinhängen** [belegt im Wörterbuch der Jugendsprache, Pons, 2014]: *koitieren* ❖ **den Lachs buttern** [belegt in „Jugendsprache unplugged 2013", Langenscheidt]: *masturbieren (vom Mann).*

la|ckie|ren ⟨hat⟩ [eigentlich: Lack auftragen] ❖ **die Büchse lackieren** [belegt bei Borneman; siehe Büchse]: *mit einer Frau koitieren* ❖ **den Bauch lackieren** [belegt bei Reiskel: Idioticon viennense eroticum, 1905]: *Coitus interruptus mit Ejakulation auf den Bauch der Frau.*

La|dung, die; -, -en [zu laden; eigentlich: zu transportierendes Frachtgut, größere Menge von etwas]: *(größere Menge) von Sperma:* „D Mariandl, die wuzelt / Und zupft eng so guat, / Dass d Ladung zwa Klafta / Weit wegspritzen tuat." (aus dem Wiener Volkslied „Bei da Gigaritschn, bei da Gagaritschn"; in: Weber, 246)

Lahm|arsch, der: -(e)s, ...ärsche: *energieloser, langweiliger Mensch.*

Lan|de|zo|ne, die; -, -n [Lehnübersetzung von engl. landing zone und landing strip]: *schmaler Streifen Schamhaar oberhalb der Vulva, der bei der Enthaarung stehen gelassen wird.*

Land|kar|te, die; -, -n [belegt bei Reiskel: Idioticon viennense eroticum, 1905]: *Spermaflecken auf der Unterhose oder Bettwäsche.*

Lanze, die; -, -n [mhd. lanze, über altfranz. lance zu lat. lancea; aus einem langen Schaft und einer harten Spitze bestehende Stoß- und Wurfwaffe]: *(erigierter) Penis.*

Lap|pen|fot|ze, die; -, -n [belegt bei Reiskel: Berliner Mundart, 1905]: *Vulva mit großen Schamlippen.*

Lap|perl, das; -s, -n; auch: **Fut|lap|perl,** das [Diminutivum von Lappen; außerhalb der Sexualsprache auch Diminutivum von Lappalie, das eine latinisierende Weiterbildung zu Lappen ist] (bayerisch und österreichisch): *Schamlippe* ❖ **mit den Futlapperln paschen:** [paschen ist eine Nebenform von patschen (= ein klatschendes Geräusch machen, mit den Händen applaudieren)]: *sexbesessen sein, mit aufreizendem Verhalten auf Sexualverkehr aus sein* ❖ **vögeln, bis die Lapperln paschen:** *heftig koitieren.*

las|sen[1] ⟨hat⟩ [siehe drüberlassen]: *als Frau den Geschlechtsverkehr mit einem Mann zulassen:* hast ihn schon einmal lassen?

las|sen² ⟨hat⟩ ❖ **einen lassen** [verhüllend durch Auslassung des Substantivs und des Vollverbs]: *einen Darmwind entweichen lassen* ❖ **worauf du einen lassen kannst:** *davon kannst du ausgehen.*

Lås|ser, der; -s, - [eigentlich: jemand, der es (zu)lässt] (österreichisch): *passiver Partner beim Analverkehr* (Gegensatz zu Tuarer).

La|tri|ne, die; -, -n [lat. latrina, älter: lavatrina, zu lat. lavare (= waschen)]: *(behelfsmäßig erbauter) Raum zur Verrichtung der Notdurft.*

Lat|te, die; -, n [mhd. lat(t)e, ahd. lat(t)a, ursprünglich: Brett; außerhalb der Sexualsprache: langes und flaches Stück Holz; die männlichen Genitalien werden oft mit länglichen und harten Gegenständen verglichen, z. B. Bolzen, Keule, Klachel, Knüppel, Pint, Prängel, Schwengel etc.]: *erigierter Penis:* „Was bekommt man, wenn man im Restaurant Viagra bestellt? Café Latte!" (Internetbeleg auf sms-sprueche-index.com) – „Lieber 'ne Latte in der Hose / als 'n Brett vorm Kopf." (Klospruch, Internetbeleg auf unmoralische.de).

Lat|ten|kri|mi, der; -s, -s [belegt in „Jugendsprache unplugged 2013", Langenscheidt; 1. Bestandteil: siehe Latte]: *Pornofilm.*

Laub, das; -es, kein Plural ❖ **selbst das Laub vom Baum schütteln** [der Penis wird mit einem Baum verglichen]: *masturbieren:* „Wieder nix abgekriegt auf der Fete gestern. Naja, mal wieder selbst das Laub vom Baum geschüttelt." (Internetbeleg auf mundmische.de)

Lauf, der; -es, kein Plural [belegt bei Küpper; vermutlich kurz für Gewehrlauf]: *Penis* ❖ **sich den Lauf verbiegen:** *sich eine Geschlechtskrankheit zuziehen (vom Mann gesagt).*

lau|fen ⟨ist⟩ ❖ **bei denen läuft nichts mehr:** *die zwei haben keinen Geschlechtsverkehr mehr* ❖ **eine Frau laufen lassen/eine Frau zu laufen haben:** *eine Frau als Prostituiere für sich arbeiten lassen.*

Lauf|ge|schäft, das; -(e)s, -e: *Prostitution.*

Lauf|haus, das; -es; ...häuser: *Bordell, in dem Prostituierte Zimmer angemietet haben.*

La|vur|fut, die; -, - [1. Bestandteil: franz. lavoir, zu laver (= waschen) zu lat. lavare; auch süddeutsch; tragbare Waschschüssel aus Email] (österreichisch): *große Vagina.*

Le|ber, die; -, kein Plural ❖ **eine weiße Leber haben** [schon in der Medizin des Altertums galt die Leber als Sitz der Leidenschaft und der Triebe; welche Rolle die Farbe Weiß bei der Entstehung der Wendung gespielt hat, ist unklar]: *ein gesteigertes Verlangen nach Sexualverkehr haben (von Frauen).*

Leck|arsch, der; -es, ...ärsche [Nomen Agentis auf Basis des Götzzitats]: *widerlicher Mensch.*

le|cken ⟨hat⟩ [spätmhd. slecken (= naschen), im Süden des Sprachraums ursprünglich nur als schlecken realisiert; ndd.: licken]: **1.** *den Cunnilingus ausüben:* „Warum schmeckt die Muschi nicht süß?

Damit sie auch Diabetiker lecken können." (Internetbeleg auf witze-über-witze.de) – „Ich seh nicht so gut aus wie Brad Pitt, hab keine Muskeln wie Arnold Schwarzenegger, bin auch nicht so romantisch wie Robert Redford, aber ich kann lecken wie Lassie!" (Internetbeleg auf grusskarten-e-cards.de) – „Muschi schmeckt wie Kirschenkuchen / wer's nicht glaubt, der soll's versuchen. / Ich habs probiert, mir hat's geschmeckt, / ich hab die Alte fast tot geleckt." (Die Hinichen: Fut, Orsch, Beidl) **2.** *fellationieren:* „Wenn Helene sich nicht ekelte, bestand kein Grund für mich, daß ich mich ekelte. Schließlich schien es ihr Freude zu bereiten. Andererseits vögelte ich nicht das erste Mal, noch nie aber hatte mir eine den Schwanz geleckt." (Zwerenz: Kopf und Bauch, 61) **3.** *den Anilingus ausüben.*

Leck|o|mio! ⟨Interj.⟩ [italienisierte Form von Leck mich!] (verhüllend): *milde Form des Götzzitats.*

Lecks|fied|le, das; -s, - [belegt bei Plankenhorn; Nomen Agentis auf Basis des Götzzitats] (schwäbisch): *feiger, unterwürfiger Mensch.*

leer|ge|bumst ⟨Adj.⟩ [eigentlich: der Moment, in dem alles Sperma ejakuliert ist; wird im übertragenen Sinn auch von Frauen verwendet; isoliertes Partizip Perfekt von bumsen, siehe dort]: *ausgelaugt, kraftlos:* „Ich habe immer versucht, das, was sonst nur Männer machen, richtig mitzumachen – dieses Reißen von Zoten – und immer noch einen draufsetzen. Seit ‚Feuchtgebiete', der ganzen Pressearbeit und Schlüpfrigkeiten dazu mit Journalisten ist aber praktisch mein Pulver verschossen. Ich habe privat keinen Bock mehr, Zoten zu reißen. Ich bin sozusagen leergebumst, was das angeht." (Charlotte Roche im Gespräch mit n-tv, 20. August 2013)

Lef|zen, die (Plural) [Lippe bei Hund und Raubwild; mhd. lefse, ahd. lefs, eigentlich: schlaff Herabhängendes]: *Schamlippen:* „Feurig und aufgelaufen waren die Lefzen ihrer schönen Muschel." (Schilling: Die Denkwürdigkeiten des Herrn v. H., 48)

Lehr|bub, der, -en, -en [belegt bei Herdi]: *Penis* ❖ **den Lehrbuben schüttteln/dem Lehrbuben die Hand schütteln: 1.** *urinieren* **2.** *masturbieren.*

Lein|wand|fo|se, die; -, -n [belegt bei Küpper; siehe Fose]: *Schauspielerin in der Rolle der Prostituierten, der Ehebrecherin, des Vamps.*

Len|den, die (Plural) [mhd. lende (= Lende), ahd. lentī (= Niere)] (verhüllend): *männliche Zeugungsfähigkeit:* „‚Oxygenia' heißt diese ‚Sauerstoff-Bar' nach amerikanischem Vorbild (...). Sauerstoff, erläutern die ‚Oxygenia'-Betreiber, mobilisiere alle ‚natürlichen Kraft- und Energiereserven'. (...) wenn unterversorgte Schwellkörper eine ordentliche Portion Sauerstoff erhalten, soll neues Leben aus den Lenden sprießen." (Spiegel, 18/1998)

len|den|lahm 〈Adj.〉 [siehe Lenden; außerhalb der Sexualsprache: lahm in den Lenden] (verhüllend): *mit mangelnder Zeugungsfähigkeit ausgestattet.*

LEO, das [gemeint ist Schafseckel, siehe dort; scherzhaftes Ersatzwort: Lämmer-Erzeugungs-Organ] (schweizerisch) (verhüllend): *derbes Schimpfwort.*

Ler|cherl|schas, der; -es, -e [eigentlich: Furz einer Lerche, also eines kleinen Vogels]: *eine unbedeutende Kleinigkeit* (oft in Form einer Negation): das ist kein Lercherlschas – „Es steckt noch jede Menge Chaos in der SPÖ. Schauen Sie sich nur die Debatte um die Ausweitung des Parkpickerls an. Das war kein Lercherlschas, mit Verlaub. Da gab es so viele Meinungen wie Genossen, du meine Güte!" (Maria Vassilakou; Chefin der Wiener Grünen und Vizebürgermeisterin von Wien, in „Falter" 16/12).

li|cken: *siehe lecken und schlecken.*

Lie|be ma|chen 〈hat〉 [entlehnt aus engl. to make love (= koitieren)] (verhüllend): *koitieren:* „Ich will nicht immer nur umsonst mit dir aus Liebe Liebe machen / ich bin ein junges Weib / ich möchte Schmuck und schöne Sachen ..." (Xanthippe, dargestellt von Gabriele Schuchter, im Dialog mit Sokrates, dargestellt von Maxi Böhm, in dem Sketch „Mach Urlaub auf Lesbos")

lie|ben 〈hat〉 [eigentlich: für jemanden Liebe empfinden] ❖ **sich lieben** (verhüllend): *koitieren:* sie lieben sich seit einer Stunde.

Lie|bes- als 1. Bestandteil eines Kompositums; 2. Bestandteil: etwas Hartes, Längliches: *Penis:* **Liebesbaum, Liebeslanze, Liebesstab, Liebesspeer, Liebesschaft, Liebesstange, Liebeszepter etc.**

Lie|bes- als 1. Bestandteil eines Kompositums; 2. Bestandteil: etwas Flüssiges, etwas Dickflüssiges: *Sperma:* **Liebesbach, Liebesbalsam etc.:** „Er entblöste meinen Busen, entledigte mich meiner Röcke und stieß seinen Pfeil in meinen Köcher. Seine Hitze war so groß, daß schon beym fünften Stoß sein Liebesbach rieselte." (Anonym: Lina's aufrichtige Bekenntnisse, 66)

Lie|bes- als 1. Bestandteil eines Kompositums; 2. Bestandteil: größerer hohler Raum im Gestein oder in der Erde: *Vagina:* **Liebesgrotte, Liebeshöhle, Liebestunnel etc.:** „Sie saß rückwärts auf einem Armsessel, hatte die Schenkel auseinander, die Füße auf zwei Stühle gestützt, und spielte in ihrer Liebesgrotte." (Schilling: Die Denkwürdigkeiten des Herrn v. H., 15)

Lie|bes|ku|chen, der; -s, - [gleiche Wortbildung wie Liebes- für Penis]: *Vulva.* „Irgendwie waren die alle nicht aufgeklärt, ich meine sexuell, und es ging wohl darum, dass niemand den Kids gesagt, worum es da geht, wenn Nahkampfstachel und Liebeskuchen aufeinandertreffen." (Kögl: Auf Fett Sieben, 54)

Lie|bes|la|ger, das; -s, - [siehe sich lieben (verhüllend): *Bett, auf dem zwei Menschen koitieren.*

Lie|bes|nest, das; -(e)s, -er [Lehnübersetzung von franz. nid d'amour (= Nest der Liebe)]: *Wohnung, wo sich Paare (heimlich) treffen, um miteinander sexuell zu verkehren.*

Lie|bes|saft, der; -(e)s, ...säfte [siehe auch Lusttropfen, Bonjourtropfen] (verhüllend): **1.** *eine klare Flüssigkeit, die vor der Ejakulation aus dem Penis austritt (das Sekret wird von den Cowperschen Drüsen abgesondert)* **2.** *Ejakulat des Mannes* **3.** *eine Flüssigkeit, die aus der Harnröhre der Frau bei höchster Erregung austreten kann (das Sekret wird von der Paraurethraldrüse abgesondert).*

Lies|chen, das; -s, - [Koseform des weiblichen Vornamens Elisabeth; im Plural dient Lieschen auch als Bezeichnung für die Hüllblätter des Maiskolbens]: *Vulva.*

Links|trä|ger, der; -s, - [weil im Schritt einer engen Hose kein Platz für Penis und Hoden ist, gibt es Linksträger und Rechtsträger; zur statistischen Verteilung liegen keine wissenschaftlichen Untersuchungen vor]: *Mann, der Penis und Hoden links trägt:* „Kommt ein Mann zum Doktor: ‚Herr Doktor, ich habe so ein Ziehen über die Schulter.‘ Doktor: ‚Eindeutig; der Sack muss ab!‘ Der Mann ist empört und geht zum nächsten Doktor: ‚Herr Doktor, ich habe so ein Ziehen über die Schulter.‘ Doktor: ‚Eindeutig: Der Sack muss ab!‘ Der Mann geht zu einem dritten Doktor: ‚Herr Doktor, ich habe so ein Ziehen über die Schulter.‘ Doktor: ‚Eindeutig; der Sack muss ab!‘ Total niedergeschlagen sagt der Mann: ‚Wenn das die einzige Möglichkeit ist, mir Linderung zu verschaffen, dann soll es so sein.‘ Der Doktor operiert ihn, der Sack wird abgeschnitten. Nach der Operation ist das Ziehen tatsächlich weg. Da denkt sich der Mann: ‚Jetzt leiste ich mir neue Hosen.‘ Schneider: ‚Links- oder Rechtsträger?‘ Mann: ‚Warum?‘ Schneider: ‚Ja, wenn man ihn auf der falschen Seite trägt, gibt es so ein Ziehen über die Schulter.‘“ (Internetbeleg auf de.answers.yahoo.com)

Lis|si, die [belegt in Langenscheidt-Lilliput] (berlinerisch) ❖ **die blonde Lissi:** *unbenützte Klobürste* ❖ **die braune Lissi:** *benützte Klobürste.*

LMAA [kurz für: Leck mich am Arsch!] (verhüllend durch Abkürzung): *Götzzitat.*

Loch, das; -(e)s, Löcher; Diminutiv: **Löch(e)lein,** das; -s, -; alemannisch **Löch|li,** das [mhd. loch, ahd. loh (= Loch, Öffnung, Höhle), zu einem germanischen Wort, das Verschluss bedeutet hat; im Alemannischen wird manchmal zwischen kleines Löchli (= Anus) und großes Löchli (= Vagina) unterschieden]: **1.** *Anus:* „Beim Knutschen wurde auch Lorena voll Rasierschaum und brauchte eine Abspülung mit frischem Wasser. Nun konnte auch ich ganz sicher sein, dass auch bei ihr das kleine Löchli ganz frisch ist (...). Lorena blies und lutschte wie eine

Göttin, gab mir ihr frisch geduschtes Löchli und das Pfläumchen sowieso." (Internetbeleg auf 6profi.com) **2.** *Vagina:* „Mein Liebchen hat ein Löchelein, mein Liebchen hat ein Loch, / Wenn ich drein fahre, wupp, wupp, wupp / dann flieg'n die Haare, wupp, wupp, wupp / woran ich meine, meine Freude hab." (aus dem Volkslied „Mein Liebchen hat zwei Äugelein"; in: Brednich, 107) – „Was haben Männer und CDs gemeinsam?" – „Bei beiden dreht sich alles um ein Loch." (Fritsch: Wenn Frauen herzhaft lachen, 16) **3.** [Pars pro toto] (abwertend) *Frau* **4.** (abwertend) *Mund:* „Tja, ich bekenne, ich bin auch nicht erst gestern draufgekommen, dass es eine feine Sache ist, meinen Schwanz in sämtliche Löcher einer Frau zu stecken." (Peer: Bis dass der Tod uns meidet, 100).

lö|chern ⟨hat⟩ [mhd. lochen, löchern (= etwas durchlöchern; reflexiv: sich öffnen); außerhalb der Sexualsprache: durch Bitten belästigen] (vor allem pfälzisch): *koitieren.*

Loch|schwa|ger, der; -s, ...schwäger; schweizerisch: **Lochschwoger,** der; -s, ...schwööger [2. Bestandteil: Ehemann einer Schwester; Bruder des Ehemanns, der Ehefrau; siehe auch Bauchschwager, Futschwager]: *Vorgänger oder Nachfolger des Liebhabers einer Frau (muss nicht unbedingt der direkte Vorgänger oder der direkte Nachfolger sein):* „Mann, war das peinlich. Und jetzt bin ich auch Lochschwager von Robby Williamsbirne, lustig." (Rubinowitz: Ramses Müller, 30)

Lo|kus, der; - und -ses, - und -se [verkürzt aus lat. locus necessitatis (= Ort der Notdurft)]: *Raum zur Verrichtung der Notdurft:* „Hinter einer Lokusmauer / Saß der Doktor Adenauer / Hatte kein Papier / Raus mit dir." (volkstümlicher Auszählreim, belegt bei Rühmkorf: Über das Volksvermögen, 46). – „Zwei Knaben machten sich den Jokus / und tranken Most im Keller. / Da mußten beide auf den Lokus / jedoch der Most war schneller." (Klospruch, Internetbeleg auf funforum.de)

Lol|los, die (Plural) [verkürzt aus dem Namen der Filmschauspielerin Luigina „Gina" Lollobrigida]: *weibliche Brüste:* sie hat schwere Lollos.

Lon|do|ner, der; -s, - [nach einer Produktbezeichnung der Firma Durex: London Markenpräservative]: *Kondom.*

Lö|res, der; -, -se(n) [belegt auf mitmachwoerterbuch.lvr.de; eigentlich: Bengel; ungeschickter Bursche; zu lören (= faul und träge dahinschlendern) und lar (= dünn, mager)] (rheinisch): *Penis:* der Besuffski hat den Löres ausse Hose hängen ❖ **den Löres raushängen lassen** [belegt auf mundmische.de]: **1.** *nackt sein* **2.** *urinieren:* ich geh den Löres raushängen lassen.

lö|ten ⟨hat⟩ [belegt bei Borneman und Küpper, zu Lot: gießbares Blei; siehe auch verlöten]: *koitieren.*

Löt|kol|ben, der; -s, - [belegt bei Borneman und Küpper]: *Penis.*

Lot|ta, die; -, -s [belegt im Wörterbuch der Jugendsprache, Pons, 2014; vermutlich unter Einfluss von ital. toeletta, toletta; dort neben toilette in Gebrauch, das aus dem Französischen entlehnt ist und ursprünglich Tüchlein (für Kosmetik) bedeutet hat; die Bedeutung Abort ist sekundär] (verhüllend, schweizerisch): *Toilette:* i gange schnäu uf d Lotta.

Lou|is; der; -, - [gesprochen Lui mit Betonung auf dem u, oft auch Lui in der Schrift; franz. Vorname, im Deutschen Ludwig; Bedeutung vielleicht in Anlehnung an die franz. Könige des 17. und 18. Jhs., die sich am Hof Mätressen hielten]: *Zuhälter.*

Lu|de, der; -n, -n [Kurzform des Namens Ludwig; siehe Louis]: *Zuhälter.*

lu|deln ‹hat› [lautmalend]: **1.** *saugen, lutschen* **2.** (kindersprachlich): *urinieren:* „Nur nicht hudeln (= hasten) beim Ludeln!“ (Internetbeleg auf parents.at).

Lu|latsch, der; -es, -e [Herkunft unklar; Grundbedeutung: hochgeschossener, dünner Mann; „Langer Lulatsch“ nennen die Berliner Medien den Funkturm ihrer Stadt]: *Penis.*

Lüll, der; kein Genitiv, -s [belegt bei Schuster; Herkunft wie lullen, siehe dort] (ndd.): *Penis.*

lul|len, lul|lern ‹hat› [eigentlich: saugen, ursprünglich lautmalend, auch: in den Schlaf lullen (= mit Wörtern oder Lauten schläfrig machen)]: *urinieren.*

Lul|li, der; -, -s [zu lullen; eigentlich: jemand, der sich immer gleich in die Hose macht]: *verweichlichter Mann* (mundmische.de).

Lul|li, die; -, -s [zu lullen] (kindersprachlich): *Geschlechtsorgan eines kleinen Mädchens:* „Klein-Pauli: ‚Die Jennifer hat doch gar keinen Piepmatz, die hat eine Lulli.‘“ (Internetbeleg auf mundmische.de)

Lu|lu, das; -s, kein Plural [geht auf einen Ruf von Müttern und Vätern zurück, die damit ihre kleinen Kinder zum Urinieren bringen wollen] (je nach Region endbetont oder erstbetont, kindersprachlich): **1.** *Urin* **2.** (familiär) *Penis* **3.** *weibischer Schwächling:* bist jetzt ein Mann oder ein Lulu? **4.** *Stümper*: computermäßig ist er ein Lulu.

lu|lu ma|chen ‹hat› [siehe Lulu] (je nach Region endbetont oder erstbetont, kindersprachlich, familiär): *urinieren.*

Lüm|mel, der; -s, - [laut Duden zu veraltet lumm (= schlaff, locker, ablautende Bildung zu lahm); auch: Mann mit flegelhaftem Benehmen]: *(schlaffer) Penis.*

Lüm|mel|lo|cken, die (Plural) [1. Bestandteil: siehe Lümmel; 2. Bestandteil: mhd., ahd. loc (= Haarlocke, Haar, Mähne), ursprünglich: die Gebogene]: *Schamhaare des Mannes (in Zeiten der Depilation meist abschätzig gemeint).*

Lüm|mel|pelz, der; -es, -e [1. Bestandteil: siehe Lümmel]: *starker Schamhaarbewuchs beim Mann (in Zeiten der Depilation meist ab-*

wertend): „Bestimmt hatte er auch einen fetten (= stark ausgeprägten) Lümmelpelz." (Kögl: Auf Fett Sieben, 71)

Lüm|mel|tü|te, die; -, -n [1. Bestandteil: siehe Lümmel; 2. Bestandteil: aus dem Niederdeutschen, zu mndd. tute (= Trichterförmiges)]: *Kondom:* „Jungs, wenn ihr ficken wollt, bitte eine Tüte über den Lümmel." (Hella von Sinnen)

Lum|pi, der; -, -s [wohl zu Lumpen; mhd. lumpe (= Lumpen, Lappen, Fetzen), ablautende Bildung zu lampen (= welk niederhängen), also eigentlich: schlaff Herabhängendes; mit Diminutivsuffix -i; möglicherweise unter Einfluss des damit verwandten Lump (= charakterloser Mensch; eigentlich: Mensch in zerlumpter Kleidung) und lumpen (= ausschweifend leben); Lumpi ist auch ein Hundename] (kindersprachlich): *Penis:* „Halten wir fest: Der Blickfang des emanzipierten Frauenauges heißt nicht mehr, wie noch vor einem halben Jahrzehnt, ‚Lumpi', ‚Hänschenklein' oder ‚Ziesemann', er heißt Penis. Und er erigiert." (Spiegel, 30. September 1969: Im Strudel der Lust. Martin Morlock über die Sexwelle 1969) ❖ **spitz wie (Nachbars) Lumpi/Fiffi/Waldi** [siehe spitz]: *vom Sexualtrieb beherrscht, gierig nach Sexualkontakt.*

Lun|te, die; -, -n [belegt bei Borneman mit dem nachfolgendem Zitat; eigentlich: Zündschnur; ursprünglich: Lappen, Fetzen]: *Penis:* Lass deine Lunte in der Hose, Junge. Die Birgit ist ein Pulverfass.

lun|zen ⟨hat⟩ [belegt im Wörterbuch der Jugendsprache, Pons, 2014; laut Grimm eigentlich: ruhen, sich faul wälzen, leicht schlafen; Verwendung in der Sexualsprache wohl in Anlehnung an: mit jemandem schlafen]: *koitieren.*

Lurch, der; -(e)s, -e [laut Duden zu älterem Lorch und ndd. lork (= Kröte), weitere Herkunft unklar; bei dem Ausdruck der Sexualsprache ist wohl an Schwanzlurche (Caudata) zu denken, das sind Lurche mit lang gestrecktem Körper und langem Schwanz]: *Penis* ❖ **den Lurch würgen:** *masturbieren.*

Lust- als 1. Bestandteil eines Kompositums; 2. Bestandteil: etwas Hartes, Längliches: *Penis:* **Lust|bol|zen, Lust|dolch, Lust|knüp|pel, Lust|lan|ze, Lust|mus|ke|te, Lust|rohr, Lust|schwen|gel, Lust|stab, Lust|stan|ge, Lust|zep|ter, Lust|wur|zel etc.**

Lust- als 1. Bestandteil eines Kompositums; 2. Bestandteil: etwas Kugelförmiges, Rundes, Zapfenförmiges: *Klitoris (Kitzler):* **Lustknopf, Lustknöpfchen, Lustkugel, Lustperle, Lustzapfen etc.**

Lust|trop|fen, der; -s, - [siehe auch Liebessaft, Bonjourtropfen]: **1.** *eine klare Flüssigkeit, die vor der Ejakulation aus dem Penis austritt (das Sekret wird von den Cowperschen Drüsen abgesondert)* **2.** *Ejakulat des Mannes* **3.** *eine Flüssigkeit, die aus der Harnröhre der Frau bei höchster Erregung austreten kann (das Sekret wird von der Paraurethraldrüse abgesondert).*

lut|schen ⟨hat⟩ [laut Duden lautmalend, älter auch nutschen; außerhalb der Sexualsprache mit den Bedeutungen: saugend im Mund zergehen lassen und damit verzehren; an etwas, das in den Mund gesteckt wurde, saugen; am Daumen lutschen]: *fellationieren:* „Jetzt gib ihn schon her, sagt Janine K., schlägt ihm die Hände weg, nimmt seinen Schwanz und lutscht ihn, bis er hart ist. Aber kaum lässt sie ihn los, wirft sich nach hinten aufs Bett und gibt die Beine auseinander, schon fällt er wieder in sich zusammen." (Ernst: Beste Beziehungen, 9–10.)

Lut|scher der; -s, - [Verbum Agentis zu lutschen]: *jemand, der fellationiert:* „Drei Männer irren durch die Wüste. Kurz vor dem Verdursten kommen sie zu einem Kloster. Eine Nonne macht auf und sagt: ‚Reinlassen können wir euch schon, aber das ist ein Nonnenkloster. Wenn ihr rein wollt, muss vorher der Schniedelwutz ab.' Die Männer sagen sich, besser der Schniedel ab als verdursten, und treten ein. ‚Gut', sagt die Nonne, ‚wir gehen immer nach dem Beruf des jeweiligen Mannes.' – ‚Ich bin Metzger', sagt der erste. ‚Gut, dann nehmen wir ein Messer.' Der zweite sagt, er ist ein Hersteller von Beilen. Zack, ab. Der dritte kriegt das große Grinsen. Verständnislos sehen ihn seine Leidensgenossen an. ‚Gleich schneiden sie dir dein bestes Stück ab und du grinst?' – ‚Tja, das müsst ihr verstehen. Ich hab 'ne eigene Fabrik und da stellen wir Dauerlutscher her!'" (Internetbeleg auf witze-fun.de)

Lut|scher|tausch, der; -(e)s, -e [1. Bestandteil im Sinn von Zunge]: *heftiger Zungenkuss:* „So geil-weiche Lippen. Kein Speicheltanz, kein Zungentango, kein Lutschertausch." (Kögl: Auf Fett Sieben, 157)

ma|chen ⟨hat⟩ ❖ **es mit jemandem machen/mit jemandem etwas machen** (verhüllend): *mit jemandem Sexualverkehr haben:* hast du mit ihr etwas gemacht? (= Hast du mit ihr koitiert?) ❖ **es sich selbst machen:** *masturbieren* (von der Frau und vom Mann): „Selbst hab ich's mir gemacht, da Du nicht bei mir bist, Elender ..." (Zwerenz: Rasputin, 104) ❖ **in die Hose machen:** *in die Hose urinieren bzw. Kot ausscheiden* ❖ **Mach dir nicht in die Hose!** *Sei nicht so ängstlich!*

Macht, Magt, das; kein Genitiv, Plural unklar [belegt bei Outzen, siehe Gemächt] (friesisch): *männliche Genitalien.*

Mäd|chen, das; -, - ❖ **für kleine Mädchen gehen/müssen** (verhüllend): *urinieren müssen.*

Mäd|les|schme|cker, der; -s, - [belegt bei Meister] (fränkisch): *Mann, der oft mit jungen Frauen flirtet.*

Ma|gen|scheiß, der; -, kein Plural, **Ma|gen|schas, Ma|gen|schoaß,** der; -es, -e [belegt auf spiegl.de/bayerisches_Wort.pdf; 2. Bestandteil: siehe Schas]: *Rülpser.*

Mäh|re, die; -, -n [außerhalb der Sexualsprache: altes, abgemagertes Pferd; mhd. merhe, ahd. mer(i)ha (= Stute), laut Duden altes Femininum zu einem germanischen und keltischen Wort für Pferd]: **1.** *Frau, die häufig und mit verschiedenen Männern sexuelle Beziehungen hat:* „... das Kind ist des Vaters Arbeit ... Wer das Kind eine Mähre schilt, schlägt den Vater ans Ohr (Schiller: Kabale II, 6; zitiert in Duden) **2.** *alte, böse Frau.*

Main|brun|ser, der; -s, - [belegt bei Meister]: *spöttische Bezeichnung für jemanden, der in den Main urinieren kann (z. B. Bewohner von Schweinfurt, Würzburg, Ochsenfurt).*

Ma|lo|kes, der; kein Genitiv, kein Plural [gemeldet von Honnen; vermutlich verkürzt aus dem falsch gedeuteten 2. Wortteil von Duchesmalouches, siehe dort; das Pfälzischen Wörterbuch vermutete eine Wortmischung aus jidd. mallus (= Gesäß) und Lokus, was wenig wahrscheinlich ist] (rheinisch, pfälzisch): *Toilette.*

Mäm|me, Mem|me, die (Plural); Diminutivum: **Mäm|mel|chen,** die (Plural) [zu lat. mamma (= Mutterbrust, Amme); dieses zu griech. mámma, ein Lallwort der Kindersprache; Mamma (Singular) und Mammae (Plural) ist ein Ausdruck der medizinischen Fachsprache] (vor allem rheinisch): *weibliche Brüste:* „Bin ich auch untüchtig, dir eine ordentliche Unterhaltung zu verschaffen, so bin ich doch noch nicht untauglich zum Brustfick. Lege Dich gerade auf den Rücken und presse Deine Mämmelchen zusammen.'" (Anonym: Lina's aufrichtige Bekenntnisse, 41 f.)

Mäm|me|spek|ta|kel, das; -s, kein Plural [1. Bestandteil: siehe Mämme; 2. Bestandteil: lat. spectaculum (= Schauspiel), zu spectare (= schauen, (an)sehen), Iterativbildung von specere]: *(große) weibliche Brüste.*

Mäm|me|stip|per, der; -s, - [belegt bei Honnen; 1. Bestandteil: siehe Mämme; 2. Bestandteil: mhd. stīper (= Stützholz); siehe Duttelkrax, Püppihutte, Tittenrackje] (rheinisch): *Büstenhalter.*

Man|del|spü|lung, die; -, -en [belegt in „Jugendsprache unplugged 2013“, Langenscheidt; 1. Bestandteil: lymphatische Organe im Bereich von Mundhöhle und Rachen]: *tiefer Zungenkuss.*

man|der|lei|tisch ⟨Adj.⟩ [die Manderleit (= die Männer in ihrer Gesamtheit)] (tirolerisch): *mannstoll; auf sexuellen Kontakt mit Männern versessen.*

man|der|ta|misch ⟨Adj.⟩ [1. Bestandteil: Mander: tirolerisch für Mann; 2. Bestandteil: täumisch (= betäubt, benommen, schwindelig; dumm, verrückt; zu ahd. toum (= Dampf, Dunst, Rauch), semantisch beeinflusst von taumeln)] (tirolerisch): *mannstoll; auf sexuellen Kontakt mit Männern versessen.*

Mann, der; -es, Männer ❖ **der kleine Mann;** auch: **Männ|chen,** das; **Manntl|je,** das; **Män|ne|ken,** das etc. (verhüllend): *Penis:* der kleine Mann streikt schon wieder (= es kommt zu keiner Erektion).

Man|nes|kraft, die; -, kein Plural: *männliche Zeugungsfähigkeit.*

Männ|lich|keit, die [eigentlich: männliches Wesen]: **1.** *das Mannsein in Bezug auf die Zeugungsfähigkeit* **2.** (verhüllend) *Penis.*

Ma|rie, die [weiblicher Vorname]: **die schnelle Marie haben:** *Durchfall haben.*

März|ka|ter, der; -s, - [belegt bei Wander und in einer Internetdatei zur Rüdesheimer Mundart; spielt auf das aggressive Verhalten der Kater während der Paarungszeit im März an, oft verbunden mit lautem, eindringlichen Geschrei]: *sexbesessener Kerl* ❖ **geil wie ein Märzkater:** *auf sexuellen Kontakt versessen und deswegen außer Rand und Band (vom Mann):* he hett Ogen in de Kopp as ’n Määrtkater (gemeldet von Dirks).

Mas|sa|ge|sa|lon, der; -s, -s [belegt in Duden; die ursprüngliche Bedeutung, nämlich Institut für Gesundheits- oder Sportmassage, veraltet] (verhüllend): *bordellähnliches Lokal, in dem masturbatorische Praktiken angeboten werden.*

Mas|seu|se, die; -, -n [belegt in Duden: zu Masseur mit franz. Suffix -euse; Substantive mit diesem selten vorkommenden Suffix haben oft eine sexuelle Konnotation und eine abwertende Bedeutung, siehe Amateuse; die weibliche Normalform zu Masseur ist Masseurin (mit dem im Deutschen gängigsten Suffix zur Bildung weiblicher Formen, nämlich -in)] (verhüllend): *in einem Massagesalon arbeitende Prostituierte.*

Mast|darm|akro|bat, der; -en, -en [1. Bestandteil: Teil des Enddarms; ndd. auch Schlackdarm; mhd. und ahd. arsdarm (= Arschdarm); später verhüllend in Mastdarm umgedeutet; 2. Bestandteil: jemand, der besondere gymnastische oder turnerische Leistungen vollbringt; vgl. Arschkriecher] (verhüllend): *übertrieben schmeichlerischer Mensch; jemand, der sich in würdeloser Form kriecherisch und unterwürfig gegenüber jemand anderem verhält.*

Ma|te|rial|schas, der; -es, - [zu Schas]: *ungewollter Abgang von Kot beim Entweichenlassen einer Darmblähung.*

Ma|trat|ze, die; -, -n [eigentlich: Polster auf dem Lattenrost eines Betts; zu ital. materazzo, dieses zu arab. maṭraḥ (= Bodenkissen)]: **1.** *promiskuitive Frau* **2.** *Prostituierte.*

Ma|trat|zen|ball, der; -(e)s, ...bälle ❖ *auf den Matratzenball gehen* [belegt in Langenscheidt-Lilliput] (verhüllend, berlinerisch) **1.** *zu Bett gehen* **2.** *Geschlechtsverkehr haben.*

Mä|tres|se, die; -, -n [franz. maîtresse, eigentlich: Herrin, zu franz. maîtr (= Herr, Meister, Gebieter)]: **1.** (historisch) *(offizielle) Geliebte eines Fürsten* **2.** *Geliebte eines verheirateten Mannes.*

Mau|rer|de|kol|leté, das; -s, -s [2. Bestandteil: zu franz. décolleté, Partizip Perfekt von décolleter; eigentlich: den Hals entblößen; gleiches Benennungsmotiv wie Bauarbeiterdekolleté, siehe dort]: *die sichtbar werdende Gesäßspalte, wenn sich ein Mann bückt und die locker sitzende Hose herunterrutscht.*

Maus, die; -, Mäuse; Diminutivum: **Mäus|chen,** das; -s, -; ndd.: **Muus,** die; kein Genitiv, Müüs [mhd., ahd. mūs, weitere Herkunft umstritten, laut Kluge ist eine Herleitung von einer Wurzel, die stehlen bedeutet hat, recht ansprechend; zu beachten ist aber auch die alte Nebenbedeutung Muskel; außerhalb der Sexualsprache: kleines Nagetier; Bedeutung 1 und 2 belegt bei Borneman]: **1.** *Vulva, Vagina:* „Ich öffnete das Gemach, in welchem sein Amor eingesperrt war, und zog ihn hervor. Er wuchs nach und nach zu einer fürchterlichen Länge, und zu einer Stärke, die ich nicht mehr in meiner Hand fassen konnte. (...) Wenn ich ihm das Eindringen in mein Mäuschen etwas erschweren konnte, so fürchtete ich doch immer noch die Gewalt seiner Stöße." (Anonym: Lina's aufrichtige Bekenntnisse, 24) – gewiß hett's Hor, süss künn s'nich Mus heiten (als Erwiderung auf die Bestätigung dat's wohr; belegt bei Herrmann-Winter) **2.** [Maus vermutlich als männliches Gegenstück zu Mäuseloch (= Metapher für Vagina, Vulva)] *Penis:* „,Gah up mi liggen!' flösterde se. / Langsaam, heel sacht. / De moiste Moment. / Sein Muus in 't Gatt. Sein Hahn in 't Nüst." (Dirks: Unner de Buukreem, 70) – „Mein liawi Leni, / Um was i di bitt, / Wenn i mit mein Mauserl kimm, / Daß d' ma's nit schlickst ..." (aus einem Volkslied; in: Blümml, 97)

Maus|dreck, der; -(e)s, kein Plural [2. Bestandteil: hier nicht im Sinn von Schmutz, sondern mit der alten Bedeutung Kot; mhd., ahd. drec, ursprünglich: Mist, Kot]: *Mäusekot* ❖ **ein aufg'stellter Mausdreck** (österreichisch): *kleinwüchsiger, geltungssüchtiger Mann.*

mau|sen, mau|seln ⟨hat⟩ [mhd. mûsen, zu Maus; außerhalb der Sexualsprache: eine Kleinigkeit stehlen; Mäuse fangen; die Verwendung in der Sexualsprache geht laut Duden auf eine frühere Bedeutung zurück: etwas heimlich tun, Ehebruch begehen]: *koitieren:* „Wir haben einen Hausmeister / Maus heißt er / Im Keller meist haust er / Und wie's heißt, maust er." (Schüttelreim, Internetbeleg auf wikiquote.org) – „Mei Vater is Mauser, / und Mutter maust au, / und i bin der jung Mauser, / i mause halt au." (aus dem Volkslied „Mei Vater is Dachdecker", Strophe aus Graubünden, in: Brednich, 108)

Max, der; kein Genitiv, -en [belegt bei Küpper; männlicher Vorname]: *Penis:* „Mitten in die Stube, uff'ne olle Matratze, lag er, besoffen, nackend, uff'n Rücken. Eene nackende, rotköppiche Fohse an seine Seite, besoffen, mit uffjesperrte Schnauze un' die Klaue an sein Maxe." (Zille: Hurengespräche, 80) ❖ **Max am Kopf fassen/Max die Hand geben** [belegt bei Küpper]: *urinieren.*

Me|cker|fott, der; -, ...fötter [1. Bestandteil: meckern; 2. Bestandteil: siehe Fott]: *jemand, der dauernd meckert.*

Meer, das; -es, -e ❖ **ins Rote Meer stechen:** *mit einer menstruierenden Frau koitieren.*

Me|ga|tut|teln, die (Plural) [1. Bestandteil: griech. mégas (= groß); 2. Bestandteil: siehe Tuttel]: *besonders große und attraktive weibliche Brüste.*

Mei|se, die; -, -n; ndd. mit Diminutivsuffix: **Mees|ke,** das [mhd. meise, ahd. meisa, mndd. mese; wahrscheinlich ursprünglich: die Kleine; die weiblichen und die männlichen Genitalien werden manchmal mit Vogelnamen bezeichnet; siehe Vogel und vögeln; das ndd. Wort und dessen Verbreitung von Dirks gemeldet]: *Vulva, Vagina.*

Meis|ter Is|te, der; ...ters Iste, kein Plural [von Goethe verwendet; 2. Bestandteil: lat. iste, ista, istud (= dieser da, der da)] (verhüllend): *Penis:* „Doch Meister Iste hat nun seine Grillen / Und läßt sich nicht befehlen noch verachten. / Auf einmal ist er da, und ganz im Stillen / Erhebt er sich zu allen seinen Prachten ..." (Goethe, Das Tagebuch, 1810, in: Erotische Gedichte, hg. v. Ammer, 166–167)

mel|ken ⟨hat⟩ [belegt bei Borneman; eigentlich: Milch mit den Händen oder mit einer Maschine aus einem Euter pressen; mhd. melken, ahd. melchan, laut Duden ursprünglich: abstreifen, wischen]: **1.** *masturbieren:* den Bock melken (= einen Mann masturbieren); die Kuh melken: (eine Frau masturbieren) **2.** *fellationieren.*

Me|lo|nen, die (Plural) [spätmhd. melone, zu franz. melon und ital. melone; dieses zu lat. melo, Kurzform von lat. melopepo (= eine apfelförmige Melone), zu griech. mēlopépōn; dieses zu griech. mēlon (= Apfel, Quitte) und griech. pépōn (= reif)]: *besonders große und attraktive weibliche Brüste:* „Sie sind wieder da, die Wahnsinnsmelonen, dort möchte ich wohnen allezeit." (EAV: Möpse)

Me|lo|nen|schau|kel, die; -, -n [belegt in „Jugendsprache unplugged 2013", Langenscheidt sowie im Wörterbuch der Jugendsprache, Pons, 2014; 1. Bestandteil: siehe Melonen]: *Büstenhalter.*

Memm, die: *siehe Mämme.*

Men|sche|rer, der; -s, - [zu mundartlich Menscher (= Frauen) mit Suffix -er zur Bildung eines Nomen Agentis] (bayerisch und österreichisch): *Frauenheld.*

Mes|ser, das; -s, - [belegt bei Küpper; Messer und Scheide als Bedeutungspaar für Penis und Vagina]: *Penis.*

Me|su|se, die; -, -n [belegt bei Wolf; eigentlich: steht an der Türe und jeder darf sie berühren; hebr. mĕsûsa (= Pfosten; kleine Schriftrolle in einer Kapsel am Türpfosten jüdischer Häuser mit einer Inschrift aus 5. Mose 6, 4–9 und 11, 13–21; verlassen Juden ihre Wohnung, berühren sie die Mesusa mit den Fingerspitzen, küssen diese und sprechen die Worte: „Gott schütze mich bei meinem Fortgehen und bei meinem Ankommen, jetzt und in Ewigkeit"]: **1.** *promiskuitive Frau* **2.** *Hure.*

Mett|wurst, die; -, ...würste [1. Bestandteil: mndd. met (= gehacktes Schweinefleisch ohne Speck) ❖ **das ist, wie wenn du eine Mettwurst in die Turnhalle wirfst/schmeißt** [belegt auf mundmische.de, berlinerisch]: *Kommentar zu einer stark ausgedehnten Vagina.*

Met|ze, die; -, -n [mhd. metze, laut Duden ursprünglich: Mädchen (niedrigeren Standes); laut Borneman war Metze in der Studentensprache des 18. Jhs. noch die Bezeichnung für eine anständige junge Frau; erst durch die Beifügung von Adjektiven wie üppig, offen oder geil entstand eine abwertende Bedeutung; entweder Koseform des weiblichen Vornamens Mechthild oder s-Ableitung zu Magd, Maid]: *Prostituierte.*

MFH [kurz für: Möse frisst Hose; Muschi frisst Hose] (verhüllend durch Abkürzung): *Hosen, z. B. Leggings, die so eng anliegen, dass die Schamlippen andeutungsweise zu sehen sind.*

Mid|del|been, das: *siehe Mittelbein.*

Mie|ge, Mieg, die; kein Genitiv, kein Plural [laut Köbler vgl. altsächsisch *miga, germanisch *meiga (= Urin); siehe miegen] (ndd.): *Urin.*

mie|gen, mi|gen ⟨hat⟩; friesisch: **mi|ge** [belegt bei Dähnert und laut E-Mail-Auskunft von Herrmann-Winter gleichlautend auch im Mittelniederdeutschen; Köbler verweist auf altengl. migan, gemigan, miegan (= urinieren)] (ndd.): *urinieren:* rägent dat orrer miegen die Mücken? (rhetorische Frage, wenn es nur schwach regnet; belegt bei Herrmann-Winter)

M

Milch- als 1. Bestandteil eines Kompositums: **Milchbar, Milchfabrik, Milchflasche, Milchladen etc.**: *weibliche Brüste.*

Milch|wirt|schaft, die; -, kein Plural: *weibliche Brüste:* „Der BH hebt mit geballter Kraft / die stark gesunk'ne Milchwirtschaft." (Klospruch, Internetbeleg auf unmoralische.de)

Mil|li|me|ter|fi|cker, der; -s, - [2. Bestandteil: siehe Ficker]: **1.** *Besserwisser* **2.** *Pedant.*

Mi|mi, die; -, -s [nach dem Kosenamen für Katzen, vgl. Katze, Kätzchen]: *Vulva.*

Mimm|kes, die (Plural) [belegt bei Honnen; zu Mämme] (rheinisch): *Brustwarzen.*

Mi|net|te, die; -, -n, **Minett,** die; -, -en [belegt bei Borneman und Wolf; franz. minette (= Kurzform des weiblichen Vornamens Guillemette = Wilhelmine und häufiger Name für Katzen; laut Wolf Vergleich der sexuellen Praktik mit dem Milchlecken einer Katze]: **1.** *Cunnilingus* **2.** *Fellatio:* „Die ollen Saufsäcke, die des Morjens erst nach Hause kam, die hab'n mir det Minett beijebracht, det war'n meine Bananjroschen." (Zille: Hurengespräche, 92) ❖ **die Minette machen** [vgl. franz. faire (la) minette]: **1.** *den Cunnilingus ausüben:* „Ich nehme ihre Füße auf meinen Schoß, klappe sie mehrmals auseinander, sinke dann dazwischen und mache ihr Minette. (...) Mit den Händen hält sie mich bei den Haaren fest. Ihr voller Körper gerät ins Zittern, er windet sich und bäumt sich auf; schließlich wiehert sie wie ein Füllen." (Wedekind: Die Tagebücher; zitiert in Zutzel, 103) **2.** *fellationieren:* „‚Minette machen ...', kommandierte er zornig. Ich verstand den Ausdruck nicht und wichste fleißiger. ‚Minette machen ...', wiederholte er heftiger. (...) ‚Entschuldigen Sie, gnädiger Herr ...', sagte ich schüchtern, ‚ich weiß nicht, was das ist, ein Minett ...' Er fand das nicht einmal lustig, sondern meinte knurrend: „In den Mund nehmen sollst du's ... blödes Ding."' (Salten: Josefine Mutzenbacher, 232)

Mi|net|te|go|sche, die; -, -n; **Mi|net|te|go|schen,** die; -, - [belegt bei Reiskel: Idioticon viennense eroticum, 1905; 1. Bestandteil: siehe Minette; 2. Bestandteil: (meist) abwertend für Mund; Herkunft unklar; auffallend ist die Ähnlichkeit mit lat. geusiae (= Rachen, Schlund) und lat. gula (= Schlund); Äquivalente im Norden des deutschen Sprachraums sind Schnauze, Klappe, Fresse] (bayerisch und österreichisch): *Frau, die (oft) fellationiert.*

Mi|net|te|hu|re, die; -, -n [belegt bei Reiskel: Idioticon viennense eroticum, 1905; 1. Bestandteil: siehe Minette; 2. Bestandteil: siehe Hure]: *Prostituierte, die häufig fellationiert.*

Min|na, Min|ne, die; -, -s [Kurzform des weiblichen Vornamens Wilhelmine; auch Name von Katzen; siehe Minette]: *Vulva* ❖ **die Minna reiben** [belegt für Tirol auf tiroler-mundart.at mit der mundartlichen Form: das Minei riwitzen (Minei ist ein Diminutivum von Minna;

riwitzen ist ein Intensivum und Frequentativum zu reiben)]: *sich selbst befriedigen (von der Frau).*

Mi|ra|bel|len|etui, das; -s, -s [belegt in Langenscheidt-Lilliput, 1. Bestandteil: franz. mirabelle (= kleine, runde Steinfrucht) 2. Bestandteil: franz. étui (= kleiner Behälter)] (berlinerisch): *Büstenhalter.*

Mist|brit|schen, die; -, - [belegt bei Meister; 2. Bestandteil: siehe Britsche] (fränkisch): *Frau mit frechem Mundwerk.*

Mit|te, die; -, kein Plural; auch: **Kör|per|mit|te** (verhüllend): *Bereich der Geschlechtsorgane (bei Frau und Mann):* „Sie spielte mit den Händen an mir herum. Wir lagen im Graben hinter der Straße. Mit dem Gesicht näherte sie sich meiner bloßen Mitte." (Zwerenz: Kopf und Bauch, 61).

Mit|tel|bein, das; -s, -e [bei Grimm nur mit einer Bedeutung außerhalb der Sexualsprache vermerkt: bei Insekten befinden sich die Mittelbeine zwischen dem vorderen und hinteren Paar; Adelung: ein zwischen zwei anderen in der Mitte befindliches Bein – so wird bei den Bienen das zweite Paar Beine die Mittelbeine genannt; die Bedeutung männliches Glied lebt in ndd. Middelbeen weiter; belegt auf plattdeutsches-woerterbuch.de]: *Penis.*

Mo|cken, die (Plural) [eigentlich: Brocken, dickes Stück; spätmhd. mocke, Herkunft unklar] (süddeutsch, schweizerisch): *(große) weibliche Brüste.*

Mo|de|fot|ze, die; -, -n [belegt bei Küpper]: *(junge) Frau, die sich überelegant kleidet und dadurch merkwürdig wirkt.*

Mo|La, die; -, -s [kurz für Morgenlatte; siehe dort]: *morgendliche Erektion beim Aufwachen.*

Mon|do, der; -s, -s [abgeleitet vom Namen eines Herstellers] (neue Bundesländer): *Kondom.*

Mond|schein, der; -s, kein Plural ❖ **du kannst mir im Mondschein begegnen** [belegt bei Küpper und im Duden]: *(milde Form des Götzzitats) ich will mit dir nichts zu tun haben.*

Mon|ster|glo|cken, die (Plural) [2. Bestandteil: siehe Glocken]: *große weibliche Brüste.*

Moors, Mors, Mars, der; -, -en [Herkunft wie Arsch zu mhd. ars, ers, ahd. ars, germanisch *arsa (= Gesäß) und indogermanisch *orso (= Hinterteil); der Anlaut M- durch Agglutination aus dem Nasal des davor stehenden Artikels dem; siehe Noors] (ndd.): *Gesäß* ❖ **lick mi in (de) Moors:** *Götzzitat* ❖ **lehn mi dien Tung** [leih mir deine Zunge]: *Antwort auf das Götzzitat* ❖ **klei mi an Moors** [kratz mich am Arsch]: *milde Form des Götzzitats* ❖ **he kann mi in de Moors kleien:** *er ist mir gleichgültig* ❖ **'nen Apen in 'n Moors keken** [einem Affen in den Arsch schauen; belegt auf deutsch-plattdeutsch.de]: *Glück haben* ❖ **he weer so tüddelich, he wür glatt sien Moors vergeten, wenn de nich anwussen weer** [er war so zerstreut, er würde glatt seinen Arsch vergessen, wenn dieser nicht angewachsen wäre; belegt

M

auf deutsch-plattdeutsch.de]: *er war extrem vergesslich* ❖ **je höger de Aap stiggt, je mehr wiest he sien Moors** [je höher der Affe klettert, desto mehr zeigt er von seinem Arsch; belegt auf deutsch-plattdeutsch.de]: *je höher jemand in der Hierarchie aufsteigt, umso mehr schlechte Eigenschaften zeigt er* ❖ **kannst di dreihn as du wist, dien Moors blifft immer achtern** [du kannst dich drehen, wie du willst; dein Hintern bleibt immer hinten; belegt auf deutsch-plattdeutsch.de]: *es gibt Dinge, die man nicht ändern kann, so sehr man sich auch bemüht* ❖ **mit Gewalt kannst den Finger in 'n Moors afbreken** [mit Gewalt kannst du dir den Finger im Arsch abbrechen; belegt auf deutsch-plattdeutsch.de]: *Gewalt ist keine Lösung; übertriebene Anstrengung bringt nichts* ❖ **sien Moors hett ook bloß twee Hälften** [auch sein Hintern hat nur zwei Hälften; belegt bei Herrmann-Winter sowie auf deutsch-plattdeutsch.de]: *er ist nicht so groß, wie er tut* ❖ **wenn du Malleur hemm saßt, kannst de Moors ut Fenster holen un schitts ligges in de Stuv** [wenn du Pech hast, kannst du den Arsch aus dem Fenster halten und du scheißt trotzdem in die Stube; belegt auf deutsch-plattdeutsch.de]: *gegen Pech kannst du nichts machen* ❖ **hei sett sik ümmer mit'n Moors in'n Nettel** [er setzt sich immer mit seinem Arsch in die Nesseln; belegt bei Herrmann-Winter]: *er benimmt sich immer daneben.*

-moors, der; als 2. Bestandteil von Substantiven [belegt bei Mohn] (ndd., friesisch): *abwertend für Mensch (meist für Mann):* **Kribbelmoors** (= jemand, der nicht ruhig sitzen kann; ungeduldiger, ruheloser Mensch); **Krupmoors** (= unterwürfiger Mensch, Kriecher); **Labbermoors** (= wehleidiger, überempfindlicher Mensch); **Pillermoors** (= jemand, der schwafelt, dumm daherredet); **Rötelmoors** (= geschwätziger, tratschsüchtiger Mensch); **Tötelmoors** (= geschwätziger Mensch; ängstlicher Mensch); **Tüdelmoors** (= zerstreuter, gedankenverlorener Mensch, jemand, der umständlich agiert); **Waggelmoors, Dwaggelmoors** (= Frau, die beim Gehen das Gesäß hin- und herschwingt).

Moors|dreck, der; kein Genitiv, kein Plural [1. Bestandteil: siehe Moors; 2. Bestandteil: Dreck; siehe auch Geschissene, der (mit ähnlichem Benennungsmotiv)] (ndd.): *Mostrich, Senf.*

Moors|bü|del, der; kein Genitiv, - [belegt auf ndr.de; eigentlich: Gesäßbeutel, Gesäßsack]: *Unterhose.*

Moors|li|cker, der; kein Genitiv, -s [1. Bestandteil: siehe Moors; 2. Bestandteil: zu licken; siehe lecken] (ndd.): *sich in unterwürfiger, kriecherischer Art bei jemandem einschmeicheln.*

Moors|lock, der; kein Genitiv, ...löcker [1. Bestandteil: siehe Moors; 2. Bestandteil: Loch] (ndd.): *Arschloch.*

Möp|se, die (Plural) [der Mops ist ein Rassehund mit mürrischem Gesichtsausdruck; zu ndd. mopen (= den Mund verziehen)] (laut Variantenwörterbuch in Mecklenburg-Vorpommern, Berlin, Brandenburg und in Teilen von Sachsen-Anhalt sowie in Nordrhein-Westfalen, Hessen und Teilen von Rheinland-Pfalz): *(große) weibliche Brüste:* „Willst du mit ihr essen gehen, mit ihr ausgehen, willst du an ihre enormen Möpse?“ (Rubinowitz: Ramses Müller, 41)

Mor|gen|lat|te, die; -, -n [2. Bestandteil: siehe Latte; abgekürzt zu MoLa und Allmoprala; siehe dort (während der REM-Phasen beschleunigen sich Puls und Atmung, der Schläfer durchlebt intensive Träume und es kann zu Erektionen kommen, wobei die Träume nicht unbedingt einen sexuellen Inhalt haben müssen; die weit verbreitete Ansicht, dass es deswegen zur Erektion kommt, weil die Blase auf die Prostata drückt oder weil es sich um einen Mechanismus handelt, der das Urinieren verhindern soll, ist wissenschaftlich nicht haltbar; somit beruht auch **Morgenwasserlatte** auf einem Irrtum)]: *morgendliche Erektion beim Aufwachen:* „Ich wusste damals nichts von Morgenlatten. Das habe ich erst viel später gelernt. Eine lange Zeit, auch als ich schon mit Jungs gefickt habe, dachte ich, die Erektion am Morgen ist wegen mir. Das war sehr enttäuschend, als mir erklärt wurde, dass Männer das haben, um die Pisse morgens am Rauslaufen zu hindern.“ (Roche: Feuchtgebiete, 165) – „War die Morgenlatte nichts anderes als eine übervolle Blase – wie bei einem mit Wasser gefüllten Schwamm?“ (Franzobel: Was die Männer so treiben ..., 134) – „Hart ist der Zahn der Bisamratte, doch härter ist die Morgenlatte.“ (Internetbeleg auf mir-gefaellts-de) – „Du willst kein Macho sein? (...) Ich denke, du wärst so einer, der morgens aufsteht, mit seiner Morgenlatte rausgeht und einen Elch erschlägt ... Und seine Frau an den Haaren in die Höhle zieht ...“ (Ina Müller zu Starkoch Steffen Henssler in der NDR-Late-Night-Show „Inas Nacht“, 12. Januar 2013)

Mor|gen|schiss, der; -es, -e: *Darmentleerung am Morgen:* „Der Morgenschiss kommt ganz gewiss, / auch wenn’s erst spät am Abend is’.“ (Klospruch, Internetbeleg auf lachmeister.de)

Mors, der: *siehe Moors.*

mort|zen ⟨hat⟩ [belegt in „Jugendsprache unplugged 2013“, Langenscheidt); Herkunft unklar; sonst nicht belegt]: *die beim Koitus in der Vagina angesammelte Luft entweichen lassen.*

Mösch, die; -, - [belegt auf koeln-altstadt.de/koelsch; Herkunft: siehe Möse] (rheinisch): **1.** *Spatz, Sperling* **2.** *Vagina, Vulva.*

Mö|sche|jir|ret, der; -, kein Plural [belegt auf koeln-altstadt.de/koelsch; 1. Bestandteil: siehe Mösch; 2. Bestandteil: Gerhard] (rheinisch): *weibstoller Mann; ein Mann, der auf sexuellen Kontakt mit Frauen versessen ist.*

Mö|sche|li, das; -s, - [Verkleinerung zu Mösch, siehe dort] (alemannisch): *Vagina, Vulva.*

Mö|se, die; -, -n [gaunersprachlich Moß, Muß (= Frau, Geliebte, Dirne), unter Einfluss von spätmhd. mutze (= Vulva), laut Kluge könnten Möse, Musche, Muschi, Mutz und Mutze miteinander verwandt sein; da Musch bzw. Mutz im Bayerischen auch Katze bedeutet und im Schweizerischen auch Bär, könnte sich das Wort auf die Schamhaare beziehen]: *Vagina, Vulva:* „Mutter sagte manchmal: (...) ‚Es prüfe, wer sich ewig bindet, ob sich der Schwanz zur Möse findet!'" (Zille: Hurengespräche, 64) – „Wer andern in die Möse beißt / ist böse meist." (Schüttelreim, Internetbeleg auf mundmische.de).

Mö|sen|bach, der; -(e)s, ...bäche [zu Möse und Bach (= kleiner natürlicher Wasserlauf, Rinnsal]: *ausfließendes Vaginalsekret* ❖ **ich ghör de Mööse-Bach ruusche** [ich hör den Mösenbach rauschen; belegt im Zürislängikon]: *ich bemerke, dass sie sexuell erregt und gierig auf einen Sexualkontakt ist.*

Mö|sen|be|sen, der; -s, - [belegt in „Jugendsprache unplugged 2013", Langenscheidt]: *Schnurrbart.*

Mö|sen|flat|tern, das; -s, kein Plural [belegt in „Jugendsprache unplugged 2013", Langenscheidt]: *sexuelle Erregung (einer Frau).*

Mö|sen|quirl, der; -(e)s, -e [belegt in „Jugendsprache unplugged 2013", Langenscheidt; 2. Bestandteil: zu mhd. twirel, ahd. dwiril, zu einem erschlossenen germanischen Verb mit der Bedeutung drehen, rühren]: **1.** *Vibrator* **2.** *Penis.*

Mö|sen|stöv|chen, das; -s, - [belegt in „Jugendsprache unplugged 2013", Langenscheidt; 2. Bestandteil: zu mndd. stove (= Fußbank mit einer Kieke, d. h. mit einem Kohlenbecken zum Wärmen der Füße); eigentlich: beheizte Badestube]: *Sitzheizung.*

Mö|sen|vor|hang, der; -(e)s ...hänge [zu Möse und Vorhang (= Gardine)]: *Schamlippen.*

Mü|cken|schiss, der; -es, -e [belegt bei Pfeiffer; 2. Bestandteil: siehe Schiss] (vor allem hessisch): *unbedeutender, unscheinbarer Mensch.*

Muckn|forz, der; -(e)s, ...förze [belegt bei Meister; 2. Bestandteil: siehe Furz] (vor allem fränkisch): *unbedeutender, unscheinbarer Mensch.*

Muckn|pfor|zer, der; -s, - [belegt bei Meister] (vor allem fränkisch): *Angeber.*

Muf|fe, die; -, -n [eigentlich: Verbindungsstück zwischen zwei Rohren; laut Duden ndd. Nebenform des Maskulinums Muff (= rund genähter Pelz zum Warmhalten der Hände), dieses über das Niederländische zu altfranz. moufle (= Pelzhandschuh)]: **1.** *Anus* ❖ **Muffen haben:** *Angst haben* ❖ **jemandem geht die Muffe:** *jemand hat Angst:* „Mir ging wahnsinnig die Muffe, aber Tschick zuckte einfach die Schultern und tat so, als wäre er dem Mann dankbar." (Herrndorf: Tschick, 114) **2.** *Vulva.*

Muf|fen|sau|sen, das; -s, kein Plural [1. Bestandteil: siehe Muffe, Bedeutung 1; 2. Bestandteil: einen brausenden, zischenden Ton hervorbringen (gemeint ist ein Darmwind)] ❖ **Muffensausen haben/bekommen/kriegen: 1.** *Darmblähungen* haben/bekommen **2.** *Angst haben/bekommen:* „Und ich finde, sie (Carla Juri) macht das unglaublich gut. Ich habe vom Regisseur, David Wnendt, gehört, dass viele Schauspielerinnen richtig Muffensausen vor dieser Rolle hatten." (Charlotte Roche im Gespräch mit n-tv, 20. August 2013)

Mug|ga|se|ckel, der; -s, - [belegt bei Plankenhorn, eigentlich: Mückenpenis, 1. Bestandteil: Mücke; 2. Bestandteil: siehe Seckel] (schwäbisch): *eine Winzigkeit.*

Mu|mu, die; -, -s [Herkunft unklar]: *Vulva.* „Manchen klingt das (gemeint ist der von Günter Amendt popularisierte Ausdruck Möse) noch immer zu vulgär (...). Parallel dazu hat sich auch Muschi gehalten. In letzter Zeit ist Mumu im Kommen. Beides klingt Erwachsenen oft zu kleinmädchenhaft." (welt.de vom 11. November 2009)

Mur|rer, der; -s, - [zu murren (= seine Unzufriedenheit mit brummender Stimme zum Ausdruck bringen); lautmalend; dieses zu mndd. murren (= summen, brummen); außerhalb der Sexualsprache: Verweis, Polizeistrafe, Kram, Kaffeesatz]: *klebrige Masse, Sperma.*

Musch, die; -, -en [belegt bei Zehetner; siehe Musche und Muschi] (bayerisch): **1.** *Vagina, Vulva* **2.** *Mädchen* **3.** *Prostituierte* **4.** *Katze.*

Mu|sche, Mut|sche, Mut|ze, die; -, -n [spätmhd. mutze (= Vulva)]: **1.** *Vagina, Vulva* **2.** *promiskuitive Frau* **3.** *Prostituierte.*

Mu|schel, die; -, -n [mhd. muschel, ahd. muscula, zu lat. musculus, eigentlich: Mäuschen; weil das Weichtier mit seinen zwei verschließbaren Kalkschalen in Form und Farbe einer Maus ähnelt]: *weibliches Geschlechtsteil, Vagina, Vulva:* „Meine Hand spielte an der niedlichsten Muschel, welche erst mit zarten Sprößlingen umgeben war. Der Eingang war sehr eng, so daß mein Mittelfinger sich durchdrängen mußte. (...) Die Berührung des Inneren der Muschel machte sie matt ..." (Schilling: Die Denkwürdigkeiten des Herrn v. H., 122) – „Flinck glitt ich rischel-ruschel / oho! / ihr in die Purpur-Muschel / soso (...)" (Holz: Schäfer Daffnis; zitiert bei Kinder) – „Sie schaute mich verwundert an, die Schenkel noch immer weit geöffnet, und als ich in den Wandspiegel blickte, sah ich darin die rötliche Muschel, die begehrlich danach verlangte, befeuchtet zu werden." (Amsterdam: Zärtliche Rituale, 96)

Mu|schi, die; -, -s [bedeutet in der Kindersprache Katze; offensichtlich mit Bezug auf die weibliche Schambeharrung in die Sexualsprache übertragen; eventuell auch Anlehnung an Musche, siehe dort]: *Vagina, Vulva:* „Muschi hingegen ist fast schon wieder eine Verniedlichung, und Möse klingt böse, zumindest ein wenig fies." (Süddeutsche Zeitung, 2001; zitiert bei Gutknecht) – „Bloß nicht zu viel waschen. Einmal wegen der wichtigen Muschiflora. Dann aber auch wegen dem für Sex sehr wichtigen Muschigeschmack und -geruch."

(Roche: Feuchtgebiete, 18) – „Ein Mann geht mit seiner Fotokamera im Park spazieren. Da sieht er eine junge Frau mit einer schönen Perserkatze auf dem Arm. ‚Entschuldigen Sie, Fräulein! Darf ich ein Foto von Ihrer Muschi machen?' – ‚Ja gerne. Wenn wir jemanden finden, der so lange meine Katze hält.'" (Internetbeleg auf witze-fun.de) – „Momentan ist es ihm aber noch ein Bedürfnis, über die Qualität von weiblichen Muschis zu referieren, die manchmal feucht und weit sind, dann wieder trocken und so eng, daß man sie erst ausdehnen muss." (Jelinek: Die Ausgesperrten, 148)

Mu|schi frißt Ho|se: *Hosen, z. B. Leggings, die so eng anliegen, dass die Schamlippen andeutungsweise zu sehen sind.*

Mu|schi|brum|mer, der; -s, - [belegt im Wörterbuch der Jugendsprache, Pons, 2014; 1. Bestandteil: siehe Muschi; 2. Bestandteil: Substantivbildung zu brummen, lautmalend]: *Moped.*

Mu|schi|dü|bel, der [belegt in „Jugendsprache unplugged 2013", Langenscheidt; 2. Bestandteil: Hilfsmittel zum Einschrauben; zu mhd. tübel und ahd. tubil; geht laut Kluge vermutlich auf ein indogermanisches Wort zurück, das Pflock bedeutet hat]: *Tampon.*

Mu|schi|föhn, der; -(e)s, -e [belegt im Wörterbuch der Jugendsprache, Pons, 2014]: **1.** *Sitzheizung* **2.** *Moped.*

Mu|schi|in|spek|tor, der; -s, -en [belegt im Wörterbuch der Jugendsprache, Pons, 2014; 1. Bestandteil: siehe Muschi; 2. Bestandteil: lat. inspector (= Besichtiger, Untersucher)]: *Frauenarzt.*

Mu|schi|kor|ken, der; -s, - [belegt im Wörterbuch der Jugendsprache, Pons, 2014; 1. Bestandteil: siehe Muschi; 2. Bestandteil: eigentlich: Flaschenverschluss; nach dem Material Kork; zu lat. cortex (= Baumrinde)]: *Tampon.*

Mu|schi|lo|cken, die (Plural): *Schamhaare:* „Ich nahm Daphne die Nagelschere aus der Hand, mit der sie an ihren Muschilocken herumgeschnipselt hatte, und gab ihr einen Kuss, um sie zu beruhigen." (Strohmeier: Küss mich, Libussa, 29)

Mu|schi|toas|ter, der; -s, - [belegt im Wörterbuch der Jugendsprache, Pons, 2014; 1. Bestandteil: siehe Muschi; 2. Bestandteil: zu engl. to toast; über das Französische zu lat. tostum, Partizip Perfekt von torrere (= dörren, trocknen)]: *Sitzheizung.*

Mut|ter Hand|flä|che und ih|re fünf schö|nen Töch|ter [Kebekus: Pussy Terror, 65]: *Masturbation (vom Mann).*

Müt|ze|glat|ze, die; **Müt|ze|glat|ze|müt|ze|glat|ze,** die; **Müt|ze|glat|ze Schnee|mann** [die Vorhaut wird metaphorisch mit einer Mütze verglichen, die Eichel mit einem Glatzkopf und das Sperma mit Schnee]: *Masturbation* ❖ **Mützeglatze machen/spielen:** *masturbieren (vom Mann):* „Bernd ist allein zu Hause und macht Mützeglatze." (Internetbeleg auf mundmische.de)

N

Na|bel|fi|cker, der; -s, -: *jemand, der (erotisch) nur auf sich selbst bezogen ist.*

Na|chen, der; -s, -: *kleines Boot* ❖ **Deu mer doch der Naache!** (= Schieb doch meinen Nachen an!) (kölsch): *Götzzitat.*

Naf|ke, die; -, -s, auch: **Naf|kel, Nafz|ge, Nafsk** [belegt bei Stern; zu jidd. nafke (= Prostituierte)] (jidd.): **1.** *(Straßen-)Prostituierte* **2.** *Nymphomanin* **3.** *affektierter Mensch.*

naf|ken, nafs|ken, naf|ge|len ⟨hat⟩ [belegt bei Stern, siehe Nafke] (jidd.): *huren, auf den Strich gehen, der Straßenprostitution nachgehen.*

Naf|ken|bais, Naf|ken|ba|jes, das [belegt bei Stern; 2. Bestandteil: jidd. bajes (= Haus, Schenke)] (jidd.): *Bordell.*

Naf|ken|schlep|per, der; -s, - [belegt bei Stern] (jidd.): *Kunde einer Prostituierten.*

Na|gel, der; -s, Nägel: *Penis* [vermutlich rückgebildet zu nageln, siehe dort]: „Ich hielt Alberts Nagel und fühlte, wie er pulsierte, und langsam fuhr ich so hoch hinauf, daß ich mit der Hand auch die Muschelränder von Melanie berührte, und da fühlte ich, wie sie ihre Klappe jede Sekunde zusammenzog, wodurch Albert natürlich sehr gereizt werden mußte." (Salten: Josefine Mutzenbacher, 251)

na|geln ⟨hat⟩ [mhd. nagelen, ahd. nagalen; vgl. mhd. nagel, ahd. nagal, ursprünglich nur für Fingernagel, Zehennagel, Kralle; außerhalb der Sexualsprache: Nägel einschlagen; gehört zu einer Reihe von Wörtern mit der Grundbedeutung rhythmisch ein Geräusch erzeugen: bumsen, dengeln, pempern, pimpern, pumpern etc.]: *koitieren:* „I bin a Naglschmied, / Trag allweul an Nagl mit, / Wird sich mein Dirndl gfreun, / Weil 's gnagelt will sein." (aus dem Volkslied „Der Naglschmied", in: Blümml, 62)

nä|hen ⟨hat⟩ [zu einer Nebenbedeutung von nähen: durchbohren; belegt bei Grimm mit der Bedeutung schänden; siehe auch Naht]: *koitieren.*

Nah|kampf, der; -(e)s, ...kämpfe [eigentlich: militärischer Kampf mit Hieb-, Stich- oder Feuerwaffen)]: *(aggressive) Vorstufe eines Koitus.*

Nah|kampf|pe|le|ri|ne, die; -, -n [1. Bestandteil: siehe Nahkampf; 2. Bestandteil: eigentlich: Regencape; zu franz. pèlerine (= von Pilgern getragener Umhang; Kragen des Pilgermantels); zu kirchenlat. pelegrinus (= Pilger)]: *Kondom.*

Nah|kampf|so|cke, die; -, -n; süddeutsch: **Nah|kampf|socken,** der; -, - [1. Bestandteil: siehe Nahkampf; 2. Bestandteil: mhd. soc(ke), ahd. soc, dieses zu lat. soccus (= leichter Schuh; ursprünglich des Schauspielers in der Komödie; da diese Schuhe vorwiegend aus Stoff her-

N

gestellt waren, entstand die Bedeutung kurzer Strumpf; das Wort ist so wie lat. soccus zunächst ein Maskulinum; auch heute noch süddeutsch: der Socken); siehe Familienstrumpf]: *Kondom.*

Nah|kampf|sta|chel, der; -s, -n [1. Bestandteil: siehe Nahkampf]: *Penis:* „Ich hatte null Bock auf seinen Nahkampfstachel." (Kögl: Auf Fett Sieben, 150)

Nah|kampf|strumpf, der; -(e)s, ...strümpfe [1. Bestandteil: siehe Nahkampf; 2. Bestandteil: mhd. strumpf, eigentlich: Baumstumpf, Rumpfstück, laut Duden vielleicht im Sinn von Steifes, Festes zu starren; die heutige Bedeutung entstand im 16. Jh., als die ursprünglich als Ganzes gearbeitete Bekleidung der unteren Körperhälfte (Hose) in Kniehose und Strumpf (= Reststück, Stumpf der Hose) aufgeteilt wurde]: *Kondom.*

Naht, die; -; Nähte [belegt im Rheinischen Wörterbuch; mhd., ahd. nāt, zu nähen, siehe dort] (rheinisch): *Vagina* ❖ **einer an die Naht gehen:** *(eine Frau) koitieren.*

Na|se, die; -, n [mhd. nase, ahd. nasa, ursprünglich wohl Nasenloch]: *Penis:* „Wenn ich auf da Straßen geh / und an schönen Hasen seh / denk ich an mein Blasentee / weu mia tuat die Nasen weh / ja, ich hab's seit einem Jahr / leider an der Prostata." (Danzer: Swinging Prostata)

na|sern ⟨hat⟩ [eigentlich: seine Nase hineinstecken; neugierig sein, auskundschaften]: *sich als Voyeur betätigen.*

natz|gern ⟨hat⟩ [belegt bei Wolf; zu mhd. nafzen (= schlummern, schlafen); gleiche Herkunft wie bayerisch napfetzen, naffetzen (= einnicken, schlummern); von dem es laut Grimm auch eine kontrahierte Variante natzen gegeben hat] (rotwelsch): **1.** *koitieren* **2.** [belegt bei Borneman] *(im Gruppensex) zu dritt koitieren.*

Ne|ben|sa|che, die; -, -n ❖ **die schönste Nebensache der Welt** [eigentlich: etwas, das von nicht so großer Wichtigkeit oder Bedeutung ist; hier eher ins Gegenteil verkehrt: etwas, das besonders wichtig ist]: *Sexualität:* „Die schönste Nebensache der Welt: Jetzt haben US-Psychologen eine Rangliste von 237 Gründen zusammengestellt, warum Menschen miteinander ins Bett springen. Der Satz ‚Ich fühlte mich zu der Person hingezogen' landet bei Männern und Frauen dabei gleichermaßen auf Rang eins. Cindy Meston und David Buss vom Institut für Psychologie der Universität von Texas hatten für ihre Studie fast 2000 Menschen von 17 bis 24 Jahren befragt." (welt.de vom 2. August 2007)

Neers, der; kein Genitiv, -en [belegt bei Schuster mit zahlreichen Redewendungen; gleiche Herkunft wie Noors; siehe dort; laut Schuster weniger derb als Moors] (ndd.): *Gesäß* ❖ **du kannst mi (wat) in de Neers licken; du kriggst glieks wat för de blode Neers; grote Neersen hebben wiede Büxens nödig; he sitt mit d' Neers in 't Botterfatt:** *ihm geht es gut* ❖ **he piept un stennt al, wenn he man 'n Wind dwars dör de Neers sitten hett:** *er ist sehr wehleidig* ❖ **de**

lang leevt word old, de lang kackt, kriggt de Neers kolt; de Neers tokniepen: *Schiffbruch erleiden, sterben* ❖ **en sittende Neers kann vööl bedenken:** *müßige Leute können viel aushecken* ❖ **he hett de Rietwurm in de Neers:** *er ist unruhig* ❖ **he hett sük 'n Ries to sein egen Neers bunnen:** *er hat sich eine Rute auf das Gesäß gebunden, d. h. sich selbst geschadet* ❖ **dat is goot, dat dien Neers fast sitt, anners vergattst du de ok noch:** *Kommentar, wenn jemand sehr vergesslich ist* ❖ **he kruupt elk un een in de Neers:** *er kriecht jedem ins Gesäß, entwürdigt sich vor jedermann* ❖ **loop to, denn schimmelt di de Neers neet!** ❖ **se hett Benen unner de Neers as Kohlstampers.**

Ne|ger|pim|mel, der; -s, - [1. Bestandteil: franz. nègre, über das Spanische und Portugiesische zu lat. niger (= schwarz); Neger gilt heute als politisch inkorrekt, auch die Verwendung in Speisenbezeichnungen wird kritisiert]: **1.** *Penis eines Dunkelhäutigen* **2.** [belegt in Langenscheidt-Lilliput] (berlinerisch) *Blutwurst* **3.** (belegt auf undiger.de) (schwäbisch) *Aubergine, Melanzani.*

neh|men ⟨hat⟩: *(mit einer Frau) koitieren:* er nahm sie von hinten.

Ners, der: *siehe Neers.*

Nest, das; -(e)s, -er; ndd. **Nüst;** auch: **Vö|gel|nest** [gemeldet von Dirks; eigentlich: Brutstätte für Vögel, Bedeutungserweiterung wohl in Anlehnung an vögeln (= koitieren); mhd., ahd. nest, ursprünglich: Stelle zum Niedersitzen; Nest und Vogel sind ein Bedeutungspaar und stehen für Vagina und Penis]: *Vulva, Vagina:* „‚Gah up mi liggen!' flösterde se. / Langsaam, heel sacht. / De moiste Moment. / Sein Muus in 't Gatt. Sein Hahn in 't Nüst." (Dirks: Unner de Buukreem, 70.)

Net|te, die; -n, -n; auch: das [eigentlich: freundlich, liebenswert, hübsch; zu mndl. net, franz. net und ital. netto (= rein, klar)]: *Vulva.*

Neun|und|sech|zig, das; -, kein Plural [entlehnt aus engl. sixty-nine, die Stellung der Partner wird mit der liegend geschriebenen Zahl 69 verglichen]: *gleichzeitiger gegenseitiger oraler Geschlechtsverkehr von zwei Personen.*

neun|und|sech|zi|gern ⟨hat⟩ [seltene Verbalbildung zu Neunundsechzig; siehe dort]: *gleichzeitig und gegenseitig oralen Geschlechtsverkehr ausüben.*

nie|der|pu|dern ⟨hat⟩ [belegt bei Teuschl]: *bis zur Erschöpfung des Partners koitieren.*

Nih|flitsche, die; -, -n [belegt auf koeln-altstadt.de/koelsch, eigentlich: Nähmädchen; 2. Bestandteil: siehe Flitsche]: *promiskuitive junge Frau, die häufig und mit verschiedenen Männern Sexualkontakte hat.*

Nil|le, die; -, -n; mit Deglutination auch Ille, die [Herkunft unklar, laut Kluge wahrscheinlich zu mhd. nel, nelle (= Spitze)]: **1.** *Penis:* „Mutter sagte manchmal: ‚Juste, wennste heiraten willst, immer erst die Nille

N

uff'n Tisch, Liebe muß sind in Hausstand!'" (Zille: Hurengespräche, 64) ❖ **die Nille kauen:** *fellationieren* **2.** *Eichel* **3.** *Versager, Dummkopf* **4.** *Fußball* **5.** *Beule am Kopf* **6.** *Nase.*

Nil|len|bren|ner, der; -s; – [siehe verbrennen]: *Geschlechtskrankheit (eines Mannes):* er hatte sich einen Nillenbrenner eingefangen.

Nil|len|fli|cker, der; -s, - [1. Bestandteil: siehe Nille; 2. Bestandteil: ursprünglich: durch Aufsetzen eines Flickens (= kleines Stück Stoff, Leder etc.) ausbessern und damit reparieren]: *Arzt für Geschlechtskrankheiten.*

Nil|len|kä|se, der; -s, - [1. Bestandteil: siehe Nille; 2. Bestandteil: die Eigenschaften eines Penis bei schlechter Hygiene werden vor allem durch Komposita mit dem Bestandteil Käse umschrieben; siehe auch Käse-]: *Smegma* (von den Talgdrüsen unter der Vorhaut abgesondertes Sekret; eine Folge mangelhafter Hygiene).

Nil|len|kopp, der; kein Genitiv, ...köpp(e) [eigentlich: Peniskopf; belegt bei Reiskel: Berliner Mundart, 1905; 1. Bestandteil: siehe Nülle]: *Eichel (Glans).*

Nil|len|pa|ra|de, die; -, -n [1. Bestandteil: siehe Nille; 2. Bestandteil: zu franz. parade (unter Einfluss von parer (= schmücken) über span. parada zu lat. parare]: *militärärztliche Gruppenuntersuchung von Soldaten.*

Nil|len|pilz, der; -es, -e (oft nur im Plural) [Wortbildung im Hinblick auf die Knötchen und Geschwüre bei derartigen Erkrankungen]: *Geschlechtskrankheit (eines Mannes).*

Nil|ler, der; kein Genitiv, - [belegt bei Herrmann-Winter; siehe Nille] (ndd.): *Penis.*

Nip|pel, der; -s, - [entlehnt aus engl. nipple]: *Brustwarze:* „Natürlich, sie hatte eine ganz unglaubliche Brust, als ob unsichtbare Geister unentwegt an ihren Nippeln zögen." (Franzobel: Scala Santa oder Josefine Wurznbachers Höhepunkt, 360)

Nip|pel|wet|ter, das; -s, kein Plural [belegt in „Jugendsprache unplugged 2013", Langenscheidt; vielleicht im Hinblick auf die Verhärtung der Brustwarzen bei Kälte]: *kaltes, regnerisches Wetter.*

Nip|pel|zwi|cker, der; -s, - [Bedeutung 2 vielleicht Lehnübersetzung von engl. nipple tweaker, durch die Popsängerin Jennifer Lopez populär geworden; 2. Bestandteil: leicht kneifen; mhd., ahd. zwicken, Intensivbildung zu ahd. zwīgōn (= ausreißen, rupfen, pflücken)] (süddeutsch und österreichisch): **1.** *das (scherzhafte) Kneifen in die Brustwarze einer Frau oder eines Mannes:* „Der gut angetrunkene Freund kam auf Jochen R. zu, neckte ihn und verpasste ihm einen so genannten Nippelzwicker. Dieser kurze Kniff in die Brustwarzen, versicherte der Geschädigte vor Gericht, sei ein harmloser Scherz: ‚Normalerweise kriegt man halt einen zurück', erklärte der ebenfalls 19-Jährige dem Richter. Aber Jochen R. habe nicht zurückgezwickt, sondern (...) ihm die acht Zentimeter lange Klinge seines Klappmessers in den Bauch gerammt.“ (nordbayern.de/nuernbergerzeitung.de vom 23. März 2012) **2.** *jemand, der dafür sorgt, dass die Brustwarzen einer Popsängerin oder einer Schauspielerin vor Filmaufnahmen, Video-Drehs etc. aufgerichtet sind* (weil es erotisierend wirkt, wenn sich Brustwarzen unter der Bekleidung abzeichnen).

nitt|jen, nirt|jen, nutt|jen, nurt|jen ⟨hat⟩ [gemeldet von Dirks; zu ndd. nieten (= mit den Hörnern stoßen; vom Stier); wie Niete (= Metallbolzen) zu altnord. *hnjóda (= hämmern, schmieden); vgl. ahd. niuwan (= stoßen); siehe Niete bei Kluge] (ndd.): **1.** *mit dem Penis kleine Stöße versetzen* **2.** *stoßweise gießen.*

noi|seln ⟨hat⟩ [belegt bei Puchner und Wolf; Herkunft unklar] (rotwelsch): *koitieren.*

nö|ken ⟨hat⟩ [belegt auf plattmakers.de; ursprünglich: stoßen, schlagen; gleiche Herkunft wie engl. to knock, altengl. cnocian; vgl. ndl. neuken (= koitieren)] (ndd.): *koitieren:* „Sien Staav in d' Hönnigpott steken. / Binannerkomen. Bi hör komen. / Nöken. Nöken. Nöken, / Mien Düttje, mien Hartje, mien Puppke.“ (Dirks: Unner de Buukreem, 70)

Noors, Nors, der; kein Genitiv, -en; Verkleinerung: **Nörßer, Nörßing** [Herkunft wie Arsch zu mhd. ars, ers, ahd. ars, germanisch *arsa (= Gesäß) und indogermanisch *orso (= Hinterteil); der Anlaut N- durch Agglutination aus dem Nasal des davor stehenden Artikels den; siehe Moors] (ndd., laut Herrmann-Winter, Pommersches Wörterbuch, weniger derb als Arsch): *Gesäß* ❖ **klei di/mi an'n Noors/lick mi an'n Noors:** *Götzzitat* ❖ **Hummeln in'n Noors hemm:** *unruhig, zappelig sein* ❖ **wat mit'n halwen Noors maken:** *etwas mangelhaft ausführen* ❖ **ein' in'n Noors krupen:** *jemandem in unterwürfiger Weise schmeicheln* ❖ **den Noors taukniepen:** *sterben.*

Noors|lock, Nors|lock, das; kein Genitiv, ...löcker [1. Bestandteil: siehe Nors; 2. Bestandteil: Loch] (ndd.): *Anus.*

Nors, der: *siehe Noors.*

Not|durft, die; -, kein Plural [mhd. nōtdurft, ahd. nōtdur(u)ft; eigentlich: aus Not bedürfen]: *menschliche Ausscheidungen* ❖ **die kleine Notdurft verrichten:** *urinieren* ❖ **die große Notdurft verrichten:** *Kot ausscheiden.*

not|geil ⟨Adj.⟩ [2. Bestandteil: sexuell erregt, gierig nach einem Koitus; ahd. geil (= kraftvoll; üppig; lustig, eigentlich: gärend, aufschäumend); in der Jugendsprache bedeutet geil so viel wie großartig, toll]: *(aufgrund längerer sexueller Abstinenz) gierig nach einem Koitus.*

Nozz|le, das; -s, -s [engl. nozzle (= Ausgießer, Düsenöffnung)]: *Brustwarze einer Frau.*

nu|ckeln ⟨hat⟩ [etwas in den Mund stecken und daran saugen (von Kleinkindern); lautmalend] ❖ **eine nuckeln gehen** [außerhalb der Sexualsprache: eine Zigarette rauchen gehen]: *fellationieren.*

Nu|ckel|pul|le, die; -, -n [1. Bestandteil: siehe nuckeln; 2. Bestandteil: Flasche; entstellt aus Ampulle; eigentlich: Trinkflaschen für Babys]: *weibliche Brust.*

Nu|del, die; -, -n [wohl aus dem Romanischen, vgl. ladinisch menùdli (= viereckige Teigplätzchen in der Suppe); dieses aus einem dolomiten-ladinischen Fortsetzer von lat. minutulus (= zerkleinert, winzig); vielleicht verwandt mit Knödel, wie schlesisch Knuddel vermuten lässt; außerhalb der Sexualsprache mit den Bedeutungen Teigware sowie lustige, komische oder dicke Person] (österreichisch): *Penis:* „Epson hatte eine extrem dicke Nudel, und der Herr Bruno war einer dieser hageren Typen, die Gartenschläuche zwischen den Beinen hängen hatten." (Franzobel: Zirkusblut, 90) – „Wenn eine Frau dich pudelnackt / von hinten an die Nudel packt, / wenn dir also Gutes widerfährt, / das ist schon einen Asbach Uralt wert." (Klospruch, Internetbeleg auf unmoralische.de; Anspielung auf einen Werbeslogan von Asbach Uralt®) ❖ **mit der Nudel spielen: 1.** *masturbieren (vom Mann)* **2.** *die Genitalien eines Mannes wollüstig berühren.*

Nu|del|auge, das; -s, -n [ähnliches Benennungsmotiv wie Zyklop, siehe auch Auge und einäugig; das Verständnis für die Wortherkunft ist weitgehend verloren gegangen; durch die häufige Verwendung in der ORF-Fernsehserie „Ein echter Wiener geht nicht unter" divergierende Bedeutungen, die schwer auseinanderzuhalten sind]: **1.** *Öffnung der Harnröhre an der Eichel (Ostium urethrae externum)* **2.** *dummer Mensch:* „‚Wo is des Nudelaug mitn Bier? Is der in die Brauerei 'gangen, der Trottel?'" (Mundl Sackbauer in „Ein echter Wiener geht nicht unter, 22") **3.** *unbedarfter Mensch:* „Hallo Leute! Ich brauche bitte eure Hilfe. Ich bin technisch ein kleines Nudelaug. Will mir ne Vespa PX mit folgenden Merkmalen kaufen ..." (Internetbeleg auf sip-scootershop.com **4.** *scherzhafte Anrede unter Freunden:* He, du Nudelaug! Was soll denn des mit dick's Bussi aufs Oaschi? **5.** *liebenswürdige Bezeichnung für ein Kind.*

Nu|del|fried|hof, der; -s, ...höfe: *Prostituierte.*

Nu|del|kopf, der; -(e)s, ...köpfe; auch: **Nudelkopp,** der; kein Genitiv, ...köpp(e) [eigentlich: Haupt des Penis]: **1.** *Glans (= Eichel)* **2.** *dummer Mensch* **3.** *scherzhafte Anrede unter Freunden:* „Edmund grinste, schlug Johann wuchtig auf die Schulter, lachte über dessen erschrockenes Zusammenzucken und böllerte: ‚Schani – alter Nudelkopf, du! Reiß dich dich ein bißl am Riemen und schau nicht immer so drein, wie wenn dir die Hendln das Brot weggefressen hätten!'" (Hinterberger: Salz der Erde, 170)

nu|deln ⟨hat⟩ [jüngere Verbalbildung zu Nudel, siehe dort]: *eine Frau koitieren:* „... er (Boris Becker) nudelt Groupies im Besenschrank, hinterzieht Steuern, und niemanden würde es überraschen, wenn er die Beschaffenheit seines Morgenstuhls twittern würde." (Kolumne „Geht's noch?", abgerufen auf taz.de am 27. September 2013)

Nül|le, die; -, -n [belegt bei Grimm; Nebenform von Nille, siehe dort]: *Penis:* „Der hat die Pest anne Nülle, bleib wech von dem!" (Internetbeleg auf mitmachwoerterbuch.de) ❖ **sich die Nülle verbrennen** [siehe verbrennen]: *sich eine Geschlechtskrankheit zuziehen (vom Mann gesagt).*

Nül|le|kopp, der; kein Genitiv, ...köpp(e) [zu Nülle, siehe dort; belegt im mitmachwoerterbuch.de]: *Peniskopf.*

nul|len ⟨hat⟩ [zu Nülle; Bedeutung 1 belegt bei Grimm, Bedeutung 2 belegt bei Küpper]: **1.** *koitieren* **2.** *urinieren.*

Null-Null, das; -, -(s); in Ziffern: 00 [laut Duden wohl nach der zuerst in Hotels gängigen Kennzeichnung der Toilettentüren mit der Ziffernfolge 00 als Hinweis darauf, dass es sich hier nicht um ein normales Zimmer handelt]: *Raum zur Verrichtung der Notdurft.*

Num|mer, die; -, -n; **Nüm|mer|chen**, das; -s, - [zu ital. numero, dieses zu lat. numerus] ❖ **eine Nummer/ein Nümmerchen schieben/machen:** *koitieren:* „Kommt ein Opa in den Puff und erkundigt sich nach den Preisen. Die Puffmutter: ‚100 im Bett, 50 im Stehen, 10 auf dem Teppich!' Opa legt einen Hunderter auf den Tresen. Die Puffmutter: ‚Na, da wollen Sie noch ein gepflegtes letztes Nümmerchen schieben, gell?' Opa: ‚Nix da – zehnmal auf'm Teppich.'" (Internetbeleg auf witze-fun.de) ❖ **eine Nummer machen:** *koitieren:* „‚Glauben S', oft schon hab' ich mir denkt, es muß gehen mit ihm. Wenn er die zweite Nummer macht, braucht er länger und da kann ich mirs kommen lassen. Na, aber er will ihm ja das zweitemal gar nicht stehen.'" (Salten: Josefine Mutzenbacher, 53).

Nun|zi, die; -, -s [schwäbisch, Herkunft unklar, belegt auf undinger.de]: *Vulva, Vagina.*

Nüs|se, die (Plural) [Nuß zu mhd. nuz, ahd. (h)nuz, verwandt mit lat. nux; außerhalb der Sexualsprache: rundliche Frucht mit harter Schale; Kopf des Menschen; laut Duden in der Jägersprache weibliches Geschlechtsteil von Hund, Fuchs, Wolf etc.]: *Hoden:* „A: ‚Haben Sie hier irgendwo Eichhörnchen gesehen?' – B: ‚Ich? Wieso?' A: (Zeigt auf die Hände in den Hosentaschen.) ‚Warum haben Sie dann Angst um Ihre Nüsse?'" (Internetbeleg auf mundmische.de) ❖ **jemand/etwas geht mir auf die Nüsse** [Nüsse steht metaphorisch für Eier, neuerding auch für Eierstöcke]: *jemand/etwas setzt mir in zermürbender Weise zu (vom Mann oder von der Frau gesagt).*

Nut|te, die; -, -n [zu Nut (= längliche Vertiefung in einem Werkstück zur Einpassung eines korrespondierenden Teils); ursprünglich berlinerisch; eigentlich: Ritze der Vulva]: *Prostituierte.*

N

nut|ten ⟨hat⟩ [belegt im Brandenburg-Berlinerischen Wörterbuch; zu Nutte]: *koitieren* ❖ **nutten gehen** [belegt bei Küpper]: *als nicht registrierte Prostituierte auf Kundenfang gehen.*

Nut|ten|bro|sche, die; -, kein Plural [ein Ausdruck aus der DDR-Zeit; der Brunnen wurde 1970 in Betrieb genommen]: *Bezeichnung für den Brunnen der Völkerfreundschaft am Alexanderplatz in Berlin (wegen seiner farbenfrohen Emaillierungen und der in der Umgebung stattfindenden Prostitution).*

Nut|ten|die|sel, der; -(s), - [1. Bestandteil: siehe Nutte; 2. Bestandteil: Kraftstoff für Dieselmotoren; siehe Fosengift]: **1.** *aufdringliches Parfüm* **2.** *billiges, minderwertiges Parfüm.*

nut|ten|haft ⟨Adj.⟩ [siehe Nutte]: *nach Art einer Prostituierten.*

Nut|ten|in|spek|tor, der; -s, -en [1. Bestandteil: siehe Nutte; 2. Bestandteil zu lat. inspector (= Besichtiger, Untersucher) zu: inspicere (= inspizieren)]: *Polizeiarzt, der Prostituierte auf Geschlechtskrankheiten kontrolliert.*

Nut|ten|kof|fer, der; -s, - [1. Bestandteil: siehe Nutte]: *Kosmetikkoffer.*

Nut|ten|schau|kel, die; -, -n [1. Bestandteil: siehe Nutte; gemeint war ursprünglich das Auto der Edelprostituierten Rosemarie Nitribitt]: **1.** *Mercedes 190 SL der damaligen Zeit* **2.** *ein vergleichbares Cabrio neueren Datums.*

Nut|ten|spru|del, der; -s, - [1. Bestandteil: siehe Nutte; 2. Bestandteil: stark kohlensäurehaltiges Mineralwasser; in Österreich: alkoholfreies Erfrischungsgetränk]: *Sekt, der von Prostituierten im Bordell bestellt wird.*

nut|tig ⟨Adj.⟩ [siehe Nutte]: *wie eine Prostituierte (gekleidet sein, sich verhalten etc.), ordinär.*

NZP [kurz für: nur zum Pissen; belegt bei Küpper] (verhüllend durch Abkürzung): *Penis eines Impotenten.*

Nym|phe, die; -, -n; **Nymph|chen,** das; -s, - [in der griech.-römischen Mythologie eine anmutige weibliche Naturgottheit, lat. nymphe, nympha, zu griech. nýmphē, dieses aus griech. nýmphē (= Braut, Verlobte; verhüllend: Klitoris); in der Sprache der Mediziner ist Nympha der Fachausdruck für die kleinen Schamlippen]: **1.** *Kindfrau; Mädchen, das zugleich naiv, raffiniert und verführerisch ist* **2.** *promiskuitive Frau* **3.** *Prostituierte.*

O

Oer|li|kon ❖ **in Oerlikon aussteigen** [belegt im Zürislängikon; früher selbstständige Gemeinde, jetzt Teil von Zürich; gemeint ist: kurz vor Zürich aus dem Zug aussteigen]: *einen Coitus interruptus durchführen.*

Ohr, das; -(e)s, -en [mhd. ōre, ahd. ōra; weitere Herkunft unklar] ❖ **Ohren,** die (Plural) [Ohren steht für ein anderes Nomen, das nicht ausgesprochen werden soll; Tertium Comparationis: paarweise Organe des menschlichen Körpers; siehe Augen] (verhüllend): **1.** *weibliche Brüste:* „Das erste, was mich mein Kollege über meine neue Freundin fragte, war: ‚Hat sie große Ohren?' Auf meine Antwort: ‚Nein, süße kleine ...' lachte er nur." (Internetbeleg auf fakultaet-der-liebe.de) – „Selbst der Copilot ist high, / drosselt plötzlich die Motoren; / Dolly Buster fliegt vorbei, / man erkennt sie an den Ohren." (Otto Waalkes: Parodie auf Reinhard Meys „Über den Wolken") **2. zarte Ohren** [belegt bei Borneman]: *Mädchen, Frauen.*

Ohr|waschl, das [2. Bestandteil: bayerisch und österreichisch für Ohrmuschel oder Ohr insgesamt; verwandt mit wacheln, nicht mit waschen] ❖ **die Ohrwaschln einsäumen** [belegt bei Reiskel: Idioticon viennense eroticum, 1905; eigentlich: die Ohren der keimenden Leibesfrucht einsäumen] (österreichisch): *mit einer Frau schlafen, die von jemand anderem schwanger ist.*

Ol|la, der; -(s), -(s) [vom Firmennamen eines Kondomherstellers abgeleitet] (österreichisch): *Kondom.*

Ona|nier|pad|del, das; -s, - [1. Bestandteil: laut Duden zu engl. onania, Neubildung zum Namen der biblischen Gestalt Onan (1. Moses 38, 8 f.); 2. Bestandteil: Stange zur Fortbewegung eines Bootes; zu engl. paddle; Onanierpaddel ist nach einem ähnlichen Benennungsmotiv wie Wichsgriffel entstanden, siehe dort]: *Hand:* „Hömma, nimm Deine Onanierpaddel von mein Mopped, sonst hau ich Dich ne Treppe innen Hals, da kannze Dein Essen runner tragen!" (Internetbeleg auf mundmische.de)

On|kel Ot|to, der; kein Genitiv, kein Plural [die Doppelnull wird als doppelter Buchstabe o interpretiert; siehe Null-Null] (verhüllend): *Toilette.*

ONS, der; -, - [kurz für engl. one night stand (= ursprünglich Theaterjargon: einmaliges Gastspiel)] (verhüllend durch Abkürzung): *sexuelle Kurzbeziehung für eine Nacht, oft zwischen nicht näher bekannten Personen (dient vor allem der sexuellen Befriedigung und soll nicht zu einer emotionalen Bindung führen).*

O

Oors, Ors, der; kein Genitiv, -en [Herkunft wie Arsch zu mhd. ars, ers, ahd. ars, germanisch *arsa (= Gesäß) und indogermanisch *orso (= Hinterteil); siehe auch Nors und Moors] (ndd.): *Gesäß.*

or|geln ⟨hat⟩ [belegt im Brandenburg-Berlinerischen Wörterbuch und auf mitmachwoerterbuch.lvr.de; Bedeutung 2 bei Küpper]: **1.** *koitieren:* „Und er führt sie auf den Orgelboden / und orgelt dort nach allen Noten / mit seinem klings-klangs Gloria, vidibums vallera / ora pro nobis" // Und als vergangen dreiviertel Jahr, / die Nonne ein geistliches Knäblein gebar ... (aus dem Volkslied „Die Mönche wollten ein Klösterlein bau'n", in: Brednich, 31–32) **2.** *onanieren.*

Or|kus, der; -, kein Plural [lat. Orcus (= in der römischen Mythologie die Unterwelt bzw. Gott der Unterwelt; vgl.: jemanden in den Orkus schicken (= jemanden beseitigen, vernichten)]: *Raum zur Verrichtung der Notdurft.*

Ört|chen, das; -s, -; auch: **stilles/gewisses Örtchen** [Verkleinerung zu Ort] (verhüllend): *Raum zur Verrichtung der Notdurft.*

Oschi, der; -s, -s [eigentlich: großes Ding; etwas, das durch seine Größe beeindruckt; Herkunft unklar; laut mitmachwoerterbuch.de auch mit der im Ruhrgebiet üblichen Endung -ek: Oschek]: **1.** *Penis* **2.** *große weibliche Brüste.*

Ot|to, der; kein Genitiv, kein Plural [männlicher Vorname]: **den flotten/schnellen Otto haben:** *Durchfall haben.*

P ❖ **die drei großen P** [belegt bei Küpper; Pimmel, Punze, Penunze (= Penis, Vagina, Geld)]: *Zielvorstellung menschlichen Strebens.*

pa|cken ⟨hat⟩: *eine Frau koitieren:* „Die Rosalie von vis-a-vis, / die hat seit langer Zeit a Rutschen schon auf mi / und mir is kloa, hearn S des is wahr / wann i di pack bleib i so stier als wia r i war." (I suach a Braut mit 17 Häusern; Lied von F. Filip und F. Filip) – „‚Eigentlich hätte ich die größte Lust, sie mit dir gemeinsam zu packen. Was meinst du? Wenn sie mitmacht ...' – ‚Sorry, aber auf einen Dreier stehe ich nicht – es sei denn mit zwei Frauen.'" (Internetbelg auf 6profi.com)

Päds|hor, die; kein Genitiv, -en [belegt bei Wrede; eigentlich: Pferdehure] (kölsch): **1.** *Hure der gewöhnlichsten Art* **2.** *eines der gröbsten Schimpfwörter für eine promiskuitive Frau.*

Pal|me, die; -, -n [laut Duden mhd. palm(e), ahd. palma, zu lat. palma, eigentlich: flache Hand; nach der Ähnlichkeit des Palmenblattes mit einer gespreizten Hand] ❖ **sich einen von der Palme holen/klopfen/locken/schütteln/wedeln:** *masturbieren:* „Keiner macht auf. Weil sie plötzlich Schiss gekriegt haben oder sich einen von der Palme gewedelt oder was weiß ich." (Meyer: Im Stein, 24.)

Pap, Pa|pe, Pap|ke, die; kein Genitiv, -s [belegt bei Outzen; ursprünglich Brustwarze, später für die weibliche Brust; zu lat. papilla (= Brustwarze); dieses zu papula (= Bläschen), vgl. engl. pap (= Brustwarze)] (friesisch): *weibliche Brust.*

Pa|pa|gei, der; -s, -en [bunt gefiederter tropischer Vogel, der Wörter nachsprechen kann; mhd. papegan, entlehnt aus franz. papegai, dieses aus span. papagayo, dieses aus dem Arabischen; weitere Herkunft unklar; die männlichen und die weiblichen Genitalien werden manchmal mit Vogelnamen bezeichnet; siehe Vogel und vögeln; Papagei ist weder bei Borneman noch in anderen Wörterbüchern als Sexualausdruck belegt]: *Penis:* Helmut Berger: „Papagei sagt mir schon was." (Er deutet auf seine Körpermitte.) Grissemann: „Sie nennen Ihren Schwanz Papagei?" Berger (schmunzelnd): „Ja." (Dialog in der ORF-Fernsehshow „Willkommen Österreich")

Pa|ri|ser, der; -s, - [Wortspiel mit Präservativ und Einwohner von Paris. Dass die ersten Kondome aus Paris kamen, ist eine Legende]: *Kondom:* „Er weigert sich, den Pariser überzuziehen, denn die Sau ist die Frau, nicht er." (Jelinek: Die Klavierspielerin, 136)

Par|ke|mo, die; kein Genitiv, -s [belegt bei Dohmen/Gröbe und auf koeln-altstadt.de; bei Borneman als Parkemutter vermerkt, das Rheinische Wörterbuch verweist auf Barkenmutter und ursprünglich Balkenmutter (= Bordellwirtin); siehe Parkeva] (rheinisch und ndd.): *Frau, die in einem Bordell die Prostituierten beaufsichtigt.*

Par|ke|va, der; kein Genitiv, -s [eigentlich: Parkevater; das Rheinische Wörterbuch verweist auf Barkenvater, ursprünglich Balkenvater (= Dirnenwirt, Zuhälter); offensichtlich Konsonantenwechsel von l zu r, dieser ist bei Entlehnungen ins Deutsche häufig; Wolf stellt das Wort zu jidd. baal chenwene (= Herr des Ladens, des Geschäfts), doch ist dieses Wort nicht belegt und die Ableitung äußerst fraglich] (rheinisch und ndd.): **1.** *Zuhälter* **2.** *Bordellbesitzer* **3.** *Ehemann, der fremdgeht.*

parterre ⟨Adv.⟩ [franz. parterre; zu par und terre (= in der Höhe der Erde, zu ebener Erde)]: *im Bereich der Genitalien:* „Sag ihm, es macht dich geiler, wenn der Herr / Dein Ohr leckt. Leckt er's stöhn: ‚Ich bin so scharf!' / Und glaubt er's stöhn: ‚Ich bitt, daß ich mich strecken darf!' / Und dann: ‚Entschuldigen Sie, ich bin so naß parterre.'" (Brecht: Ratschläge einer älteren Fose an eine jüngere; Gedichte über die Liebe; in: Hecht (Hg.), 201)

Par|ter|re|schnup|fen, der; -s, kein Plural [1. Bestandteil: siehe parterre; 2. Bestandteil: vgl. auch Gonorrhö, dieses zu altgriech. gonorrhoia (= Samenfluss) und Tripper zu ndd. drippen (= in Tropfen herunterfallen)]: *Gonorrhö, Tripper (eine Geschlechtskrankheit).*

Päs, Pä|sen, Pä|sel, der: *siehe Fesel.*

pas|se, pes|se ⟨hat⟩ [belegt bei Outzen; zu franz. passer; siehe pissen] (friesisch): *urinieren.*

pas|sie|ren ⟨ist⟩ [eigentlich: geschehen; mit dieser Bedeutung aus franz. se passer entlehnt] ❖ **es passiert** [Auslassung des Substantivs] (verhüllend): *es kommt zu einem (ersten) Koitus:* „Ich hab' heute nichts versäumt, / Denn ich hab' nur von dir geträumt. / Wir haben uns lang nicht mehr gesehn, / Ich werd' mal zu dir rübergehn. / Alles, was ich an dir mag, ich mein das so, wie ich es sag. / Ich bin total verwirrt, / Ich werd' verrückt, wenn's heut passiert." (Nena: Nur geträumt) – „... wir waren nur Freunde und wollten's auch bleiben / ich dacht' nicht im Traum, dass was passieren kann. (...) Tausendmal berührt / tausendmal ist nix passiert / tausend und eine Nacht / und es hat zoom gemacht." (Klaus Lage Band: 1000 und 1 Nacht. Zoom!) ❖ **es passieren lassen** [belegt bei Deppert]: *einen Koitus zulassen (von der Frau).*

pe|cken ⟨hat⟩ [mhd. becken, eine Nebenform von picken; außerhalb der Sexualsprache: mit dem Schnabel hacken] (bayerisch und österreichisch): *koitieren.*

Peit|scherl|bub, der; -en, -en [1. Bestandteil: vermutlich Diminutivum von Peitsche, wobei die Wendung mit der Peitsche antreiben eine Rolle gespielt haben kann; außerdem ist Peitsche im alten Bayerischen ein Ausdruck für promiskuitive junge Frau, Prostituierte] (gaunersprachlich, österreichisch): *Zuhälter.*

Pelz, der; -es, -e; schweizerisch mit Diminutivendung: **Pelzli,** das; -s, - [mhd. bellez, belliz; ahd. pelliz, zu lat. pellis (= Fell, Pelz, Haut)]: **1.** *Schambehaarung der Frau* **2.** *Vulva.*

Pelz|ge|schäft, das; -s, kein Plural [1. Bestandteil: siehe Pelz]: *Schambehaarung.*

pem|pern ⟨hat⟩ [lautmalend; außerhalb der Sexualsprache: klopfen, hämmern, schlagen; gehört zu einer Reihe von Wörtern mit der Grundbedeutung rhythmisch ein Geräusch erzeugen: bumsen, dengeln, knallen, nageln, pimpern, pumpern etc.]: *koitieren.*

pen|nen ⟨hat⟩ [laut Duden ursprünglich gaunersprachlich, vielleicht Ableitung von Penne (= behelfsmäßiges Nachtquartier; Prostituierte); zur Bedeutungsentwicklung siehe schlafen] (verhüllend) ❖ **mit jemandem pennen:** *mit jemandem koitieren:* „Cäcilie tät mit Castor pennen, / doch lernt sie grad 'nen Pastor kennen." (Schüttelreim, Internetbeleg auf wikiquote.org) – „Er lernte sie als Perle kennen, / jetzt geht sie mit dem Kerle pennen." (Schüttelreim, Internetbeleg auf wikiquote.org)

Per|pen|di|kel, der oder das; -s, - [belegt bei Küpper; Uhrpendel; lat. perpendiculum (= Senkblei), zu perpendere (= genau abwägen)]: *Penis.*

Pertz, Perz, der; -en, -en [belegt bei Puchner und Wolf; zu Bürzel, Pürzel (= kurzer Schwanz, Geflügelsteiß), zu borzen, bürzen (= hervorstehen), zu mhd., ahd. bor (= oben); vgl. Berzel] (rotwelsch): *Penis.*

Pe|sel, der: *siehe Fisel.*

pet|schie|ren ⟨hat⟩ [belegt bei Reiskel: Idioticon viennense eroticum, 1905; zu Petschaft (= Siegel oder Stempel mit eingraviertem Namenszug, Wappen etc.); zu mhd. petschat, (= Petschaft); dieses zu tschech. pečet, wobei im Deutschen die zweite Silbe als -schaft interpretiert wurde)]: *koitieren:* „Der Pfarrer von Penzing, / Der hat sich geirrt / Und hat stattn Taufschein / die Köchin petschiert." (aus einem Wiener Volkslied; in: Weber 209).

Pet|ting, das; -s, -s [engl. petting, auch to pet (= liebkosen)]: *Stimulierung durch Berühren, Reiben der Genitalien ohne Geschlechtsverkehr (oft bis zum Orgasmus).*

Pfan|na|flig|ger, der; -s, - [belegt bei Meister; eigentlich: Pfannenflicker] (fränkisch): *Mann, der ein Verhältnis mit einer verheirateten Frau hat.*

Pfan|ne, die; -, n [eigentlich: flaches Gefäß mit Stil; Vertiefung]: **1.** *Vulva* **2.** *Gesäß* **3.** *promiskuitive Frau.*

Pfarz, der: *siehe Pfurz.*

pfar|zen ⟨hat⟩ [wie pfurzen und furzen zu mhd. vurz und verzen, ahd. ferzan; lautmalend] (bayerisch und österreichisch): *eine Darmblähung (geräuschvoll) entweichen lassen.*

P

Pfef|fer|büch|se, die; -, -n; auch: **Pef|fer|bix,** die [2. Bestandteil: zu ahd. buhsa, dieses zu lat. buxis (= Dose aus Buchsbaumholz), zu gleichbedeutend griech. pýxos mit unklarer Herkunft; laut Kluge waren kleine Kästchen für Arzneimittel oder Gewürze gemeint; zur weiteren Bedeutungsentwicklung siehe Büchse]: *Frau, die ständig Männer umwirbt, um sie für eine sexuelle Beziehungen zu gewinnen.*

Pfei|fe, die; -, -n; ndd. Diminutivum: **Piep|ke,** das [belegt auf duden.de; mhd. pfīfen, ahd. pfīfon, zu lat. pipare; gemeint ist entweder das primitive Blasinstrument oder eine Tabakpfeife]: *Penis:* „An dem Bäuchelein hat sie ein Sträuchelein, / an dem Bäuchelein hat sie ein Sträuchelein / wenn ich dran greife, steht mir die Pfeife ..." (aus dem Volkslied „Ich weiß ein Mägdelein schön und fein", in: Brednich, 91) ❖ **dat Piepke utkloppen** [gemeldet von Dirks; eigentlich: das Tabakpfeifchen ausklopfen] (ndd.): *koitieren* ❖ **sich eine Pfeife anstecken:** *jemanden fellationieren:* „Lag ich rechtschaffen ermattet, japsend, auf dem stachelnden Bettvorleger (...), gefiel Angelika sich darin, ‚eine Pfeife anzustecken', was hieß, sie nahm mich sanft zwischen die Lippen." (Zwerenz: Tantenliebe, 29)

Pfei|ferl, das; -s, -n [Pfeife mit Diminutivsuffix; die männlichen Genitalien werden oft mit Blasinstrumenten verglichen, die weiblichen oft mit Streich- oder Zupfinstrumenten] (bayerisch und österreichisch): *Penis* ❖ **sich das Pfeiferl verbrennen** [siehe verbrennen]: *sich eine Geschlechtskrankheit zuziehen (vom Mann gesagt).*

pfei|ferl|krank 〈Adj.〉 [1. Bestandteil: siehe Pfeiferl]: *geschlechtskrank.*

Pferd, das; -(e)s, -e; **Pferd|chen,** das; -s, - [siehe Fotzengestüt] (Zuhältersprache): *Prostituierte.*

Pfer|de|mieg, die; kein Genitiv, kein Plural (vor allem rheinisch); ndd.: **Peer|mieg,** die; -, kein Plural [eigentlich: Urin eines Pferdes; 2. Bestandteil: siehe Miege]: **1.** *billiges Gesöff* **2.** *schlechtes Bier.*

Pfer|de|pis|se, -, kein Plural [eigentlich: Urin eines Pferdes; 2. Bestandteil: siehe Pisse]: **1.** *billiges Gesöff* **2.** *schlechtes Bier.*

piep|stän|geln 〈hat〉 [belegt auf ndr.de und bei Küpper; zu Piepe (= Pfeife, Penis) und Stängel (Teil einer Pflanze, der die Blüten trägt; Penis); verdeutlichende Verdoppelung] (ndd.): *koitieren.*

Pfist, der; -(e)s, -e; auch: **Fist** [Nebenform von Pfurz]: *entweichende Darmblähung.*

pfi|t|schi|go|gerln, fi|t|schi|go|gerln, brit|schi|go|gerln 〈hat〉 [zu Pfitschigogerln, ein Kinderspiel: mit zwei Kämmen und drei Münzen wird auf einem Tisch eine Art Fußball gespielt; eine kleinere Münze ist der Fußball, zwei größere sind die Fußballer; vielleicht zu mhd. gogeln (= sich ausgelassen gebärden, hin- und hergaukeln, flattern; schreien, krächzen)]: *koitieren* ❖ **du kannst mich pfitschigogerln:** *milde Form des Götzzitats.*

Pflau|me, die; -, -n; alemannisch: **Pflüm|li,** das; -s, - [mhd. pflūme, pfrūme, ahd. pfrūma, dieses zu lat. prunum und griech. proūmnon; die weiblichen Genitalien werden oft mit runden, weichen und saftigen Früchten verglichen; siehe Dattel, Feige, Zwetsche]: *Vulva:* „Damit total klar ist, was ich von Anfang an wollte, schneide ich mir vorher ein großes Loch in die Unterhose, damit man die Haare und die ganzen Schamlippen und so sieht. Also, die ganze Pflaume soll rausgucken." (Roche: Feuchtgebiete, 101) – „Oh Tannenbaum, oh Tannenbaum, / der Vater langt an Mutters Pflaum' / die Mutter langt an Vaters Eier / das ist die schönste Weihnachtsfeier." (Internetbeleg auf kraehseite.de/sms-sprueche)

Pflau|men|kern, der; -s, -e [2. Bestandteil: Kern im Sinn von: etwas kleines Rundes oder Kugeliges wie Lustknöpfchen, Lustperle etc.]: *Klitoris (Kitzler).*

pfle|dern ⟨hat⟩ [belegt bei Zehetner, Nebenform zu pledern; lautmalend, eigentlich: ein lautes, schmetterndes Geräusch von sich geben] (bayerisch und österreichisch): *laut und rücksichtslos eine Darmblähung entweichen lassen.*

Pflock, der; -s, Pflöck [mhd. pfloc (= unten angespitzter Stock); daneben weitere Bedeutungen im Wienerischen wie stämmiger Mann] (wienerisch): *Zuhälter.*

Pflu|der, die; -, -n [Nebenform von Fluder (= Haferpflaume, Krieche (Prunus insititia))]: **1.** *Vagina* **2.** *hässliche Frau.*

Pflüm|li, das: *siehe Pflaume.*

Pfriem, Priem, der -(e)s, -e [eigentlich: Werkzeug, mit dem Löcher in Leder, Pappe etc. gestochen werden; mhd. pfriem(e); Herkunft unklar]: *Penis.*

Pfurz, der; -es, Pfürz(e); auch: **Pfarz** [wie Furz, aber mit verändertem Anlaut] (süddeutsch): *laut entweichende Darmblähung.*

pfur|zen [wie furzen, aber mit verändertem Anlaut; zu mhd. vurz und verzen, ahd. ferzan; lautmalend] (bayerisch und österreichisch)]: *eine Darmblähung (geräuschvoll) entweichen lassen.*

Pfurz|spal|ter, der; -s, - [belegt bei Meister] (süddeutsch): *umständlicher Mensch.*

pfüt|zeln ⟨hat⟩ [belegt im Wörterbuch der Jugendsprache, Pons, 2014; zu Pfütze; eigentlich: eine Pfütze machen]: *urinieren.*

Pfyff|li, das; -s, - [Diminutivum zu Pfyffe (= Pfeife)] (berndeutsch): *Penis.*

Pi Pi Is|lands [aufgrund des Gleichklangs mit dem Namen der thailändischen Inselgruppe Phi Phi Islands]: *Toilette:* ich geh jetzt auf Pi Pi Islands!

Pie|del, Piel, der; kein Genitiv, -s [vermutlich zu Pfeil; wie altengl. pil entlehnt aus lat. pilum (= Wurfspieß); laut E-Mail-Auskunft von

P

Herrmann-Winter in Mecklenburg und (Vor-)Pommern nicht belegt] (westndd.): *Penis.*

Pie|ler, der; kein Genitiv, - [siehe Pillermann] (ndd.): *Penis.*

Pie|ler|mann, der; -s, ...männer [siehe Pillermann] (ndd.): *Penis.*

Pie|pel, der; -s, -(s) [kleiner Mann, Wicht; piep(e)lig (= klein)] (ostmitteldeutsch): **1.** *(unerigierter) Penis* **2.** *Mann* ❖ **kein Piepel/kein Lauspiepel:** *niemand.*

Piep|hahn, der; kein Genitiv, -s [außerhalb der Sexualsprache: piepender junger Hahn; 1. Bestandteil: laut Kluge zu mndd. pipen, das die Laute junger Vögel nachahmt und vermutlich mit dem Verb pfeifen verwandt ist, vielleicht auch Entlehnung aus lat. pipare; Piepe ist eine Röhre mit Drehhahn am Fass, um Flüssigkeit abzulassen; 2. Bestandteil: mhd. hane, ahd. hano; eigentlich: der Sänger; laut E-Mail-Auskunft von Herrmann-Winter besteht bei Piephahn ein Zusammenhang zu Ausdrücken, die das männliche Glied als Schnabel bezeichnen (= kleiner, vorstehender Körperteil); ähnliche Ableitung bei Kluge] (ndd., kindersprachlich): *Penis eines Knaben:* „Dei Möller mahlt, wenn dei Wind gaut weiht, hei voegelt sien Fru, wenn em die Piephahn steiht." (Spottvers; zitiert bei Herrmann-Winter)

Piep|matz, der; -, kein Plural [2. Bestandteil: Kosename Matz für Matthias; außerhalb der Sexualsprache mit der Bedeutung kleiner Vogel] (kindersprachlich): *Penis eines Knaben.*

pie|schen, pie|schern ⟨hat⟩ [Nebenformen von pischen, siehe dort] (ndd.): *urinieren:* Piesch! Piesch! (= Aufforderung an Kinder zu urinieren).

pie|seln: *siehe bieseln.*

Piet|hahn, der; kein Genitiv, -s, [laut Grimm die ostfriesische Nebenform von Piephahn, siehe dort; auf plattdeutsches-woerterbuch.de und bei Schuster belegt] (ndd., friesisch, kindersprachlich): *Penis eines Knabens.*

Pil|ler, der; -s, - [zu pillern] (kindersprachlich, ostmitteldeutsch): *Penis.*

Pil|ler|mann, Pil|le|mann, der; -s, ...männer [zu pillern, siehe dort; 2. Bestandteil: typisch für Wortbildungen dieser Art; vgl. Butzelmann, Kitzmann, Pissmanntje, Pullermann, Ziesemann] (kindersprachlich, ostmitteldeutsch): **1.** *Penis:* „Stehst du mit blankem Pillermann / vor einem kranken Killer, dann / spiel nicht den Gorilla! / Zitiere lieber Schiller!" (Bodo Wartke: Die Bürgschaft) [laut mitmachwoerterbuch.de sind Doktor Pillemann und Frau Doktor Pillemann nicht nur Titel eines Bläck-Fööß-Liedes, sondern auch die Bezeichnung für den Arzt und die Ärztin in Kinderspielen und in Geschichten, was bei den sogenannten Doktorspielen Wortspiele mit dem Pillemännchen (= Penis) erlaubt] **2.** *Schwächling.*

pil|lern ⟨hat⟩ [Nebenform zu pullern; siehe pullen, pullern] (ostmitteldeutsch, kindersprachlich): *urinieren.*

Pim|mel, der; -s, - [laut Duden und Kluge zu ndd. Pümpel (= Stößel im Mörser; Glockenschwengel), zu pimmeln (= baumeln); hat sich gegen Süden ausgebreitet und wird im gesamten Sprachraum verwendet] (auch familiär): *Penis:* „An der Bushaltestelle stand ein Geisteskranker, der mitten auf die Straße pinkelte und mit seinem Pimmel herumschlackerte, als ob es ihm großen Spaß machen würde." (Herrndorf: Tschick, 140) – „Vielleicht hätte ich ein Junge werden sollen. Gott, mein Bruder hat den Pimmel, den ich hätte kriegen sollen!" (Carolin Kebekus; zitiert auf express.de, 18. Oktober 2011) – „Als Gott die Hälfte der Menschheit geschaffen hatte, stand er auf und sagte: Das Hirn ist aufgebraucht, ab jetzt gibt's Pimmel." (Internetbeleg auf mir.gefaellts.de) – „Sagt der eine Pimmel zum anderen: ‚Hast du gehört, die wollen Viagra abschaffen.' Sagt der andere: ‚Die können uns doch nicht so hängenlassen.'" (Internetbeleg auf sms-sprueche-index.com) ❖ **einen Pimmel wie Peter Pan haben** [belegt auf mundmische.de; Peter Pan: Hauptfigur einiger Kindergeschichten von James Matthew Barrie, dort das einzige Kind, das niemals erwachsen wird]: *einen Penis haben, der nicht größer wird (= der sich nicht erigieren lässt).*

Pim|mel|klatsche, die; -, -n [belegt auf szenesprachenwiki.de des Dudenverlags; 2. Bestandteil: lautmalend für Ohrfeige] (jugendsprachlich, ndd.): **1.** *leichter Schlag mit dem Penis auf das Gesicht einer anderen Person* **2.** *derbe Beleidigung:* pass auf, sonst kriegst du von mir eine Pimmelklatsche!

pim|meln ⟨hat⟩ [zu Pimmel]: **1.** *koitieren* **2.** *masturbieren.*

Pim|mel|par|ty, die; -, -s [2. Bestandteil zu engl. party (= Fest); belegt bei sprachnudel.de]: *(kleines) Fest, bei dem vorwiegend Männer anwesend sind.*

Pim|pel, Pim|pe, der; -s, - [regionale Form von Pimmel; siehe dort]: *Penis.*

Pim|pe|rer, der; -s, - [Nomen Agentis zu pimpern mit Suffix -er; belegt bei Zehetner] (bayerisch und österreichisch): *sexuell besonders aktiver Mann.*

Pim|per|le, das; -s, - [siehe Bimberle] (kärntnerisch, kindersprachlich): *Penis (des Knaben).*

Pim|per, der; -s, -; **Pim|per|ling,** der; -s, -e [rückgebildet zu pimpern; -ling = Zugehörigkeitssuffix]: *Penis:* „30.7. Urologie, Dr. G. Lacoste-Hemd, sportlich, sachlich, höflich (...) Weiter: Überziehen des Fingerlings; Abtasten der Prostata durch den Hintereingang; Einführung einer mit Auffangwatte bekleideten und mir mindestens spannlang erscheinenden Nadel in den mehr und mehr auf seine Bescheidenheitsform zurückschrumpfenden Pimperling ..." (Rühmkorf: Tabu I; zitiert in Zutzel: Zweite Folge, 138)

pim|pern, pim|peln ⟨hat⟩ [ndd. pümpern (= im Mörser zerstoßen), zu Pümpel (= Mörser); verwandt mit Pimmel, siehe dort, gehört zu

P

einer Reihe von Wörtern mit der Grundbedeutung rhythmisch ein Geräusch erzeugen: bumsen, dengeln, knallen, nageln, pempern, pumpern etc.; das Wort hat sich gegen Süden ausgebreitet]: *koitieren:* „Frauen, die die Wimpern pinseln / sind die, die auch beim Pimpern winseln." (Schüttelreim, Internetbeleg auf wikiquote.org)

Pin|kel, der; -s, - oder -s [laut Kluge aus ostfriesisch pink (= kleiner Finger, Penis); im Einzelnen ist der Zusammenhang der Bedeutung nicht klar; außerhalb der Sexualsprache: ein feiner Pinkel (= ein Mann, der sich vornehm gibt)] (ndd.): *Penis.*

Pin|kel|bu|de, die; -, -n [1. Bestandteil zu pinkeln; 2. Bestandteil: mhd. buode, zu bauen]: *öffentlicher Raum zur Verrichtung der kleinen Notdurft für Männer.*

pin|keln ⟨hat⟩ ich pinkle [das Wort hat sich vom Norden in den Süden ausgebreitet; siehe Pinkel]: *urinieren:* „Viele Männer sagen sich: Warum soll ich mir nach dem Pinkeln die Hände waschen? Die sind doch schon nass!" (Kaya Yanar in „Was guckst du?", Sat.1) ❖ **jemandem ans Bein pinkeln:** *jemanden schmähen, kränken* ❖ **wie an die Wand gepinkelt aussehen:** *blass und elend aussehen* ❖ **wer mit den großen Hunden pinkeln will, muss auch das Bein heben** [belegt auf mundmische.de]: *wer in der obersten Liga mitspielen will, muss die dafür notwendigen Fähigkeiten mitbringen (oft mit der Bedeutung: dein Maul ist größer als dein Können)* ❖ **mit den großen Hunden pinkeln wollen, aber das Bein nicht heben können** [belegt auf mundmische.de]: *in der obersten Liga mitspielen wollen, aber die dafür notwendigen Fähigkeiten nicht mitbringen* ❖ **den Kleinen mal pinkeln lassen** (rheinisch): *anlässlich der Geburt eines Sohnes eine Flasche Sekt spendieren (vom Vater des Kindes)* ❖ **einem alten Cowboy pinkelt keiner in den Stiefel:** *ein erfahrener Mann braucht keine (kritischen) Ratschläge* (verwendet von Peter Fischer, Präsident von Eintracht Frankfurt, am 10. November 2013 auf Sky90 über den Vorstandsvorsitzenden Heribert Bruchhagen).

Pin|kel|pott, der; -(e)s, ...pötte [belegt bei Honnen; mndd. pot, mittelfranz. pot, zu spätlat. pot(t)us (= Trinkbecher)] (rheinisch): *Nachttopf.*

Pin|kel|steu|er, die; -, -n: *Gebühr, die beim Eintritt in eine öffentliche Toilette zu zahlen ist:* „‚Ist die Pinkelsteuer von 0,50 Cent auf Autobahn-Raststationen gerechtfertigt?' – ‚Die Raststationen gehören der Asfinag und denen hab ich eh die Vignette abgekauft; da können mich die auch gratis brunzen lassen.' – ‚Wenn die schon 0,50 Cent verlangen wollen, wäre es ein Muss, dass die Häuseln auch absolut sauber sind.'" (Dialog auf krone.at/forum im März 2013)

Pin|ku|la|to|ri|um, das; -s, ...torien [latinisierte Bildung zu pinkeln nach dem Muster von Auditorium, Sanatorium; stammt aus der Studentensprache des ausgehenden 19. Jhs.]: *Toilette für Männer.*

pin|nen ⟨hat⟩ [belegt im Rheinischen Wörterbuch; eigentlich: etwas feststecken] (rheinisch): *koitieren.*

Pin|sel, der; -s, - [belegt auf duden.de; Pinsel geht auf ein Wort zurück, das Penis bedeutet hat: mhd. bensel, pensel, zu altfranz. pincel, über vulgärlat. penicillus (= Pinsel, Bürste, eigentlich: Schwänzchen), zu penis (= Schwanz, männliches Glied); außerhalb der Sexualsprache: Malwerkzeug]: *Penis:* „Was ist das Gegenteil von Viagra? Terpentin. Macht jeden Pinsel weich." (Internetbeleg auf witze-welt.ch) – „Ich küsse deine gesegneten Hände, nicht nur (...). Deinen Pinsel küßkose ich Dir, Deinen Arsch, wenn Du willst, Deinen herrlichen buschigen Schwanz." (Zwerenz: Rasputin, 104)

Pint, der; kein Genitiv, -e [laut Duden zu mndd. pint, eigentlich: Pflock, zu Pinne; die männlichen Genitalien werden oft mit länglichen und harten Gegenständen verglichen, z. B. Bolzen, Keule, Klachel, Knüppel, Latte, Pint, Prängel, Schwengel etc.] (ndd.): *(erigierter) Penis:* „Schade Soraya kriegt kein Kind / Schade der Schah hat Luft im Pint." (volkstümlicher Text nach der Melodie des River-Kwai-Marsches, belegt bei Rühmkorf: Über das Volksvermögen, 185) – „So klein, so schlapp, so gnadenlos schwanzlos, / Gegen deinen Pint wirkt dein kleiner Zeh ganz groß." (Lady Bitch Ray: Ich tret' Deinen Arsch)

Pint|su|ger, der; kein Genitiv, -s [belegt bei Schuster; eigentlich: Schwanzlutscher, Fellator] (ndd.): *engherziger, geiziger Mensch, Geizhals.*

Pi|pi, das; -s, kein Plural [laut Duden Verdoppelung des kindersprachlichen Ausrufes pi; laut Kluge nach dem Laut, mit dem Erwachsene ein Kind dazu bringen wollen, dass es uriniert] (kindersprachlich): *Urin:* „Es drängt mich, dein Pipi zu trinken, / und sieh, nun trinke ich bereits. / O welch Genuß bei deinem Beinespreiz, / o wie die Wasser hurtig blinken. / Ich möchte ganz darin versinken (...)" (Ringelnatz; zitiert bei Kinder) ❖ **Pipi machen** ⟨hat⟩ (kindersprachlich): *urinieren* ❖ **Pipi sein** (kindersprachlich): *urinieren:* „Ein Mann und eine Frau im Schlafzimmer beim ersten sexuellen Kontakt. Er beginnt sich auszuziehen. ‚Oh, staunt sie, ‚hast du einen tollen Oberkörper!' – ‚Das kommt vom Gewichtheben.' Er zieht die Jeans hinunter. ‚Oh, hast du einen knackigen Hintern!' – ‚Das kommt vom Radfahren.' Er zieht die Unterhose aus und steht splitternackt vor ihr. ‚Oh, Pipi warst du aber noch nicht oft.'" ❖ **Pipi in den Augen haben** [belegt auf mundmische.de; vgl.: aus den Augen pullern] **1.** *den Tränen nahe sein* **2.** *feige sein, ohne Zuversicht sein:* Meinst du, der macht das? – Nee, der hat ja jetzt schon Pipi in den Augen.

Pi|pi, Pip|pi, der; -s, -s [Herkunft unklar; gehört wohl eher zu Piephahn als zu Pipi, das; siehe Piephahn] (kindersprachlich): *Penis des Knaben:* du sollst nicht immer mit deinem Pipi spielen!

Pi|pi|mäd|chen, das; -s, - [1. Bestandteil: siehe Pipi, das]: *junges, unerfahrenes Mädchen.*

Pip|pel, der; -, - [gehört laut Grimm zu Pieplein (= Junges von Geflügel, besonders des Huhns); lautmalend; siehe Bibbel, Bibbes]: **1.** *Penis* **2.** *kleiner Mensch.*

Pip|pi Lang|strumpf, der; -(e)s; ...strümpfe, [scherzhafte Wortbildung nach der Hauptfigur einer Kinderbuchreihe von Astrid Lindgren; mhd. strumpf (eigentlich: Baumstumpf, Rumpfstück), laut Duden vielleicht im Sinn von Steifes, Festes; zu starren]: *Kondom.*

Pip|pi|lot|ta, die; -, -s [erster Teil des vollen Namens von Pippi Langstrumpf: Pippilotta Viktualia Rollgardina Pfefferminz Efraimstochter Langstrumpf; der 1. Wortbestandteil erinnert lautlich an Pipi] (kindersprachlich, familiär): *Vagina, Vulva eines kleinen Mädchens.*

Pip|se|le, der; -s, - [lautmalend; belegt im Wörterbuch der deutsch-lothringischen Mundarten; vgl. Pup]: *Darmwind:* der muss fa' alle helle Pipsele doktere (= der läuft für jede Kleinigkeit zum Arzt).

Pi|sche, die; -, kein Plural [siehe pischen]: *Urin:* „Würmler (...) hatte am Telefon gemeint, dass der Kopf ziemlich mit Pische getränkt gewesen sei und dementsprechend gebrunzelt habe." (Franzobel: Zirkusblut, 32)

pi|schen, pischern ⟨hat⟩ [laut Hornung zu ital. pisciare, während pissen von franz. pisser abzuleiten ist; ursprünglich lautmalend]: *urinieren:* „Ich habe sagen hören, dass nackte Weiber auf den Tischen tanzen und dass sie stehend in die Gläser der Offiziere pischen." (Geiger: Es geht uns gut, 122)

Piss, der; -es, kein Plural: *das Ausscheiden von Urin* ❖ **ein Piss ohne einen Furz ist wie ein Regen ohne einen Donner/wie Rom ohne Papst/wie eine Hochzeit ohne Musik** [alle Varianten belegt bei Wander mit dem Hinweis auf lat. mingere cum bombis res est gratissima lumbis]: *kommentierender Spruch von Männern, die im Pissoir urinieren und dabei eine Darmblähung entweichen lassen.*

Piss- als 1. Bestandteil eines Substantivs: drückt aus, dass etwas als schlecht, verabscheuungswürdig oder klein angesehen wird: *Pissbude* (= kleines oder schmutziges Toilettenhäuschen); *Pissauto* (= schlechtes, kleines Auto), *Pisspreis* (= niedriger Preis; was auf ein schlechtes Produkt schließen lässt).

Pis|se, die; -, kein Plural; auch: Piss [zu pissen]: *Urin:* „Wer das liest, steht in meiner Pisse." (Klospruch, belegt auf unmoralische.de) ❖ **die kalte Pisse kriegen:** *lange Zeit (vergeblich) warten müssen* ❖ **Mir läuft die Pisse weg!** *Ausruf des Erstaunens.*

pis|sen ⟨hat⟩ [im Niederdeutschen aus franz. pisser entlehnt, das lautmalend ist oder auf einen Ruf von Müttern, Vätern oder Ammen zurückgeht, die ein kleines Kind zum Urinieren bringen wollen; das Wort hat sich stark gegen Süden ausgebreitet]: **1.** *urinieren:* „Komm raus du Feigling, du sollst nur pissen." (Klospruch, Internetbeleg auf seitz-online.de) – „Piß nicht daneben, / du altes Schwein, / der nächste könnte barfuß sein." (Klospruch, Internetbeleg auf unmoralische.de) – „Drei Polizisten / pissten in die Kisten / einer pisst vorbei / und du bist frei." (volkstümlicher Auszählreim, belegt bei Rühmkorf: Über das Volksvermögen, 46) – „Auf Stiege 2 gab es einen Volltreffer [einer Kriegsbombe], welcher dem Kind, das die Wirkung erblickte, grauenhaftes Entsetzen einflößte, sofort pißten sich beide wie auf Kommando an, die Emmy und ihre kleine Schwester." (Jelinek: Die Ausgesperrten, 80) ❖ **jemandem ans Bein pissen:** *jemanden ärgern, schmähen* ❖ **piss dir nicht in die Hose:** *sei nicht so ängstlich* ❖ **das ist zum Pissen vor Lachen:** *das ist zum Totlachen* ❖ **sieht aus, als wenn ein Bulle gepisst hätte** [gleiches Bedeutungsmotiv wie: gehen wie der Bär/die Sau brunzt; siehe brunzen]: *Kommentar zu einer schlampigen Arbeit, bei der gerade Linien wellenförmig geraten sind* ❖ **wie an die Wand gepisst aussehen:** *blass und elend aussehen* ❖ **krumm pissen/einen Bogen pissen:** *Umwege machen* ❖ **gegen den Wind pissen:** *etwas versuchen, das aussichtslos ist:* „Ich könnte dir viel erzählen von Liebe und Hass / Doch es macht keinen Spaß mit dir zu reden / Denn du hörst gar nicht hin / Dein Blick wandert weg / jede Meinung interessiert dich'n Dreck (...) Und du fühlst dich, als hättest du gegen den Wind gepisst." (Lukas Hilbert: Gegen den Wind gepisst) ❖ **wer gegen den Wind pisst, bekommt nasse Hosen:** *wer sich in Gefahr begibt, muss damit rechnen, dass er Schaden nimmt* ❖ **pissen wie ein Pferd/Zirkuspferd/Ochse etc.:** *mit großem Strahl ausgiebig urinieren* ❖ **ich muss pissen wie der Waldfrosch/wie die Amsel** [ironische Umkehrung von: pissen wie ein Pferd]: *ich muss zur Toilette* ❖ **jemandem an den Wagen/an den Karren pissen:** *jemanden angreifen, hereinlegen, betrügen* ❖ **sie pissen alle in einen Topf:** *sie sind alle gleich schlecht, sie stecken alle unter einer Decke* ❖ **in manchen Schnee gepisst haben:** *in der Welt herumgekommen sein, erfahren sein* ❖ **mit den großen Hunden pissen wollen, aber das Bein nicht heben können:** *krampfhaft versuchen, zu den Besseren zu gehören* **2.** *(stark) regnen:* es pisst schon wieder ❖ **die Mücken pissen:** *es nieselt.*

Pis|se-par|tout, der; -s, -s [belegt bei Herdi 2001; eigentlich: jemand, der überall hinpisst; Scherzbildung nach franz. passe-partout (= Umrahmung aus Pappe für Zeichnungen, Fotos etc.; schweizerisch auch: Generalschlüssel); eigentlich: etwas, das überall passt] (schweizerisch): *Penis.*

Pis|ser, der; -s, - [zu pissen]: **1.** *jemand, der uriniert* **2.** *Penis* **3.** *Schimpfwort für einen Mann.*

Pis|se|ria, die; -, -s [belegt in „Jugendsprache unplugged 2013", Langenscheidt; wie Pissoir, aber nicht mit französierendem, sondern mit italienisierendem Suffix nach dem Muster von Pizzeria; das Wort funktioniert auch im Englischen als Ableitung von to piss und ist auch in der Internetversion von Peckhams „Urban Dictionary" belegt]: *öffentliche Toilette für Männer.*

Piss|flit|sche, die; -, -n [belegt auf mundmische.de; Reinigungsgerät mit Abziehgummi (= Flitsche), das häufig in öffentlichen Toiletten verwendet wird, um den Fliesenfußboden nach dem Nasswischen mit dem Abzieher trocken zu bekommen]: *derbes Schimpfwort (für Männer und für Frauen).*

Piss|kopp, der; kein Genitiv, ...köpp(e) (ndd.): *widerlicher Mensch.*

Piss|mannt|je, das; kein Genitiv, -s [eigentlich: Pissmännchen: 1. Bestandteil: siehe pissen; 2. Bestandteil: typisch für Wortbildungen dieser Art; vgl. Butzelmann, Kitzmann, Pillermann, Pullermann, Ziesemann] (ndd.): *Penis.*

Piss|nel|ke, die; -, -n [eigentlich: Bartnelke (Dianthus barbatus L.); Bedeutungsübertragung unklar; möglicherweise steht Nelke für Vulva (im Internet wiederholt so diskutiert und vorgeschlagen); dann wäre Pissnelke eine urinierende Vulva und diese stünde Pars pro toto für eine Frau insgesamt]: **1.** *Schimpfwort für eine Frau:* „Wir waren echt ineinander verliebt. Der war och immer so romantisch. Der hat mir immer so Blumenspitznamen gegeben. Wenn wir bei Aldi einkaufen waren, hat er mir immer so nachgebrüllt: Ej, du fette Pissnelke. Beweg dein' Arsch hierher." (Cindy aus Marzahn; zitiert auf bild.de; 24. September 2010) **2.** *eine abgetakelte Frau* **3.** *eine Frau, die sexuelle Erwartungen enttäuscht, weil sie prüde ist.*

Pis|soir, das; -s, -e und -s [entlehnt aus dem Französischen]: *öffentlicher Raum zur Verrichtung der kleinen Notdurft für Männer.*

Piss|pott, der: -(e)s, ...pötte [belegt bei Honnen; mndd. pot, mittelfranz. pot, zu spätlat. pot(t)us (= Trinkbecher)] (rheinisch): *Nachttopf.*

Piss|rin|ne, die; -, -n [1. Bestandteil: zu pissen und Pisse; 2. Bestandteil: mhd. rinne, ahd. rinna, zu rinnen]: *im Pissoir eine halbkreisförmige Ausnehmung zwischen Wand und Fußboden, in die uriniert wird und die gleichzeitig als Abfluss für den Urin dient:* „Martin sitzt betrunken auf dem Barhocker und pinkelt an die Theke. Schimpft der Wirt: ‚Hey, das ist doch keine Pissrinne!' – ‚Weiß ich, aber da gehört eine hin.'" (Internetbeleg auf grocceni.com)

piss|warm 〈Adj.〉 [zu pissen: siehe dort]: *lauwarm.*

Piss|zeug, das; -s, kein Plural [2. Bestandteil: Gerät, Ausstattung; siehe Brunzzeug]: *Genitalien (weiblich und männlich)* ❖ **das Pisszeug zusammenstecken:** *koitieren:* „Orje war mir schon als Junge jut, wir fing'n schon kleen an det Pißzeig zusammzustecken. Det is' ja richtig, hätt'n wir nich so dreckig jewohnt un' wär'n wir nicht so arm jewesen, dann wär woll manches anders jeworden." (Zille: Hurengespräche, 16)

Plal|le, der; -s, - [Plall nannte man das altösterreichische Vier-Kreuzer-Stück, das plump war]: **1.** *Kerl* **2.** *unguter Mann* **3.** *Penis.*

Plas|tik|tit|ten, die; -, - [1. Bestandteil: franz. plastique, zu lat. plastice, zu griech. plastikḗ (téchnē) (= Kunst des Gestaltens); 2. Bestandteil: siehe Titte]: *Silikonbrüste:* „Mittlerweile siehst du so viele Titten im Fernsehen, so Plastiktitten, die so aussehen wie angeschraubte Tupperdosen." (Carolin Kebekus; Nightwash Naugthy Girl, einsfestival, 25. April 2013)

Platt|arsch, der; -es, ...ärsche; ndd.: **Platt|gatt,** das; kein Genitiv, ...gatten [siehe Arsch und Gatt]: *jemand, der ein flaches Gesäß hat.*

Plätt|brett, das; -(e)s, -er [mit Stoff bezogenes Brett, das beim Plätten als Unterlage dient; nord- und mitteldeutsch, sonst: Bügelbrett, siehe dort]: *flache weibliche Brüste* ❖ **ein Plättbrett mit zwei Erbsen:** *flache weibliche Brüste.*

plau|zen, plot|zen, blot|zen ‹hat› [belegt im Wörterbuch der Jugendsprache, Pons, 2014; laut Grimm mit den Bedeutungen schlagen, stoßen; im Schwäbischen auch: Butter rühren; vgl. pudern]: *koitieren.*

ple|dern: *siehe pfledern.*

Plem|pe, Plam|pe, die; -, -n [ursprünglich: Seitengewehr; breiter Degen; zu plampen (= sich pendelartig hin- und herbewegen)]: *Penis* ❖ **sich die Plempe verbrennen:** *sich eine Geschlechtskrankheit zuziehen (vom Mann gesagt):* „Den Nölke kann ich noch nicht mal zum Stalldienst einteilen – der hat sich die Plempe verbrannt." (Jünger: Die Zwille, 127)

plo|dern ‹hat› [vermutlich verwandt mit pludern (= bauschen)] (österreichisch): *eine Darmblähung mit blubberndem Geräusch entweichen lassen.*

Plo|der|schas, der; -es, -e [zu plodern und Schas] (österreichisch): *eine Darmblähung, die mit blubberndem Geräusch entweicht.*

Plü|mer, der; kein Genitiv, -s [belegt bei Schuster; Herkunft unklar; vielleicht zu Pluum mit Suffix -er für Nomina Agentis und Gerätebezeichnungen] (ndd.): *Penis.*

Pluum, Plumm, die; kein Genitiv, -en [Nebenform von Pflaume; siehe Prumm] (ndd.): *Vulva, Vagina.*

Pluums|li|cker, der; kein Genitiv, -s [siehe Pluum] (ndd.): *jemand, der den Cunnilingus ausübt.*

Plumps|klo, das; -s, -s: *über einer Grube angelegter Abort ohne Wasserspülung:* „Wenn der Knecht zum Waldrand hetzt, / war das Plumpsklo schon besetzt." (Klospruch, Internetbeleg auf fun.wikia.com)

Plü|ter, der; kein Genitiv, -s [belegt auf ostfriesland-direkt.de; Herkunft unklar] (ndd., friesisch): *Penis.*

Po, der; -s, -s [Kurzform zu lat. podex eigentlich: der Furzer, zu lat. pedere (= furzen)]: *Gesäß.*

P

pöh|len ⟨hat⟩ [zu Pöhl (= Pfahl); außerhalb der Sexualsprache: etwas an einem Pfahl anbinden, Fußball spielen; belegt auf mitmachwoerterbuch.lvr.de]: *koitieren.*

Po|ken|ooks, der; -, - [belegt bei Herrmann-Winter, Pommersches Wörterbuch; aus Pöker und Noors; 1. Bestandteil: siehe Pöker; 2. Bestandteil: siehe Noors] (kindersprachlich): *Gesäß.*

Pö|ker, Po|ker, der; kein Genitiv, Pökers, Pokers, Pöks, Poks; Diminutivum: Pöking [belegt bei Herrmann-Winter, Pommersches Wörterbuch] (kindersprachlich): *Gesäß.*

po|lie|ren ⟨hat⟩ [eigentlich: glänzend machen, reiben; in Verbindungen mit länglichen Gegenständen, die poliert werden]: **den Kerzenständer/die Stange etc. polieren:** *masturbieren (vom Mann).*

Polk|fin|ger, der; -s, - [zu polken, pölken (= in etwas bohren)] **1.** [belegt bei Herrmann-Winter, Pommersches Wörterbuch] *schmutziger Finger* **2.** [belegt bei Reiskel: Berliner Mundart, 1905] *Mittelfinger bei der sexuellen Berührung der Vagina.*

Po-Loch, das; -(e)s, ...löcher; auch: **Po|po-Loch** [1. Bestandteil: siehe Po]: *Anus:* „Als Laie, der nix über das Machen von Filmen weiß, konnte ich mir nur vorstellen, das ganze Buch in Bildern zu machen. Das anzugucken wäre aber unerträglich. Dann würden nämlich 80 Prozent des Films in einem Krankenzimmer-Bett spielen. Und man hätte die ganze Zeit in Nahaufnahme auf der ganzen Leinwand ein riesiges entzündetes Po-Loch." (Charlotte Roche im Gespräch mit n-tv)

po|peln ⟨hat⟩ [belegt im Brandenburg-Berlinischen Wörterbuch; eigentlich: mit dem Finger in der Nase bohren; zu ostmitteldeutsch Popel (= verdickter Nasenschleim); laut Küpper z. B. ohne Wissen der Eltern, denn auch der Nasenbohrer geht heimlich zu Werke]: *(heimlich) koitieren.*

Po|po, der; -s, -s [verdoppelte Kurzform zu lat. podex; im Norden des Sprachraums wird meist die erste Silbe betont, im Süden meist die zweite]: *Gesäß (vor allem eines Kindes).*

Po|po|schei|tel, der; -s, - [belegt im Rheinischen Wörterbuch, mit dem Vermerk: aus der städtischen Umgangssprache; ferner bei Herrmann-Winter, Pommersches Wörterbuch; 1. Bestandteil zu mhd. scheitel(e) (= oberste Stelle des Kopfes); Haarscheitel, ahd. sceitila (= Kopfwirbel), zu scheiden]: *Mittelscheitel, der sich fast bis in den Nacken zieht.*

Po|pot|schi, das; -s, -s [Weiterentwicklung von Popo; vor allem österreichisch; die Betonung liegt auf der zweiten Silbe]: *Gesäß (vor allem eines Kindes).*

pop|pen ⟨hat⟩ [schon früh in diversen Mundarten belegt, z. B. im Kölsch; laut Duden zu regional poppern (= sich schnell hin- und herbewegen) oder zu regional poppeln (= ins Bett legen), zu Puppe; auch eine Herkunft aus dem Ruhrplatt wird vermutet, ursprüngliche Bedeutung: stopfen; das Wort wandert gegen Süden und gegen Norden, wird von MTV- und VIVA-Moderatoren gern verwendet, wobei die „Pringles“-Werbesprüche „Einmal gepoppt, nie mehr gestoppt!“ und „Die neuen Pringles poppen jetzt mit noch mehr Geschmack!“ zur Popularisierung beigetragen haben, ferner auch der Kinofilm „Popp dich schlank“ (2005); das Wort zählt zusammen mit ficken, bumsen und vögeln zu den am häufigsten verwendeten Wörtern für koitieren (Alex Deppert; zitiert bei Gutknecht, 78); gilt in seinem Herkunftsgebiet als derb, in seinen neuen Verbreitungsgebieten als Normalwort]: *koitieren* ❖ **Poppe statt kloppe!** *Kölsche Version von: Make love not war!*

Pops, der; -(e)s, Pöpse [Weiterentwicklung von Po]: *Gesäß.*

Popsch, der; -(e)s, Pöpsche [Weiterentwicklung von Po] (vor allem österreichisch): *Gesäß.*

Pop|scherl, das; -s, -n [Diminutivum von Popsch]: *Gesäß (besonders eines Kindes).*

Po|rit|ze, die; -, -n [1. Bestandteil: siehe Po; 2. Bestandteil: spätmhd. ritze]: *Gesäßfalte.*

por|no, porn ⟨Adj.⟩ [zu franz. pornographie, dieses zu griech. pornográphos (= über Huren schreibend), zu pórnē (= Hure) und gráphein (= schreiben); die Bedeutungsaufwertung der adjektivischen Kurzform ist jüngeren Datums]: *großartig, toll.*

Por|no|fee, die; -, -n [belegt in „Jugendsprache unplugged 2013“, Langenscheidt; zu porno, siehe dort, also nicht abwertend]: *Mädchen, das sexuell attraktiv und süß ist.*

Por|no|ma|trat|ze, die; -, -n: **1.** *Pornodarstellerin:* „Ich bin doch keine Pornomatratze oder was? Ich knutsch doch nicht rum, damit die anderen mich knutschen sehen.“ (Kögl: Auf Fett Sieben, 37) **2.** *promiskuitive Frau, die häufig und mit verschiedenen Männern Sexualkontakte hat.*

poort|fast ⟨Adj.⟩ [gemeldet von Dirks; eigentlich: torfest; meist in Form einer Negation] (ndd.): **se is neet poortfast:** *sie ist sexuell erregt, sie ist gierig nach sexuellen Kontakten.*

Por|zel|lan|fuh|re, die; -, -n [früher fuhren Kutscher in diesem Fall so langsam, als hätten sie Porzellan geladen]: *Koitus in einer fahrenden Droschke oder in einem fahrenden Auto.*

Po|sche|mi|ne, die; -, -n; **Po|sche|min|chen,** das; -s, - [belegt bei Wolf; ursprünglich rotwelsch; von romanes pōšom (= Wolle) oder póstin (= Pelz)]: *Vulva.*

Post|ross, das; -es, ...rösser und rosse ❖ **ein Hintern wie ein Postross:** *ein übergroßes Gesäß.*

pö|tern ⟨hat⟩ [belegt auf plattmakers.de; eigentlich: aufrühren, aufwühlen, stochern; vgl. ndl. peuteren, engl. poke; im Rheinischen Wörterbuch mit den Bedeutungen nesteln, schwierige Arbeit langsam ausführen; ein wenig essen, im Essen stochernd; verwandt mit pochen] (ndd.): *koitieren.*

Pot|schi, das; -s, -s [Weiterentwicklung von Po; vor allem österreichisch]: *Gesäß (vor allem eines Kindes).*

Pou|let|brüst|li, die (Plural) [belegt im Wörterbuch der Jugendsprache, Pons 2014; aus der Küchensprache; 1. Bestandteil: junges Masthuhn; franz. poulet, Diminutivum von poul; zu lat. pulla; 2. Bestandteil: Brüstchen] (schweizerisch): *flacher Busen.*

Pous|sier|stän|gel, der; -s, - [belegt bei Herbert Pfeiffer; 1. Bestandteil: poussieren (= mit jemandem flirten, mit jemandem eine Liebschaft haben; jemanden umwerben, hofieren, umschmeicheln); 2. Bestandteil: siehe Stängel]: *junger Mann, der viel flirtet und Mädchen umwirbt.*

pral|len ⟨hat⟩ [eigentlich: auf jemanden oder etwas heftig auftreffen, wobei ein lautes Geräusch zu hören ist; laut Duden zu mhd. prellen, von der Präteritumform prallte gebildet]: *einen Darmwind lautstark entweichen lassen.*

Prän|gel, der; -s, -; auch: **Pren|gel, Pran|gel, Prär|kel** [mndd. prange (= Stange, Pfahl); die männlichen Genitalien werden oft mit länglichen und harten Gegenständen verglichen; z. B. Bolzen, Keule, Klachel, Knüppel, Latte, Pint, Schwengel etc.] (vor allem Rheinland): *(erigierter) Penis.*

Prä|ser, der; -s, - [Kurzform von Präservativ; über franz. préservatif, zu préserver (= schützen), zu spätlat. praeservare (= vorher beobachten)]: *Kondom.*

Prä|serl, das; -s, -n [Diminutivum von Präser, siehe dort]: *Kondom:* „I hab a Präserl in da Westn, weu ma waaß ja nie / vielleicht rennt an a so a Schickfut übern Weg. / I pack di meisten von da Weiten midn Augenschmäh / und sag ‚na oiso‘ waun is daun am Ruckn leg.“ (Danzer: Vorstadtcasanova)

Pra|ter|hur, die; -, -en, älterer Plural: ...hurna [1. Bestandteil: Prater (= Erholungsgebiet in Wien, teilweise mit Straßenstrich und Vergnügungsviertel)] (wienerisch): *Prostituierte minderer Güte.*

prät|schen, pret|schen, brät|schen, bret|schen ⟨hat⟩ [laut Grimm ursprünglich vor allem schweizerisch: mit einer Prätsche (= Klatsche) schlagen, dass es knallt]: *einen Darmwind (mit knallendem Geräusch) entweichen lassen:* „sprachregelung (auswahl): proleten- und gassenbubenart: furzn, an schas losn – unsere Art: pretschn, einen fahren lassen.“ (Kofler: Guggile, 35)

Prei|sel|beer|wo|che, die; -, -n [siehe auch Erdbeerwoche] (verhüllend): *Zeit der Menstruation:* „Fragt der Freund seine Freundin: ‚Wie wär’s? Hast du Lust heute?‘ Darauf die Freundin: ‚Hab Preiselbeerwochen.‘ Der Freund: ‚Ein guter Seemann sticht auch ins Rote Meer.‘“ (Internetbeleg auf r-winners.de)

Pren|gel, der: *siehe Prängel.*

Pre|tschu|del, Pre|tschudl, die; -, -n [1. Bestandteil: vermutlich zu lat. prae (= vorn); 2. Bestandteil: siehe Tschudel]: *Vagina, Vulva.*

pret|schen: *siehe prätschen.*

Pri|a|pus, der; -s, kein Plural; **Priap,** der; -s, kein Plural [Priapos griech. Πρίαπος, latinisiert Priapus, Sohn des Dionysos und der Aphrodite, war in der griech. Mythologie ein Gott der Fruchtbarkeit]: *Penis:* „Stehe du hier an der Seite, Priap! ich habe von Dieben / Nichts zu befürchten, und frei pflück und genieße wer mag! / Nur bemerke die Heuchler, entnervte, verschämte Verbrecher! / Nahet sich einer und blinzt über den zierlichen Raum, / Ekelt an Früchten der reinen Natur, so straf ihn von hinten / Mit dem Pfahle, der dir rot von den Hüften entspringt!" (Goethe: Erotica Romana 1788; in: Erotische Gedichte, hg. v. Ammer, 45)

Prinz, der; -en, -en ❖ **kleiner Prinz:** *Penis.*

prit|scheln ⟨hat⟩ ich pritschl [mit Einschub von -l- zu pritschen; eigentlich: mit der Hand auf das Wasser schlagen, herumspritzen, plätschern] (bayerisch und österreichisch): *urinieren.*

Prit|schen, die: *siehe Britsche.*

Prit|zel, der; kein Genitiv, - [eigentlich: Knabe, kleinwüchsiger Mensch] (ndd.): *Penis des Knaben.*

Pri|vat|do|zen|tin, die; -, ...innen: *Prostituierte, die ihre Kunden in einer eigenen Wohnung empfängt oder in deren Wohnung besucht.*

Pri|wee, das; -(s), -(s) [zu franz. privé (= privat)]: *Raum zur Verrichtung der Notdurft.*

Pro|bier|spat|zerl, das; -s, -n: **1.** *Gummipenis* **2.** *kleiner Penis.*

Prü|gel, der; -s, - [belegt auf duden.de; spätmhd. brügel (= Knüppel), vermutlich entfernt verwandt mit Brücke; außerhalb der Sexualsprache mit der Bedeutung Knüppel; die männlichen Genitalien werden oft mit länglichen und harten Gegenständen verglichen; außerhalb der Sexualsprache auch mit der Bedeutung: kräftiger Mann, Muskelprotz]: *(erigierter) Penis:* „Aber erst, nachdem das eine Viertelstunde, zwanzig Minuten oder beliebig länger so weitergegangen sein wird, dass ein harter Prügel ihren Unterleib innerlich drischt." (Jelinek: Gier, 294)

Prumm, Prümm, die; -, -en; auch: **Prau|me, Pfrau|me,** die; -, -n; außerdem erweitert zu **Piss|prumm** [Prumm ist eine Nebenform von Pflaume; alle Varianten entlehnt aus griech. proũmnon] (rheinisch): *Vulva, Vagina:* Pissprumm, Hackestell (-stiel), dreimol poppen es nit viel.

Prüm|me|büt|zer, der; -s, - [belegt auf koeln-altstadt.de/koelsch; 1. Bestandteil: siehe Prumm]: *weibstoller Mann; ein Mann, der auf sexuellen Kontakt mit Frauen versessen ist.*

Pu|de|rant, der; -en, -en [zu pudern, siehe dort] (österreichisch): *Mann, der mit vielen Frauen sexuell verkehrt.*

Pu|der|do|se, die; -, -n [eigentlich: Behälter zur Aufbewahrung von kosmetischem Puder; in der Sexualsprache 1. Bestandteil zu pudern; siehe dort, und 2. Bestandteil zu Dose, siehe dort] (österreichisch): *Vagina:* „Schatz ich kauf dir eine Puderdose, eine Puderdose ist modern. / Schatz ich kauf dir eine Puderdose, eine Puderdose und ich hab dich gern. / Und dann pudern wir miteinander auf der Dosn umeinander, / bis wir nimmer pudern können du und i." (Volkslied, existiert in vielen Varianten)

Pu|de|rei, die; -, -en [zu pudern] (österreichisch): *häufiges, lang andauerndes oder als unangenehm empfundenes Koitieren.*

pu|der|lus|tig ⟨Adj.⟩ [1. Bestandteil zu pudern, siehe dort; 2. Bestandteil zu mhd. lustec, lustic (= lustig, heiter; verlangend, begierig); vgl. lüstern] (österreichisch)] **1.** *an einem Koitus interessiert* **2.** *sexbesessen.*

pu|dern ⟨hat⟩ [belegt u. a. bei Castelli und Schranka; zu buttern (= mit dem Stößel Milch zu Butter rühren) und in der Schreibung an Puder angeglichen, wodurch die Herkunft verschleiert wurde] (vor allem ostösterreichisch, schon in Bayern unbekannt): **1.** (intransitiv) *den Koitus vollziehen:* sie haben stundenlang gepudert; er/sie pudert mit ihr/ihm 2. (transitiv) *mit jemandem den Koitus vollziehen:* eine Frau/einen Mann pudern; er/sie lässt sich (nicht) pudern.

Pu|der|wä|sche, die; -, kein Plural [zu pudern, siehe dort] (österreichisch): *Reizwäsche.*

Puff, der; auch: das; -s, -s [unter Einfluss von veraltet puffen (= koitieren); dieses ursprünglich nach dem Geräusch fallender Würfel]: *Bordell:* „Welcher Mann geht schon ins Puff, um dort Wasser zu trinken?" (Rebhandl: In der Hölle ist für alle Platz, 11)

Puff|mut|ter, die; -, ...mütter [1. Bestandteil: siehe Puff]: *Frau, die in einem Bordell die Prostituierten beaufsichtigt:* „Ich zählte im Kopf eine Fülle von Schimpfwörtern auf, von denen jedes zu dieser ekelhaften Puffmutter wie eine Faust auf ihre hässliche Nase passte." (Strohmeier: Küss mich, Libussa, 197)

pu|len ⟨hat⟩ [zu mndd. pulen (= herausklauben, bohren, wühlen); außerhalb der Sexualsprache auch: mit den Fingern etwas abziehen, herunterkratzen, z. B. das Etikett einer Flasche]: **1.** *masturbieren* **2.** *den Partner mit der Hand befriedigen.*

pul|len, pul|lern ⟨hat⟩; auch: **pul|lo pul|lo ma|chen** [lautmalend mit der ursprünglichen Bedeutung gurgelnd fließen; außerhalb der Sexualsprache mit der Bedeutung saufen] (laut Variantenwörterbuch ndd. und mitteldeutsch, laut Duden ostndd. und ostmitteldeutsch): *(geräuschvoll) urinieren* ❖ **aus den Augen pullern** [belegt auf mundmische.de; vgl. Pipi in den Augen haben]: *(heftig) weinen.*

Pul|ler, der; -s, - [zu pullen, pullern; siehe dort]: *Penis.*

Pul|ler|frau, die; -, -en [vermutlich Analogiebildung zu Pullermann]: *Vulva.*

Pul|ler|mann, der; -s, ...männer [zu pullen, pullern; siehe dort; 2. Bestandteil: typisch für Wortbildungen dieser Art; vgl. Butzelmann, Kitzmann, Pillermann, Pissmanntje, Ziesemann]: *Penis.*

pum|meln ⟨hat⟩ [belegt im Brandenburg-Berlinischen Wörterbuch; eigentlich: mit dem Pummel (= Stößel) im Mörser stampfen, stoßen; Pummel ist eine Nebenform von Pumpel und Pümpel]: *koitieren.*

Pum|pel, Bum|pel, Püm|pel, Büm|pel, Pim|pel, Bim|pel, Pum|pe, die; -, -n [belegt im Pfälzischen Wörterbuch und bei Schmeller; verwandt mit ndd. pumpeln und pümpeln (= mit einem Stössel im Mörser stampfen, stoßen); lautmalend]: **1.** *Vagina:* „Du alte Rukunkel, / Du zahnluckerts Tier, / Hast viel Haar auf da Pumpel / Und kampelst (= kämmst) di' nia." (aus einem Wiener Volkslied, in: Weber, 236) – „Zwei Mädchen suchten einen Floh, / die eine sucht ihn am Popo, / die andre an der Pumpe, / aber Scheiße, er war im Strumpe." (aus dem Volkslied: „Freut euch des Lebens, Großmutter wird mit der Sense rasiert ...", in: Brednich, 125–126) **2.** *dicke Frau.*

pum|peln, püm|peln ⟨hat⟩ [verwandt mit Pumpel, Pümpel, siehe dort; außerhalb der Sexualsprache mit der Bedeutung klopfen; vgl. „Was rumpelt und pumpelt in meinem Bauch herum", Grimms Märchen] (ndd.): *koitieren:* „Mancher Herr hat solche Stellen, / die bei der Berührung schwellen; / Beulen, die am Kopf entstehn, / sind nur selten erogen. / Andre Teile wieder schrumpeln, / wenn zwei aufeinanderpumpeln. / Beispielsweise das Plumeau / und das Diskussionsniveau." (Bernstein; zitiert in Zutzel: Zweite Folge, 190)

Pum|perl, das; -s, -n [Diminutivum von Pumpel (= weibliches Geschlechtsteil); außerhalb der Sexualsprache: das pochende Herz des Menschen, kleines rundes Ding]: *Vagina.*

pum|pern ⟨hat⟩ [laut Kluge lautmalend und zu pupen gehörig; heute nur noch mit der Bedeutung laut klopfen in Süddeutschland und Österreich; früher pumpern im Mittel- und Niederdeutschen auch mit der Bedeutung: eine Darmblähung entweichen lassen (heute stattdessen pupen); gehört zu einer Reihe von Wörtern mit der Grundbedeutung rhythmisch ein Geräusch erzeugen: bumsen, dengeln, knallen, nageln, pempern, pimpern etc.] (süddeutsch und österreichisch): **1.** *eine Darmblähung entweichen lassen* **2.** *koitieren:* „Vom Baucherl aufs Naberl, / Vom Naberl in d Haar / Und is s a wenig sauba / So pumpern ma s gar." (aus einem Wiener Volkslied; zitiert in Weber, 233)

Pün|tu, Pün|te|li, Pun|te|li, Bün|te|li, Bun|te|li, das; kein Genitiv, - [belegt auf berndeutsch.ch; eigentlich: Bündel] (schweizerisch): **1.** *Hoden, Hodensack* **2.** *Penis* **3.** *Idiot.*

P

Pun|ze, die; -, -n; **Punz, Puns,** die; -, -en [mhd. punze (= Stichel); zu ital. punzone, (= Stoß, Stempel), dieses zu lat. punctio (= das Stechen, der Einstich), zu lat. pungere (= stechen); außerhalb der Sexualsprache: Stempel; eingestanzter Stempel]: *Vagina, Vulva:* „Reich mir die Punz, mein Leben / komm auf mein Schloss mit mir. / Mein Schwanz, der wird in dir beben, / es ist nicht weit von hier." (Internetbeleg auf kraehseite.de/sms-sprueche; adaptierter Text zu „Reich mir die Hand ..." aus Mozarts „Don Giovanni", Duett Don Giovanni und Zerlina; im Original verhüllend)

Pup, der; -(e)s, -(e), **Pups,** der; -es, -e, **Pu|per,** der; -s, -; **Pup|ser,** der; -s, - [lautmalend, laut Kluge ndd.; breitet sich infolge häufiger Verwendung in Kinosynchronisationen gegen Süden aus]: **1.** *abgehende Darmblähung* ❖ **Pup mit Puschel** [Puschel: ndd. und ostmitteldeutsche Nebenform von Büschel mit der Bedeutung Quaste; vgl. Schas mit Quasteln]: *Darmblähung, bei der etwas Kot abgeht* **2.** *Kleinigkeit:* mit jedem Pup kommt er zu mir ❖ **da hat keiner mehr (einen) Pup gesagt:** *alle haben geschwiegen.*

Pup|arsch, der; -(e)s, ...ärsche [belegt bei Herrmann-Winter; 1. Bestandteil: siehe pupen; 2. Bestandteil: siehe Arsch]: **1.** *willensschwacher Mensch* **2.** *schwaches, dünnes Bier.*

Pu|pe, der; auch: die; -n, -n [zu Pup und pupen, Bedeutung 2, unter Einfluss von Puppe]: **1.** *Gesäß, Anus* ❖ **du kannst mir mal an der Pupe schlabbern/die Pupe schmatzen** [belegt bei Küpper und auf mundmische.de] *Götzzitat* **2.** *junger Mann, der der Straßenprostitution nachgeht.*

pu|pen, pup|sen <hat> [zu Pup; pupsen ist belegt im Rheinischen Wörterbuch mit dem Hinweis: besonders von Kindern] (familiär): **1.** *eine Darmblähung abgehen lassen:* „Fritz Frosch muss jeden Tag pupsen. Als ihm das zu peinlich wird, beschließt er damit aufzuhören. Doch die Luft, die er zurückhält, sammelt sich auf einmal in seinem Bauch. Birte Müller bringt den Kindern auf den 24 Seiten auf humorvolle Weise bei, dass Pupsen nur natürlich ist und man sich dafür nicht schämen muss." (aus einem Werbetext des Nord-Süd-Verlags für das Bilderbuch „Fritz Frosch pupst") ❖ **Schiet'n, Fröt'n, Sup'n, sachte Goah'n und Pup'n, dat sett't an!** [belegt auf deutsch-plattdeutsch.de]: *Scheißen, Fressen, Saufen, langsam Gehen und Darmblähungen entweichen lassen, das setzt an!* **2.** *angeben, sich aufspielen:* „Pups hier nich so rum, dat glaubt dir doch keiner." (Internetbeleg auf mitmachwoerterbuch.lvr.de) ❖ **jemandem etwas pupen:** *keinesfalls geneigt sein, einer Aufforderung nachzukommen.*

Pu|pen|jun|ge, der; -n, -n [zu Pup, der]: *junger Mann, der der Straßenprostitution nachgeht.*

Pu|pert, der; kein Genitiv, -s [belegt bei Schuster; eigentlich: Furzer] (ndd.): *Gesäß.*

Püp|pi, die; -, -s [eigentlich: Kinderspielzeug, Kosename für ein Mädchen] (schweizerisch): *weibliche Brust.*

Püp|pi|hut|te, die; -, -n [1. Bestandteil: siehe Püppi; 2. Bestandteil: Hutte oder Hotte: Butte, Rückentragekorb; siehe Duttelkrax, Mämmestipper, Tittenrackje] (schweizerisch): *Büstenhalter.*

Püp|pi|chrat|te, die; -, -n [1. Bestandteil: siehe Püppi; 2. Bestandteil: Kratten (= geflochtener Korb); mhd. kratte, ahd. cratto; ursprünglich: Gewundenes, Geflochtenes] (schweizerisch): *Büstenhalter.*

Pur|ri, Bu|ri, der; -s, - [belegt bei Hornung; laut Wlislocki zu romanes pori (= Schwanz, Schweif)] (wienerisch): *Penis* ❖ **dem hängt der Purri außi: 1.** *er hat den Hosenschlitz offen* **2.** *er ist schlampig angezogen* **3.** *er hat alles verloren.*

Pür|schel, das; -s, - [Herkunft unklar; vielleicht verwandt mit Bürzel; siehe Berzel und Pertz; eventuell auch Verballhornung des Reimes wegen]: *Penis:* „Nie wieder wird das Bürschel pissen, weil Haie in sein Pürschel bissen!" (Schüttelreim, Internetbeleg auf witzeland.de)

Pus, die: *siehe Puus.*

pü|schern: siehe pischen.

Push-up-BH, der; -(s), -(s) [zu engl. to push up (= nach oben schieben, nach oben drücken]: *Büstenhalter, der durch stützende Schalen und Einlagen auch kleinere weibliche Brüste zu einem üppigen Dekolleté formt (in der Werbung als Wonderbra®-Effekt bezeichnet).*

Pus|sier|stän|gel, der: *siehe Poussierstängel.*

Pus|sy, die; -, -s [engl. pussy (= Vagina); laut etymonline.com vielleicht verwandt mit ndd. Pus, siehe dort, vgl. altnordisch puss (= Tasche) oder Diminutivum von puss (= Katze), dieses wohl lautmalend nach einem Ruf, mit dem Katzen angelockt werden]: *Vagina:* „Pussy. Hm. Hm. Sagte man neunzehnhundertneunundneunzig noch nicht, war noch nicht so üblich, in einigen Pornos schon." (Meyer: Im Stein, 88)

Put|zi|lein, das; -s, -; **Put|zi|le,** das; -s, -n; **Put|ze|le;** -s, -n; **Put|za|le,** das; -s, ...lan [eigentlich: kleines Kind, kleines Tier, kleines Ding; Diminutivum zu Putz, Butz (= Kobold, Kerngehäuse des Apfels); nach einer alten abergläubischen Vorstellung sitzt im Inneren von Früchten ein Kobold (siehe Hornung); wohl zu mhd. bōȝen (= schlagen, klopfen)] (kärntnerisch): *Penis des Knaben:* „das ‚puzzile', ist mir beigebracht worden, dürfe man nicht angreifen (außer beim lulumachen), nicht anschaun (außer beim lulu-machen, weil da muss man ja hinschaun sonst macht man ja drüber) und nicht herzeigen (außer den eltern oder dem arzt, denn die eltern und der arzt dürfen ‚alles sehn')." (Kofler: Guggile, 41–42)

Puus, Püüs, die; -, -; Diminutivum: **Püs|chen, Püs|ching,** das [belegt bei Herrmann-Winter; ursprünglich vielleicht Tasche; vgl. auch engl. pussy mit unklarer Herkunft] (ndd.): *Vagina, Vulva.*

Püüt, die; kein Genitiv, -en [belegt bei Schuster und auf plattmakers.de; mit Anlautveränderung zu ndd. Tuut (= Tüte, Tasche), zu mndd. tute (= Instrument zum Blasen); laut Kluge war möglicherweise franz. cornet und engl. cornet (= Blashorn, Tüte) Vorbild für die Wortbildung] (ndd.): **1.** *Penis* **2.** *Vagina, Vulva.*

Pyg|ger, der; -s, - [belegt auf berndeutsch.de; Substantivbildung zu franz. piquer (= piksen, stechen, stochern)]: *Penis.*

Q

Qua|drat|arsch, der; -(e)s, ...ärsche [das Bestimmungswort Quadrat- dient oft dazu, etwas als äußerst groß zu charakterisieren, z. B. Quadratlatschen (= große ausgetretene Schuhe, Mensch mit großen Füßen), Quadratratschen (= besonders schwatzhafte Frau), Quadratdepp (= Vollidiot)]: **1.** *sehr großes Gesäß* **2.** *ungeschickter Mensch.*

Quark|ta|schen, die (Plural): *weibliche Brüste.*

Quas|ten, die (Plural) [Quaste (= Büschel von Fäden, die am oberen Ende zusammengebunden sind); zu mhd. quaste, queste, ahd. questa (= Laubbüschel)]: *weibliche Brüste:* „Guttmann (schaute sich am liebsten Filme) mit Titt Eklund (an), die enorme Quasten trug." (Rebhandl: In der Hölle ist für alle Platz , 61)

Quer|arsch, der; -es, ...ärsche [laut Grimm: ein Gesäß, dass einem in die Quere kommt] (sächsisch): **1.** *dummer Mann* **2.** (selten) *dumme Frau.*

quer|bra|ten ⟨hat⟩ [außerhalb der Sexualsprache: intrigieren, hintertreiben]: *eine fremde sexuelle Beziehung stören.*

quer|pu|dern ⟨hat⟩ [siehe pudern]: **1.** *sexuell untreu sein* **2.** *gleichzeitig mehrere sexuelle Beziehungen haben.*

Qui|ckie, der; -s, -s [engl. quickie, zu: quick (= schnell)]: *rasch vollzogener Koitus.*

Quietsch|büch|se, die; -, -n [2. Bestandteil: siehe Büchse]: *Frau, die dauernd albern lacht.*

Quo|ten|hu|re, die; -, -n [1. Bestandteil: kurz für Einschaltquote; 2. Bestandteil: siehe Hure]: *Person im Unterhaltungssektor (vor allem beim Fernsehen), die für Einschaltquoten alles tun würde.*

Quo|ten|nut|te, die; -, -n [1. Bestandteil: kurz für Einschaltquote; 2. Bestandteil: siehe Nutte]: *Person im Unterhaltungssektor (vor allem beim Fernsehen), die für Einschaltquoten alles tun würde:* „,Quotennutte' bekommt den Grimme-Preis" (stern.de über Thomas Gottschalk am 26. Januar 2011).

Ra|kel|dobb, der; kein Genitiv, ...dobben [gemeldet von Dirks; eigentlich: Aschenloch] (ndd.): *Vagina, Vulva* ❖ **in de Rakeldobb pötern** [eigentlich: im Aschenloch stochern, wühlen (z. B. um das Feuer wieder anzufachen)]: *koitieren.*

Ra|ke|te, die; -, -n ❖ **die rote Rakete:** [belegt im Wörterbuch der Jugendsprache, Pons, 2014]: *Tampon.*

Ram|mel|beu|tel, der; -s, - [1. Bestandteil: siehe rammeln; 2. Bestandteil: sackähnliches Behältnis aus weichem Material; ähnliche wie Tüte]: *Kondom.*

ram|meln, rem|meln ⟨hat⟩ [mhd. rammeln, ahd. rammalōn, vgl. Ramme (= Widder); ursprünglich: brünstig sein (bei Schafen); in der heutigen Jägersprache auf Hasen und Kaninchen bezogen]: *intensiv oder lang koitieren:* „Hast du Whiskey in der Blase, kannst du rammeln wie ein Hase.“ (Internetbeleg auf kraehseite.de/sms-sprüche) ❖ **rammeln wie die Karnickel:** *besonders intensiv oder lang koitieren.*

Ramm|ler, der; -s, - [Nomen Agentis zu rammeln]: *Mann, der häufig und lange koitiert:* „Der Übermensch hätte ein ordentlicher und rücksichtsvoller Rammler werden sollen, dann wäre er nie diesem Krampf von Herren- und Sklavenmoral erlegen.“ (Peer: Bis dass der Tod uns meidet, 217)

ramm|lig ⟨Adj.⟩ [zu rammeln, siehe dort]: *geil, lüstern (vom Mann).*

ram|sen, ram|seln ⟨hat⟩ [nach der Wortherkunft wäre die Schreibung rammsen, rammseln vorzuziehen, laut Grimm eigentlich: sich wie ein Schafbock gebärden; geil und frech sein; stößig und angreifend sein; zu ahd. rammo (= Bock); verwandt mit rammeln]: *koitieren.*

ran|las|sen ⟨hat⟩ [1. Bestandteil: gekürzt aus heran: von dort hierher; in die Nähe des Sprechenden]: *sich koitieren lassen (von der Frau):* „Der Mann, mit dem sie dort knöperte, war ein Freund, mit dem sie Mitleid hatte und ihn ein paar Mal ranließ.“ (Kebekus: Pussy Terror, 107) – „Die lebensbegleitende Sehnsucht freilich gilt der einen, der ersten Schülerliebe, Camille, die Georg nicht rangelassen hat (‚Du willst mit mir schlafen, obwohl ich erst vierzehn bin‘) – sich dann aber von einem bärtigen Studenten deflorieren ließ.“ (Spiegel, 41/99, 254)

ran|ma|chen ⟨hat⟩ ❖ *sich jemandem mit sexueller Absicht nähern.*

ran|neh|men ⟨hat⟩: *heftig koitieren:* „Da warten zwei Frauen auf Autobahn-Klos darauf, mal so richtig rangenommen zu werden.“ (Spiegel, 42/04, 181)

ran|pin|keln ⟨hat⟩ [laut Küpper eigentlich: im Stehabort jemandes Bekanntschaft machen] ❖ **sich ranpinkeln:** *sich jemandem liebedienerisch, unterwürfig, würdelos nähern.*

ran|schmei|ßen ⟨hat⟩ ❖ **sich ranschmeißen:** *sich jemandem dreist und direkt mit sexueller Absicht nähern.*

Rap|pel|chen, das; -s, - [zu rappeln, siehe dort] ❖ **(ein) Rappelchen machen** (kindersprachlich): *urinieren.*

Rap|pel|fott, der; -, ...fötter [zu rappeln (= sich geräuschvoll fortbewegen, nicht recht bei Verstand sein); zu mndd. rapen (= klopfen); vgl. auch mhd. raffeln (= lärmen, klappern, schelten); laut Kluge vermutlich vermischt mit mitteldeutsch reben, zu franz. rever (= träumen, fantasieren)]: *unruhiger, aufgeregter Mensch.*

rap|peln ⟨hat⟩ [laut Duden lautmalend] (kindersprachlich): *urinieren.*

rat|tig ⟨Adj.⟩ [warum die Ratte als Benennungsmotiv herhalten musste, ist unklar; vielleicht nach einem Volksglauben, wonach sich Ratten besonders schnell vermehren]: *lüstern, geil:* „Die Situation kennt wohl jede Beziehung: Er ist mal wieder grausam rattig und sie hat keine Lust. Was macht ihr dann mit eurem Süßen?“ (Internetbeleg auf gofeminin.de) – „Jetzt, wo ich schon einige Jahre Sex habe, bin ich fast immer rattig. Das äußert sich dann so, dass ich Lust auf einen Orgasmus habe oder heiß auf den Körper meines Partners bin.“ (Internetbeleg auf planet-liebe.de)

Ratz, der; -en, -en [belegt bei Herdi; süddeutsches Maskulinum für das ansonsten gebräuchliche Femininum Ratte, bei Oswald von Wolkenstein für die männlichen Genitalien, wie der nachfolgende Beleg zeigt] (schweizerisch): *Penis:* „Komm, höchster schatz, mich schreckt ain ratz mit grossem tratz, / davon ich dick erwache! / Die mir kain rue lat spät noch frue, lieb, dorzue tue, / damit das bettlin krache!“ (Wolkenstein: Ain tunckle farb); Hans Moser ersetzt in seiner Nachdichtung Ratz durch Speer: „Mein Lieb, komm her, denn immer mehr plagt mich ein Speer, / sodass ich oft erwache; / die stets im Nu raubt meine Ruh: tu was dazu, / damit das Bettchen krache ...“ (Nachdichtung Moser, 69 f., Original 195 f.)

rau|chen ⟨hat⟩ ❖ **jemandem eine rauchen** [belegt bei Teuschl; gleiches Bedeutungsmotiv wie schmaucheln]: *jemanden fellationieren.*

Rau|cher, Rauch|ler, der; -s, -; **Rau|cherl,** das; -s, -n [zu rauchen; ähnliche Bedeutungsentwicklung wie blasen, flöten, schmaucheln; siehe dort]: *Fellatio.*

Rau|cherl|ma|dame, die; -, ...mesdames [belegt bei Reiskel: Idioticon viennense eroticum, 1905; 1. Bestandteil: siehe Raucher]: *Frau, die (oft) fellationiert.*

Rechts|trä|ger; der; -s, - [zur Erläuterung siehe Linksträger]: *Mann, der Penis und Hoden rechts trägt.*

Re|gen|wurm, der; -s, ...würmer [mhd. regenwurm, ahd. reganwurm; im Erdboden lebender Wurm, der bei Regen an die Oberfläche kommt]: *kleiner oder unerigierter Penis.*

Reh|häu|tel, das; -s, -n [belegt bei Teuschl; Diminutivum von Rehhaut: Lederfleck zum Fensterputzen] (bayerisch und österreichisch): **1.** *abgeschlaffter Penis (eines alten Mannes)* **2.** *abgeschlaffter Hodensack (eines alten Mannes)* **3.** *Vorhaut.*

rei|ben ⟨hat⟩ [mhd. rīben, ahd. rīban; außerhalb der Sexualsprache mit der Bedeutung: auf etwas mit Druck hin- und herfahren] ❖ **sich einen reiben:** *masturbieren* (auch transitiv: jemandem einen reiben): „Auf Liebesreise / sprach Leibesriese: / ‚Reib es, Liese!‘ / Und sie rieb es leise.“ (Schüttelreim, Internetbeleg auf wikiquote.org)

rein|las|sen ⟨hat⟩ [1. Bestandteil: gekürzt aus herein: von dort draußen hierher nach drinnen]: *sich koitieren lassen (von der Frau).*

Rein-raus-Spiel, das; -s, -e [hinein und heraus bzw. herein und hinaus] (verhüllend): *Koitus:* „Selbst wenn es auf der Bühne zu Entgleisungen ins Zeitgenössische kommt, zu derben sexuellen Scherzen, wenn das gute alte Rein-raus-Spiel simuliert wird, macht Bachmanns Theater sich nicht schmutzig, bleibt immerzu rosig und appetitlich wie ein Babypopo.“ („Die Zeit“; zitiert in Spiegel, 18/97)

rei|ten ⟨ist⟩ [eigentlich: sich auf einem Pferd fortbewegen; mhd. rīten, ahd. rītan, ursprünglich: reisen, fahren]: *koitieren:* „Der Adam und die Eva, / die gingen übern Bach; / die Eva wollt geritten sein, / der Adam war zu schwach.“ (aus dem Volkslied „Mei Vater is Dachdecker“, in Brednich, 108)

rem|meln: *siehe rammeln.*

Ren|ner|te, das; kein Genitiv, kein Plural; ein Rennertes [süddeutsch und österreichisch; Verbalabstraktum zum Verb rennen] ❖ **das Rennerte haben:** *Durchfall haben.*

Re|ti|ra|de, die; -, -n [eigentlich: militärischer Rückzug, franz. se retirer (= sich zurückziehen)] (verhüllend): *Toilette.*

Ret|tich, der; -s, - [zu einem früheren Retirade, das (= Klosett); dieses zu franz. retirade (= Zufluchtsort); später verballhornt zu Rettich (= eine Gemüsepflanze)] (gaunersprachlich): *Klosett (im Gefängnis)* ❖ **Hau dich in den Rettich!** (gaunersprachlich): *Gib Ruhe! Verschwinde! Krepier!*

rib|beln ⟨hat⟩ [Frequentativum zu reiben] ❖ **sich einen ribbeln** [belegt bei Küpper]: *masturbieren.*

Rie|men, der; -s, - [mhd. rieme, ahd. riomo, ursprünglich: abgerissener (Haut)streifen; weitere Herkunft unklar; außerhalb der Sexualsprache: schmales Lederband]: *Penis:* „Mit weniger Wohlwollen betrachtet er seinen Riemen, der wird nicht stehen, garantiert.“ (Jelinek: Die Ausgesperrten, 222) ❖ **sich am Riemen reißen** [belegt bei Herdi 2001]: *masturbieren (vom Mann).*

rie|mig ⟨Adj.⟩ [zu Riemen]: **1.** *lüstern, geil (von der Frau)* **2.** *gierig nach einem Koitus (von der Frau).*

Rin|ne, die; -, -n [kurz für Pissrinne, siehe dort]: *im Pissoir eine halbkreisförmige Ausnehmung zwischen Wand und Fußboden, in die uriniert wird und die gleichzeitig als Abfluss für den Urin dient:* „Wenn man mal zur Toilette geht, / ganz hektisch an der Rinne steht, / weil man doch dringend pinkeln muss, / dann klemmt bestimmt der Reißverschluss!" (Klospruch, Internetbeleg auf reimmaschine.de)

Rip|pen, die; -, - [mhd. rippe, ahd. rippa, eigentlich: Bedeckung der Brusthöhle; nach der biblischen Erzählung im Buch Genesis (Kapitel 2 bis 5) ließ Gott Adam in einen tiefen Schlaf fallen, entnahm ihm eine Rippe und schuf aus dieser Eva; im Bayerischen und Österreichischen haben die meisten Feminina auf -e auch im Singular die Endung -n] (österreichisch): **1.** *Mädchen* **2.** *Prostituierte.*

Ritt, der; -(e)s, -e [zu reiten]: *Koitus:* „Verflucht und zugenäht, immer wenn sichs grad ergibt, daß mer vögeln könnte, macht das verdammte Bett Sperenzchen! Woraufhin wir uns entschlossen, den Ritt auf dem Bettvorleger zu beginnen." (Zwerenz: Tantenliebe, 28)

rit|tig ⟨Adj.⟩ [zu reiten; ursprünglich im Tirolerischen: brünstig (von der Kuh); außerdem auch: ein rittiges Pferd] (bayerisch und österreichisch): *ständig Menschen umwerbend, um sie für eine sexuelle Beziehungen zu gewinnen (von der Frau und vom Mann).*

Rit|ze, die; -, -n; Diminutivum: **Ritz|lein,** das [eine erst im Spätmittelhochdeutschen belegte Substantivbildung zu ritzen; dieses zu mhd. rizzen, ahd. rizzan, Intensivbildung zu reißen; gleiches Bedeutungsmotiv wie Loch, Schlitz, Spalte]: *Vulva, Vagina:* „Auffiel Hammer bald, daß Karin unglaublich stolz auf ihr Geschlechtsteil war. Besonders auf das Ritzlein, inmitten ihrer Speckmusch." (Henscheid: Dolce Madonna Bionda, 489)

Rit|zen|flit|zer, der; -s, - [1. Bestandteil: siehe Ritze; 2. Bestandteil: flitzen (= unbekleidet über einen öffentlichen Platz laufen und dabei möglichst großes Aufsehen erregen (z. B. durch ein Stadion während eines Fußballspiels, das live übertragen wird)]: *Stringtanga.*

R

Rit|zen|put|zer, der; -s, - [1. Bestandteil: siehe Ritze; 2. Bestandteil: putzen (= durch Reiben säubern)]: *Stringtanga.*

Ro|chen, der; -s, - [ein Knorpelfisch mit deutlich abgesetztem Schwanz; mndd. roche, ruche, eigentlich; der Raue]: *Penis.*

ro|deln ⟨hat⟩ [zu Rodel (= kleiner Schlitten); belegt bei Teuschl]: *Darmgeräusche von sich geben.*

Rohr, das; -es, -e [mhd., ahd. rōr (= Rohr, Schilfrohr; Schilf)]: *Penis:* „Daß die wichtigsten Dinge durch Röhren getan werden. Beweise: erstlich die Zeugungsglieder, die Schreibfeder und schließlich unser Schießgewehr." (Lichtenberg; zitiert bei gutknecht) – „Und ich sag: / Hose runter – Schwanzvergleich, die Stimmung kocht gleich über / Wir packen uns're Rohre aus und messen das Kaliber / Hose runter –

Schwanzvergleich, so macht mer des als Mann. / Mit Wortverdreh'n und Diskutier'n fang ich erst gar net an!" (J.B.O.: Hose runter) ❖ **ein Rohr verlegen:** *Geschlechtsverkehr mit einer Frau haben* ❖ **sich das Rohr verbiegen:** *sich eine Geschlechtskrankheit zuziehen (vom Mann gesagt)* ❖ **das Rohr polieren:** *masturbieren.*

Röh|re, die; -, -n [zu mhd. rœre, ahd. rōra, eine Ableitung von mhd. und ahd. rōr (= Schilfrohr); süddeutsch im Nominativ, Singular: die Röhren]: *erigierter Penis:* „... und a de Hertha und di Susi und de Monika / de san ma daunkboa, ehrlich woa, i kaunns beschwörn / i bin a Vorstadtcasanova und des bleib i a / der fesche Gustl mid da immahoatn Röhrn." (Danzer: Vorstadtcasanova) ❖ **ab de Röhre suuffe** [belegt bei Heredi 2001; eigentlich: direkt aus der Röhre saufen]: *fellationieren.*

rol|lig ⟨Adj.⟩ [eigentlich: paarungsbereit (von der Katze)]: *geil, lüstern (von der Frau).*

Roll|kra|gen|pul|lover, der; -s, - [wenn ein menschlicher Kopf mit einem Peniskopf verglichen wird, dann ist das Praeputium eine Art Rollkragen – es kann aufgerollt werden]: *Vorhaut.*

Ro|se, die; -, -n [belegt bei Borneman; mhd. rōse, ahd. rōsa, zu lat. rosa (= Edelrose), laut Duden aus einer kleinasiatischen Sprache; zur Bedeutung in der Sexualsprache siehe auch Blume] (verhüllend): *Vagina, Vulva* ❖ **die Rose pflücken** (verhüllend): *koitieren:* „Du bist die Blume aus dem Gemeindebau, ich weiß ganz genau, /du bist die richt'ge Frau für mich, du Blume aus dem Gemeindebau. / (...) / So wie du gehst, so wie du di bewegst, / du waßt gar net, wie sehr du mich erregst, / (...) Merkst du net, wia r i mi bei dir einehau, / weu du bist für mich die Überfrau, / komm, lass' dich pflücken, du Rose aus Stadlau!" (Wolfgang Ambros: Die Blume aus dem Gemeindebau)

Ro|set|te, die; -, -n [franz. rosette, Diminutivum von rose (= Rose); außerhalb der Fäkalsprache: an eine Rosenblüte erinnerndes Element in der Architektur; Verzierung an einem Kleidungsstück]: *Anus:* „Die Frauen rennen scharenweise in die Schönheitschirurgie, in die Änderungsfleischerei. Dann sitzen sie dort, beim Beauty-Metzker, und sagen: ‚Hier, halbes Pfund Brust!' Oder lassen sich noch irgend'nen Flansch an die Rosette klöppeln. Mal gucken, wo Platz ist für schicke Zierleiste. Klar. Wird schon halten. Dritte Titte auf'm Rücken." (Olaf Schubert in „Olaf und der Schönheitswahn") – „Onkel Otto (...) schnappte nach Luft und witzelte ein bißchen. Seine Arschrosette zog sich zusammen." (Franzobel: Scala Santa oder Josefine Wurznbachers Höhepunkt, 252) ❖ **jemandem ist mulmig/flau um die Rosette: 1.** *jemand verspürt einen starken Stuhldrang* **2.** *jemand hat Angst.*

Ro|set|ten|bom|meln, die (Plural) [belegt bei Borneman; 1. Bestandteil: siehe Rosette; 2. Bestandteil: eigentlich: Pompon (= Wollquaste an

Kostümen); zu ndd. bummeln, ursprünglich: hin- und herschwingen (beim Ausläuten einer Glocke)]: *Hämorrhoiden.*

Ro|set|ten|kö|nig, der; -s, -e [1. Bestandteil: siehe Rosette]: *Mann, der häufig den Analverkehr praktiziert.*

rot als attributives Adjektiv: **roter König, rote Kathi, rote Hölle, rotes Meer etc.**: *Menstruation:* „Jetzt mussten wir einige Tage unserm Vergnügen entsagen, weil wir uns sämmtlich dem Zepter des rothen Königs unterwerfen mußten." (Anonym: Lina's aufrichtige Bekenntnisse, 18) – „Kein Bauer ließ eine mit dem Roten König melken oder Obst eindünsten – die Früchte verdarben und die Milch wurde sauer, sobald sie den Melkeimer anfasste ..." (Jünger: Die Zwille, 127) ❖ **ein guter Pirat/Seemann sticht auch ins Rote Meer:** *Ermunterung, auch mit einer menstruierenden Frau zu koitieren:* „Eine der ersten Zoten, die ich im frühesten Kindesalter auf einer Party meiner Eltern mitbekommen und erst durch mehrmaliges Nachfragen verstanden habe, war: Ein guter Pirat sticht auch ins Rote Meer. Früher galt es als ekelhaft für einen Mann, eine Frau zu ficken, die blutet. Die Zeiten sind ja wohl lange vorbei. Wenn ich mit einem Jungen ficke, der es gerne hat, dass ich blute, dann hinterlassen wir eine riesige Splattersauerei im Bett." (Roche: Feuchtgebiete, 109) ❖ **den Roten haben:** *die Menstruation haben.*

Rot|licht|vier|tel, das; -s, - [Lehnübersetzung von engl. red light district; laut „Oxford English Dictionary" 1894 in einer in Ohio erscheinenden Zeitung erstmals belegt; Bordelle waren früher durch rote Lampen über dem Eingangstor gekennzeichnet]: *Viertel mit Sexshops, Striptease-Lokalen und Bordellen.*

Rü|be, die; -, -n [mhd. rüebe, ruobe, ahd. ruoba, verwandt mit lat. rapa, griech. ráphys; außerhalb der Sexualsprache eine Pflanzenart, deren meist längliche Wurzel als Lebensmittel und Futtermittel dient]: *Penis:* „‚Ach Mutter, koch ihm Tee, / daß ihm die Rübe steh', holderiaho ...// ‚Dem brauchst du nichts zu kochen, / dem steht er wie ein Knochen.'" (aus dem Volkslied „Einst fuhr ich nach Berlin", in: Brednich, 47)

rüb|nen ⟨hat⟩ [zu Rübe (= Penis)]: *koitieren.*

Rü|cken, der; -s, - ❖ **verlängerter Rücken/wo der Rücken seinen ehrlichen Namen verliert** (verhüllend): *Gesäß* ❖ **Küss mir den Rücken, wo er seinen ehrlichen Namen verliert!** (vor allem berlinerisch): *milde Form des Götzzitats.*

ru|del|bum|sen ⟨hat⟩ [siehe Rudelbumsen]: *Gruppensex betreiben.*

Ru|del|bum|sen, das; -s, kein Plural [1. Bestandteil: Rudel (= laut Duden: eine Gruppe wild lebender Säugetiere der gleichen Art, die sich für eine bestimmte Zeit zusammengeschlossen haben; Herkunft ungeklärt; 2. Bestandteil: siehe bumsen]: *Gruppensex.*

Ru|del|fick, der; -s, -s [siehe Rudelbumsen]: *Gruppensex:* „Zwar würde er den Lehrer aus jeder Orgie ausschließen, weil der buchstäblich

R

ohne Sex ist und er ihm ohne weiteres zutraut, dass er beim schönsten Rudelfick zum Rosenkranzbeten anfängt.“ (Rebhandl: Lebensabende und Blutbäder, 66)

ru|del|fi|cken ⟨hat⟩ [siehe Rudelbumsen]: *Gruppensex betreiben.*

ru|deln ⟨hat⟩ [siehe Rudelbumsen; wohl von dort abgeleitet]: *Gruppensex betreiben.*

Ru|del|pis|se, die; -, -n [vermutlich Analogiebildung zu Rudelbumsen; siehe dort]: *öffentliche Toilette:* „Ich muss jetzt mal ganz dringend raus in die Rudelpisse, und dort kotzte ich erst mal alles raus.“ (Kögl: Auf Fett Sieben, 34)

Ru|del|pis|ser, die (Plural) [vermutlich Analogiebildung zu Rudelbumsen; siehe dort]: *Mädchen oder Frauen, die gemeinsam auf die Toilette gehen (angeblich tun das Burschen und Männer nicht).*

ru|del|pu|dern ⟨hat⟩ [siehe Rudelbumsen]: *Gruppensex betreiben.*

Ru|del|pu|dern, das; -s, kein Plural [siehe Rudelbumsen]: *Gruppensex.*

Rue de la Gack, Rue de la Cacque, die [französisierende Form von Scheißhaus, dadurch klingt das Wort weniger unanständig] (verhüllend): *Scheißgasse (siehe dort).*

rues|se ⟨hat⟩ [belegt auf berndeutsch.de; eigentlich: vom Ruß befreien] (schweizerisch): *koitieren.*

Rüh|rer, der; -s, - [zu rühren, belegt bei Teuschl, Geher und Borneman]: *Penis* ❖ **den Rührer hineinhängen:** *koitieren.*

rum|bum|sen ⟨hat⟩ [siehe bumsen]: *mit verschiedenen Personen sexuellen Kontakt haben.*

rum|fi|cken ⟨hat⟩ [siehe ficken]: *mit verschiedenen Personen sexuellen Kontakt haben.*

Rum|for|zer, der; -s, - [belegt bei Meister] (fränkisch): *Wichtigtuer, Angeber.*

rum|fo|sen, rumfohsen ⟨hat⟩ [belegt bei Küpper, siehe fosen]: **1.** *außerehelichen Geschlechtsverkehr haben* **2.** *mit wechselnden Partnern sexuelle Beziehungen unterhalten* **3.** *häufig Kunde von Prostituierten sein.*

rum|fum|meln ⟨hat⟩ [siehe fummeln]: *jemanden in Form eines sexuellen Kontakts berühren oder streicheln; Petting betreiben* ❖ **an sich rumfummeln:** *masturbieren:* „Da schlepp ich mich lieber selber ab und fummel dann so lange an mir rum, bis ich gelangweilt und genervt einschlafe.“ (Kebekus: Pussy Terror, 93)

rum|fur|zen ⟨hat⟩ [belegt bei Nolden-Thommen]: *stänkern, nörgeln.*

rum|hu|ren ⟨hat⟩ [siehe huren]: **1.** *mit jemandem außerehelichen Geschlechtsverkehr haben* **2.** *mit wechselnden Partnern sexuelle Beziehungen unterhalten* **3.** *häufig Kunde von Prostituierten sein.*

rum|knut|schen ⟨hat⟩ [siehe knutschen]: *umarmen und innig küssen.*

rum|köt|teln ⟨hat⟩ [belegt bei Nolden-Thommen; siehe Köttel]: *stänkern, nörgeln.*

rum|ma|chen ⟨hat⟩ [außerhalb der Sexualsprache: etwas um etwas herumlegen]: *umarmen, innig küssen, sich mit jemandem sexuell einlassen:* sie ist eine, die mit allen rummacht ❖ **an sich rummachen:** *masturbieren:* „Meine absoluten Lieblingspornos sind diese ‚privaten' Pornos. (...) Und weil die Frau in dem Porno ja nicht weiß, dass sie gerade gefilmt wird, fängt sie sofort an, stundenlang an sich rumzumachen und putzt bei der Gelegenheit mal eben schnell die Hölle durch." (Kebekus: Pussy Terror, 153)

rum|tun ⟨hat⟩ (verhüllend): *umarmen, innig küssen, sich mit jemandem sexuell einlassen:* „Der Strache hat mir schon immer gefallen und das habe ich ihn auch spüren lassen. Aber er war ja damals noch vergeben und die Andrea war mit ihm dort. Ich bin keine, die mit vergebenen Männern herumtut, und habe deswegen auch nicht wirklich geflirtet." (ATV-Starlet Tara über den Chef der FPÖ Hans-Christian Strache, Interview in „Österreich" am 24. November 2013)

run|ter|ho|len ⟨hat⟩ ❖ **sich einen runterholen:** *masturbieren (vom Mann):* „Der Kragenbär, der holt sich munter / einen nach dem andern runter." (Gernhardt; Text einer Karikatur) ❖ **jemandem einen runterholen:** *jemanden masturbieren:* „... Du schaust den Himmel an, und Du sagst: ‚Ich hätt' so gern, / wenn man's arrangieren kann 'nen wunderschönen Stern.' / Ja, ich hol dir einen runter, du, da bin ich Spezialist, / du wirst tausend Sternchen sehen, lösch einfach nur das Licht ..." (Anitha Warnes: „Der schönste Stern, ich hol Dir einen runter)

run|ter|jo|deln ⟨hat⟩ ❖ **sich einen runterjodeln:** *masturbieren.*

run|ter|rei|ßen, åbe|rei|ßen ⟨hat⟩ ❖ **sich einen runterreißen:** *masturbieren (vom Mann):* „Auf der hohen Kirchenspitze / Vögeln sich zwei Stieglitze, / Und daneben sitzt ein Råbe, / Und der reißt sich einen åbe." (aus einem Wiener Volkslied, in: Weber, 249) ❖ **jemandem einen runterreißen:** *jemanden masturbieren.*

run|ter|zup|fen, åbe|zup|fen ⟨hat⟩ ❖ **sich einen runterzupfen:** *masturbieren (vom Mann und von der Frau)* ❖ **jemandem einen runterzupfen:** *jemanden masturbieren (vom Mann und von der Frau):* „Wir haben eine ganze Nacht gepachtet, sagt Nina (...) und nun sei so lieb und zupf mir einen runter!" (Zwerenz: Tantenliebe, 61)

Rüs|sel, der; -s, - [mhd. rüeȝel, zu ahd. ruoȝen (= wühlen), also eigentlich: Wühler; außerhalb der Sexualsprache: Organ von Säugetieren, z. B. des Elefanten]: *Penis.*

Rüs|sel|jäck|chen, das; -s, - [1. Bestandteil: siehe Rüssel; 2. Bestandteil: kleine Jacke; zu mhd. jacke; zu altfranz. jacque (= Panzerhemd, Waffenrock); das Kompositum ist belegt bei Borneman; ähnliches Benennungsmotiv wie Futfleckerl, siehe dort]: *knappe Badehose für Männer.*

Ru|te, die; -, -n; ndd. **Roo, Ro|de** [mhd. ruote, ahd. ruota, weitere Herkunft unklar; außerhalb der Sexualsprache: langer, dünner Zweig

R

oder ein Bündel davon]: *Penis* ❖ **die Rute ausfahren:** *eine Erektion bekommen.*

Rutsch, der; kein Genitiv, kein Plural [belegt bei Borneman; eigentlich: gleitende Abwärtsbewegung]: *Koitus.*

rut|schen 〈hat〉 [belegt bei Borneman; siehe Rutsch]: *koitieren.*

saa|chen: *siehe seichen.*

Sä|bel, der; -s, - [Säbel und Scheide sind ein Bedeutungspaar und stehen für Penis und Vagina]: *(erigierter) Penis:* „Ich war unlängst auf einer Party, da kommt einer zu mir und sagt: ‚Hey Baby, ich glaube, es gibt Krieg.' – ‚Hä?' – ‚Mein Säbel juckt.' Was sagste denn da drauf? ‚Aha. So, so. Er juckt. Dann musst 'n Säbel vielleicht mal waschen?'" (Carolin Kebekus – Ladies Night, WDR, 22. Juni 2013)

Sa|che, die; -, -n ❖ **es geht zur Sache:** *es kommt zum Koitus:* „Zur Sache, Schätzchen" war der Titel eines Films von May Spils aus dem Jahr 1968 mit Werner Enke und Uschi Glas.

Sä|chel|chen, das; -s, - [Diminutivum von Sache] (verhüllend): *Vagina.*

sa|chen: *siehe seichen.*

Sack, der; -s, Säcke [ahd. sac, zu lat. saccus, über griech. sákkos zu assyrisch sakku (= Sack, Büßergewand); außerhalb der Sexualsprache: rechteckiges Behältnis aus Papier oder grobem Stoff; beim Menschen ist ab der Pubertät das Skrotum im natürlichen Zustand mit Schamhaar bewachsen]: **1.** *Hodensack, Skrotum:* „Alter Mann will angeln gehen, / muss bis Sack im Wasser stehn, / Fische spielen Schabernack, / beißen alten Mann am Sack." (Internetbeleg auf kraehenseite.de/sms-Sprueche) – „Bilde mal einen Satz mit Saxen! / Der Pornostar hat im Vertrag stehn: / Im Film muss man auch sein' Sack sehn." (Otto Waalkes auf der DVD „Otto live! Das Original") – „Es war einmal vor langer langer Zeit, / vor 32 Jahren, als Mama schwanger war, sie schreit, / denn ich kommeee! Ich war so süß ohne die Haare am Sack, / aber die wachsen schon noch, warte mal ab." (Sido: Die Bilder im Kopf) ❖ **keine Haare am Sack, aber im Puff vordrängeln:** *über Sexualität groß reden, aber keine Ahnung haben* ❖ **jemand/etwas geht mir auf den Sack/auf die Eier/auf die Nüsse** [auf die Hoden gehen statt: auf die Nerven gehen]: *jemand/etwas setzt mir in zermürbender Weise zu* ❖ **hätte meine Tante einen Sack, wäre sie mein Onkel:** *Reaktion auf eine konjunktivische Spekulation: Hätte ich .../Wäre ich ...* ❖ **über den Sack niesen:** *eine Darmblähung entweichen lassen:* „... nur um seine schweinigen Witze und sein laut schallendes Pupen, was sie männlich nannten, zu hören. (...) Sie nannten das: ‚über den Sack nießen'. Wir ärmeren Mädchen hatten solche Worte nicht und sagten zu Blähungen: ‚Durchluft'." (Zille: Hurengespräche, 54.) **2.** *(dummer) Mann* (als Schimpfwort im Sinn von Pars pro toto): „Oder bei DSDS. Wenn Dieter Bohlen zu ner Minderjährigen im Fernsehen sagt: ‚Ja, singen kannste nicht, aber du bist doch 'ne ganz Knackige! (...) Die süßeste Versuchung, seit es DSDS gibt! Zieh lieber was Kurzes an!' Und das Mädel ist schon so verstrahlt, die denkt, das ist normal! Sie sagt nicht zu dem: ‚Hören Sie mal, Sie ekelhafter alter Sack! Wie reden Sie mit mir? Ich hol gleich die Polizei!' Was sagt das Mädel? ‚Kann ich dich mal drücken?' Da stimmt doch was nicht!" (Carolin Kebebus beim Satiregipfel, ARD, 4. März 2013)

Sackl|spitz, der; -, - [Diminutivum von Sack, als Kurzform von Hodensack; der Spitz (= süddeutsche Form von die Spitze)]: *Stoß mit der Fußspitze in die Hoden.*

Sack|naht, die; -, ...nähte: [längs verlaufende Linie am Hodensack, die wie eine Schweißnaht aussieht]: „Die Sonne brennt am Firmament, / die Filzlaus längs der Sacknaht rennt." (Klospruch, Internetbeleg auf unmoralische.de).

Sack|rat|ten, die (Plural) [Pthirus pubis, parasitierende Tierlausart; das Insekt klammert sich an den Scham- und Achselhaaren fest]: *Filzläuse.*

Saft, der; -(e)s, Säfte [mhd. saft, ahd. sa(p)f, verwandt mit lat. sapa (= Most)]: **1.** *Vaginalsekret der Frau:* „Sie kreischte unter mir, warf sich unter Leopolds Futküssen mit dem Popo hoch empor. (...) Der Speichel und der Futsaft tropften ihm von den Lippen." (Salten: Josefine Mutzenbacher, 159–160) **2.** *Ejakulat des Mannes:* „Das Sperma war der Applaus, mit dem sie überschüttet wurde, und Grace lachte wie ein Engel, wenn der Saft auf ihr Gesicht spritzte, wenn sie die Schwänze wie Mikrophone hielt, in die sie Dankesworte sprach, wenn das Gestöhne endlich zur Ruhe gekommen war." (Schalko: Knoi, 200)

Saft|arsch, der; -(e)s, ...ärsche [das Bestimmungswort Saft- dient der Verstärkung negativer Eigenschaften]: **1.** *Idiot (Schimpfwort für eine männliche Person, über die man sich ärgert)* **2.** *Versager.*

saf|ten, saf|teln ⟨hat⟩ [zu Saft, dieses zu mhd. saft, ahd. sa(p)f, weitere Herkunft unklar; außerhalb der Sexualsprache mit der Bedeutung: Saft abgeben]: **1.** *Vaginalsekret absondern* **2.** *ejakulieren.*

Saft|nu|del, die; -s, -n [1. Bestandteil: siehe Saftarsch; 2. Bestandteil: siehe Nudel]: *Schimpfwort für eine männliche Person, über die man sich ärgert.*

Saft|sack, der; -s; ...säcke [1. Bestandteil: siehe Saftarsch; 2. Bestandteil: siehe Sack]: **1.** *Idiot (Schimpfwort für eine männliche Person, über die man sich ärgert)* **2.** *Versager.*

Sa|la|mi, die; -, -s [ital. salame (= Salzfleisch); zu: sale, dieses zu lat. sal; eine Wurstsorte, die in großen Stangen verkauft wird]: *Penis* ❖ **die Salami streicheln:** *masturbieren (vom Mann).*

Sa|lon|nu|del, die; -, -n [belegt bei Reiskel; Idioticon viennense eroticum, 1905; 1. Bestandteil: franz. salon, zu ital. salone (= Festsaal); aus dem Germanischen entlehnt, verwandt mit Saal; in diesem Fall wohl Salon mit folgender Bedeutung: elegantes, luxuriös ausgestattetes Geschäft]: *kräftiger, aber nicht zu langer Penis.*

Salz|stangl|bu|sen, der; -s, - [zu Salzstangerl, ein Partygebäck]: *kleine, spitze weibliche Brüste.*

Sa|men|kol|ler, der; -s,- [eigentlich: Koller aufgrund aufgestauten sexuellen Verlangens; siehe Samenstau]: *große sexuelle Begierde (nach Phase der Enthaltsamkeit).*

Sa|men|stau, der; -s, -s: *große sexuelle Begierde (nach Phase der Enthaltsamkeit), die angeblich zu einem Anschwellen der Hoden führt* (eine Legende, denn es gibt keinen Rückstau der Samenflüssigkeit; in Wirklichkeit werden ungebrauchte Spermien vom männlichen Körper entweder resorbiert oder in einer Pollution ausgestoßen).

Sand|wich, der oder das; -(e)s und -, -(e)s sowie -e [engl. sandwich, nach John Montagu, 4. Earl of Sandwich (1718–1792), der angeblich ein derart leidenschaftlicher Kartenspieler war, dass er während eines Kartenspiels zwei zusammengeklappte Brote mit Rindfleisch aß; nach einer anderen Variante, um die Arbeit nicht unterbrechen zu müssen; außerhalb der Sexualsprache: zwei Scheiben Brot, dazwischen Schinken, Käse oder Ähnliches; neuerdings auch in der Managersprache für das mittlere Management, das von seinen Vorgesetzten und seinen Mitarbeitern Druck verspürt)]: *Sexualakt von zwei Männern und einer Frau, wobei sich die Frau zwischen den beiden Männern befindet.*

Sar|di|nen|büch|se, die; -, -n [Kompositum zu Büchse, siehe dort; Anspielung auf den Fischgeruch bei mangelhafter Hygiene]: *Vagina.*

Sa|Sa|La, der; -s, -s [kurz für: Samensammellappen; 2. Bestandteil zu mhd. lappe, ahd. lappo, lappa, ursprünglich: schlaff Herabhängendes] (verhüllend durch Abkürzung): *Taschentuch zur Reinigung der Genitalien nach dem Koitus.*

Sau, die; -, Säue, Säuen [Mutterschwein; mhd., ahd. sū, vielleicht eigentlich: Gebärerin oder lautmalend als Nachahmung des Schweinegrunzens bzw. eines Lockrufs für Schweine]: **1.** *jemand, der schmutzig und ungepflegt ist* **2.** *jemand, der sich sexuell auslebt und dabei keine Tabus kennt:* eine geile Sau ❖ **einer fetten Sau den Arsch/das Loch schmieren** [belegt bei Röhrich]: *einem reichen Geschenke machen (auch als Ablehnung, wenn jemand etwas verlangt, das er selbst im Überfluss besitzt)* ❖ **ich hab's schon einer anderen Sau versprochen:** *als Antwort auf das Götzzitat.*

Sau|beu|tel, -s, - [1. Bestandteil: siehe Sau; 2. Bestandteil: siehe Beutel]: *elender Schuft.*

Sau|but|ten, die; -, - [1. Bestandteil: siehe Sau; 2. Bestandteil: Behälter für Schweinefutter]: *jemand, der dauernd unanständige Witze erzählt.*

sau|gen ⟨hat⟩ [entspricht lat. fellare (= saugen), Herkunftswort für Fellatio]: *fellationieren:* „Statt saugen tuat sie lieber wetzen / deswegen

S

brauch i den Tschurifetzen.“ (Danzer: Die Ballade vom versteckten Tschurifetzen)

Sau|glö|ckerl, das; -s, -n [2. Bestandteil: Diminutivum von Glocke] ❖ **das Sauglöckerl läuten** [belegt bei Reiskel: Idioticon viennense eroticum, 1905] (österreichisch): *obszöne Witze erzählen.*

sau|sen ⟨hat⟩ ❖ **einen sausen lassen** [das Substantiv wird nicht ausgesprochen, nur der unbestimmte Artikel verbleibt] (verhüllend durch Auslassung): *eine Darmblähung entweichen lassen.*

scha|ben ⟨hat⟩ ❖ **sich einen schaben:** *masturbieren (vom Mann).*

Schä|del|fi|cken, das; -s, kein Plural [belegt im Wörterbuch der Jugendsprache, Pons, 2014; 1. Bestandteil: in der süddeutschen und österreichischen Umgangssprache das Normalwort für Kopf; 2. Bestandteil: siehe ficken]: *Kopfschmerzen.*

Schafs|schei|ße, die; -, kein Plural; auch: **Schafs|schei|ße mit Speck|krab|ben** (berlinerisch): *widerliches Essen.*

Schaf|se|ckel, der; -s, - [siehe Seckel und LEO] (schweizerisch): *derbes Schimpfwort:* „Bei ‚Blick‘ meldet sich jetzt der frühere ‚Tagesschau‘-Mann Stefan Tabacznik (65) zu Wort. Und richtet schwere Vorwürfe an die Adresse von (Ueli) Maurer. ‚Ich wurde vor drei Jahren ebenfalls Zeuge, wie er einen Medienvertreter verunglimpfte‘, so Tabacznik. Passiert sei es bei Maurers Swisscoy-Truppenbesuch im Kosovo im Oktober 2010. (...) Der pensionierte TV-Mann: ‚Es war Abend und der Kameramann musste das Licht einschalten, was Maurer offenbar ziemlich blendete.‘ Als er dann während des Filmens ein paar Schritte rückwärtslief, habe Maurer zum Kameramann gesagt: ‚Schafseckel! Brich dir ’s Gnick.‘“ (blick.ch vom 16. September 1913)

schä|len ⟨hat⟩ [mhd. scheln, ahd. scelan, zu Schale, dieses ursprünglich: Abgeschnittenes, Abgetrenntes] ❖ **sich einen schälen:** *masturbieren (vom Mann).*

Scham|haar, das; -(e)s, -e ❖ **um ein Schamhaar** [siehe auch um ein Arschhaar]: *ganz knapp:* die Abfahrt des Zuges um ein Schamhaar verpassen.

schap|peln ⟨hat⟩ [im Rheinischen Wörterbuch mit der Bedeutung: beim Gehen die Knie aneinanderreiben (von Kühen und Menschen)]: *masturbieren.*

scharf ⟨Adj.⟩ [mhd. scharf, scharpf, ahd. scarf, scarph, eigentlich: schneidend]: *geil, gierig auf Sexualkontakt (sowohl vom Mann als auch von der Frau);* oft mit einem Zusatz, der als geschlechtsspezifisch passend empfunden wird und dem Rollenklischee entspricht: **scharf wie eine Trennscheibe** (bei geilen Männern), **scharf wie ein Küchenmesser** (bei geilen Frauen).

Schas, der: *siehe Scheiß.*

Schei|be! Ja, Schei|be! Schei|ben|kleis|ter! Schei|ben|ho|nig! Scheinen! auch: **Sch...önes Wetter etc.** ⟨Interj.⟩ [verhüllend für das Wort

Scheiße mit Lautveränderung bzw. zusätzlich mit Ergänzung]: *ein Fluchwort.*

Schei|de, die; -, -n [mhd. scheide, ahd. sceida, eigentlich: Geschnittenes, Gespaltenes; nachgebildet zu lat. vagina (ursprünglich: Scheide des Schwertes); Scheide ist der medizinische Fachausdruck und kein unanständiges Wort; es wird hier angeführt, weil es mit Wörtern für Penis ein Bedeutungspaar bildet: Dolch, Messer, Säbel etc.]: *Vagina.*

scheiß 〈indekl. Adj.〉 [religiöse Flüche werden durch fäkale ersetzt]: *verdammt:* es ist deine scheiß Pflicht, ihn im Spital zu besuchen.

Scheiß, der: *siehe Scheißdreck.*

Scheiß, der; -, kein Plural; **Schoaß,** der; -es, -e; **Schoiß,** der; -es, -e; **Schas,** der; -es, -e [zu mhd. schīȥen, scheiȥ, schiȥȥen, geschiȥȥen, und zwar vom Präteritalstamm scheiȥ gebildet; Schas gilt für Wien, Klagenfurt und Teile Tirols, sonst österreichisch: Schoas; ferner bayerisch Schoaß; siehe auch Schiet] **1.** *abgehende Darmblähung:* einen Schoaß/Schas lassen: „... denn es gibt nichts so Resches, so Gemütliches, Fesches, wie den goldenen Weana Schas ..." (Qualtinger: Wenn der Wiener an Schas låsst) – „Das sagen alle Opportunisten, und wenn sie dann noch von den leisen Tönen reden, dann meinen sie meistens damit ihre Angstwinde. Um nicht schon wieder Schoaß zu sagen." (Zimmerschied: Die Stachelbeersträucher von Saigon, 78) **2.** (selten) *Kot* ❖ **sich einen Schoaß/Schas eintreten:** *einen Fehler begehen; mit etwas Misserfolg haben* **3.** *Unsinn, Blödsinn:* (einen) Scheiß machen; mach keinen Scheiß! Hört jetzt auf mit diesem Scheiß! ❖ **ein Schas mit Quasteln** [Diminutiv zu Quaste (= Büschel von zusammengebundenen Fäden); vgl. Furz mit Fransen und Pup mit Puschel]: *Darmblähung, bei der etwas Kot abgeht; völliger Unsinn:* „a faschimpöde fuasbrotesn / a finga dea wos en fleischhoka en woef kuma is / drei wochleid und a drafik / a giatlkafee met dischbost / a schas med qastln ..." (H.C. Artmann: wos an weana olas en s gmiad ged) ❖ **einen Scheiß/Schoaß/Schas daherreden:** *etwas Unwahres oder Wirres erzählen* ❖ **Scheiß reden/erzählen:** *Unsinn reden:* red keinen Scheiß! **4.** *Kleinigkeit:* Mundl: „A Raketen hab i g'schossen." Kurt Blahovec: „Und wegen so einem Schas rückt die Polizei aus?" („Ein echter Wiener, 12") ❖ **nur ein kleiner Schas im Wald sein:** *ganz unbedeutend sein* ❖ **wia wennst im Wald einen Schas lasst:** *ohne Wirkung bleiben:* „Wennst zu dem was sagst, is es wia wannst im Wald an Schas lasst ..." (Mundl in „Ein echter Wiener, 8") ❖ **wegen jedem Schas in der Höh' sein:** *sich wegen jeder Kleinigkeit aufregen* **5.** *verflixt* [in dieser Bedeutung wird der Schas in Bayern und Österreich häufiger verwendet als Scheiße, die]: so ein Scheiß/Schoaß/Schas, wieder nix im Lotto gewonnen! ❖ **etwas (nur so) aus Scheiß tun:** *etwas ohne besonderen Grund tun* ❖ **Das geht dich einen Scheiß/Schoaß/Schas an!** *Das geht dich über-*

haupt nichts an! „Und. Woran sind Sie gerade dran, Herr Kommissar?' – ‚Geht di an Schas an.'" (Franzobel: Zirkusblut, 40) ❖ **herumschießen wie der Schoaß/Schas in der Hose:** *sehr schnell hin- und herlaufen, emsig sein* ❖ **heißer Scheiß:** *eine neue aktuelle Mode:* „Partnersuche über Datingportale: Heißer Scheiß für Landeier" (Schlagzeile in der taz vom 5. Juni 2013) ❖ **der heißeste Scheiß:** *die neueste aktuelle Mode:* ... und ich unterstütze jetzt auch die Grünen, obwohl es nicht der heißeste Scheiß ist, die Grünen zu unterstützen." (Wolfgang Schlögl, derstandard.at, 10. August 2010)

scheiß- als 1. Bestandteil eines Adjektivs (auch bayerisch und österreichisch mit -ei-): **1.** *drückt eine Verstärkung aus:* scheißfaul, scheißheiß, scheißvergnügt **2.** *kennzeichnet eine Eigenschaft als übertreiben und verachtenswert:* scheißfein, scheißfreundlich, scheißhöflich.

Scheiß- als 1. Bestandteil eines Substantivs (auch bayerisch und österreichisch mit -ei-): *drückt aus, dass jemand oder etwas als schlecht und verabscheuungswürdig angesehen wird:* **Scheißpolitiker, Scheißarbeit, Scheißmusik:** „... es kommt zu einer regelrechten Bücherschlacht, bei der beide langsam immer fröhlicher werden. Bevor sie werfen, schreien sie die Autoren der Bücher. Also z. B.: Scheiß-Dürrenmatt, Scheiß-Pinter, Scheiß-Albee, Scheiß-Walser, Scheiß-Grass, dann fröhlicher werdend: Scheiß-Ionesco, Scheiß-Beckett ... (beide lachen schon) jetzt eine abschließende Balgerei mit Klassikern: Scheiß-Goethe, Scheiß-Schiller ... etc." (Bauer: Magic Afternoon, Regieanweisung, 28 f.)

-scheiß als 2. Bestandteil eines Substantivs (auch bayerisch und österreichisch mit -ei-): *drückt aus, dass jemand oder etwas als schlecht und verabscheuungswürdig angesehen wird (oft mit vorangestelltem Adjektiv: der ganze Scheiß):* der ganze Fußballscheiß – „Der ganze asiatische Bergsteigerscheiß" (Grissemann/Stermann: Speichelfäden in der Buttermilch, 619).

Scheiß|drauf! 〈Interj.〉 (auch bayerisch und österreichisch mit -ei): *darauf verzichte ich (notgedrungen).*

Scheiß|dreck, der; -s, kein Plural; oft abgekürzt zu **Scheiß,** der; -, kein Plural [die mundartlichen Lautungen Schoaß und Schas sind sowohl bei der Langform Scheißdreck als auch bei der Kurzform Scheiß nicht möglich; der Vokal wird immer -ei- ausgesprochen] (bayerisch und österreichisch): **1.** *Kot eines Menschen* **2.** *etwas Verachtenswertes:* „die arbeit ist ein scheissdreck / die illusion ist ein scheissdreck / der individualismus ist ein scheissdreck / der gesunde menschenverstand ist ein scheissdreck." (Bayer: idiot) **3.** *Geringfügigkeit, Kleinigkeit:* er rennt wegen jedem Scheißdreck zum Chef ❖ **einen Scheißdreck:** *überhaupt nichts:* das geht dich einen Scheißdreck an ❖ **sich einen Scheißdreck um etwas kümmern:** sich um etwas überhaupt nicht kümmern ❖ **sich um jeden Scheißdreck kümmern:** sich um jede

Kleinigkeit kümmern ❖ **du kannst deinen Scheißdreck alleine machen:** ich stelle meine Mitarbeit ein ❖ **das geht dich einen feuchten Scheißdreck/einen feuchten Dreck/einen feuchten Kehricht an:** *das geht dich überhaupt nichts an* ❖ **Ja, einen Scheißdreck!** *Grobe Ablehnung eines Ansinnens, das man für eine Zumutung hält.*

Schei|ße, die; -, kein Plural [zu mhd. schīʒen, scheiʒ, schiʒʒen, geschiʒʒen, und zwar vom Präsensstamm schīʒ gebildet; Röhrich weist darauf hin, dass zahlreiche Wendungen der Soldatensprache entstammen, z. B. in der Scheiße liegen (im Schützengraben liegen oder an vorderster Front kämpfen); wer davongekommen war, erzählte, dass er „die ganze Scheiße mitgemacht habe"; laut Zehetner in Bayern und Österreich mundartlich der Scheißdreck statt die Scheiße]: *Kot, Exkremente:* „Scheiße in der Lampenschale / he ladi ladi lo / gibt gedämpftes Licht im Saale / he ladi ladi lo // Scheiße auf dem Flugzeugträger / he ladi ladi lo / bremst die schnellsten Düsenjäger / he ladi ladi lo // Scheiße auf der Kirchturmspitze / he ladi ladi lo / sieht schlecht aus und stinkt bei Hitze / he ladi ladi lo // Scheiße im Trompetenrohr / he ladi ladi lo / bringt gedämpften Ton hervor / he ladi ladi lo ..." (aus dem „Scheißelied" mit zahlreichen Strophen und in vielen regionalen Varianten) – „... die ganze gediegene Klassik-Scheiße", „die ganze verrohte Ami-Scheiße" (Grissemann/Stermann: Speichelfäden in der Buttermilch, 619) ❖ **jemandem steht die Scheiße bis zum Hals:** *jemand befindet sich in einer unangenehmen und ausweglosen Situation* ❖ **Scheiß(e) mit Reis: 1.** *Ausruf der Verärgerung* **2.** *widerliches Essen:* Scheiß mit Reis is' auch a Speis (Scherzspruch) ❖ **gequirlte Scheiße:** *unsinnige (mündliche oder schriftliche) Äußerung, die einen zutiefst verärgert:* „Schlecht, wenn ich so eine gequirlte Scheiße lesen muss. Wer hat dir das Recht gegeben, die deutsche Rechtschreibung zu vergewaltigen, du Idiot?!" (Internetbeleg auf geschaut.com) ❖ **er hat wohl Scheiße im Kopf:** *er ist nicht ganz bei Trost* ❖ **das ist (alles) Scheiße:** *das ist eine Katastrophe, das taugt nichts* ❖ **(bei etwas/mit etwas) in die Scheiße greifen/fassen; einen Griff in die Scheiße machen:** *einen Fehler begehen, Pech haben* ❖ **Scheiße bauen:** *einen groben Fehler machen* ❖ **(nur) ein Stück Scheiße:** *ein verachtenswerter Mensch* ❖ **Scheiße reden:** *etwas Unwahres oder Wirres erzählen* ❖ **aus Scheiße Geld machen:** *etwas Wertloses erfolgreich vermarkten und verkaufen; beim Wirtschaften eine glückliche Hand haben* ❖ **jemanden in die Scheiße reiten:** *jemanden in Schwierigkeiten bringen* ❖ **jemanden aus der Scheiße ziehen:** *jemanden aus einer schwierigen Lage befreien* ❖ **jemanden durch die Scheiße ziehen:** *über jemanden schlecht reden, jemanden verleumden* ❖ **knietief in der Scheiße stecken/bis zum Hals in der Scheiße stecken:** *große Schwierigkeiten haben* ❖ **Hau weg, die Scheiße!** 〈Trinkspruch〉 [eigentlich: entledige dich einer Sache; in den 1980er Jahren durch die Comicserie „Werner" von Rötger Feldmann alias „Brösel" popularisiert]: *Prost!* ❖ **Wenn du einer Sau einen Frack anziehst, wälzt sie sich trotzdem in der Scheiße:** *Antwort, wenn jemand das Sprichwort „Kleider machen Leute" zitiert.*

Schei|ße! Schö|ne Schei|ße! Ver|damm|te Schei|ße! Hei|li|ge Schei|ße! ⟨Interj.⟩ [Heilige Scheiße! (fäkal) ist ein Ersatz für das ältere Heilige Maria! (religiös geflucht)]: *Unmutsäußerung, Fluchfloskel:* „Scheiße, jetzt hab i den Faden verloren. Ihr laßts einem aber auch nie ausreden." (Turrini: Sauschlachten, 105) – „Die haben gesagt, ick soll die Laudatio machen, für die besten drei Komiker. Schöne Scheiße – nun find mal drei. Ist ja nicht so, dass wir in Deutschland mit lustigen Männern übersät werden." (Cindy aus Marzahn; bild.de; 24. September 2010)

schei|ße ⟨Adj.⟩: *schlecht, verheerend* ❖ **das ist (alles) scheiße:** *das ist verheerend:* „Erste Reihe ist übrigens extrem scheiße! Ick lass mich ab und zu och gerne mal ins Publikum fallen." (Cindy aus Marzahn; zitiert auf bild.de, 24. September 2010) ❖ **etwas scheiße finden:** *etwas für schlecht halten* ❖ **alles scheiße, deine Elli/Emma** [Herkunft unklar; im Internet kursiert ein Zweizeiler, der aus einem alten Scherzlied stammen könnte: „‚Alles scheiße, Deine Elli', stand in ihrem letzten Brief. / ‚Denn es blieb nicht ohne Folgen, als ich neulich mit dir schlief.'"] (als resignierender Schluss eines Gesprächs oder als scherzhafte Schlussformel eines Briefes): *es ist verheerend* ❖ **scheiße aussehen:** *schlecht aussehen, hässlich sein, keinen guten Eindruck machen:* „Ick habe die Verkäuferin genommen, geschüttelt und angebrüllt: Ick weiß, dass ick fett bin und dass ick scheiße ausseh. Ick will nur ein Kleid. Bitte!!!!" (Cindy aus Marzahn; zitiert auf bild.de, 24. September 2010)

schei|ßeln, schoa|ßeln, schoi|ßeln, scha|seln ⟨hat⟩ [laut Zehetner zu mhd. schīʒen, ahd. scīʒan, eigentlich: (aus)scheiden]: **1.** *eine Darmblähung entweichen lassen* **2.** *nach Darmblähungen stinken* **3.** *geschäftig herumlaufen.*

schei|ßen ⟨hat⟩ schiss, geschissen; mundartlich auch: schoaßen, schoißen, schasen [mhd. schīʒen, ahd. scīʒan, eigentlich: (aus)scheiden]: **1.** *Kot ausscheiden:* „Die Leute (in Hollywood) können durchaus auch Arschlöcher sein. Die scheißen auch kein Marzipan." (Daniela Katzenberger, Youtube) – „Musst du mal scheißen und brauchst du Papier, / dann hol dir die Fahne von Schalke 04." (Klospruch, Internetbeleg auf fun.wikia.com) ❖ **Geh scheißen!** *Verschwinde!* ❖ **auf etwas scheißen:** *etwas ablehnen, missachten; auf etwas ohne weiteres verzichten können:* ich scheiß auf dein Geld ❖ **dem haben sie ins Hirn geschissen (und nicht umgerührt):** *er ist verrückt* ❖ **er ist zu blöd/zu deppert zum Scheißen** [eigentlich: er ist zu dumm, die Notdurft zu verrichten]: *Schimpfwort für einen unfähigen Men-*

schen ❖ **dich soll der Blitz beim Scheißen treffen:** *böse Verwünschung* ❖ **sich in die Hosen scheißen:** *Angst haben* ❖ **jemandem etwas scheißen:** *jemandes Wünsche ablehnen, jemandes Pläne durchkreuzen:* wenn du nicht brav bist, scheißt dir das Christkind was (= erfüllt dir das Christkind deine Wünsche nicht, bekommst du keine Weihnachtsgeschenke). ❖ **da scheißt der Hund drein/da scheißt der Hund aufs Feuerzeug:** die Sache misslingt; die Sache ist mir egal ❖ **Scheißen steht im Kalender:** *diese Sache hat schlechte Aussichten* ❖ **jemandem in den Kram scheißen:** *jemanden stören, nicht ausreden lassen* ❖ **der Teufel scheißt immer auf den größten Haufen/de Düvel schitt immer op den gröten Hupen:** *wo Geld ist, kommt Geld hinzu* ❖ **er scheißt auf die Welt:** *ihm ist alles gleichgültig, er zieht sich zurück* ❖ **geschissen gut:** *für den Zweck gerade gut genug* ❖ **Scheiß mich an!/Ich scheiß' einen Krapfen:** *Ausdruck der Verwunderung oder Begeisterung* ❖ **Scheiß die Wand an, ist das schön hier!** [popularisiert durch Luise Koschinski, eine Figur des Komikers Hans Werner Olm]: *Ausdruck der Verwunderung oder Begeisterung* ❖ **darauf (ist) geschissen:** *das ist mir egal* ❖ **Scheiße und 's Fiedle putze z'mal ghat net** (schwäbisch): *beides gleichzeitig geht nicht* **2.** *eine Darmblähung entweichen lassen:* Wer hat da jetzt geschissen? Es stinkt so grässlich! ❖ **besser als in die hohle Hand geschissen:** *besser als gar nichts, es hätte noch schlimmer kommen können.*

Schei|ßer, der; -s, - [zu scheißen]: **1.** *unangenehmer, widerlicher Mann* **2.** *Angsthase* **3.** *Gesäß:* es haut ihn auf den Scheißer (= er fällt auf das Gesäß).

Schei|ßerei, die; -, -en [zu scheißen]: *Durchfall:* die Scheißerei haben.

Schei|ße|ri|tis, die; -, kein Plural [zu scheißen, mit dem bei Krankheitsbezeichnungen üblichen Suffix -itis]: *Durchfall.*

Schei|ßer|le, das; -s, - [zu scheißen]: *Kosewort für ein Kleinkind:* na, du kleines Scheißerle!

Scheiß|gang, der; -s, ...gänge; auch: **Scheiß|gan|gerl,** das [belegt bei Grimm und Zehetner]: *Toilette.*

Scheiß|gas|se, die; -, -n ❖ **in der Scheißgasse sein:** *in einer schwierigen, unangenehmen Situation sein* ❖ **in die Scheißgasse kommen:** *in eine schwierige, unangenehme Situation geraten.*

Scheiß|haus, das; -es, ...häuser: *Raum zur Verrichtung der Notdurft:* aufs Scheißhaus gehen müssen, er sitzt aufm Scheißhaus/am Scheißhaus (= er verrichtet in der Toilette die große Notdurft) – „Auf diesem Scheißhaus sitzt ein Geist, / der jedem, der zu lange scheißt / von hinten in die Eier beißt. / Doch wenn Du denkst, der Geist ist dumm / und spielt Dir anne Eier 'rum / dann sag' ich Dir: Der Geist ist schlau, / und bumst viel lieber Deine Frau ..." (Klospruch, Internetbeleg auf geschaut.com) ❖ **langes/altes Scheißhaus** [belegt bei Meister] (fränkisch): *lächerliche Person.*

S

Scheiß|kerl, der; -s, -e ❖ **ein Scheißkerl sein** [laut Röhrich seit den Bauernkriegen belegt]: *feige und unzuverlässig sein.*

schep|sen ⟨hat⟩ [eigentlich: Bäume entrinden; laut Schatz zu schaben mit dem Intensivsuffix -etzen; lässt auf die ursprüngliche Form schabetzen schließen] (bayerisch und österreichisch, vor allem Tirol) ❖ **sich einen schepsen:** *masturbieren (vom Mann).*

Sche|re, die; -, -n [mhd. schær(e), ahd. scāri, Plural von scār (= Messer); in der folgenden Wendung auf den Umstand anspielend, dass eine Schere aus zwei beweglichen Teilen besteht] ❖ **die Schere machen:** **1.** *die Beine spreizen, sich einem Mann hingeben, einen Koitus zulassen (von der Frau)* **2.** *von zwei Frauen, die mit ihren Beinen scherenförmig beisammen liegen, so dass sich die Genitalien berühren und aneinander reiben.*

Sche|ren|abend, der; -s, -e [1. Bestandteil: siehe Schere, Bedeutung 2]: *lesbische Liebesnacht.*

Schick|se, die; -, -n [laut Duden aus der Gaunersprache, zu jidd. schickse(s) (= Christenmädchen; Dienstmädchen), zu hebr. šęqęz (= Unreines; Abscheu)]: **1.** *promiskuitive Frau* **2.** *übertrieben herausgeputzte Frau* **3.** *Prostituierte* **4.** (aus jüdischer Sicht) *Nichtjüdin.*

Schie|ber, der; -s, - [rückgebildet zu schieben]: *Penis.*

schie|ben ⟨hat⟩ [eigentlich: mit Ausübung von Druck irgendwohin bewegen; mhd. schieben, ahd. scioban, ursprünglich: dahinschießen, werfen]: *koitieren:* „Der Bauer aus dem Odenwald, / der hat ein schönes Weib, / dazu eine saubere Dienstemagd, die war dem Bauer sein Freund. / Schiebe nach, schiebe nach, schiebe langsam nach. / Schiebe langsam aber gut." (aus dem Volkslied „Der Bauer aus dem Odenwald", in: Brednich, 21 f.)

Schiet, der, die oder das; -, kein Plural [Herkunft wie Scheiße; mhd. schīʒe; laut Herrmann-Winter in den Bedeutungen 1. und 2. weniger derb als Scheiße und in den übertragenen Bedeutungen 3 und 4 bedenkenlos zu verwenden] (ndd.): **1.** *Kot* **2.** *Stuhlgang* **3.** (nur mask. oder neutr.) *Dreck, Schmutz* **4.** (nur mask. oder neutr.) *minderwertige Gegenstände* ❖ **so'n Schiet:** *Ausdruck der Enttäuschung* ❖ **dat geiht di'n Schiet an:** *das geht dich gar nichts an.*

schiet- und **Schiet-** als 1. Bestandteil: *dient der Verstärkung:* **schietegal; schietfründlich, Schietkerl, Schietkram; Schietbüx etc.** (= Angsthase).

Schiet|bü|del; der; kein Genitiv, - [belegt auf ndr.de; eigentlich: Scheißbeutel]: *Kosewort für ein Wickelkind.*

schie|ten ⟨hat⟩ [Herkunft wie scheißen] (ndd.): *Kot ausscheiden.*

Schie|ter, der; kein Genitiv, - [zu schieten] (ndd.): **1.** *Schimpfwort* **2.** *Kosewort für ein kleines Kind (besonders mit Diminutivsuffix: Schieting).*

Schie|te|rie, Schie|te|ree, die; kein Genitiv, kein Plural [belegt bei Herrmann-Winter; zu schieten] (ndd.): *Durchfall.*

Schiet|hus, das; kein Genitiv, ...hüser (ndd.): *Raum zur Verrichtung der Notdurft.*

Schif|fe, die; -, kein Plural [siehe schiffen]: *Urin.*

schif|fen ⟨hat⟩ [zu Schiff in der alten Bedeutung Gefäß, in der Studentensprache auch: Nachtgeschirr]: **1.** *urinieren* **2.** *heftig regnen.*

Schif|fo|drom, das; -s, -e [siehe schiffen]: *Pissoir.*

Schip|pen|dä|us, der; -, -en [zu Schippe, dieses zu mndd. schüppe (= Gerät zum Schieben) mit latinisierendem Suffix]: *Penis.*

Schiss, der; -es, -e [zu mhd. schīʒen, scheiʒ, schiʒʒen, geschiʒʒen, und zwar von der präteritalen Pluralform schiʒʒen bzw. von der Partizipialform geschiʒʒen gebildet; laut Röhrich vor allem seit dem 18. Jh. in Studentenkreisen häufig]: **1.** *Kot* **2.** *das Ausscheiden von Kot, der Stuhlgang:* das war ein anständiger Schiss! ❖ **Schiss (in den Hosen) haben** [wurde laut Röhrich zunächst auf einen ängstlichen Studenten bezogen, der die akademische Rauferei der schlagenden Verbindungen scheute; vgl. in Verschiss geraten/kommen]: *Angst haben.*

Schis|ser, der; -s, - [zu scheißen]: *ängstlicher Mensch; Angsthase.*

schis|sig ⟨Adj.⟩ [zu Schiss, siehe dort]: *ängstlich.*

Schitt, Schit|te ⟨Interj.⟩ [belegt bei Honnen; siehe Schiet, Scheiß] (rheinisch): *gemäßigter Fluch:* schitte, jetzt hab ich mir den Fuß verstaucht.

schla|fen ⟨hat⟩ [mhd. slāfen, ahd. slāfan, eigentlich: schwach werden] ❖ **mit jemandem schlafen** (verhüllend): *mit jemandem koitieren.*

Schlamm|schei|ßer, der; -s, -; auch: **Schlamm|schie|ter:** *widerlicher Mensch.*

Schlam|pe, die; -, -n; auch: der; Streckform: **Schlam|pam|pe, Schlam|pan|ne,** die; -, -n; auch: **Schlum|pe, Schlum|pel** [zu schlampen: unmanierlich essen; mhd. slampen (= schlaff herunterhängen)]: **1.** *unordentliche, ungepflegte Frau* **2.** *Frau mit unmoralischem Lebenswandel.*

Schlam|pen|schleu|der, die; -, -n [1. Bestandteil: siehe Schlampe]: *Soziussitz des Motorrads.*

Schlam|pen|stem|pel, der; -s, - [1. Bestandteil: siehe Schlampe; 2. Bestandteil: mndd. stempel (= Stößel, Münzprägestock); siehe Arschgeweih, Arschvignette]: *symmetrische Tätowierung oberhalb des Steißbeins.*

Schlam|per, der; -s, - [männliche Form von Schlampe]: **1.** *unordentlicher, ungepflegter Mann* **2.** *Mann mit unmoralischem Lebenswandel.*

Schlam|perl, das; -s, -n [zu Schlampe mit Diminutivsuffix] (österreichisch und bayerisch): *junge Frau von schlechtem Ruf.*

Schlan|ge, die; -, -n [mhd. slange, ahd. slango, eigentlich: die sich Windende; Nomen Agentis zu schlingen; siehe auch einäugig]: *Penis.*

Schlapp|arsch, der; -(e)s, ...ärsche [1. Bestandteil: mndd. slap (= schlaff); 2. Bestandteil: siehe Arsch]: *willensschwacher, energieloser Mensch.*

Schlapp|sack, der; -(e)s, ...säcke [1. Bestandteil: mndd. slap (= schlaff); 2. Bestandteil: siehe Sack]: *willensschwacher, energieloser Mensch.*

Schlapp|schwanz, der; -es, ...schwänze [1. Bestandteil: mndd. slap (= schlaff); 2. Bestandteil: siehe Schwanz; laut Röhrich eventuell auch Vergleich mit einem Hund, der seinen Schwanz hängen lässt (als Zeichen, dass er minderwertig, krank oder schwach ist)]: **1.** *schlaffer Penis:* „,Ich fange an zu verstehen, warum die Juden sich die Beschneidung ausgedacht haben. Sie wollen keine Schlappschwänze, die ...' Andi lachte. ,Sie wollen keine unbeschnittenen Schlappschwänze, das ist alles. Deswegen möchte ich, daß du meinen Schlappschwanz beschneidest. Machst du's?'" (Schlink: Liebesfluchten, 248) **2.** *willensschwacher, energieloser Mensch:* „Einen Schlappschwanz nannte sie Mazerath, der sich daraufhin die Hose langte, hineinstieg und sich zuknöpfte. Er könne ruhig abhauen, schrie Maria, zu seinen Zellenleitern, das seien auch so Schnellspritzer." (Grass: Die Blechtrommel, 375)

Schlauch, der; -s, Schläuche [mhd. slūch, slouch (= Schlangenhaut, Röhre, Schlund, Abgrund); außerhalb der Sexualsprache: biegsame Röhre; langer, schmaler Raum etc.]: **1.** *Penis* **2.** (nur Plural, österreichisch) *weibliche Brüste.*

schle|cken ⟨hat⟩ [spätmhd. slecken (= naschen), im Norden des Sprachraums als lecken realisiert]: *den Cunnilingus ausüben, oral die Genitalien einer Frau stimulieren:* „Sie (...) benützte die Gelegenheit, um ein bißchen hin- und herzuwetzen. Dabei mußte ihr Kitzler aus Alberts Mund geglitten sein, denn es gab plötzlich einen schmatzenden Laut. Capuzzi hörte ihn, sprang hinzu und sagte wütend: ,Albert, mir scheint, du schleckst wirklich ...?'" (Salten: Josefine Mutzenbacher, 254)

Schle|cker|bus|si, das; -s, -s [1. Bestandteil: zu schlecken, siehe dort; 2. Bestandteil: bayerisch und österreichisch für Kuss]: *Cunnilingus.*

Schlei|cher, der; -s, - [zu schleichen]: *lautloser Darmwind.*

Schleim|schei|ßer, der; -s, - [verstärkend zu Schleimer]: *Schmeichler, Heuchler, Schönredner.*

Schlepp|ei|chel, die; -, -n ❖ **eine Schleppeichel haben** [belegt im Zürislängikon]: *eine Erektionsstörung haben.*

schleu|dern ⟨hat⟩ auch: **einen über die Alpen schleudern** (rheinisch) [eigentlich: durch einen heftigen Stoß oder Ruck in die Luft fliegen lassen; verwandt mit mhd. slūdern (= schlenkern)]: *masturbieren (vom Mann).*

Schlitz, der; -es, -e; als Diminutivum kindersprachlich und familiär (österreichisch und bayerisch): **Schlit|zerl,** das; -s, -n; alemannisch:

Schlitz|li, Schlitz|le, das; -s, - [mhd. sli(t)z, ahd. sliz (= Schlitz, Spalte, ursprünglich: durch Reißen entstandener Spalt), Verbalabstraktum zu schleißen, dieses zu mhd. slīʒen, ahd. slīʒ(ʒ)an (= spalten, (ab)reißen); ähnliches Bedeutungsmotiv wie Loch, Ritz, Spalte etc.]: *Vulva, Vagina:* „Es war wirklich ein großartiger Schlitz. Ein Schlitz mit allen Schikanen, dazu ungeheuer jung, aber mit den zahllosen Überraschungen, wie sie normalerweise nur ältere Schlitze auszeichnen." (Zwerenz: Tantenliebe, 56)

Schluch|ten|schei|ßer, der; -s, -: **1.** *in Deutschland entstandener Ausdruck für Österreicher* **2.** *Ausdruck für die Bewohner der Alpenregion.*

Schlum|pe, Schlum|pel, die: *siehe Schlampe.*

Schlupf|nip|pel, der; -s, - [1. Bestandteil zu mhd. slupf (= Schlinge, Strick), zu schlüpfen; Schlupf ist ein veraltender Ausdruck für Durchschlupf, Schlupfloch; 2. Bestandteil entlehnt aus engl. nipple]: *eingezogene Brustwarze:* „Schlupfnippel sind was ganz Schlimmes. Das Einzige, was Nippel machen sollten, ist abstehen. Das tun die aber in diesem Fall nicht. Als hätte jemand die Nippel mit dem Finger in die Brust reingedrückt und sie wären vor lauter Schreck drin stecken geblieben." (Roche: Feuchtgebiete, 125)

Schmäh|tut|teln, die (Plural) [1. Bestandteil: hier mit der Bedeutung: Kunstgriff, billiger Trick, Unwahrheit; zu jidd. schmu'e zu hebr. šmu'ah (= Gehörtes, Erzähltes) oder zu mhd. smæhe (= Beschimpfung); vielleicht Mischform aus zwei ähnlich lautenden Herkunftswörtern; 2. Bestandteil: siehe Tuttel]: *weibliche Brüste, die von einem speziellen BH hochgehalten werden, wodurch eine üppige Oberweite vorgetäuscht wird.*

Schmarr|arsch, der; -(e)s, ...ärsche [belegt bei Meister; 1. Bestandteil: Schmarrer (= Mann, der Unwahrheiten verbreitet); zu schmarren (= schrammen, verletzen)]: *Mensch, der dumme Geschichten erzählt und damit andere ärgert.*

schmau|cheln ⟨hat⟩ [vor allem österreichisch; ursprüngliche Bedeutung: an einer Pfeife saugen; ähnliche Bedeutungsentwicklung wie blasen und flöten; siehe dort] ❖ **jemandem einen schmaucheln:** *fellationieren.*

Schmau|cher, Schmauch|ler, der; -s, - [ursprüngliche Bedeutung: an einer Pfeife saugen; ähnliche Bedeutungsentwicklung wie blasen und flöten; siehe dort]: *Fellatio.*

Schmu, Sche|mu, Schmu|he, die; -, -s [belegt bei Wolf, Rotwelsch; Herkunft unklar] (rotwelsch): *Vulva.*

Schmuck, Schmock, der; -s, Plural unklar [laut Etymonline zu ostjidd. schmok (= Penis); vermutlich aus slawisch smok (= Schlange, Drache); vielleicht im Vokal lautliche Angleichung an Schmuck (= als Zierde dienender Gegenstand); laut Leo Rosten gilt das Substantiv in jüdischen Familien als so derb, dass es dort nicht verwendet wird; Lenny

Bruce wurde an der Westküste verhaftet, als er das Wort auf der Bühne verwendete; ob eine Verwandtschaft mit Schmock (= gesinnungsloser, käuflicher Journalist; Angeber, Snob; leeres Gerede) besteht, ist unklar] (jidd.): *Penis.*

Schmuck|käst|chen, das; -s, - [gehört zu einer Reihe von Ausdrücken, die das weibliche Geschlechtsorgan mit einer Art von Behälter in Verbindung bringen; vgl. Büchse, Dose, Kiste, Tasche]: *Vulva, Vagina.*

Schmut|te, Schmup|pe, die -, -n [belegt bei Borneman und Wolf, Herkunft unklar] (rotwelsch): *Vulva.*

Schna|bel, der; -s, Schnäbel, Diminutivum: **Schnäbelchen,** das; alemannisch: **Schnä|bi,** der, Diminutivum: **Schnäbili,** das; schwäbisch: **Schnäb|ber,** der, Diminutivum: **Schnäb|ber|li, Schnäp|per|li, Schnäb|ber|le, Schnäp|per|le,** das; fränkisch: **Schnärpfl, Schnörpfl,** der, Diminutivum: **Schnärp|fa|la, Schnörp|fä|la,** das [mhd. snabel, ahd. snabul, wohl verwandt mit schnappen, lautmalend für eine zuschnappende Bewegung; laut E-Mail-Auskunft von Herrmann-Winter in der Sexualsprache im Sinn von kleiner, vorstehender Körperteil]: **1.** *unerigierter Penis* **2.** *Penis (eines Knaben).*

Schna|bel|fut, die; -, - [belegt bei Teuschl]: *Vagina mit vorstehenden Schamlippen.*

schnä|beln ⟨hat⟩ [zu Schnabel mit der Bedeutung: die Schnäbel aneinanderreiben, sich zärtlich küssen] ❖ **jemandem einen schnäbeln:** *fellationieren.*

schnack|seln ⟨hat⟩ [Weiterbildung zu älterem schnackeln, schnacketzen (= einen schnalzenden Laut verursachen, eine rasche Bewegung machen); das Wort breitet sich von Süden in Richtung Norden aus]: *koitieren:* „Die Wahrheit ist die Wahrheit, auch wann s ordinär is. Und gschnackselt muaß wern, sunst gaberts uns ja alle ned." (Burschi Leitner in „Kaisermühlenblues, 1") – „Afrika hat Probleme nicht wegen fehlender Verhütung. Da sterben die Leute an AIDS, weil sie zu viel schnackseln. Der Schwarze schnackselt gerne." (Gloria von Thurn und Taxis in der Talkshow „Friedman" vom 9. Mai 2001)

Schnal|le, die; -, -n [mhd. snal (= eine schnelle Bewegung, z. B. mit dem Finger, und der dadurch entstehende Laut); in der Jägersprache: äußeres Geschlechtsteil von weiblichen Tieren]: **1.** *Vulva* **2.** *promiskuitive junge Frau.*

Schnal|len|trei|ber, der; -s, - [1. Bestandteil zu Schnalle, siehe dort] (süddeutsch): **1.** *Zuhälter* **2.** *Frauenheld.*

schnal|zen ⟨hat⟩ [spätmhd. snalzen, Intensivbildung zu mhd. snallen (= schnallen); eigentlich: durch eine rasche, schnellende Bewegung mit der Zunge oder mit den Fingern einen knallenden Laut erzeugen]: *koitieren.*

Schnäp|per|arsch, der: -(e)s, ...ärsche [1. Bestandteil: zu rheinisch und schwäbisch schnäppern (= lebhaft schwatzen)]: *vorlauter, redseliger Mann.*

Schnäp|per|bix, die; -, -en [1. Bestandteil: siehe Schnäpperarsch; 2. Bestandteil: siehe Büchse]: *vorlaute, redselige Frau.*

Schnäp|per|les|bät|scher, der; -s, - [Herkunft des Kompositums unklar; 1. Bestandteil: siehe Schnäpperle unter Schnabel; 2. Bestandteil: Klatscher; zitiert auf undinger.de; vgl. Zipfelklatscher] (schwäbisch): *Idiot.*

Schnapp|fut, die; -, - [belegt bei Reiskel: Idioticon viennense eroticum, 1905; 1. Bestandteil: zu schnappen, Intensivbildung zu mhd. snaben (= schnappen, schnauben); laut Duden ursprünglich lautmalend mit folgender Bedeutung: mit den Zähnen, mit dem Kiefer klappern]: 2. Bestandteil: siehe Fut]: *Vulva, deren Schließmuskel sich im Spasmus stark zusammenzieht.*

Schnärpfl, Schnörpfl, der; kein Genitiv, - **Schnärp|fa|la, Schnörp|fä|la,** das; kein Genitiv, - [siehe Schnabel, außerhalb der Sexualsprache: Röhre zum Ausgießen an einem Krug] (fränkisch): **1.** *(unerigierter) Penis* **2.** *Penis eines Knaben.*

Schnat|ter|mannt|je, Snat|ter|mannt|je, das; kein Genitiv, -s [belegt bei Schuster, in Mecklenburg und Vorpommern nicht in Gebrauch; 1. Bestandteil: ndd. snattern (= durch schnell hintereinander folgende Laute Geräusche erzeugen); laut E-Mail-Auskunft von Herrmann-Winter gibt es einen alten Zusammenhang zwischen schnattern und Schnabel, ähnlich wie zwischen Piephahn und Schnabel (= kleiner, vorstehender Körperteil); 2. Bestandteil: Diminutivum von Mann] (ndd.): *Penis.*

Schnäuz|tuch, das; -(e)s, ...tücher: *Taschentuch* ❖ **er erwürgt's im Schnäuztuch** [eigentlich: er vernichtet die Spermien im Taschentuch; belegt bei Teuschl] (bayerisch und österreichisch): **1.** *er masturbiert häufig* **2.** *er hat keine sexuelle Beziehung.*

Schne|cke, die; -, -n; oberdeutsch: **Schneck,** der; -s, - [mhd. snecke, ahd. sneggo, zu einem Verb mit der Bedeutung kriechen; laut Kluge in der Bedeutung Mädchen vielleicht nach der für ein bestimmtes Alter typische Figur]: **1.** *Vulva, Vagina:* „,Das trägst du über der Brust!' – ,Und was hab ich unten an? Für die Schnecke?' – ,Die sieht man ja nicht, es sind Porträts.'" (Daniela Katzenberger bei Fotoaufnahmen, Youtube) **2.** *junge, attraktive Frau* **3.** [belegt bei Zäldner] (sächsisch) *sowohl neckisches weibliches Wesen, als auch eines, das einem überhaupt nicht sympathisch ist* **4.** [nur mask.; Diminutivum: Schneggli, das] (schweizerisch) *Penis.*

Schne|cken|che|cker, der; -s, - [1. Bestandteil: siehe Schnecke, Bedeutung 2; 2. Bestandteil: Substantivbildung zu engl. to check (= überprü-

S

fen, kontrollieren), hier mit der Bedeutung: sich etwas besorgen; z. B.: ich check mir heute ein neues Handy]: *Mann, der nach attraktiven Frauen Ausschau hält; Mann, der bei Frauen Erfolg hat.*

Schne|cken|haus, das; -es, ...häuser [1. Bestandteil: siehe Schnecke; scherzhafter Vergleich in Anspielung auf den schlaffen (= zurückgezogenen) Zustand eines männlichen Sexualorgans]: *unerigierter Penis:* „Ich lieg im Bett und spiele / an seinem Schneckenhaus, / er hat ja keine Fühle, / der Schneck kommt nicht heraus." (aus einem Volkslied, das in vielen regionalen Varianten existiert, in: Blümml, 24; Blümml schreibt versehentlich Gefühle, womit die Assoziation mit Fühler verloren geht)

Schnee|brun|zer, der; -s, -; auch: **Schnäi|brun|zer, Schnää|brunsn** etc. [2. Bestandteil: siehe brunzen]: **1.** *Mann, der sein Wasser im Schnee (also im Freien) abschlägt* **2.** *seniler Mann, der den Harn nicht halten kann* **3.** *Angsthase, Feigling* **4.** *vertrottelter Greis:* „Verklagen Sie mich halt, Sie alter Schneebrunzer!" (Frau Turecek zu Kudrnac in „Kaisermühlenblues, 15")

Schnee|pis|ser, der; -s, - [belegt im Rheinischen Wörterbuch; siehe Schneebrunzer]: *blasser, hagerer Mensch.*

Schnell|feu|er|ho|se, die; -, -n: *im Schritt offene oder leicht zu öffnende Hose (für Kleinkinder).*

Schnell|fi|cker|ho|se, die; -, -n [belegt in „Duden. Das neue Wörterbuch der Szenesprachen", 2009]: *Sporthose, die einen Gummizug hat und eventuell seitlich am Bein mit einer Knopfleiste oder Klettverschlüssen versehen ist und daher schnell ausgezogen werden kann.*

Schnell|schei|ßer|ho|se, die; -, n [belegt im Wörterbuch der Jugendsprache, Pons, 2014]: *Hose mit tief sitzendem Bund.*

Schnell|sprit|zen, das; -s, kein Plural: *das vorzeitige Ejakulieren des Mannes:* „Schnellspritzen – kennt ihr dieses Problem? Du lernst in der Disco einen süßen Typen kennen und nimmst ihn nach Hause (...) Es geht zur Sache und gleich nach dem Eindringen spritzt er ab." (Internetbeleg auf gofeminin.de)

Schnell|sprit|zer, der; -s, - [siehe Schnellspritzen]: *ein Mann, der vorzeitig ejakuliert.*

Schnep|fe, Schnep|pe, Snip|pe, die; -, -n [Weiterbildung zu Schnepfenstrich, siehe dort, und Übertragung auf Frauen]: **1.** *einfältige Frau* **2.** *Prostituierte.*

Schnep|fen|strich, der; -(e)s, -e [Jägersprache: das morgendliche und abendliche Hin-und-her-Fliegen der männlichen Schnepfe während der Balz; siehe Strich]: *Straßenstrich.*

Schnerp|fel, der; -s, -n; Diminutivum: **Schnerp|fer|la,** das; -s, - [eigentlich: Zipfel; abgebundene Enden bei der Wurst, beim Luftballon etc.); belegt auf spiegl.de_bayerisches_wort.pdf mit dem Hinweis: Franken; Bedeutung 2 belegt bei Meister: außerhalb der Sexualsprache auch: kleiner Mensch, Zwerg]: **1.** *Penis (eines Knaben)* **2.** *unerigierter Penis.*

Schnie|bel, der: *siehe Schniepel.*

Schnie|del, Snie|del, der; -s, - [wohl zu schneiden und ähnliches Benennungsmotiv wie Schniepel, also: der Zipfel, eigentlich: das Abgeschnittene; Schniedel hat sich von Norden nach Süden ausgebreitet und wird heute im gesamten Sprachraum verwendet]: *Penis:* „Seit er sich entschlossen hat, in England zu bleiben, benimmt er sich wie ein hirnloser Fußballer, der mit seinem Schniedel denkt." (saz-aktuell.com, 24. Januar 2011) – „Bei einem Bäckermeister aus Schezel / steht die Wissenschaft vor einem Rätsel / wie dieser Mann überhaupt pinkeln kann / denn sein Schniedel hat die Form einer Brezel." (Otto Waalkes auf der DVD „Otto live! Das Original")

Schnie|del|wutz, Snie|del|wutz, der; -, - [1. Bestandteil: siehe Schniedel; 2. Bestandteil: vermutlich zu Wutz (= kleines Kind, kleiner Kerl, kleines Ding); dieses zu wutzeln, wuzeln (= zu runder Form zusammendrehen); Schniedelwutz hat sich von Norden nach Süden ausgebreitet] (kindersprachlich, familiär): *Penis:* „Das Berner Wappen zeigt einen Bären mit gut sichtbarem, roten Schniedlwutz, was natürlich extrem frauenfeindlich ist." (bernerzeitung.ch vom 22. Dezember 2010) – „Flutscht bei mir unten durch / weil du so einen kleinen hast / Schniedelwutz, Schniedelwutz / du haschn kleinen Schniedelwutz (...) haschn kleines Würstchen / haschn kleinen Hoden / haschn kleinen Pimmel ..." (Otto Waalkes: Schniedelwutz)

Schnie|pel, Schnie|bel, Snie|pel, der; -s, - [außerhalb der Sexualsprache auch mit der Bedeutung Frack (vermutlich nach den spitz zulaufenden Schößen); zu ndd. snip(pe) (= Zipfel); verwandt mit Schnippel, Schnipsel (= kleines abgeschnittenes oder abgerissenes Stück von etwas)] (ndd.): *Penis (eines Knaben):* „Von den siebzehn Körperteilen / nenne ich zuerst die geilen: Daumen, Gaumen, Busen, Mund, / Nabel, Schniebel, Wadel, und / da war doch noch so ein Teil, den vergeß ich immer, weil / es hat einen wüsten Namen / (...)'s wird wohl die Brustwarze sein." (Bernstein: Aus dem Schmatzkästlein des schweinischen Hausfreundes; zitiert in Zutzel: Zweite Folge, 189)

S

Schnip|pel, Schnib|bel, der: *siehe Schniepel.*

Schnitt, der; -s, kein Plural [mhd., ahd. snit, ablautend zu schneiden; außerhalb der Sexualsprache mit der Bedeutung Einschnitt]: *Vagina* ❖ **Bussi am Schnitt!** [Bussi: bayerisch und österreichisch für Kuss]: *kecker Abschiedsgruß gegenüber einer Frau.*

Schnit|te, die; -, -n [mhd. snite, snitte (= Schnitt, Hieb), ahd. snita; ablautend zu schneiden; außerhalb der Sexualsprache: eine ScheibeBrot, Speck, Käse etc.]: **1.** *Vagina* **2.** *Frau* **3.** *attraktive Frau:* „Wenn Pamela Anderson, der scharfen Schnitte / Der Druck entweicht aus ihrer linken Brust / Dann sing ich ällabätsch, ällabätsch, nänänänänä! / So war es früher und so ist es heute / Am besten lacht man über and're Leute.“ (J.B.O.: Allabätsch)

Schnit|ten|alarm, der; -(e)s, -e [ital. all'arme! (= zu den Waffen!) ❖ **Achtung, Schnittenalarm!** *Pass auf, da kommen attraktive Mädchen!*

Schnit|ten|schau|kel, die: -, -n [belegt im Wörterbuch der Jugendsprache, Pons, 2014]: *Auto, mit dem man Frauen abschleppen kann.*

Schno|der, Schnod|der, der: *siehe Schnuder.*

Schnörpfl, der: *siehe Schnärpfl.*

Schnu|der, Schno|der, Schnud|der, Schnod|der, Snod|der, der; -s, - [zu schnudern: Rotz fließen lassen; laut Grimm: Schnuder im Thüringischen mit der Bedeutung Penis; laut deu.hablaa.com: Schnuderi im Berndeutschen mit der Bedeutung freches männliches Kind]: *Penis (eines Knaben).*

Schnup|fen un|ten ha|ben [vgl. Hosenkatarrh, Kavaliersschnupfen] (verhüllend): *geschlechtskrank sein (vom Mann).*

Schoaß: *siehe Scheiß.*

Schoaß|brem|se, Schas|brem|se, die; -, -n [belegt auf spiegl.de/bayerisches_wort.pdf]: *Kissen, Sitzpolster.*

Schoaß|da|cken, Schas|da|cken, die; -, - (bayerisch und österreichisch): **1.** *Polster, den man auf den Sitz legt oder bindet* (besonders in Gasthäusern) **2.** *widerliche alte Frau.*

Schoaß|fan|ger, Schas|fan|ger, der; -s, - [zu Schoaß]: *Soziussitz des Motorrads.*

Schoaß|rund|lauf|ho|se, Schas|rund|lauf|ho|se, die; -, -n: *Hose, die einige Nummern zu groß ist, Rapperhose.*

Schoaß|schnei|der, Schas|schnei|der, der; -s, - [zu Schoaß]: *Stringtanga.*

schoa|ßeln, scha|seln: *siehe scheißeln.*

schoa|ßen, scha|sen: *siehe scheißen.*

Schoaß|zün|deln, Schas|zün|deln, das; -s, kein Plural [2. Bestandteil: unvorsichtig mit dem Feuer spielen, brandstiften; siehe auch Feuerfurz]: *Anzünden eines Darmwindes.*

Schoaß|trom|mel, Schas|trom|mel, die; -, -n: **1.** *Bauch* **2.** *Schimpfwort für eine alte Frau* **3.** [die folgende Bedeutung belegt auf spiegl.de_bayerisches_wort.pdf mit dem Hinweis: Schwaben und Allgäu] *Unterhose.*

Scho|ko|ste|cher, der; -s, - [1. Bestandteil: kurz für Schokolade, eine meist braune Süßigkeit]: *Mann, der den Analverkehr bevorzugt.*

Schop|pen, die (Plural); schweizerisch: **d' Schöp|pi** [eigentlich: großes Glas für Wein oder Bier; Hohlmaß für einen halben Liter; süddeutsch und schweizerisch auch: Milchflasche für einen Säugling]: *weibliche Brüste.*

Schor|schi, der; -s, -s [Nebenform des männlichen Vornamens Georg, Lautform nach franz. Vorbild, aber erstbetont; lautliche Ähnlichkeit mir Arsch] (verhüllend): *Gesäß.*

Schoß, der; -es, Schöße [mhd. schōʒ, ahd. scōʒ, scōʒa (= Kleiderschoß, Mitte des Leibes), laut Kluge eigentlich: Winkel zwischen Oberschenkel und Unterleib; davon weiblicher Schoß, Mutterschoß] (verhüllend): *weibliche Geschlechtsteile:* „SATAN (rechts gewendet): „Euch giebt es zwey Dinge / So herrlich und groß / Das glänzende Gold / Und der weibliche Schoos / Das eine verschaffet / Das andre verschlingt / Drum glücklich wer beyde / Zusammen erringt." (Goethe: Paralipomenon 62 zu Faust I; Satansszene nach dem „Intermezzo"; Studienausgabe, hg. von Ulrich Gaier, 264; siehe Zitat bei Schwanz)

Schran|ze, die; -, -n; **Schranz,** der; -es, Schränze [eigentlich: Schlitz, Spalte; mhd. schranze, fem. (= Riss, Spalte, Vagina, Vulva); mhd. schranz. mask. (= Bruch, Riss, Spalte, Loch, Schlinge zum Vogelfang, Geck, Schranze) laut Kluge möglicherweise zu ahd. scrintan (= bersten, sich spalten); Verwendung als Sexualausdruck belegt bei Lexer und Schatz] (süddeutsch, schweizerisch, österreichisch): *Vulva, Vagina:* „Sim Jensel, wiltus mit mir tanzen? / So kom auch, so kom auch, so kom auch! / Böckisch well wir umbhin ranzen, / Jans, nit strauch, Jans, nit strauch, Jans, nit strauch! / Und schon mir meiner schranzen, / dauch schon, dauch, dauch nach, dauch, dauch, Jensel dauch!" (Wolkenstein: Herv wiert, uns dürstet) „Hei, Hensel, willst du tanzen, springen, / so komm her, so komm her, so komm doch her! / Ein Bockstanz wird dir wohl gelingen, / 's ist nicht schwer, 's ist nicht so schwer, 's ist gar nicht schwer, / das bringt den Schlitz zum Schwingen, / schieb, drück mehr, schieb, drück mehr, drück Hensel mehr." (Nachdichtung von Hans Moser, 90 f., Original 214 f.)

Schritt, der; -(e)s, -e [in der Fachsprache der Schneider: Teil der Hose, an dem die Beine zusammentreffen; zur Präteritumform von schreiten] (verhüllend): *Bereich der Genitalien (von Frauen und von Männern)* ❖ **Griff in den Schritt:** *demonstrative Bewegung der offenen Hand zu den Genitalien:* „Heute kommt kaum ein Musikvideo ohne den Griff in den Schritt aus. In den 80er-Jahren war die provokante Geste ein Skandal – und (Michael) Jacksons Markenzeichen." (bild.de vom 27. August 2008) ❖ **es juckt (ihm/ihr) im Schritt:** *er/sie hat ein starkes Verlangen nach Sexualkontakt:* „Sexismusdebatte ist ja vorbei! Ist doch Schnee von gestern! (...) Da hat 's halt 'nen Opa im Schritt gejuckt und dann hat er irgendner Tante 'nen Tittenspruch gedrückt! Ja und jetzt? Sollen wir uns jetzt alle aufregen? Wir sind die armen Opfer. Am Arsch! Ich bin so aufgewachsen! Das ist unser Leben! (...) Ich find das nicht schlimm, wenn der mir 'nen Tittenspruch drückt. Der muss halt nur damit klarkommen, dass ich dem auch 'nen

S

Schwanzspruch zurückdrücke. Aber kennt jemand die Reaktion darauf? ‚Oh, bei Ihnen ist aber nicht viel los in der Hose! Hoho, ganz schön zickig, die Kleine!'" (Carolin Kebekus – Ladies Night, WDR 22. Juni 2013)

schrub|ben ⟨hat⟩ ❖ **sich einen schrubben** [aus dem Niederdeutschen mit der ursprünglichen Bedeutung kratzen; auch: das Deck schrubben]: *masturbieren.*

Schub, der; -(e)s, Schübe [mhd. schub, schup (= Abschieben der Schuld auf andere); ursprünglich nur in der Rechtssprache; zu schieben]: *Stoß mit dem Penis.*

schub|ben, schub|bern ⟨hat⟩ ❖ **sich einen schubben/schubbern** [ndd. für kratzen, scheuern, zu mndd. schubben, ndd. Form von schuppen (= einen Speisefisch entschuppen)] (ndd.): *masturbieren.*

Schür|ze, die; -, -n [wird bei der Arbeit zum Schutz der Kleidung umgebunden und bedeckt Unterleib und Oberschenkel; laut Grimm ein Symbol des weiblichen Geschlechts, weil die Schürze hauptsächlich von Frauen getragen wurde; aus dem Niederdeutschen; laut Duden zu mndd. schörte, verwandt mit mhd. schurz (= Schurz), eigentlich: die Abgeschnittene; das Wort ist erst in der zweiten Hälfte des 17. Jhs. in den Süden des Sprachraums gelangt; siehe Kittel] ❖ **hinter jeder Schürze herlaufen/her sein** [Grimm vermerkt: an jemandes Schürze hängen (= einer Frau nachlaufen, von ihr nicht lassen können)]: *ständig Frauen umwerben, um sie für eine sexuelle Beziehung zu gewinnen.*

Schür|zen|jä|ger, der; -s, - [1. Bestandteil: siehe Schürze]: *Mann, der ständig Frauen umwirbt, um sie für eine sexuelle Beziehungen zu gewinnen.*

Schüs|serl, das; -s, -n [Schüssel mit süddeutschem Diminutivsuffix -erl] ❖ **Geh Schüsserl beißen!** [belegt bei Teuschl, ein Schüttelreim zu: Geh ein bisserl scheißen] (verhüllend): *milde Form des Götzzitats.*

schus|tern ⟨hat⟩ [zu Schuster; dieses zu mhd. schuoch-suter; 1. Bestandteil: Schuh; 2. Bestandteil zu lat. sutor (= Näher), also eigentlich: jemand, der Schuhe näht; gesamtdeutsch: als Schuster arbeiten; schlecht und mangelhaft arbeiten]: *koitieren.*

schüt|teln ⟨hat⟩ ❖ **sich einen schütteln:** *masturbieren (vom Mann):* „Handys runter, keine Fotos / Ihr wollt euch doch nur einen Schütteln, auf dem Locus / Ihr geilen Böcke, dürft von mir träumen / und in die Hand ficken, bis es schäumt." (Lady Bitch Ray: Vorhang auf)

Schwanz, der; -es, Schwänze [mhd. swanz, ursprünglich: wiegende Bewegung beim Tanz; Schleppe, rückgebildet aus: swanzen (= sich schwenkend bewegen), das als swankezen eine Intensivbildung zu schwanken ist (eventuell auch zu schwingen); Wortbildung vielleicht in Anlehnung an lat. penis, das sowohl Schwanz eines Tieres als auch männliches Glied bedeutet hat; während das in Anlehnung an Vagina gebildete Scheide ein Ausdruck der medizinischen Fachsprache geworden ist, hat Schwanz diese Aufwertung nicht geschafft; der deutschsprachige medizinische Fachausdruck lautet: (männliches) Glied]: **1.** *Penis:* „Gib mir statt ‚Der Schwanz' ein ander Wort, o Priapus! / Denn ich Deutscher, ich bin übel als Dichter geplagt. / Griechisch nennt ich dich φαλλος, das klänge doch prächtig den Ohren, / Und lateinisch ist auch Mentula leidlich ein Wort. Mentula käme von Mens, der Schwanz ist etwas von hinten, / Und nach hinten war mir niemals ein froher Genuß. / Knaben liebt ich wohl, doch lieber sind mir die Mädchen, / Hab ich als Mädchen sie satt, dient sie als Knabe mir noch" (Goethe: Venezianische Epigramme, 1795, CXLI; abrufbar auf gutenberg.org 141) – „SATAN (lincks gewendet): Für euch sind zwey Dinge / Von köstlichem Glanz: Das leuchtende Gold / Und ein glänzender Schwanz. / Drum wißt euch, ihr Weiber, / Am Gold zu ergötzen / Und mehr als das Gold / Noch die Schwänze zu schätzen!" (Goethe: Paralipomenon 62 zu Faust I; Satansszene nach dem „Intermezzo"; Studienausgabe, hg. von Ulrich Gaier, 264; siehe Zitat bei Schoß) – „Erika hält Walter Klemmer auf die Entfernung ihres Armes von sich ab. Sie holt seinen Schwanz heraus, den er selbst auch schon dafür vorgesehen hatte." (Jelinek: Die Klavierspielerin, 181) – „Ich liebe dich auch, Nathan. Ich finde dich witzig und geil, und du hast einen guten Schwanz und es hat mir immer Spaß gemacht mit dir." (Menasse: Don Juan de la Mancha, 268) – „Penis, Gott, wie hasst er das Wort, klingt wie eine Seuche, und ist es ja auch, aber es gibt ja sonst nichts, Schwanz, das geht ja gar nicht." (Rubinowitz: Ramses Müller, 85) – „Michael, der Tausendschwanz / windet keinen Jungfernkranz / denn mit seinen tausend Schwänzen / hält sich Jungfernschaft in Grenzen." (Erich Fried: privates Gedicht, undatiert) – „Er hatte nichts dagegen, als ich seinen Schwanz herausholte und ihn gierig in den Mund nahm. Er begann zu stöhnen." (Praunheim, 50 Jahre pervers, 89) – „Nach sorgfältiger juristischer Abwägung hat das Frankfurter Oberlandesgericht (...) einem Strafgefangenen zugestanden, sein Geschlechtsteil als ‚Schwanz' zu bezeichnen (...) Ein Häftling (...) polterte auf der ausschließlich mit Frauen besetzten Krankenstation: ‚Ich zeige meinen Schwanz keiner Ärztin.' (...) Die Gefängnisleitung verdonnerte den Mann zu vier Tagen Arrest, (...) weil er sich ‚in unpassender Art und Weise' geäußert habe (...) (das) verwarf das OLG mit der Begründung, ‚der Gebrauch des Wortes Schwanz für Penis' sei im Knast ‚keine seltene Ausnahme', auch nicht auf Krankenrevieren mit weiblichen Bediensteten." (Spiegel, 10/1998,18) **2.** [Pars pro toto] *Mann, Mensch:* „Arte hat heute Thementag. Das Thema ist Erotic Tales. Da soll einer sagen: Es schaut wieder kein Schwanz zu!" (Harald Schmidt) ❖ **falscher Schwanz** ❖ *künstliche Nachbildung des erigierten Penis:* „Da lag es für Weinzwang quasi auf der Hand,

S

Dildos zu verfertigen und an einschlägige Lokalitäten zu verkaufen. Wurznbacher half und kassierte mit. Sie produzierten Tausende von falschen Schwänzen.“ (Franzobel: Scala Santa oder Josefine Wurznbachers Höhepunkt, 75)

Schwanz|beu|le, die; -, -n [1. Bestandteil: siehe Schwanz; 2. Bestandteil zu mhd. biule, ahd. būlla, ursprünglich: Schwellung; verwandt mit Beutel]: *ein durch die eng anliegende Hose sich abzeichnender Penis:* „Robin steht da mit leicht geöffnetem Mund, und meine Geschichte zeigt Wirkung. Ich kann seine Schwanzbeule durch die weiße Pflegerhose sehen.“ (Roche: Feuchtgebiete, 102)

Schwanz|fut|te|ral, das; -s, -e [**1.** Bestandteil: siehe Schwanz; **2.** Bestandteil: enge Hülle für einen Gegenstand, z. B. für eine Brille; mittellat. fotrale, futrale, zu fotrum (= Überzug), aus dem Germanischen und dadurch verwandt mit mhd. vuoter (= Nahrung, Unterfutter eines Kleidungsstücks, Futteral)]: **1.** *Präservativ* **2.** *Vagina* **3.** *Prostituierte.*

Schwanz|ga|ra|ge, die; -, -n [1. Bestandteil: siehe Schwanz; 2. Bestandteil: Raum zum Abstellen eines Autos; franz. garage, laut Kluge zu provenzalisch garar (= achtgeben bewahren), aus dem Germanischen, verwandt mit wahren]: *Vagina.*

Schwanz|kiste, die; -, -n [belegt bei Hornung, Bedeutung 2 belegt bei Reiskel: Idioticon viennense eroticum, 1905; 1. Bestandteil: siehe Schwanz; 2. Bestandteil mhd. kiste, ahd. kista, zu lat. cista und griech. kístē (= Korb; Kiste)]: **1.** *Vagina* **2.** *Frau, die sehr viele Sexualpartner hat.*

Schwanz|lut|schen, das; -s, kein Plural [1. Bestandteil: siehe Schwanz; 2. Bestandteil: siehe lutschen]: *Fellatio.*

Schwanz|lut|scher, der; -s, - [Nomen Agentis zu: den Schwanz lutschen; ursprünglich für Sexualkontakte unter Männern, dann verallgemeinert; siehe auch Pintsuger]: *Schimpfwort.*

schwanz|nar|risch ⟨Adj.⟩ [belegt bei Reiskel: Idioticon viennense eroticum, 1905; 2. Bestandteil: österreichisch für närrisch]: **1.** *sehr verliebt sein (von der Frau gebraucht)* **2.** *auf sexuellen Kontakt mit Männern versessen (über Frauen).*

schwanz|toll ⟨Adj.⟩ [belegt bei Reiskel: Idioticon viennense eroticum, 1905; 2. Bestandteil: mhd. tol, dol, ahd. tol (= dumm, töricht, eigentlich: umnebelt, verwirrt); zu Dunst]: **1.** *sehr verliebt sein (von der Frau gebraucht)* **2.** *auf sexuellen Kontakt mit Männern versessen (über Frauen).*

schwar|teln ⟨hat⟩ [belegt bei Teuschl; vermutlich auf das Abschneiden von Speckschwarten bezogen] (wienerisch): *masturbieren (vom Mann).*

Schweif, der; -(e)s, -e [eigentlich: längerer buschiger Schwanz, z. B. eines Pferdes; mhd. sweif, ursprünglich: schwingende Bewegung; eng verwandt mit schweifen; laut Grimm wurde Schweif (eines Tieres) besonders im oberdeutschen Raum statt Schwanz verwendet, es galt als das vornehmere Wort; gleiches gilt auch für die Verwendung in der Sexualsprache]: *Penis:* „Ich war es jetzt, die auf Alberts Schweif kam, und ich nahm ihn bis ans Heft in den Mund, wobei ich ihm so wohltat, daß er erkennen mußte, ich verstünde mich auch auf die Kunst der Zunge." (Salten: Josefine Mutzenbacher, 253–254). – „So a gwiß Sardellngrüchl, / Dös is ma scho(n) 's Liabsti, / Da steht ma glei da Schwaf auf, / Nimmts Kappl ab und grüaßt mi." (Spittelberglieder, Wien, Mitte des 19. Jhs.)

Schwen|gel, der; -s, - [belegt auf duden.de; mhd. swengel, swenkel, zu: swenken, schwenken; Klöppel der Glocke, beweglicher Teil der Pumpe eines Brunnens; die männlichen Genitalien werden oft mit länglichen und harten Gegenständen verglichen, z. B. Bolzen, Keule, Klachel, Knüppel, Latte, Pint, Prängel, etc.; beim Wort Schwengel ist auch das Schwingen im Bedeutungsumfang enthalten]: *Penis.*

Schwie|le, die; -, n [mhd. swil(e), ahd. swil(o), ablautend zu schwellen] ❖ **Schwielen an den Händen haben:** *viel masturbieren.*

schwupp ma|chen ⟨hat⟩ [ursprünglich für eine rasche, kurze und ruckartige Bewegung; lautmalend]: *masturbieren.*

Se|cka|le, das; -s, - [schwäbische Form von Sack mit Diminutivsuffix; siehe Sack, eigentlich nur Hodensack, aber oft für die männlichen Genitalien insgesamt; belegt auf schwaebisch-schwaetza.de]: *Penis.*

se|cke, sei|cke ⟨hat⟩ [Nebenform von seichen, siehe dort] (rheinisch): *urinieren.*

Se|ckel, Seggl, der; -s, -; Diminutivum: **Seckale,** das; -s, - [alemannische Form von Sack, dieses zu ahd. sac, zu lat. saccus, über griech. sákkos zu assyrisch sakku (= Sack, Büßergewand); außerhalb der Sexualsprache: rechteckiges Behältnis aus Papier oder grobem Stoff]: **1.** *Hodensack, Skrotum* **2.** [das Wort für Hoden wird Pars pro toto verwendet; ähnlich wie bei Beutel, siehe dort]: *männliche Genitalien* **3.** *Idiot.*

Seggl, der; -s, - [schwäbisch für Sack; siehe Seckel]: *Penis.*

sei|beln, se|feln ⟨hat⟩ [zu jidd. sewel, sebel (= Kot, Mist, Dreck)] (jidd.): *Kot ausscheiden.*

Sei|bel|bais, Sei|bel|ba|jes, das; -, - [2. Bestandteil: jidd. bajes (= Haus, Schenke)] (jidd.): *Toilette.*

Sei|ch, der; -(e)s, kein Plural; **Sei|che,** die; -, kein Plural; auch: **Soach, Soich, Saach, Seech** [zu seichen, siehe dort]: *Urin.*

Seich|beu|tel, der; -s, -; auch: **Saach|beidl, Soach|beidl** etc. [1. Bestandteil: siehe seichen; 2. Bestandteil: siehe Beutel]: *Schimpfwort.*

sei|chen, soa|chen, soi|chen, saa|chen, see|chen ⟨hat⟩ [mhd. seichen, ahd. seihhen, Kausativum zu ahd. sīhan (= seihen); eigentlich: ausfließen machen, rinnen lassen; in Bayern und Österreich als soachen realisiert, in Wien und Klagenfurt und Teilen Tirols als saachen;

S

in Wien veraltet]: **1.** *urinieren:* „Klug ist alles kombiniert: / Was dem Menschen dient zum Seichen, / Damit schafft er seinesgleichen. / Auf demselben Dudelsack / spielt dasselbe Lumpenpack. / Feine Pfote, derbe Patsche, / fiddelt auf derselben Bratsche, / Durch dieselben Dämpfe, Räder / Springt und singt und gähnt ein jeder, / Und derselbe Omnibus / Fährt uns nach dem Tartarus." (Heine: eine andere Textstelle dieses Gedichts unter dem Stichwort Wasser lassen) **2.** *stark regnen.*

Sei|cher, der; -s, - [zu seichen (= urinieren); Bedeutung 3: aus dem Kartenspiel „Kritisch Watten" (weil er unerfahrenen Spielern gerne in die Hand soacht, d. h. zu lange im Blatt klebt, sodass er im letzten Stich von einem höheren Kritischen gestochen wird)]: **1.** *Feigling* **2.** *frecher Bursche* **3.** *Eichelsiebener.*

Seich|ge|schirr, das; -s, -e; schweizerisch mit Diminutivendung: **Seichgschirrli,** das ❖ **das Seichgeschirr zusammenstellen; d Seich-Gschirrli zämestelle** [belegt bei Herdi 2001] (schweizerisch): *koitieren.*

Seich|kachl, die; -, -n [1. Bestandteil: zu seichen (= urinieren); 2. Bestandteil: zu Kachel (= Fliese)]: **1.** *Nachttopf* **2.** *Vagina* **3.** *böse Frau.*

Seich|kar|ter, der; -s, - [2. Bestandteil: zu: Karten spielen]: *Kartenspieler, der einspringt, wenn ein Spieler auf die Toilette geht (ganz junger oder schlechter Spieler).*

Seich|mat|te, die; -, -n [1. Bestandteil: zu seichen (= urinieren); 2. Bestandteil: Unterlage aus grobem Geflecht; zu mhd. matte, ahd. matta; dieses zu spätlat. matta]: *kleiner Teppich in der Toilette (wird von Stehpinklern oft anuriniert).*

Seich|rin|ne, die; -, -n [1. Bestandteil: siehe seichen; 2. Bestandteil: mhd. rinne, ahd. rinna, zu rinnen]: *in der Toilette eine Rinne, in die uriniert wird; Abflussrinne im Pissoir:* „In da Soachrinna schwimmt's Oktoberfestherzl, / drauf steht ‚I hob di gern'." (Biermösl Blosn: Wiesenblues)

Seich|ta|sche, die; -, -n: [2. Bestandteil: siehe Tasche]: *Schimpfwort für ein junges, unerfahrenes, freches Mädchen.*

Sei|fe, die; -, n ❖ **sich nach der Seife bücken:** *Analverkehr zulassen.*

Ses|sel|fur|zer, Ses|sel|pu|per, Kis|sen|pu|per, der: -s, - [2. Bestandteil: siehe furzen bzw. pupen; eigentlich: jemand, der seine Arbeit sitzend verrichtet und auch im Sitzen furzt; auch: jemand, der träge ist]: **1.** *Büromensch* **2.** *Beamter* **3.** *Bürokrat.*

Sex, der; -(es), kein Plural [engl. sex, zu lat. sexus (= Geschlecht)] **1.** *Koitus:* ungeschützter Sex (= Sex ohne Kondom) **2.** *sexueller Kontakt ohne Koitus:* oraler Sex **3.** *die dargestellte Sexualität in der Unterhaltungsindustrie:* Sex und Gewalt sind in der Filmindustrie ein Verkaufsargument.

sex|be|ses|sen 〈Adj.〉: *von dem Verlangen nach Sex beherrscht.*

se|xeln 〈hat〉 [belegt auf szenesprachenwiki.de des Dudenverlags; Verbalbildung zu Sex; dieses zu engl. sex und lat. sexus (= Geschlecht)]: *Sex haben.*

se|xy 〈Adj.〉 [engl. sexy, zu engl. sex] **1.** *sexuell attraktiv* **2.** *attraktiv (im allgemeinen Sinn):* „Revolutionen sind sexy, Protest ist sexy – der Mythos und die Selbstinszenierung von Pussy Riot beruhen wesentlich auf dieser Faszination." (Georg Dietz auf spiegel.de am 17. August 2012)

Sieg|fried, der; -s, -e ❖ **der steife Siegfried, ein steifer Siegfried** [zeugt von der Vorliebe der Männer, ihr Sexualorgan mit einem Vornamen zu versehen; hier offensichtlich in Anlehnung an die Gestalt des Siegfried, ihm wurden übermenschliche Kräfte zugeschrieben]: *erigierter Penis.*

Siff, der; -s, kein Plural [siehe versifft]: *ekelerregender Schmutz.*

Sitz|brun|zer, der; -s, - [2. Bestandteil: siehe brunzen]: **1.** *Mann, der sitzend und nicht stehend uriniert* **2.** *Schwächling, Weichei.*

Sitz|fur|zer, Sitz|pfur|zer, der; -s, - [2. Bestandteil: siehe furzen und pfurzen; eigentlich: jemand, der seine Arbeit sitzend verrichtet und auch im Sitzen furzt]: **1.** *Büromensch* **2.** *Bürokrat.*

Sitz|pink|ler, der; -s, - [2. Bestandteil: siehe pinkeln] **1.** *Mann, der sitzend und nicht stehend uriniert:* „Das Schöne am Sitzpinkeln ist, dass es so lautlos ist. Man setzt sich hin, das Ding hängt im Wasser – und los geht's!" (Hagen Rether im „Kabarett-Festival", BR) **2.** *Schwächling, Weichei.*

Sitz|pup|ser, der; -s, - [2. Bestandteil: siehe pupsen: jemand, der seine Arbeit sitzend verrichtet und auch im Sitzen furzt]: **1.** *Büromensch* **2.** *Bürokrat.*

Sit|zung, die; -, -en ❖ **eine Sitzung haben** (verhüllend): *am Klo sitzen, um die Notdurft zu verrichten.*

sli|cken: *siehe schlecken und lecken.*

Snie|pel, der: *siehe Schniepel.*

Snip|pe, Snipp, die: *siehe Schnepfe.*

soa|chen: *siehe seichen.*

Soft|ware, die [belegt bei Deppert; eigentlich: Programme eines Computers; engl. software; eigentlich: weiche Ware; korrespondiert mit: das Weiche, etwas Weiches und Warmes, siehe dort]: *Vulva.*

soi|chen: *siehe seichen.*

Soi|cher, der; -s, -; meist: **jun|ger Soi|cher** [belegt bei Plankenhorn; siehe seichen] (schwäbisch): *junger, unerfahrener Mann:* der jong Soicher woiß au älles dreimol besser, a richtigs Gscheidle halt.

Spa|gat|schei|ßer, der; -s, - [belegt bei Jakob; 1. Bestandteil: Spagat (= dünne Schnur); zu ital. spago (= Schnur) und dem Diminutivum spaghetto (= dünne Schnur); dieses auch Herkunftswort für Spaghetti] (wienerisch): **1.** *Feigling* **2.** *Person, die nichts zu Ende bringt.*

Spal|te, die; -, -n [Nebenform von Spalt, Verbalabstraktum zu spalten, dieses zu mhd. spalten, ahd. spaltan und mndd. spalden; außerhalb der Sexualsprache: Riss in einem festen Material; ähnliches Bedeutungsmotiv wie Ritz, Schlitz etc.]: *Vulva, Vagina, Schamspalte.*

spa|nisch ⟨Adj.⟩ ❖ **es spanisch machen** [Herkunft unklar; Länderbezeichnungen für Sexualpraktiken spiegeln oft Vorurteile sowie Projektionen wider]: *Mammalverkehr (den Penis zwischen den weiblichen Brüsten massieren).*

Spar|gel, der; -s, -(n) [spätmhd. sparger, über das Romanische zu lat. asparagus, dieses zu griech. asp(h)áragos (= Spargel; junger Trieb); Verwendungen in der Sexualsprache belegt bei Borneman] (verhüllend): *Penis:* „Der Gemahl sucht voll Schneid / Anschluß an die Stubenmaid. / Das macht der Frühling. / Seine Frau schickt er weg, / dann ruft er das Mädchen keck / und erklärt ihr den Zweck: / Veronika, der Lenz ist da, / die Mädchen singen tralala. / Die ganze Welt ist wie verhext, / Veronika, der Spargel wächst ..." (Schlager von Walter Jurmann und Fritz Rotter, bekannt durch die Comedian Harmonists und das Palast Orchester/Max Raabe) ❖ **am Spargel lutschen:** *fellationieren* ❖ **ein ausgelutschter Spargel:** *schlaffer Penis nach mehrmaliger Fellatio* ❖ **den Spargel putzen** [belegt im Wörterbuch der Jugendsprache, Pons, 2014]: *masturbieren.*

Spaß|bom|meln, die (Plural) [1. Bestandteil: zu ital. spasso; 2. Bestandteil: eigentlich: Pompon (= Wollquaste an Kostümen); zu ndd. bummeln, ursprünglich: hin- und herschwingen (beim Ausläuten einer Glocke)]: *weibliche Brüste.*

Spaß|la|berln, Gspaß|la|berln, die (Plural) [1. Bestandteil: zu ital. spasso; oft mit Vorsilbe Ge- erweitert; 2. Bestandteil: Diminutivum von Laib (= rund geformte Masse)] (österreichisch): *weibliche Brüste.*

Spatz, der; -es, -en [Spatz (= Sperling; ein kleiner Vogel); mhd. spaz, vermutlich eine Koseform zu mhd. sparwe (= Sperling); männliche und weibliche Genitalien werden manchmal mit Vogelnamen bezeichnet; siehe Vogel und vögeln] (österreichisch, kindersprachlich): *Penis* ❖ **den Spatz zwitschern lassen** [belegt bei Borneman]: **1.** *koitieren* **2.** *masturbieren (vom Mann).*

Spat|zi, das; -s, -s [siehe Spatz; mit kindersprachlicher Endung -i] (österreichisch): *Penis eines Kindes.*

Specht, der; -(e)s, -e [mhd., ahd. speht, Herkunft unklar; da der Vogel einen langen, kräftigen Schnabel hat, mit dem er auf hohle Stellen in Bäumen klopft, könnte hier ein Benennungsmotiv vorliegen; außerdem werden männliche und weibliche Genitalien oft mit Vogelnamen bezeichnet; siehe Vogel und vögeln]: *Penis.*

spech|ten, spech|teln ⟨hat⟩ [Weiterbildung zu mhd. spēhen (= suchend oder kundschaftend schauen); außerhalb der Sexualsprache: spähen, spionieren]: *sich als Voyeur betätigen:* „Bei Gott in Frankreich (...) nennt man Herren, die gern spechten, Voyeure." (spiegel.de, 21. April 1999) – „I woa ois klana Bua scho an de Weiber intressiert / i habs im Kinderfreibad ausgriffn ois wia / und durch a Astloch gspechtlt waun sa se daun auszogn haum / und mir an awegrißn glei vor eanra Tür." (Danzer: Vorstadtcasanova)

Specht|ler, der; -s, - [zu spechten, spechteln]: *Voyeur.*

Speen, die; kein Genitiv, Spenen [mhd. spen und mhd. spune, spünne, ahd. spunni (= Mutterbrust, Muttermilch); vgl. Spanferkel: junges Schwein, das noch gesäugt wird] (ndd.): *Brustwarze:* hör Spenen sünd so lüttjet un kört, dat dat Kind hör haast neet faten kann (= ihre Brustwarzen sind so klein und kurz, dass das Kind sie fast nicht fassen kann).

Speer, der; -(e)s, -e [mhd. sper, spar, ahd. sper, eigentlich: Stange; außerhalb der Sexualsprache: Waffe zum Stoßen oder Werfen; Sportgerät zum Werfen]: *Penis.*

Spie|gel|ei, das; -(e)s, -er ❖ **Spiegeleier haben** [belegt bei Wintersberger], **Mitglied des Spiegeleier-Clubs sein** [gemeldet von Gasser]: *die eigenen Genitalien auf Grund der Leibesfülle nur noch im Spiegel sehen können (vom Mann).*

Spie|gel|ei|er|tit|ten, die (Plural) [folgt einem ähnlichen Wortbildungsmuster wie Eierspeisdutteln, siehe dort]: *flache, schwabbelige weibliche Brüste mit großem Warzenhof.*

spitz ⟨Adj.⟩ [eigentlich: in einer scharfen Spitze endend; mhd. spiz, spitz(e), ahd. spizzi (= schmal zulaufend), laut Kluge verwandt mit Spieß; vgl. transitiv: auf etwas/jemanden spitz sein (= von einem heftigen Verlangen nach etwas oder jemanden erfüllt sein); auch: auf etwas spitzen (= sich auf etwas Hoffnung machen)]: *gierig nach Sexualkontakt (sowohl vom Mann als auch von der Frau)* ❖ **spitz wie der Wolf auf das Rotkäppchen; spitz wie (Nachbars) Lumpi/Fiffi/Waldi** [siehe Lumpi]: *gierig nach Sexualkontakt (vom Mann).*

Spit|ze, die; -, -n [mhd. spitze, ahd. spizza, spizzī; verwandt mit Spieß] (verhüllend): *Penis:* „Hast du Scheiße an der Spitze, / warst du an der falschen Ritze." (Klospruch, Internetbeleg auf unmoralische.de)

Sports|fle|cken, die (Plural): *Spermaflecken (auf Bettdecke, Sofa, Unterhose etc.).*

spren|zen ⟨hat⟩ [mhd. sprenzen (= sprengen), Intensivbildung zu springen]: *urinieren.*

sprit|zen ⟨hat⟩ [entrundet aus mhd. sprützen (= spritzen, sprossen); außerhalb der Sexualsprache süddeutsch und mittelostdeutsch auch: ein alkoholisches Getränk oder einen Fruchtsaft mit Soda-, Mineral- oder Leitungswasser verdünnen]: *ejakulieren.*

Sprit|zer, der; -s, -; meist: junger Spritzer [nicht zu spritzen (= ejakulieren), sondern zu spritzen (= urinieren), wie analoge Bildungen mit brunzen und soichen beweisen]: *junger, unerfahrener Mann:* der junge Spritzer weiß alles dreimal besser.

S

Sprutz|ki Ma|tratz|ki [belegt bei Herdi, 2001; slawisierende Scherzbildung nach: auf die Matratze abspritzen] (schweizerisch): *Coitus Interruptus.*

Spund|loch, das; -(e)s, ...löcher [eigentlich: Öffnung in einem Fass]: *Anus:* „Der hat sich dat Spundloch nich gewaschen." (Internetbeleg auf mitmachwoerterbuch.lvr.de)

Spur, die; -, en ❖ **eine Spur ziehen** [eigentlich: Vaginalsekret absondern]: *sexuell erregt und gierig auf einen Koitus sein:* „Sie zieht scho e Spuur." (Beleg im Zürislängikon) ❖ **Schleifspuren wie eine Schnecke haben** [die Tiere kriechen auf einem Schleimteppich, der hinter ihnen als Schleimspur zurückbleibt]: *sexuell erregt und gierig auf einen Koitus sein:* „Entspann di, locker sein! De zwa (Weiber) ham scho Schleifspuren wia r a Schneck." (Joschi Täubler in „Kaisermühlenblues, 53")

Stab, der; -(e)s, Stäbe [mhd. stap, ahd. stab, altsächsisch staf; laut Duden eigentlich: der Stützende, steif Machende; in der Sexualsprache ist der Dosierstab eines Honigtopfes das männliche Gegenstück zu Honigtopf, siehe Hönnigpott]: *Penis:* „Sien Staav in d' Hönnigpott. / Binannerkomen. Bi hör komen. / Nöken. Nöken. Nöken, / Mien Düttje, mien Hartje, mien Puppke." (Dirks: Unner de Buukreem, 70)

Stän|der, der; -s, - [ahd. stanter (= Stellfass, mndd. stender (= Pfosten); abgeleitet von Stand, das zu stehen gehört; vgl. die Wendung: der Penis steht (= der Penis ist erigiert)]: *erigierter Penis* ❖ **einen Ständer haben/kriegen:** *eine Erektion haben/bekommen:* „Das wäre doch gar nicht nötig gewesen, seinen Ständer kriegt er ja trotzdem, ob jetzt eine Frau hier liegt und sich anbietet oder nicht." (Jelinek: Gier, 292) – „Ein Manager telefoniert aus dem Allrad-Jeep mit seiner Freundin: ‚Meinst du, ich hätte 40.000 DM für diesen Allrad-Jeep ausgegeben, wenn ich gewusst hätte, dass eine Pille kommt, mit der man für 100 DM einen Ständer kriegt?'" (Fritsch: Wenn Frauen herzhaft lachen, 29) – Grissemann: „Finden Sie sich dick?" – Berger: „Ja, furchtbar." – Grissemann: „Sie könnten ja Sport betreiben." – Berger: „Na, entschuldigen Sie: Bis ich einen Ständer krieg, wenn ich wichse, das dauert eh zwei Stunden." (Helmut Berger in „Willkommen Österreich")

Stan|ge, die; -, -n [mhd. stange, ahd. stanga, eigentlich: die Stechende; Spitze; der Duden erläutert die heutige Bedeutung außerhalb der Sexualsprache wie folgt: langes, meist rundes Stück Holz, Metall o. Ä., das im Verhältnis zu seiner Länge relativ dünn ist; die männlichen Genitalien werden oft mit länglichen und harten Gegenständen verglichen]: *Penis:* „Im prallvollen Nachtbus nach Haus / sagte ich einer ganz süßen Maus: / ‚Halten Sie sich fest an der Stange!' / Sie sagt: ‚Das tu ich schon lange.' / Sag ich: ‚Ich weiß, doch steig ich jetzt hier aus.'" (Otto Waalkes auf der DVD „Otto live! Das Original") ❖ **die Stange**

polieren/sich einen von der Stange holen: *masturbieren* ❖ **eine Stange (Wasser) an den Baum stellen/in die Ecke stellen etc.:** *urinieren (vom Mann):* „... wie ick mir draußen in die frische Morjenluft habe die Citrone ausjequetscht, un' er dabei ne Stange Wasser an Boom stellte, da hab' ick jestaunt." (Zille: Hurengespräche, 67 f.)

Stän|gel, der; -s, - [mhd. stengel, ahd. stengil, zu Stange, siehe dort; außerhalb der Sexualsprache: Teil einer Pflanze]: *Penis.*

Stän|gel|haut, die; -, ...häute [1. Bestandteil: siehe Stängel]: *Vorhaut.*

Stan|gel|put|ze|rin, die; -, -nen [belegt bei Teuschl; 1. Bestandteil: Diminutivum von Stange, siehe dort; 2. Bestandteil: durch Reiben säubern und blank machen] (wienerisch): *Prostituierte.*

Stan|gen|fie|ber, das, -s, kein Plural [1. Bestandteil: siehe Stange]: *sexuelle Erregung (beim Mann):* „... rot wie'n Krebs stand sein Maxe un' hatte det Stangenfieber. Da hat Mutter eene rote Nelke jeholt un' den Kleen ins Maul gesteckt." (Zille: Hurengespräche, 68 f.)

ste|chen ⟨hat⟩ [eigentlich: mit einem spitzen Gegenstand einen Stich zufügen] (vor allem pfälzisch): *koitieren.*

Ste|cher, der; -s, - [Bedeutung 2 und 3 belegt auf mundmische.de; Nomen Agentis zu stechen]: **1.** *Mann, der den harten Koitus bevorzugt:* „Das Verhältnis zwischen den Geschlechtern ist doch in den letzten Jahren immer heikler geworden, besonders für die Männer hat sich die Lage drastisch verändert. (...) Was sollte der Mann denn nun sein? Macho, Stecher, engagierter G-Punkt-Forscher? Sitzpinkler?" (Ingo Appelt im Interview mit dem Spiegel, Nr. 4/2000) **2.** *abfällige Bezeichnung für den Geliebten einer Frau (oft von Exfreunden verwendet):* „Deine Ex hat ja auch schon wieder einen neuen Stecher. Das ging ja ratzifatz. Der muss das Bärchen aber ganz schön gejuckt haben." (Internetbeleg auf mundmische.de) **3.** *Ausdruck von großen Brüdern für den ersten Liebhaber der kleinen Schwester:* „‚Sag mal, wo ist eigentlich deine kleine Schwester?' – ‚Die ist schon wieder bei ihrem Stecher.'" (Internetbeleg auf mundmische.de)

ste|cken las|sen ⟨hat⟩: *den Penis in der Vagina lassen:* „Schon mal Tantrasex probiert, sechs Stunden stecken lassen?" (Ina Müller in der NDR-Late-Night-Show „Inas Nacht" vom 21. Dezember 2013; Frage an Schauspieler Jochen Busse gerichtet)

Ste|ckerl im Arsch! ⟨Interj.⟩ [süddeutsche Verkleinerung zu Stecken (= Stange)]: *Reaktion auf eine dumme Aussage, einen dummen Vorschlag.*

ste|hen ⟨ist⟩ (im Süden) ⟨hat⟩ (im Norden) [mhd., ahd. stān, stēn; außerhalb der Sexualsprache: sich in aufrechter Körperhaltung befinden; süddeutsch]: *erigiert sein:* „‚Dr. Penis ist verhaftet worden!' – ‚Ach was, hat er gestanden?'" (Insterburg und Co.; zitiert im Spiegel, 17/1996) – „Sitzen zwei Pimmel in der Badewanne, sagt der eine zum anderen: ‚Gib mir mal das Handtuch, du stehst gerade.'" (Internetbeleg auf sms-sprueche-index.com) – „Was hast du, wenn ein Glühwürmchen Viagra nimmt? Ein prima Stehlämpchen." (Internetbeleg auf sms-sprueche-index.com)

Ste|her, der; -s, - [Substantivableitung zu stehen]: *Koitus im Stehen.*

Steh|par|tie, die; -, -en [1. Bestandteil: zu stehen; 2. Bestandteil: hier wohl zur Bedeutung: Durchgang, Runde in einem Spiel]: *Koitus im Stehen.*

Steh|pis|ser, der; -s, - [das Gegenteil eines Sitzpinklers]: *Mann, der im Stehen uriniert.*

steif 〈Adj.〉 [mhd. stīf (besonders von Holzpfählen): starr, aufrecht, unbiegsam; nach der Wortherkunft in der Sexualsprache also: aufrecht und unbiegsam wie ein Pfahl]: *erigiert.*

Stei|fe, der; -n, -n; ein Steifer [zu steif]: *erigierter Penis:* „,Hey Peppi, was ham a Gummi und a Sarg g'meinsam?' ,In beiden steckt a Steifer?' ,Owa woaßt, wos da Unterschied zwischen dem Steifen im Olla und dem Steifen im Holzpatschen ist?' – ,Woaßt eh, da ane kummt, da andre geht. Servas!'" (Kaiser: Blasmusikpop, 365) ❖ **einen Steifen haben/kriegen:** *eine Erektion haben/bekommen:* „Ein Mann betritt die Apotheke und druckst herum: ,Es ist eine unangenehme Sache, ich habe seit drei Tagen einen Steifen.' – ,Warten Sie einen Moment', sagt die Apothekerin. Wenige Minuten später kommt sie zurück: ,Wir geben Ihnen eine zehnprozentige Umsatzbeteiligung und 2.000,– in bar.'" (Fritsch: Wenn Frauen herzhaft lachen, 78)

Stei|ger, der; -s, - [zu (nach)steigen]: *Mann, der ständig Frauen umwirbt und für sexuelle Beziehungen zu gewinnen sucht.*

Steig|na|chi, der; -, -s [eigentlich: Nachsteiger; zu einem Imperativ von steigen gebildet; 2. Bestandteil: nach-hin; belegt bei Jakob] (bayerisch und österreichisch): *Mann, der ständig Frauen umwirbt, sie für sexuelle Beziehungen zu gewinnen sucht.*

Stein, der; -(e)s, -e [belegt im Zürislängikon; mhd., ahd. stein; weitere Herkunft unklar; metaphorische Übertragung aufgrund der Form]: *Hoden.*

Stein|schei|ßer, der; -s, - ❖ **Der Steinscheißer-Karl(i)!/Da Staascheißer-Koarl!** *scherzhafte Antwort auf eine Wer-Frage, die eigentlich der Fragende selbst beantworten könnte* (aus einem alten Spiel, in dem man sein Gegenüber dazu verleitet, die Frage „Wer?" zu stellen, worauf man mit „Der Steinscheißer-Karl!" antwortet; von Josef Hader in dem Kabarettprogramm „Privat" verwendet und popularisiert).

Steiß|ad|ler, der; -s, - [belegt bei Bonner/Weiss; 2. Bestandteil: wegen der symmetrischen Form, die meist ausgebreiteten Flügeln gleicht]: *symmetrische Tätowierung oberhalb des Steißbeins.*

Stell|wa|gen, der [früher in Wien Pferdefuhrwerke als Vorläufer der späteren motorisierten öffentlichen Verkehrsmittel; jemandem mit dem Stellwagen übers Gesicht fahren: jemanden grob kommen] ❖ **wenn du so dasitzt, kann dir ein Stellwagen hineinfahren** (österreichisch, veraltet): *Aufforderung an ein Mädchen im Minikleid, die Oberschenkel geschlossen zu halten.*

stem|men ⟨hat⟩ [eigentlich: mit dem Stemmeisen bearbeiten]: *koitieren:* „‚Was tut der Schwanz in der Fut?' – ‚Vögeln.' Alois antwortete gleichmäßig, ernst und so ruhig wie immer. Mit zitterndem Mund fragte Klementine weiter: ‚Wie heißt das noch?' Und Alois zählte auf: ‚Pudern, Ficken, Remmeln, Bimsen, Petschieren, Stemmen.' Sein Ton war ernst." (Salten: Josefine Mutzenbacher, 77)

Stert, Steert, Stiert, Start, der; kein Genitiv, -en [belegt bei Herrmann-Winter und Outzen; mndd. stert, start, gleiche Herkunft wie Sterz (= Schwanz, Bürzel), dieses zu mhd. ahd. sterz; beides zu germanisch *sterta (= Schwanz); laut Kluge zu starr im Sinn von aufgerichtet und steif] (ndd., friesisch): **1.** *Schwanz bei Tieren, Bürzel* **2.** *Penis des Menschen:* „För Jo sünd twee Saken besünners wat weert: / Dat Lüchten van Gold un de Glanz van en Steert. / Wall hebben ji Wieven an Gold vööl Pläseer, / dat Gold maakt jo blied, man so 'n Steert noch vööl mehr." (Goethe: Paralipomenon 62 zu Faust I, Satansszene nach dem „Intermezzo"; übersetzt von Dirks; Originaltext: siehe Schwanz) **3.** *Gesäß des Menschen.*

Sterz, der; -es, -e [mhd., ahd. sterz, wie Stert eigentlich: Starres, Steifes, zu starren]: **1.** *Schwanz bei Tieren, Bürzel* **2.** *Penis des Menschen* **3.** *Gesäß des Menschen.*

stich|va|lat ⟨Adj.⟩ [aus der Kartenspielersprache: valat gehen (= keinen Stich machen)]: **1.** *impotent* **2.** *keine Chance auf einen Koitus haben.*

Stick, der; kein Genitiv, -s; **Sti|cken,** der: kein Genitiv, -s [gemeldet von Dirks; eigentlich: Stock, spitzer Stab; mndd. sticken, verwandt mit Stecken] (ndd.): *Penis.*

Stie|gen|schei|ßer, der; -s, - [1. Bestandteil: Stiege (= süddeutsch für Treppe); mit dem Kompositum ist gemeint: schon auf der Kellerstiege stark abführend]: *Sturm, stürmisch gärender Most, der später zum Staubigen, dann zum Wein wird.*

Stier|beu|tel, der; -s, - [2. Bestandteil: siehe Beutel; belegt auf spiegl.de_bayerisches_wort.pdf] (bayerisch und österreichisch): **1.** *Hoden eines Stiers* **2.** *unvernünftiger, zu Jähzorn neigender Mann.*

Stin|ke|fin|ger, der; -s, - [das Symbol war schon im antiken Griechenland bekannt, die Römer nannten es digitus impudicus: lat. digitus (= der Finger); lat. impudicus (= schamlos)]; es soll einen aufgerichteten Penis darstellen; im heutigen Deutschen unter dem Einfluss von engl. fuck you, fuck off, go fuck yourself und shove it up your ass; vgl. die Feige zeigen] (obszöne Geste der Verachtung): *hochgestreckter Mittelfinger, der einer Person – mit dem Handrücken auf sie gerichtet – gezeigt wird, wobei die anderen Finger eine Faust bilden (in einer anderen Variante werden Mittel- und Zeigefinger hochgestreckt)* ❖ **den Stinkefinger zeigen**; stärker verhüllend und

S

weniger derb: **den Mittelfinger zeigen:** „Was für eine Aufregung! Ein Kanzlerkandidat zeigt auf einem Magazincover den Mittelfinger. Darf der das? Die Mehrheit der Spiegel-Online-Leser ist sich sicher: Ja, Peer Steinbrück hat Mut bewiesen." (spiegel.de, 13. September 2013)

Stin|ker, der; -s, - [zu stinken]: **1.** *jemand, der stinkt (z. B. weil er Darmblähungen entweichen lässt)* **2.** *Schimpfwort.*

Stin|kerl, das; -s, -n [zu stinken] (österreichisch): *kleiner entwichener Darmwind:* „Der Kurti ließ ein Stinkerl wehn, / drum muss er jetzt im Winkerl stehn." (Schüttelreim, Franz Mittler zugeschrieben)

Stipp|vi|si|te, die; -, -n; **Stipp|be|such,** der; -(e)s, -e [belegt bei Küpper und Borneman]: **1.** *Stimulierung durch Berühren, Reiben der Genitalien ohne Geschlechtsverkehr (oft bis zum Orgasmus)* **2.** *Koitus:* „Wenn ick den Roten hatte, konnt ick von mein Bette so schön zusehn, wie Maxe Muttern ne Stippvisite machte, ihr uff's Hemde kniete un mit sein Urinstab ihr'n paar Nummern zauberte det se dabei ferzen mußte wie'n Waldesel." (Zille: Hurengespräche, 76)

Stock, der; -(e)s, Stöcke [mhd., ahd. stoc (= Baumstumpf, Klotz, Knüppel; ursprünglich: abgeschlagener Ast); zu stoßen]: *Penis:* „Und nun erkannte ich sie sofort. Wut, Scham, Empörung, Enttäuschung und eine halb komisch, halb schmerzhaft beginnende Versteifung meines Gießkännchens unter dem Badeanzug ließen mich Trommel und beide Trommelstöcke um des einen, mir neu gewachsenen Stockes vergessen." (Grass: Die Blechtrommel, 348)

Sto|ckerl|po|po, der; -s, -s [1. Bestandteil: Hocker; Diminutivum von Stock] (bayerisch und österreichisch): *weit herausragendes Gesäß (vor allem bei Frauen).*

Stolz|furz, der; -es, ...fürze; auch: **Stolz|forz** [belegt bei Pfeiffer; 1. Bestandteil: zu stolzieren: sich wichtig nehmend herumgehen]: *eingebildeter Mensch.*

stop|fen ⟨hat⟩ [mhd. stopfen, ahd. stopfōn (= verschließen), entlehnt aus mittellat. stuppare (= mit Werg verstopfen), zu lat. stuppa (= Werg), die Bedeutung in der Sexualsprache unter Einfluss von mhd. stopfen, ahd. stopfōn (= stechen); außerhalb der Sexualsprache: ein Loch mit Nadel und Faden ausbessern]: *koitieren:* „Komm Mädchen, laß dich stopfen / Das ist für dich gesund. / Die Dutten werden größer / Der Bauch wird kugelrund." (Brecht: Gedichte über die Liebe, Hecht (Hg.), 23)

stop|seln, stöp|seln ⟨hat⟩ [aus dem Niederdeutschen: mit einem Stöpsel verschließen, etwas wie einen Stöpsel in etwas hineinstecken]: *koitieren.*

Stös|ser, Stes|ser, der; -s, - [zu stössen, stessen, Nebenform von stoßen; außerhalb der Sexualsprache: Rempler, Hinweis, Mahnung; in Wien auch: Zylinderhut der Fiaker] (wienerisch): *Koitus.*

Stös|serl, Stes|serl, das; -s, -n [Diminutivum von Stösser, siehe dort] (wienerisch): *rasch vollzogener Koitus.*

Stran|zen, die; -, - [zu stranzen (= müßig herumlaufen); dieses zu mhd. stranzen, strenzen; außerhalb der Sexualsprache: Bett, Unterstand]: *billige Prostituierte.*

stras|seln ⟨hat⟩ [zu Strassl (= kleine Straße)]: *auf den Strich gehen.*

Stra|ßen|tut|tel, die; -, -n [Benennungsmotiv: die gewölbte Form der Karosserie] (Mechanikersprache): *VW-Käfer.*

Strass|ler, der; -s, - [zu Strassl (= kleine Straße)]: *Zuhälter.*

strei|chen ⟨hat⟩ ❖ **einen streichen lassen** [das Substantiv wird nicht ausgesprochen, nur der unbestimmte Artikel verbleibt] (verhüllend durch Auslassung): *eine Darmblähung entweichen lassen.*

Strich, der; -(e)s, -e [mhd., ahd. strich, ablautend zu streichen; in der nachfolgenden Bedeutung wohl kurz für Schnepfenstrich (Jägersprache: das morgendliche und abendliche Hin-und-her-Fliegen der männlichen Schnepfe während der Balz)]: *Straße oder Park, wo Prostituierte auf und ab gehen und ihre Dienste anbieten* ❖ **auf den Strich gehen:** *als Straßenprostituierte arbeiten.*

Strich|bub, der; -en, -en [1. Bestandteil: siehe Strich; 2. Bestandteil: süddeutsch für junger Mann]: *junger Mann, der der Straßenprostitution nachgeht.*

Stri|cher, der; -s, - [zu Strich, siehe dort]: *junger Mann, der der Straßenprostitution nachgeht.*

Strich|jun|ge, der; -n, -n [zu Strich, siehe dort]: *junger Mann, der der Straßenprostitution nachgeht.*

Strich|mäd|chen, das; -s, - [zu Strich, siehe dort]: *junge Frau, die der Straßenprostitution nachgeht.*

strie|geln ⟨hat⟩ [mhd. strigelen; vgl. Striegel (= Bürste zum Reinigen und zur Pflege bestimmter Tiere, z. B. des Pferdes), zu mhd. strigel (= Striegel, Penis); zu lat. strigilis (= Schabeisen, um das Salböl von der Haut abzuschaben); gehört zu einer Reihe von Wörtern mit der Grundbedeutung rhythmisch hin- und herbewegen; vgl. boßen, bürsten, geigen etc.]: *koitieren.*

Striz|zi, Strie|zi, der; -s, -s [Herkunft unklar, eventuell aus tschech. strýc (= Onkel) oder spöttische Koseform zu Striezel (= Germgebäck) mit Vokalverkürzung unter Einfluss von ital. strizzare (= auspressen); auch süddeutsch und schweizerisch; außerhalb der Sexualsprache: liebenswürdiger, frecher Bursch; leichtsinniger, arbeitsscheuer Bursch]: *Zuhälter.*

Striz|zi|au|to, das; -s, -s [1. Bestandteil: siehe Strizzi]: *Ami-Schlitten, Angeberauto.*

strüf|feln ⟨hat⟩ [belegt im Wörterbuch der Jugendsprache, Pons, 2014, eigentlich: Körner streifend vom Halm ziehen (vom Hafer); gehört laut Grimm zu streifen]: *masturbieren.*

strul|len, strul|lern ⟨hat⟩ [aus dem Niederdeutschen; verwandt mit strudeln (= Strudel bilden, in wirbelnder Bewegung sein)] (laut Variantenwörterbuch ndd. und mitteldeutsch): *mit kräftigem Strahl geräuschvoll urinieren:* „Er strullert wie ein Zirkuspferd/wie ein Ochse." (Internetbeleg auf mundmische.de)

Strun|ze, die; -, -n [zu strunzen (= umherschweifen); weitere Herkunft unklar]: **1.** *unordentliche, ungepflegte Frau* **2.** *Frau mit unmoralischem Lebenswandel.*

Stück, das; -(e)s, -e [hier mit der Bedeutung: kleiner Teil eines größeren Ganzen] ❖ **das beste Stück/sein bestes Stück:** *Penis.*

Sü|den, der; -s, kein Plural ❖ **ganz im Süden** (verhüllend): *im Bereich der Genitalien:* „Nicht ganz im Süden [ist er vom Ball getroffen worden], sondern im Bereich des Solar Plexus." (Marcel Reif, Kommentar im Champions-League-Finale Dortmund gegen FC Bayern auf Sky)

Sup|pe, die; -, kein Plural; Diminutivum: **Süpp|chen,** das; -s, - [mhd. suppe, soppe, laut Duden ursprünglich: flüssige Speise mit Einlage oder eingetunkte Schnitte, unter Einfluss von altfranz. soupe (= Fleischbrühe mit Brot als Einlage (aus dem Germanischen); verwandt mit saufen; Ausdruck der Sexualsprache belegt bei Borneman]: *Sperma:* „Und schnappe mir ein Stofftier meiner Tochter, (...) und halte es von unten an meine Vagina, damit das Sperma auf dem Weg ins Badezimmer nicht rausläuft. Das kommt komischerweise nie in einem Film vor, nachdem ein Paar Sex hatte, dass immer irgendwann die ganze Suppe wieder aus der Frau rausgelaufen kommt." (Roche: Schoßgebete, 21 f.)

swin|gen ⟨hat⟩ [engl. to swing (= hin- und herschwingen); sexuelle Bedeutung in den USA seit den 1960er Jahren] (verhüllend): *Gruppensex betreiben.*

Swin|ger, der; -s, - [siehe swingen] (verhüllend): *jemand, der Gruppensex betreibt.*

T

ta|ckern ‹hat› [eigentlich: mit dem Tacker anheften; engl. tacker, zu engl. to tack (= anheften); vermutlich unter Einfluss von tacken (= kurze, harte aufeinanderfolgende Geräusche von sich geben); belegt im Wörterbuch der Jugendsprache, Pons, 2014]: *koitieren.*

Tan|te, die; -, -n (verhüllend): *Menstruation* ❖ **Besuch von der roten Tante haben:** *die Menstruation haben.*

Tan|te Mei|er, die (verhüllend): *Raum zur Verrichtung der Notdurft.*

Tap|pen, Tapp, der: *siehe Zapfen.*

Ta|sche, die; -, -n [in der Jägersprache: äußeres Geschlechtsteil von weiblichen Tieren; laut Grimm die weiblichen Schamteile, zunächst die tierischen, dann auch die menschlichen]: **1.** *Vulva* ❖ **die Tasche aufmachen/aufknöpfen:** *sich koitieren lassen (von der Frau)* **2.** *promiskuitive junge Frau.*

Ta|sche|le, Da|sche|le, das; -s, - [belegt bei Plankenhorn; Diminutivum von Tasche, siehe dort] (schwäbisch): *kindische Frau.*

Ta|schen|bil|lard spie|len ‹hat› [Benennungsmotiv: Queue und Kugeln des Billardspiels; im Französischen bedeutet Queue auch männliches Glied]: *eine Hand in den Hosensack stecken und mit Hoden und Penis spielen, vom Hosensack aus die Hoden zurechtrücken.*

Tatsch|kerl, das; -s, -n [Diminutiv zu gleichbedeutend Tatschker, dieses zu bayerisch und österreichisch Tatscher mit tschechisierendem k-Einschub, zu Tatsch (= lautmalend für Schlag, Zusammengedrücktes)] (österreichisch): *leichter, liebevoller Schlag.*

Tatsch|kerl|ha|cken, die; -, - (Wiener Gaunersprache): *sexueller Missbrauch gegenüber einem Kind.*

Tatsch|ker|list, der; -en, -en (Wiener Gaunersprache): *Sittlichkeitsverbrecher.*

tatsch|kerln ‹hat› [zu Tatschkerl (= leichter Schlag, Klaps)] (österreichisch) **1.** *tätscheln, liebkosen* **2.** *unsittlich betasten.*

tau|chen ‹hat› [Herkunft wie tauchen (= unter der Wasseroberfläche schwimmen; den Pinsel in eine Flüssigkeit stecken); außerhalb der Sexualsprache mit der Bedeutung: anschieben, schubsen]: *koitieren.*

Tau|cherl, das; -s, -n [zu tauchen; außerhalb der Sexualsprache: Gedränge, Geschiebe]: *Koitus.*

Te|lach, der; -, kein Plural [belegt bei Girtler; zu rotwelsch *teilechen* (= gehen), belegt bei Puchner; zu jidd. *telechen* (= gehen)] (rotwelsch): *Straßenstrich:* auf den Telach gehen.

Thron, der; -(e)s, -e [eigentlich: Sessel eines Monarchen für feierliche Anlässe; mhd. t(h)rōn, lat. thronus, griech. thrónos]: **1.** *Nachttopf* **2.** *Sitz zur Verrichtung der Notdurft:* „Ach Gottchen', sprach der

Sohn betroffen, // ,die Mutter liegt vorm Thron. Besoffen ...'" (Schüttelreim, belegt auf wikiquote.org)

Tin|te, die; -, -n ❖ **Tinte auf dem Füller haben** [Tinte steht metaphorisch für (aufgestautes) Sperma und Füller (kurz für Füllfederhalter) für den Penis (aufgrund der Form)]: **1.** *äußerst potent sein* **2.** *schon lange keinen Sexualverkehr gehabt haben:* „,Boa, ich hab schon seit 2 Monaten kein Sex mehr gehabt! Mann, hab ich Tinte auf'm Füller!' – ,Dann schubber dir doch einen!'" (Internetbeleg auf mundmische.de)

Tin|ten|pis|ser, der; -s, - (berlinerisch): *Schreiberling.*

Tip|pel|schick|se, die; -, -n [1. Bestandteil: zu Fuß gehen, wandern; 2. Bestandteil laut Duden aus der Gaunersprache zu jidd. schickse(s) (= Christenmädchen; Dienstmädchen), zu hebr. šęqęz (= Unreines; Abscheu), außerhalb der Sexualsprache abwertend für Jüdin; ferner aus jüdischer Sicht für Nichtjüdin] (berlinerisch): *Straßenprostituierte.*

Titsch|kerl, das; -s, -n [Weiterbildung zu lautmalenden Wörtern wie Titsch (= kurzer, leichter Schlag), mit tschech. -k-Einschub; vielleicht Einfluss von tschech. tyčka (= Stange, Latte); ursprünglich die Bezeichnung eines Bubenspiels: zylindrisches, an beiden Enden kegelförmig zugespitztes Holz, das mit einem Lineal in die Luft geschleudert wird; vor allem österreichisch; gaunersprachlich: Messer]: *Penis.*

titsch|kerln 〈hat〉 [zu Titschkerl] (österreichisch): *koitieren:* „Titschkerlt der Bua vielleicht schon?" (Mundl Sackbauer in „Echte Wiener 2")

Titt|chen wie Schnee|witt|chen, die (Plural) [belegt im Zürislängikon; Diminutivum zu Titte, siehe dort]: *kleine weibliche Brüste.*

tit|te 〈Adj.〉 [belegt im Wörterbuch der Jugendsprache, Pons 2014; offensichtlich Adjektivbildung zu Titte mit scherzhafter Bedeutungsänderung]: *egal:* das ist mir titte.

Tit|te, die; -, -n [aus dem Niederdeutschen, verwandt mit Zitze (= Brustwarze), Lallwort der Kindersprache; im Süden Dutte und Duttel; das Wort vergleicht sich mit engl. tit und teat; tit ist das altenglische Wort, es wird auch vulgär verwendet, teat ist normannisch-franz. vermischt mit altengl., es wird nicht vulgär verwendet] (laut Variantenwörterbuch in Deutschland ohne Bayern, Thüringen, Sachsen und Teilen von Sachsen-Anhalt): *weibliche Brust:* „Du siehst ja nur Titten im Fernsehen, den ganzen Tag, von morgens bis abends. Nur weibliche Brüste, auf allen Kanälen. Ey, ich seh Micaela Schäfers Titten inzwischen öfter als meine eigenen!" (Carolin Kebekus, Satiregipfel, ARD, 4. März 2013) – „Arsch raus, Titten raus – immer wieder erstaunlich, dass diese Masche noch immer den Erfolg einer Frau garantieren und sichern kann." (Hella von Sinnen) ❖ **wie Titten mit Ei schmecken:** *ausgezeichnet schmecken.*

Tit|ten|bo|nus, der; -ses, -se oder ...boni [1. Bestandteil: siehe Titte; 2. Bestandteil: über engl. bonus zu lat. bonus (= gut)]: *angebliche Be-*

vorzugung von Mädchen oder jungen Frauen bei Prüfungen oder Ähnlichem (aufgrund ihres Geschlechts, nicht zwangsläufig aufgrund ihrer Oberweite).

Tit|ten|fick, der; -s, -s [1. Bestandteil: siehe Titte; 2. Bestandteil: siehe Fick]: *Mammalverkehr (den Penis zwischen den weiblichen Brüsten reiben).*

Tit|ten|knast, der; -(e)s, ...knäste oder ...knaste [belegt im Wörterbuch der Jugendsprache, Pons, 2014; 1. Bestandteil: siehe Titte; 2. Bestandteil: eigentlich: Haftstrafe, Gefängnis; aus dem Rotwelschen; vgl. jidd. knas, hebr. qĕnạs (= Geldstrafe)]: *Büstenhalter.*

Tit|ten|rack|je, das; kein Genitiv, -s [gemeldet von Dirks; Diminutivum von Rack (= Gestell, z. B. zum Aufhängen von Wäsche, zur Unterbringung von Elementen einer Stereoanlange etc.; vgl. engl. rack; verwandt mit recken (= den Körper strecken und dehnen); siehe Duttelkrax, Mämmestipper, Püppihutte] (ndd.): *Büstenhalter.*

Tit|ten|she|riff, der; -s, -s [siehe Duttelsheriff]: *Polizistin.*

Tit|ten|spal|ter, der; -s, - [belegt im Wörterbuch der Jugendsprache, Pons, 2014; 1. Bestandteil: siehe Titte; 2. Bestandteil: zu spalten]: *Umhängetasche.*

Tit|ten|strick, der; -(e)s; -e [belegt im Wörterbuch der Jugendsprache, Pons, 2014; 1. Bestandteil: siehe Titte; 2. Bestandteil: eigentlich: dickes Seil zum Festbinden; mhd., ahd. stric (= Schlinge, Fessel), Herkunft unklar]: *Büstenhalter.*

Tit|ten-TÜV, der; -, -(s) [TÜV steht kurz für: Technischer Überwachungsverein (= regelmäßige technische Überprüfung von Kraftfahrzeugen)]: *regelmäßige Kontrolluntersuchung mit Mammografie zur Früherkennung von Brustkrebs.*

Tit|ten|werk, Tit|ten|wark, das; kein Genitiv, kein Plural [gemeldet von Dirks, belegt bei Lauremberg; 2. Bestandteil: mhd. werc(h), ahd. wer(a)h zu germanisch *werka (= Werk, Arbeit); dient zur Kollektivbildung (wie Buschwerk, Regelwerk etc.)]: *weibliche Brüste:* 'n good Tittenwark.

To, Tö, die; -, -s [kurz für Toilette, siehe dort]: *Raum zur Verrichtung der Notdurft.*

To|ches, To|chus, To|kus, der; -, -se [jidd. toches oder tuches, zu hebr. taḥaṯ; siehe auch Duchesmalouches] (jidd.): *Gesäß.*

Tod, der; -(e)s, -e ❖ **der kleine Tod** [Tod und Orgasmus werden in vielen Kulturen miteinander verglichen; vermutlich Lehnübersetzung aus franz. la petite mort]: *Orgasmus.*

Toi|let|te, die; -, -n [franz. toilette, eigentlich: Diminutivum von toile (= Tuch, worauf man das Waschzeug legt); die alte Bedeutung noch erhalten in Abendtoilette, Frisiertoilette etc.]: *Raum zur Verrichtung der Notdurft:* „Die Spieler von Bayern München müssen auch auf die Toilette – und es kommt bei ihnen dasselbe raus wie bei uns."

T

(Gertjan Verbeek, Trainer des 1. FC Nürnberg, auf einer Pressekonferenz am 7. Februar 2014; zitiert auf stern.de)

To|kus, der: *siehe Toches, Tochus, Tokus.*

Töp|fe, die (Plural) [eigentlich: zylindrisches Gefäß zum Kochen von Speisen; aus dem Ostmitteldeutschen, zu mhd. topf; Herkunft unklar] (vor allem österreichisch und schweizerisch): *weibliche Brüste* ❖ **außa mit de Töpf, heit gibt's Nudeln** [siehe Nudel]: *anzüglicher Scherzspruch (z. B. männlicher Discobesucher).*

Torf|ste|cher, der; -s, - [1. Bestandteil: laut Duden zu mndd. torf, zu einem Verb mit der Bedeutung spalten, reißen; eigentlich: der Abgestochene, Losgelöste; außerhalb der Sexualsprache: im Moor entstandener dunkelbrauner bis schwarzer Boden von faseriger Beschaffenheit]: *Mann, der den Analverkehr bevorzugt.*

Traum, der; -(e)s, Träume ❖ **einen feuchten Traum haben** [belegt auf redensarten-index.de; vgl. engl. wet dream]: **1.** *im Schlaf einen unwillkürlichen Samenerguss haben* **2.** *etwas Schönes/Wünschenswertes/Begehrenswertes:* „Ich trag dich in meinem Herzen, / du wärmst meinen Hals, / mein erster feuchter Traum, / war ne Flanke von Manni Kaltz." (Buddy Ogün: HSV, Du bist meine Frau)

trei|ben ⟨hat⟩ [mhd. trīben, ahd. trīban, weitere Herkunft unklar] (verhüllend) ❖ **es mit jemandem treiben:** *mit jemandem koitieren* ❖ **es (miteinander) treiben:** *(miteinander) koitieren:* „Mama und Onkel Jan trafen sich fast jeden Donnerstag in einem auf Jans Kosten gemieteten Zimmer in der Tischlergasse, um es eine Dreiviertelstunde lang miteinander zu treiben." (Grass: Die Blechtrommel, 126) „Weißt du noch, wie verwegen / Die Lust uns stand? Und wie es roch? (...) Weißt du noch, wie wir's trieben, / Was nie geschildert werden darf? Heiß, frei, besoffen, fromm und scharf ..." (Ringelnatz; zitiert bei Kinder, 500)

Trei|ber, der; -s, - [mhd. trīber] (österreichisch): *Zuhälter.*

tren|nen ⟨hat⟩(jidd.) [knüpft an mhd. trennen, ahd. (in)trennen an, das laut Kluge vermutlich auf eine indogermanische Wurzel *der (= spalten, schinden) zurückgeht; das Wort wurde früher auf den Wiener und Budapester Jargonbühnen oft verwendet, meist verklausuliert mit der Substantivableitung Trennung; das Wort gilt als derb, ist in literarischen jidd. Texten und in Wörterbüchern in dieser Bedeutung auch nicht zu finden, aber umgangssprachlich durchaus präsent]: *koitieren:* Wie trennt 's sich gemietlich? Mitn Polster im Kreiz! (scherzhafter Kommentar, wenn eine Frau ein Kissen nimmt, um bequemer zu sitzen) – „Ein Ungar trifft e Wienerin / Auf einer Praterbank in Wien / Die Zwei hab'n gleich politisiert / Die Banktrennung auch durchgeführt." (Wacks: Budapester Orpheumgesellschaft, 212) – „Treffen sich zwei Juden: ‚Was treibst dein Sohn denn so?' – ‚Er is' a Dichter!' – ‚A Dichter? Was macht a Dichter?' – ‚Er macht Reimen.'

– ‚Aha. Was is' a Reim?' – ‚A Reim? Na, zum Beispiel: Wenn der Rebbe trennt, wackeln alle Wänd'. – ‚Was, und von dem kann er leben?'" (jüdischer Witz, mündlich überliefert)

Trep|pen|num|mer, die; -, -n [belegt bei Reiskel: Berliner Mundart, 1905): *sehr rascher Koitus:* „Und ganz nebenher ließ Boris es nicht unerwähnt, dass seine Besenkammernummer mit dem russischen Model Angela Ermakova eigentlich eine Treppennummer war." (Internetbeleg auf t-online.de)

trit|scheln ⟨hat⟩ [belegt bei Zehetner; eigentlich: ausplaudern; langsam und ohne Ziel arbeiten, trödeln] (bayerisch und österreichisch): *wiederholt eine Darmblähung entweichen lassen.*

Trom|pe|te, die; -, -n [belegt bei Borneman; eigentlich: ein Blechblasinstrument; mhd. trumpe; entlehnt aus altfranz. trompette, Diminutivum von altfranz. trompe (= Trompete), wahrscheinlich aus dem Germanischen, zum gleichen Grundwort wie Trommel gehörend]: **1.** *Penis* **2.** *Anus.*

Trom|pe|ten|spie|ler, der; -s, - [siehe Trompete]: *masturbierender Mann.*

Trot|toir|am|sel, die; -, -n [1. Bestandteil: steinerne Einfassung zwischen Straße und Bürgersteig/Gehsteig/Bordstein; zu franz. trottoir; 2. Bestandteil: ein Singvogel; vgl. Bordsteinschwalbe]: *Straßenprostituierte.*

Tru|di wür|gen ⟨hat⟩ [belegt im Wörterbuch der Jugendsprache, Pons, 2014]: *urinieren gehen.*

tru|deln ⟨hat⟩ [aus dem Niederdeutschen; Herkunft unklar]: *rollen, wälzen, sich drehend bewegen* ❖ **sük trudeln latn** [gemeldet von Dirks] (ndd.): *sich koitieren lassen (von der Frau).*

Tschu|del, Tschudl, die; -, -n [zu Tschoder, Tschuder (= zerzaustes, buschiges Haar), verwandt mit Schotter (= Anhäufung von Sand, Kies, Steinen oder Mauerstücken); der Wechsel von sch- zu tsch- kann als expressive Anlautverstärkung interpretiert werden; Adjektiv: tschodrig, tschudrig (= zerzaust); belegt auf ostarichi.org; das Elsässische Wörterbuch vermerkt die Variante Tschudi mit folgenden Bedeutungen: ängstlicher, dummer Mensch; einfältiges, dummes Mädchen; Trunkenbold; Weibsperson mit zerzaustem, ungekämmtem Haar; dummes, einfältiges, nachlässiges Frauenzimmer; leichtes Scheltwort für weibliche Personen und auch für kleinere Tiere, z. B. Hühner] (süddeutsch und österreichisch): **1.** *Vulva* **2.** *dumme, unbeholfene Frau.*

Tschu|ri, der; -, kein Plural [von romanes djuuri (= Suppe); gaunersprachlich mit der Bedeutung Sekret, Ausfluss; siehe Suppe] (ostösterreichisch): **1.** *Sperma des Mannes* **2.** *Blut einer menstruierenden Frau.*

Tschu|ri|fet|zen, der; -s, - [1. Bestandteil: siehe Tschuri; 2. Bestandteil: Fetzen (= Lappen, Tuch)] (ostösterreichisch): *Tuch zum Reinigen der*

T

Genitalien nach dem Koitus: „Was is a Tschurifetzen? / Also ohne ihr Gefühl zu verletzen, / des is a Tüachl, bitte sehr, / was ma nimmt nach dem Geschlechtsverkehr." (Danzer: Die Ballade vom versteckten Tschurifetzen)

Tua|rer, der; -s, - [eigentlich: Tuer; jemand, der es tut] (österreichisch): *aktiver Partner beim Analverkehr* (Gegensatz zu Lasser).

Tul|pe, die; -, -n; **Tülp|chen,** das; -s, - [laut Küpper ist Tulpe und Tulpenstengel ein Bedeutungspaar wie Vagina und Penis]: **1.** *Vagina, Vulva* **2.** *Mädchen, Frau* **3.** *Prostituierte.*

tun ⟨hat⟩ ❖ **es tun** (intransitiv): *koitieren:* gestern haben sie es zum ersten Mal getan; sie hat es mit ihm getan ❖ **es einer (Frau) tun/es einem (Mann) tun** (transitiv): *(mit einer Frau/einem Mann) den Koitus vollziehen.*

Tunt|schi, die; -, -s [eigentlich: Sennentunschi, eine Sagengestalt in den Alpen; die einsamen Sennen schaffen sich eine weibliche Puppe; sie sprechen mit ihr und nehmen sie zu sich ins Bett; kurz vor der Alpabfahrt/vor dem Almabtrieb wird die Puppe lebendig; sie rächt sich für die gottlosen Taten der Sennen, zwingt einen von ihnen, bei ihr zu bleiben, und zieht ihm die Haut vom Leib]: *Sexpuppe.*

tup|fen, tup|pen ⟨hat⟩ [eigentlich: leicht an etwas oder auf etwas stoßen; ahd. tupfan, zu tief, eigentlich: tief machen, eintauchen; laut Duden schon früh beeinflusst von stupfen]: *mit jemandem einen (sanften) Koitus vollziehen:* eine Frau tupfen; sie lässt sich (nicht) tupfen ❖ **dä es esu fromm, dat hä fridaachs nor de Feschwiever tupp** [= der ist so fromm, dass er an Freitagen nur die Fischverkäuferinnen koitiert; belegt bei Gröbe]: *er gebärdet sich übertrieben fromm; er stellt seine Frömmigkeit zur Schau.*

Tup|fer, der; -s, - [zu tupfen; außerhalb der Sexualsprache: farbiger Punkt, Wattebausch]: *(sanfter) Koitus:* einen Tupfer machen.

Tus|si|len|ker, der; -s, - [belegt bei Bonner/Weiss; 1. Bestandteil: eigentlich: aufgetakelte, zickige Frau, Koseform von T(h)usnelda]: *symmetrische Tätowierung oberhalb des Steißbeins:* „(Die Nabelschau) soll sexuelle Aktivität und Attraktivität signalisieren, indem sie unter anderem den Blick auf ein kostspieliges Accessoire freigibt: den Steißadler, das klassische Arschgeweih, auch Schlampenstempel oder Tussilenker genannt." (Bonner/Weiss: Generation Doof, 26)

Tü|te, die; -, -n [aus dem Niederdeutschen, zu mndd. tute (= Trichterförmiges); vgl. Lümmeltüte]: *Kondom:* „Sex ist wie Chips essen: Wenn man anfängt, kann man nicht mehr aufhören, und wenn es nicht in der Tüte bleibt, gibts meistens eine Riesensauerei!" (Internetbeleg auf kraehseite.de/sms-sprüche)

Tut|te, Dut|te, die; -, -n [mhd. tutte, ahd. tutta, Lallwort der Kindersprache, verwandt mit Titte und mit Zitze] **1.** *Milchorgan bei Säugetieren* **2.** *weibliche Brust.*

Tut|tel, die; -, -n [siehe Tutte und Duttel] (bayerisch und österreichisch): **1.** *Milchorgan bei Säugetieren* **2.** *weibliche Brust* **3.** *besonders große weibliche Brüste;* auch: Kuhtutteln, Hängetutteln, Knieschusstutteln etc.

Tut|tel|ber|gerin, die; -, -nen [konstruiert wie ein Familienname; 1. Bestandteil: siehe Tutte; 2. Bestandteil: die Brüste sind so groß wie Berge] (bayerisch und österreichisch): *vollbusige Frau, Sexbombe.*

Tut|tel|bo|xer, der; -s, -; **Tut|tel|bär,** der; -en, -en [Boxermotoren sind links und rechts am Motorrad angebracht] (Bikersprache, bayerisch und österreichisch): *BMW-Motorrad mit Boxermotor (R-Reihe).*

Tut|tel|fee, die; -, -n [1. Bestandteil: siehe Tutte; 2. Bestandteil: eigentlich: schönes weibliches Märchenwesen mit Zauberkraft; zu franz. fée (= Fee, Zauberin); dieses zu lat. fatum (= Schicksalsspruch)] (bayerisch und österreichisch): *vollbusige Frau, Sexbombe.*

Tut|tel|geschirr, das; -(e)s, -e [Geschirr (= Riemenzeug, mit dem Zugtiere vor den Wagen gespannt werden)] (bayerisch und österreichisch): *Büstenhalter.*

Tut|tel|heber, der; -s, - [1. Bestandteil: siehe Tutte; 2. Bestandteil: Substantivierung von heben] (bayerisch und österreichisch): **1.** *Kleidungsstück, das die weibliche Brust von unten stützt, ohne die Brustwarzen zu bedecken* **2.** *Schönheitschirurg.*

Tut|tel|krax, die; -, -en; **Tut|tel|kra|xen,** die; -, - [1. Bestandteil: siehe Tutte; 2. Bestandteil: Krax(en) (= Traggestell)] (bayerisch und österreichisch): *Büstenhalter.*

Tut|tel|she|riff, der; -s, -s (bayerisch und österreichisch): *Polizistin.*

Tut|tel|spitz, der; -(e)s, -e [1. Bestandteil: siehe Tutte; 2. Bestandteil: bayerisch, österreichisch und schweizerisch für: die Spitze] (bayerisch und österreichisch): *Brustwarze.*

Tut|tel|zipf, der; -(e)s, - [1. Bestandteil: siehe Tutte; 2. Bestandteil: mhd. zipf (= spitzes Ende)] (bayerisch und österreichisch): *Brustwarze.*

Tut|ten|tand|ler, der; -s, - [belegt bei Zehetner] (bayerisch und österreichisch): *Mann, der eine Frau durch Greifen nach der Brust sexuell belästigt.*

tutt|lert ⟨Adj.⟩ [zu Tuttel] (bayerisch und österreichisch): *vollbusig.*

T

Tut|tlinger, der; -s, - (bayerisch und österreichisch): *Büstenhalter.*

Tuz-Witt, der; kein Genitiv, kein Plural [belegt im Zürislängikon, zu franz. tout de suite (= ganz schnell)]: *Durchfall.*

Ty|ran|no|sau|rus Sex, der; kein Genitiv, kein Plural [zu Tyrannosaurus Rex, ein fleischfressender Dinosaurier; zu altgriech. týrannos bzw. lat. tyrannus (= König, Despot) sowie sauros (= Eidechse)]: *Sexpartner, der unbedingt die dominante Rolle spielen will.*

Über|ra|schungs|stän|der, der; -s, - [2. Bestandteil: siehe Ständer]: *unvorhergesehene Erektion (bei jungen Männern).*

Über|zie|her, der; -s, - [Substantivierung zu: etwas über (den Penis) ziehen; außerhalb der Sexualsprache ist Überzieher ein veraltender Ausdruck für einen leichten Herrenmantel]: *Kondom.*

uf|ho|cke ⟨ist⟩ [belegt auf bern.ch; aufsitzen, sich auf ein Gefährt setzen] (schweizerisch): *koitieren.*

Ul|li|furz, der; -es, ...fürze [belegt bei Nolden-Thommen; zu ullig (= schwächlich, kränklich, winzig, klein, niedlich)]: **1.** *kleiner Mensch* **2.** *Kind.*

um|le|gen ⟨hat⟩ [vgl. aufs Kreuz legen]: *mit einer Frau koitieren; eine Frau dazu bringen, dass sie einen Koitus zulässt.*

um|pu|dern ⟨hat⟩ [vom Koitus auf die Arbeit übertragen; siehe umvögeln] (österreichisch): *umändern, verändern, überarbeiten:* ich muss das Buchkonzept umpudern.

um|vö|geln ⟨hat⟩ ❖ **sich umvögeln lassen** [belegt bei Reiskel; Idioticon viennense eroticon, 1905; siehe umpudern] (österreichisch): *sich in seinem Wesen ändern lassen, ein anderer Mensch werden.*

unten, da unten, unten rum ⟨Adv.⟩ (verhüllend): *im Bereich der Geschlechtsorgane (von Frauen bzw. Männern):* rasierst du dich eigentlich unten?

un|ter|vö|gelt ⟨Adj.⟩: *unter längerer sexueller Enthaltsamkeit leidend:* „Für mich sind das einfach nur vier frustrierte Schachteln kurz vor den Wechseljahren, die einfach – weil sie total untervögelt sind – zu viel Zeit haben zum Reden. Und alles, worüber die reden ist – Dünnsein. Dünnsein und diese komischen Klamotten, die sie anhaben; die immer aussehen als hätten sie gerade eine Wette verloren." (Carolin Kebekus über „Sex and the City" bei „Nightwash" auf „einsfestival")

Ur|wald, der; -(e)s; ...wälder [belegt bei Oswald Wiener]: *(besonders dichte) Schamhaare.*

Vat|ter|milch, die, -, kein Plural [belegt bei Herdi 2001; Wortbildung analog zu Muttermilch] (schweizerisch): *Sperma.*

Ve|nus, die; -, kein Plural; auch: **Ve|nus|spalte, Ve|nus|ritze,** -, -n etc. [die römische Göttin der Liebe, des erotischen Verlangens und der Schönheit; im Kompositum Venushügel (= weiblicher Schamberg) heute standardsprachlich]: *Vulva, Vagina:* „,Haben Sie Lust', fragte dieser, ,ihn in Ihren Liebesgarten zu führen? Er steht sogleich zu Befehl.' ,Du mußt Dich aber gut satteln, denn meine Venus hat seit zwey Tagen Amors Diensten entbehrt.'" (Anonym: Lina's aufrichtige Bekenntnisse, 16)

Ve|nus|pries|ter, der; -s, - [siehe Venus]: *Penis:* „Meine Bemühungen brachten aber nur eine mittelmäßige Länge und Stärke hervor; doch war sein Priap steif und fest wie Eisen. Wir umfassten einander, nachdem ich seinen Venuspriester an meine Lefzen geführt hatte." (Anonym: Lina's aufrichtige Bekenntnisse, 45)

Ve|ran|da, die; -, -s [überdachter Vorbau an einem Wohnhaus; engl. veranda(h); laut Duden zu Hindi verandā oder zu port. varanda, Herkunft unklar; gleiches Benennungsmotiv wie Balkon]: *große weibliche Brüste.*

ver|ar|schen ⟨hat⟩ [siehe Arsch] ❖ **jemanden verarschen:** *jemanden zum Narren halten* ❖ **verarschen kann ich mich selber:** *scherzhafte Antwort auf eine Verarschung.*

Ver|ar|schung, die; -, -en [siehe verarschen]: **1.** *das Verarschen* **2.** *das Verarschtwerden, das Verarschtsein.*

ver|bren|nen ⟨hat⟩ ❖ **sich die Nille, das Pfeiferl, die Plempe, den Schweif etc. verbrennen** [ursprünglich bezogen auf die Gonorrhö; sie geht meist mit einer Harnleiterentzündung und brennenden Schmerzen beim Wasserlassen einher]: *sich eine Geschlechtskrankheit zuziehen (vom Mann gesagt):* „Tripper und Röhrlgschwür, / Das kummt von Pudern her, / Hab ma mein Schwaf vabrennt, / Kreuz Element!" (aus einem Wiener Volkslied; in: Weber, 253)

ver|büs|sen ⟨hat⟩ [gemeldet von Dirks; zu Büss, siehe dort] (transitiv): *koitieren.*

ver|ei|ni|gen ⟨hat⟩: **sich vereinigen** [eigentlich: zu einer Einheit zusammenfassen] (gehoben): *koitieren.*

ver|ge|nuss|wur|zeln ⟨hat⟩ [zu Genusswurzel (= Penis)]: *jemanden mit einem Koitus beglücken.*

ver|ge|nuss|zwer|geln ⟨hat⟩ [vermutlich zu einem scherzhaften Genusszwerg (= Penis)]: *jemanden mit einem Koitus beglücken.*

Ver|gnü|gungs- als 1. Wortbestandteil [verhüllend für sexuelle Befriedigung, Orgasmus] 2. Wortbestandteil: primäre oder sekundäre Geschlechtsmerkmale [belegt bei Küpper]: z. B. **Vergnügungswarze:** *Brustwarze;* **Vergnügungswurzel:** *Penis;* auch: **Vergnügungsspenderin:** *Prostituierte;* **Vergnügungssteuer:** *Entgelt für die Dienste einer Prostituierten.*

ver|gur|ken ⟨hat⟩ ❖ **jemandem eins vergurken** [belegt bei Küpper und im Brandenburg-Berlinischen Wörterbuch; zu Gurke, siehe dort]: *koitieren.*

ver|ho|ckeln ⟨hat⟩ [siehe hockeln]: *sich sexuell verausgaben:* „Gerade das Verhockeltste ist es, / was man noch mehr verhockeln möchte." („Das Wetter aus dem Nähkästchen", taz.de, 29. Juli 2004)

ver|hu|ren ⟨hat⟩ [zu Hure und huren, siehe dort]: *für sexuelle Beziehungen oder für Prostituierte Geld verschwenden:* „Der polnische Boxer Michalczewski hat gesagt: Ich habe 30 Mio. verhurt und versoffen. Das ist in Deutschland nichts Besonderes. Bei VW heißt das: Betriebsausflug." (Oliver Pocher; zitiert auf spruechetante.de)

ver|hurt ⟨Adj.⟩ [isoliertes Partizip Perfekt von verhuren, siehe dort]: **1.** *von sexuellen Ausschweifungen gezeichnet* **2.** *sich wie eine Hure benehmend bzw. wie eine Hure aussehend:* sie schaut irgendwie verhurt aus **3.** *Prostitution treibend* **4.** (Mechanikersprache) *durch übermäßigen Gebrauch gezeichnet:* „Also innen sieht der Golf ja schon ziemlich verhurt aus, bei angeblich nur 48 TKM." (Internetbeleg auf motor-talk.de) **5.** (Mechanikersprache) *übertrieben aufgemotzt:* „Zum Thema fette Spoiler und Schürzen: Ich finde, das bleibt jedem selber überlassen, ob er sowas ans Auto knallt oder nicht. Was aber gar nicht geht, das sind nur grundierte und abgefressene GFK-Schürzen. Sieht einfach nur verhurt aus." (Internetbeleg auf motorscene.de)

Ver|hü|ter|li, das; -s, - [Substantivableitung zu verhüten mit Diminutivsuffix -li] (schweizerisch): *Kondom.*

ver|ka|cken ⟨hat⟩ [zu kacken]: *verpatzen, vermasseln:* „Ich hatte mal wieder die Deutscharbeit verkackt." (Kögl: Auf Fett Sieben, 53)

ver|ka|se|ma|tu|ckeln, ver|ko|se|ma|tu|ckeln ⟨hat⟩ [eigentlich: etwas in kurzer Zeit aufbrauchen; vollständig konsumieren; etwas in allen Einzelheiten erklären; genaue Herkunft unklar; offensichtlich verwandt mit verknusematuckeln] (vor allem berlinerisch): *im Rahmen eines sexuellen Abenteuers jemanden liebkosen.*

Ver|kehr, der; -(e)s (Plural -e nur in der Fachsprache der Transporteure) [verkürzt und euphemistisch für Sexualverkehr]: *Koitus:* „Ein Ehemann aus Lauf, / der war wegen seiner Frau schlecht drauf, / denn nachts beim Verkehr, / da schreit sie so sehr, / davon wacht er immer auf." (Otto Waalkes auf der DVD „Otto live! Das Original") – Alle reden vom öffentlichen Verkehr, doch keiner traut sich. ❖ oft mit vorangestellten Adjektiven: **voreheliche Verkehr, außerehelicher Verkehr, ungeschützter Verkehr** (ohne Präservativ) etc.

ver|keh|ren ⟨hat⟩ [verkürzt aus: sexuell bzw. geschlechtlich verkehren] (gehoben): *koitieren.*

ver|knu|se|ma|tu|ckeln ⟨hat⟩ [vielleicht Weiterbildung zu verknusen, laut Grimm eigentlich: verkauen, aufzehren (von einer wohlschmeckenden Speise gesagt); bedeutet auch: etwas in allen Einzelheiten erklären; genaue Herkunft unklar; wohl verwandt mit verkasematuckeln] (vor allem berlinerisch): *im Rahmen eines sexuellen Abenteuers mit jemandem koitieren.*

ver|lö|ten ⟨hat⟩ ❖ **jemanden verlöten** [zu löten (= mithilfe von geschmolzenem Zinn verbinden); zu mhd. löt (= gießbares Metall, Blei); außerhalb der Sexualsprache bedeutet einen verlöten so viel wie: etwas Alkoholisches trinken]: *jemanden koitieren (vom Mann).*

ver|na|schen ⟨hat⟩ ❖ **jemanden vernaschen** [zu: naschen (= Schokolade oder Ähnliches Stück für Stück genießerisch verzehren), zu mhd. naschen, ahd. nascōn, ursprünglich: knabbern, schmatzen; lautmalend]: *im Rahmen eines Liebesabenteuers mit jemandem genießerisch koitieren:* „Der Chef ist sauer auf seine Sekretärin: ‚Wer hat Ihnen eigentlich gesagt, dass Sie nichts mehr arbeiten müssen, seit ich Sie auf der Betriebsfeier vernascht habe?' – ‚Mein Anwalt.'" (Internetbeleg auf bommi2000.de/witze)

ver|pin|keln ⟨hat⟩ [belegt bei Küpper]: *etwas vergeuden.*

ver|pis|sen ⟨hat⟩: **sich verpissen** [zu pissen; vgl. engl. piss off]: *sich aus dem Staub machen, sich entfernen* ❖ **Verpiss dich!** *Hau ab! Verschwinde!*

ver|pu|len ⟨hat⟩ ❖ **einen verpult bekommen** [laut Duden aus dem Niederdeutschen zu mndd. pulen (= herausklauben, bohren, wühlen)]: *beim Koitus hart hergenommen werden.*

Ver|schiss, der [laut Röhrich ursprünglich Studentensprache; bezogen auf Studenten, die die akademische Rauferei der schlagenden Verbindungen scheuten; siehe Schiss] ❖ **in Verschiss geraten/kommen:** *verachtet und ausgeschlossen werden, in Verruf geraten.*

ver|sifft ⟨Adj.⟩ [auf Duden-Online und bei Kluge als Kurzform von Syphilis interpretiert; die bei Honnen zu findende Ableitung von siffen (= regnen, verschmutzen) zu mhd. siffen (= träufeln, tropfend eindringen) ist plausibler]: *verschmutzt, verdreckt.*

ver|wöh|nen ⟨hat⟩ [eigentlich: dafür sorgen, dass sich jemand wohlfühlt; mhd. verwenen, zu wenen (= gewöhnen), ursprünglich: zu schlechten Gewohnheiten veranlassen] ❖ **jemanden verwöhnen** (verhüllend): *jemanden mit Fellatio/Cunnilingus stimulieren.*

Ves|pa|si|a|num, das; -s, ...na [belegt bei Herdi; vgl. ital. vespasiani und franz. vespasienne; der römische Kaiser Vespasian ließ in Rom an belebten Straßen amphorenartige Latrinen aufstellen, um Urin für die Ledergerbung zu sammeln; als er auf diese öffentlichen Toiletten eine spezielle Latrinensteuer einführte, entstand die Redewendung pecunia non olet (= Geld stinkt nicht)] (schweizerisch): *öffentlicher Raum zur Verrichtung der kleinen Notdurft für Männer.*

Vo|gel, der; -s, Vögel; auch mit Diminutivsuffix: **Vög|lein, Vo|gerl, Vö|gel|chen, Vö|gel|ke** etc. [mhd. vogel, ahd. fogal; Herkunft unklar; Bedeutung 1 und Bedeutung 2 belegt bei Borneman; der Sexualausdruck steht offensichtlich in einem Zusammenhang mit dem Verb vögeln, siehe dort; weibliche und männliche Genitalien werden manchmal mit Vogelnamen bezeichnet; siehe Spatz, Meise, scherzhaft Papagei etc.; laut Küpper wird der Hosenschlitz auch als Starenkasten und Taubenschlag bezeichnet]: **1.** [belegt bei Borneman] *Vulva, Vagina* **2.** [belegt bei Borneman] *(promiskuitive) Frau* **3.** *Penis* [Nest und Vogel sind ein Bedeutungspaar und stehen für Vagina und Penis]: „ich wæn, er ir ze liebe / hat in die selben kliebe / sinen roten vogel geschoben." (von der Hagen: Minnesinger, Band 3, 229a) – „Sien Lüst muss se föhlen. Sien Vögelke, de in 't Nüst wull." (Dirks: Unner de Buukreem, 68) **4.** *sonderbarer Mann.*

Vö|gel- oder **Vo|gel-** als 1. Bestandteil eines Kompositums [belegt bei Borneman]: **1. Vö|gel|kis|te, Vö|gel|nest, Vö|gel|rit|ze, Vo|gel|haus:** *Vulva, Vagina* **2. Vö|gel|flö|te, Vo|gel|flö|te:** *Penis.*

Vö|ge|lei, die; -, -en [zu vögeln]: *häufiges, lang andauerndes oder als unangenehm empfundenes Koitieren.*

vö|geln ⟨hat⟩ [laut Duden mhd. vogelen (= Vögel fangen; später auch begatten, zunächst von Vögeln, dann auf Menschen übertragen; schon früh intransitiv und transitiv; ahd. fogalōn (= Vögel fangen); bei Grimm der Hinweis, dass Oswald von Wolkenstein den Koitus mit einer jungen Schnitterin metaphorisch als Vogelfang beschreibt (in der 1. Hälfte des 15. Jhs. war also die Doppeldeutigkeit noch präsent): „Wenn ich das voglen zu geschöck, / und aller zeug beinander ist, / so hört man zwar ein süess gelöck / durch gross gesneud in kurzer frist. / Des möcht die schön gelachen, / das si mir all mein kunst abstilt, was ich zu voglen han gelert; / von irem kloben mich bevilt, / des gümpels er zu dick begert. / Das macht die hütten krachen / von solchen sachen." (Wolkenstein: Ain jetterin) – „Wenn nun beginnt der Vogelfang / und Köder, Falle stehn bereit, / dann hört man süßen Lockgesang / und viel Geschnauf in kurzer Zeit. Die Schöne hat leicht singen: / sie stiehlt mir jede Fertigkeit / der Vogelkunst ab wie im Spiel, / ihr Klemmholz treibt's sogar so weit, dass es den Gimpel zu oft will, / die Hütte kommt zum Klingen / von diesen Dingen." (Nachdichtung von Hans Moser, 77 f., Original 203 f.): **1.** (intransitiv) *den Koitus vollziehen:* sie vögeln im Stehen; er/sie vögelt mit ihr/mit ihm: „Die meisten Vögel kennen keine Treue, vögeln mit mehreren Geschlechtspartnern hintereinander. Nicht die Schwäne." (Franzobel: Was die Männer so treiben ..., 85) **2.** (transitiv) *mit jemandem den Koitus vollziehen:* eine Frau/einen Mann vögeln; er/sie lässt sich (nicht) vögeln: „Wenn ich ein Vöglein wär', flög ich zu dir. Da ich nicht fliegen kann, vög'le ich dich hier!" (Internetbeleg auf kraehseite.de/sms-sprüche) – „Das ö in ‚vögeln' kommt einem nicht gut über die Lippen, finde ich. Das ruft sich nicht gut. Das stöhnt sich nicht gut. Das schreit sich nicht gut!" (Anke Engelke; zitiert auf zitate-portal.com) – „Philipp stellt sich breitbeinig zu einem Pflaumenbaum, der rippig dürr und abgeblüht ist, holt seinen klebrigfeuchten Penis heraus und pinkelt gegen den Stamm, mit einem angenehmen Brennen in der Harnröhre, weil er gerade gevögelt hat." (Geiger: Es geht uns gut, 226) ❖ **er hat jede gevögelt, die nicht bei drei auf dem Baum war:** *er hat wahllos mit vielen Frauen koitiert* (zitiert in „Todesspiel", „Tatort" vom 19. Januar 2014) ❖ **jemanden mit den Augen vögeln:** *jemanden begehrlich anschauen* ❖ **vögeln, dass die Funken spritzen/dass die Schas krachen/dass die Haar' in der Nachbarschaft herumfliegen:** *heftig koitieren* **3.** [belegt bei Küpper, Analogiebildung zu ficken, Bedeutung 4] *hart hernehmen, schikanieren, quälen.*

Vög|ler, der; -s, - [Nomen Agentis zu vögeln]: *jemand, der den Koitus vollzieht:* „Beim Vögeln können Wörter Lust erregen: / Den Vögler freut es, daß das ‚vögeln' heißt. (...) Die Kunst der Männer ist's: vögeln und denken. / (Der Männer Luxus aber ist's: zu lachen)." (Brecht: Sonett Nr. 15, Gedichte über die Liebe; in: Hecht (Hg.), 196)

vo|gu|lie|ren ⟨hat⟩ [belegt bei Küpper, latinisiert zu vögeln]: *koitieren.*

Vor|bau, Vör|bau, Vür|bau, der; -s, kein Plural [eigentlich: vorspringender Teil eines Gebäudes]: *weibliche Brüste.*

vor|bei|pin|keln ⟨hat⟩ [belegt bei Küpper]: *eine günstige Gelegenheit versäumen; Misserfolg erleiden.*

Vor|fot|ze, die; -, -n [belegt bei Grimm; Bedeutung 2 bei Küpper]: **1.** *(große) Schamlippen* **2.** (berlinerisch) *Vorzimmerdame.*

vor|her ⟨Adv.⟩: *vor einem bestimmten Zeitpunkt, vor einem Ereignis* ❖ **vorher abspringen** [gemeint ist: vor der Ejakulation; siehe auch Bahnhof] (verhüllend): *einen Coitus interruptus durchführen.*

V

Wa|ckel|arsch, der; -(e)s, ...ärsche; ndd.: **Wag|gel|moors, Dwag|gelmoors,** der; -, -en [mhd. wackeln, Iterativbildung zu mhd. wacken, Intensivbildung zu mhd. wagen (= etwas bewegen, schütteln; bewegt werden, erschüttert werden]: **1.** *jemand, der beim Gehen mit dem Gesäß hin- und herwackelt* **2.** *jemand, der kein Sitzfleisch hat und nicht ruhig sitzen kann.*

Wald, der; -es, -er (verhüllend): *Vulva:* „Ich wollt, daß ich ein Vogelfänger wär', / valleri, valleri, vallera. / Denn die Vögel fängt man mitten in dem Wald, / und ich hab' gevögelt, daß der Wald so hat geschallt." (aus dem Volkslied „Ich wollt', dass ich ein Vogelfänger wär'", in: Brednich, 95)

Wald|esel, der; -s, - [mhd. esel, ahd. esil, zu lat. asinus oder asellus; Waldesel ist ein älteres Wort für wilder Esel, das in Wendungen für einen ungehobelten Menschen steht] ❖ **furzen wie ein Waldesel:** *mehrfach und laut Blähungen entweichen lassen* ❖ **koitieren/masturbieren wie ein Waldesel** [belegt bei Küpper]: *wild und laut koitieren/masturbieren.*

wam|perln ⟨hat⟩ [süddeutsche Verbalbildung zu Wampen, die (= Bauch), ansonsten Wampe, die; zu mhd. wamme, wambe, wampe (= Bauch); bereits germanisch, mit der Ursprungsbedeutung Mutterleib; in der Standardsprache wird Wamme eher bei Tieren und Wampe eher bei Menschen verwendet]: *koitieren.*

Wä|sche, die, -, -n ❖ **jemandem an die Wäsche gehen/wollen:** *sich jemandem in der Absicht nähern, mit ihm Geschlechtsverkehr zu haben:* „Du willst mir an die Wäsche" (Titel eines Albums und eines Liedes von Jennifer Rostock).

Was|ser, das; -s, kein Plural (in der folgenden Bedeutung); ndd.: **Wa|der, Wa|rer,** kein Genitiv, kein Plural [mhd. waȥȥer, ahd. waȥȥar; mndd. water, vgl. engl. water] (verhüllend): *Urin* ❖ **das Wasser nicht halten können:** *den Harndrang nicht unter Kontrolle haben* ❖ **Wasser lassen:** *urinieren:* „Gott, der Schöpfer der Natur, / Warum schuf er einfach nur / Das skabröse Requisit, / Das der Mann gebraucht, damit / Er fortpflanze seine Rasse / Und zugleich das Wasser lasse? Teurer Freund, ein Duplikat / Wäre wahrlich hier vonnöten, / um Funktionen zu vertreten, / Die so wichtig für den Staat / wie fürs Individuum, / Kurz fürs ganze Publikum." (Heinrich Heine; eine weitere Stelle aus diesem Gedicht unter dem Stichwort seichen) ❖ **sein Wasser abschlagen/sich das Wasser abschlagen:** *urinieren (vom Mann)* ❖ **eine Stange Wasser in die Ecke stellen:** *urinieren.*

WC, das; -(s), -(s), [abgekürzt aus älterem Waterclosett; siehe Klosett] (verhüllend): *Raum zur Verrichtung der Notdurft.*

Weg, der; -(e)s, -e ❖ **auf kaltem Weg** [belegt bei Borneman; siehe auch Bauer]: *Ejakulation ohne Koitus* (Gegenteil: auf heißem Weg = Ejakulation im Verlauf eines Koitus).

weg|brun|zen ⟨hat⟩ [siehe brunzen]: *durch Urinieren entfernen:* „Der einzige Grund, deklamierte Gloria, warum ich gerne ein Mann wäre, ist, dass ich dann die in der Klomuschel pickenden Scheißebröckchen wegbrunzen könnte." (Franzobel: Lusthaus, 103)

weg|ma|chen ⟨hat⟩ ❖ **einen wegmachen** [außerhalb der Sexualsprache: entfernen]: *koitieren:* „Vielleicht träfe er Marion ... Dann könnten sie ja mal einen wegmachen." (Kempowski: Tadellöser, 43)

weg|ste|cken ⟨hat⟩ ❖ **einen wegstecken:** *koitieren:* „Ad hat außer der Reihe bei ihr einen weggesteckt." (Lynen: Kentaurenfährte, 21)

Wei|berer, der; -s, - [Nomen Agentis zu weibern (= Verlangen nach einer Frau haben; den Mädchen nachjagen)] (bayerisch und österreichisch): *Frauenheld.*

wei|ber|lei|tisch ⟨Adj.⟩ [die Weiberleit (= die Frauen in ihrer Gesamtheit)] (tirolerisch): *weibstoll; auf sexuellen Kontakt mit Frauen versessen (vom Mann).*

Weiche, das; -n, kein Plural; ein Weiches; oft auch: **etwas Warmes und Weiches:** *Vulva:* „Der Nasenbär sprach zu der Bärin: / ‚Ich will dich jetzt was Schönes lehren!' / Worauf er ihr ins Weiche griff / und dazu ‚La Paloma' pfiff." (Gernhardt: Animalerotica; zitiert bei Zutzel: Zweite Folge, 375). – „Es kann nicht gut sein, wenn man friert. / Jetzt muß was Warmes, Weiches her. / Die kalte Last der Sittsamkeit / wird mir schon lange viel zu schwer." (Wecker: Wer nicht genießt, ist ungenießbar)

wet|zen ⟨hat⟩ [zu ahd. hwezzen (= scharf machen, z. B. die Sense mit einem Stein); gesamtdeutsch: schärfen; rennen]: *koitieren:* „Statt saugen tuat sie lieber wetzen / deswegen brauch i den Tschurifetzen." (Danzer: Die Ballade vom versteckten Tschurifetzen) ❖ **in Hetzendorf san s ned aufs Wetzen scharf** [Wienerisch; belegt bei Weihs; eigentlich: wenn wir uns hetzen, gibt es keinen guten Koitus; Wortspiel mit Hetzendorf, ein Teil des 12. Wiener Gemeindebezirks; der Bezirksname geht allerdings auf ein früheres Hercindorf oder Hercendorf zurück]: *Lass dir Zeit beim Sex!*

Wet|zer, der; -s, -: *Sexualprotz.*

Wi|chse, die; -, -n [zu wichsen, siehe dort]: *Ejakulat:* „Und da schlief er wirklich. Ist eingeschlafen neben ihr. Die trockene Wichse auf seinem Trenchcoat aus Berlin." (Meyer: Im Stein, 74)

wich|sen ⟨hat⟩ [Nebenform von wächsen (= mit Wachs bestreichen); außerhalb der Sexualsprache mit der Bedeutung: etwas mit Wichse einreiben, um es blank und glänzend zu machen; regional auch: prügeln]: *masturbieren:* „Ach wie gut, dass niemand weiß, dass ich wichse und nicht scheiß" (Klospruch, Internetbeleg auf lachmeister.de) –

„Wer kein Girl hat, der wichst." (Henscheid: Dolce Madonna Bionda, 320) – „‚Ts, ts, ts' dürfen normalerweise nur Mütter sagen, die einen beim Wichsen erwischen." (Rebhandl: In der Hölle ist für alle Platz, 15) – „Auf mi steht kane, ja kruzifix / was soll i machen / i wix, sunst nix." (Danzer: Der legendäre Wixerblues vom 7. Oktober 1976)

Wich|ser, der; -s, - [zu wichsen]: **1.** *Mann, der (häufig) masturbiert* **2.** *Schimpfwort für einen Mann* (von Frauen über einen Mann gesagt; oft mit einem Adjektiv verstärkt): dieser blöde Wichser!

Wichs|grif|fel, die (Plural) [2. Bestandteil: Substantivierung zu greifen; außerhalb der Sexualsprache im Singular mit der Bedeutung: Schreibstift für Schiefertafeln; ähnliches Benennungsmotiv wie Onanierpaddel, siehe dort]: **1.** *(unansehnliche) Hände* **2.** *schmutzige Finger.*

Wichs|gur|ke, die; -, -n [1. Bestandteil: siehe wichsen; 2. Bestandteil: siehe Gurke] **1.** *Penis* **2.** *Schimpfwort für einen Mann.*

Wichs|stum|mel, der; -s, - [2. Bestandteil: eigentlich: übrig gebliebenes, kurzes Stück, mhd. stumbel, zu ahd. stumbal (= verstümmelt), verwandt mit Stumpf]: *Penis.*

Wichs|vor|lage, die; -, -n [eigentlich: Vorlage zum Masturbieren; 1. Bestandteil: siehe wichsen; 2. Bestandteil: eigentlich: etwas, das bei der Anfertigung von etwas als Muster dient]: *pornografisches Magazin:* „Don Jon ist pornosüchtig. (...) Auch als er sich in Barbara Sugarmann verliebt. Die hat allerdings eine völlig andere Vorstellung von Leben und Liebe. (...) Zwei Lebensentwürfe krachen aufeinander: Wichsvorlage trifft auf Spießbürgerromantik." (Format, Nr. 45 vom 8. November 2013; Filmvorschau zu „Don Jon")

Wie|ner, das; -s, - [rückentlehnt aus engl. wiener, weener, weenie, weeny, weeney, weiner etc. (= Penis); dieses entlehnt aus dem Deutschen: Wiener Würstchen; siehe leo.org, etymonline.com und urbandictionary.com; Ausdruck der Sexualsprache in Wien selten, denn dort werden diese Würstchen nicht Wiener, sondern Frankfurter genannt (sie wurden von einem aus Frankfurt stammenden Fleischergesellen namens Johann Georg Lahner in Wien erfunden)]: *Penis:* „Ein Arzt hat ein Verhältnis mit seiner Sprechstundenhilfe. Als sie ihm berichtet, sie sei schwanger, gibt er ihr Geld und schickt sie in eine Klinik in den Schwarzwald. Sie solle ihm nach der Entbindung eine Postkarte schicken mit dem Text ‚Habe eine Portion Sauerkraut gegessen!' Er werde finanziell für das Kind sorgen. Als er einige Tage später nach Hause kommt, präsentiert ihm seine Ehefrau eine Karte mit Urlaubsgrüßen aus dem Schwarzwald: ‚Hallo Dr. Feger! Hier ist es wunderschön. Herrliches Wetter, gutes Essen. Heute gab es Sauerkraut, Sauerkraut, Sauerkraut ... Zweimal mit Wiener, einmal ohne!'" (Internetbeleg auf rocket3.org)

wie|nern ⟨hat⟩ ❖ **sich einen wienern** [laut Duden aus der Soldatensprache; eigentlich: Metall oder Leder mit Wiener Putzkalk reinigen;

außerhalb der Sexualsprache: intensiv reibend putzen und dadurch zum Glänzen bringen; die im Internet oft zu lesende Ableitung des Sexualausdrucks von Wiener Würstchen ist wohl falsch, obwohl Wiener so viel wie Penis bedeutet]: *masturbieren:* „Nur noch schnell einen wienern ..." (Internetbeleg auf mundmische.de) ❖ **jemandem einen wienern:** *jemanden masturbieren.*

wie|scheln, wi|scheln, wie|scherln, wi|scherln ⟨hat⟩ [lautmalend nach dem Geräusch beim Urinieren oder Ammenwort, um Kleinkinder zum Urinieren zu bringen] (bayerisch und österreichisch): **1.** *urinieren* **2.** *regnen:* „Wenn der Wiener an Schas lässt, / mächt der Herrgott schön's Wetter / und die Engerln die schnuppern dazua. / Und der Petrus ruft: ‚Wolken, gehts, wiescherlts erst später! / Wenn der Wiener an Schas lässt, gebts Ruah!'" (Qualtinger: Wenn der Wiener an Schas lässt)

Wie|scherl|was|ser, das; -s, - [1. Bestandteil: siehe wiescheln, wiescherln] (bayerisch und österreichisch): **1.** *Urin* **2.** *leichter Tee, Limonade* **3.** *ekelhaftes Getränk.*

wie|seln ⟨hat⟩ [seltene Nebenform von wiescheln; siehe dort] (bayerisch und österreichisch): *urinieren.*

Wie|si, der oder das; -s, -s [belegt bei Zehetner; zu wieseln, siehe dort] (bayerisch und österreichisch): *Penis (des Knaben).*

Wil|le, der; -ns, -n; auch: **Wil|len,** der; -s, - ❖ **jemandem zu Willen sein** ⟨ist⟩ [eigentlich: sich jemandem unterwerfen; tun, was jemand verlangt] (verhüllend): *zu einem Koitus bereit sein (von der Frau).*

wil|lig ⟨Adj.⟩ [bereit, etwas zu tun] ❖ **wil|lig sein** (verhüllend): *zu einem Koitus bereit sein.*

Wil|ly, Wil|lie, Wil|li, der; -s, -s [entlehnt aus engl. willy, willie, dieses vielleicht verkürzt aus lat. membrum virile (= Penis), das im 19. Jh. in Verwendung war, oder lediglich Übertragung eines Namens wie bei engl. dick, fanny und peter; laut urbandictionary.com im Englischen familiär; eher der unerigierte Penis]: *Penis:* „(Er hatte) jede Menge von Nashornpulver und Viagra konsumiert, bevor er seinen Willie überall hineinsteckte, wo es warm und dunkel und verboten war." (Rebhandl: In der Hölle ist für alle Platz, 79)

Wil|ly und die Zwil|lin|ge [siehe Willy]: *männliche Genitalien:* „Da ist es um Ei- und Samenzelle gegangen und um Verschmelzung und Reife und nicht um Willi und die Zwillinge und nicht um Muschis, Stengelhaut, Einparken und Einhandsegeln und alles, was dazugehört." (Kögl: Auf Fett Sieben, 54)

Wind, der; -(e)s, -e [eigentlich: bewegte Luft; mhd. wint, ahd. wind, wohl ein Nomen Agentis zu wehen] (verhüllend): *entwichene Darmblähung:* „‚Besser in der weiten Welt, / als in dem engen Po!', / sprach ein Wind zum anderen, / bevor er leis' entfloh." (Klospruch, Internetbeleg auf poppywelt.de) – „Der Wiener Kulturunternehmer André

Heller verwirklicht seine Kindheitsträume. (...) Zwei Herren betreten die Bühne, begrüßen das Publikum und bitten um äußerste Ruhe für ihre erste Nummer. Dann wenden sich die beiden ab, und die Schaulustigen erkennen, daß hinten an den Beinkleidern der Künstler just jener Teil kurz unter dem Hosenbund ausgespart blieb, der gemeinhin als der wichtigste gilt. ‚Das sind unsere Instrumente', erklärt das Duo die blanken Backen, zwängt dieselben behutsam durch zwei Löcher in den aufgestellten Paravents und beginnt, in voller Blöße den Hymnus aus Beethovens 9. Symphonie zu intonieren, allein durch kontrollierte Muskelkontraktion und völlig geruchsfrei. Jetzt wissen die Zuschauer, warum die Jahrmarktsbude ihren Namen trägt: ‚Palast der Winde'." (Spiegel, 19/1987)

win|den ⟨hat⟩ [zu Wind, siehe dort]: *eine Darmblähung entweichen lassen.*

Win|ter|kir|schen, die (Plural) [in der Botanik eine volkstümliche Bezeichnung für die Lampionblume (Physalis alkekengi); Verwendung in der Fäkalsprache wohl im Hinblick auf die Form der Kotreste; vgl. Arschkirschen]: **1.** *kleiner Klumpen Kot, der in den Haaren am Anus klebt (auch bei Schafen, Ziegen, Kühen etc.):* Helmut Berger: „Wenn ich jetzt sage, ich freue mich auf Kirschen, kann es sein, dass ich morgen, wenn ich Kirschen sehe, lieber Pfirsiche mag. Kennen Sie Winterkirschen?" FAZ: „Nein." Helmut Berger: „Die kann man nicht essen. Man kann auch kein Kompott daraus machen." (Helmut Berger im Interview mit der „Frankfurter Allgemeinen Zeitung" vom 5. April 2009) – „‚Mein Mann', sagte Ekaterina. ‚Seit sieben Jahren bin ich mit dieser Krone der Schöpfung verheiratet, einmal im Monat bade ich ihn in Sekt, lasse seine Fingernägel mit Perlmutt überziehen.' – ‚Respekt. Aber die Winterkirschen aus der Arschrinne lecken Sie ihm net?'" (Franzobel: Zirkusblut, 120) – „Er drohte mir am Arsch hängen zu bleiben wie eine Winterkirsche." (Rebhandl: In der Hölle ist für alle Platz, 30) **2.** *Fusselkügelchen (aus dem Stoff der Unterhose), die sich im Anus angesammelt haben* **3.** *Hämorrhoiden.*

Wis|perl, Wisch|perl, das; -s, -n [zu wispeln (= pfeifen, zischen), vgl. das bei Schatz belegte tirolerische Femininum Wispl (= Blaspfeife, loses Weib)]: **1.** *Penis:* „Aber sie (Hannelore Veit) hackelt doch im Rotfunk und hat kein Wischperl. Das reicht für den gemeinen ‚Presse'-Poster schon, dass sie für alles (gemeint ist: für die Leitung des ORF-Korrespondentenbüros in Washington) komplett ungeeignet ist." (Internetbeleg auf diepresse.com, Posting vom 29. Dezember 2012) **2.** [belegt für Tirol und Kärnten auf bar.wikipidia.org] *Vagina, Vulva.*

wi|wi ma|chen ⟨hat⟩ [lautmalend wie lulu; belegt bei Hornung] (familiär): *urinieren.*

Wi|wi|derl, das; -s, -n [zu wiwi machen; belegt bei Hornung]: *Penis.*

Wohl|stands|tit|ten, die (Plural) [belegt in „Jugendsprache unplugged 2013“, Langenscheidt]; 2. Bestandteil: siehe Titte]: *Brustansatz bei fettleibigen Männern.*

Wol|lust|be|cher, der; -s, -; auch: **Be|cher der Wol|lust; Wol|lust|scha|le,** die; -, -n; auch: **Scha|le der Wol|lust** [1. Bestandteil: sexuelle Begierde, mhd. wollust (= Wohlgefallen, Genuss, Freude), zu wohl und Lust]: *Vulva:* „Ich fühlte in allen Nerven eine schmerzhafte Erschütterung, sobald der Wollustbecher überfloss. Sie drückte mich fest an sich, um nichts zu verlieren, leerte ihre Wollustschale und linderte dadurch die brennende Empfindung meines Amors.“ (Schilling: Die Denkwürdigkeiten des Herrn v. H., 91)

Wol|lust|lef|zen, die (Plural); **Lef|ze,** die; -, -n [2. Bestandteil: Lippe bei Hund und Raubwild; mhd. lefse, ahd. lefs, eigentlich: schlaff Herabhängendes]: *Schamlippen:* „‚Heben Sie sich etwas und führen Sie Ihren Amor in meine Grotte.‘ Ich fühlte ihre Wollustlefzen brennen.“ (Schilling: Die Denkwürdigkeiten des Herrn von H, 60)

Wol|lust|quel|le, die; -, -n ❖ **die Wollustquelle fließt/schießt über:** *eine Frau kommt zum Orgamus:* „... daß ich fast nicht imstande war, meinen Amor in die Spalte zu führen. Mit lautem wollüstigen Girren empfing sie ihn; sie arbeitete und stöhnte so heftig, daß ihre Wollustquelle schon bei dem dritten Stoß überfloß.“ (Schilling: Die Denkwürdigkeiten des Herrn von H., 48)

Won|ne, die; -, -n [mhd. wünne, wunne, ahd. wunna; ursprünglich: Genuss, Lust; dann: etwas, das Genuss, Lust bereitet; das deutsche Wort hat laut Kluge früher auch Weide, Laubweide bedeutet, daher: Wonnemonat Mai (= Zeit, wenn die Tiere mit Begierde junges Laub fressen)]; **Wonne-** als 1. Bestandteil eines Kompositums [Wonne ist ein Ausdruck der gehobenen Sprache, im Kompositum also stark kontrastierend zum 2. Bestandteil, der vielfach als derb empfunden wird]: **Won|ne|schlitz, Won|ne|spal|te, Won|ne|lan|ze, Won|ne|speer etc.**

Wort|fi|cke|rei, die; -, -en [belegt bei Küpper; eigentlich: jemand, der vom Koitus nur spricht]: *inhaltslose, schwülstige Rede.*

Wuch|tel, die; -, -n [Nebenform zu Buchtel; tschech. buchta; da es in unserem Sprachgebrauch kein stimmhaftes b gibt, wird im Anlaut das b zu w; in der Küchensprache Österreichs und teilweise auch Bayerns ist Wuchtel die Bezeichnung für eine Süßspeise; in der Fußballersprache ist das Wort die Bezeichnung für den Ball]: **1.** *dicke Frau* **2.** *große Brust.*

Wud|del, die: *siehe Wurzel.*

Wumpf, der; -s, Plural: Wimpf [vielleicht verwandt mit Zumpf, Zumpferl]: *Penis.*

Wun|de, die; -, -n [belegt bei Teuschl und Hornung/Grüner; mhd. wunde (= Wunde)]: *Vagina.*

W

Wun|der|horn, das; -s, ...hörner: [wunderkräftiges Horn; berühmt durch Moritz von Schwinds aquarellierte Zeichnung „Im Walde (Des Knaben Wunderhorn)"]: *Penis.*

Wurst, die; -, ...würste [eigentlich: Nahrungsmittel aus zerkleinertem Fleisch, Speck, Salz, Gewürzen etc., in künstliche Därme gefüllt [mhd., ahd. wurst, mndd. worst; Herkunft unklar, laut Kluge vielleicht zu einer Wurzel, die Gemengsel bedeutet hat]: **1.** *menschlicher Kot, der die Form einer Wurst hat:* „Richard der Beknackte / Saß auf dem Topf und kackte / Kackte bis der Topf zerbrach / Und die Wurst danebenlag." (volkstümlicher Kinderreim, belegt bei Rühmkorf: Über das Volksvermögen, 102) **2.** [laut Grimm vor allem in der Fastnachtspiel- und Schwankliteratur des 15. und 16. Jahrhunderts] *Penis.*

Wur|zel, die; -, -n [mhd. wurzel, ahd. wurzala, Herkunft unklar; Bedeutung in der Sexualsprache belegt bei Borneman]: *Penis* ❖ **sich die Wurzel schrubben:** *masturbieren* ❖ **ausgedörrte Wurzel: 1.** *schlaffer Penis* **2.** [Pars pro toto] *seniler Mann.*

wu|schig 〈Adj.〉 [eigentlich: aufgeregt, fahrig, verwirrt; laut duden.de zu wuscheln und wuseln]: *geil, sexuell erregt:* „Doch vor seiner Karriere als feiner Schwiegermuttertraum machte er zwischen 1971 bis 1981 die Frauen mit Porno-Koteletten und weißen Knackpopo-Jeans wuschig." (bild.de vom 24. Dezember 2010)

wu|zeln 〈hat〉 [eigentlich: etwas zwischen den Fingern drehen, etwas mit den Fingern reiben (gemeint ist der Penis oder die Klitoris)] (bayerisch und österreichisch): *masturbieren (vom Mann und von der Frau).*

Y

Yo|ni, die oder das; -, - [sanskrit yoni (= Ursprung, Quelle, Schlupfloch, Nest etc.); wird auch im westlichen Neutantra verwendet und breitet sich dadurch im Deutschen aus]: ***Vulva, Vagina.***

Za|gel, der; -s, - [mhd. zagel, ahd. zagal; laut Grimm beginnt das Wort im 15. Jh. selten zu werden, es wird durch Schwanz ersetzt; Borneman hat Zagel noch vermerkt]: **1.** *(behaarter) Schwanz von Tieren* **2.** *Penis:* „Ich Meister Poppfing aus Schwaben / Wie groß ein Mann ein Zagl soll haben / Indem ich les noch immer mehr, / Ulrice, trag mir das Buch davon her." (Eine Ehescheidung, Alttiroler Fastnachtspiel, 1529; in: Arnold, 24–31)

Zap|fen, der; -s, -; ndd.: **Tap|pen, Tapp,** der [mhd. zapfe, ahd. zapfo (= Zapfen); mndd. tappe (= Zapfen), zu westgermanisch *tappōn; auch in altengl. tæppa und neuengl. tap; das aus dem Französischen entlehnte Tampon hat dieselbe Wortherkunft; außerhalb der Sexualsprache: Tannenzapfen, Eiszapfen etc.]: *Penis.*

Zau|ber|stab, der; -(e)s, ...stäbe [belegt auf duden.de; eigentlich: von Magiern verwendeter Stab, dem Zauberkraft zugesprochen wird]: *Penis.*

Zauk, die; -, -en [mhd. zohe (= Hündin)]: **1.** *Hündin* **2.** *promiskuitive Frau* **3.** *Prostituierte.*

Ze|be|dä|us, der; -, -se [zu Zebedäus (Matthäus 4, 21)], vom hebr. Namen Sevadja (= Geschenk Gottes), Vater der Apostel Johannes und Jakobus; die metaphorische Verwendung für das männliche Geschlechtsorgan wurde uns von Soxberger schlüssig erklärt: Zebedäus/Sevadja wird zurückgeführt auf hebr. seved (= Geschenk, Mitgift, Ausstattung), das in der Bibel nur ein einziges Mal vorkommt, in Genesis 30, 20: „Da sagte Lea: ‚Gott hat mich mit einem schönen Geschenk (= seved) bedacht. Jetzt endlich wird mein Mann bei mir bleiben, da ich ihm doch sechs Söhne geboren habe.'"; bei der Wortbildung spielt also der Gedanke „männliches Geschlechtsorgan mit großer Zeugungskraft" eine Rolle; das Wörterbuch „Basler Studentensprache" von 1910 verweist auf einen Beleg aus 1673; im Wienerischen bei Jakob vermerkt]: *Penis:* „Der Pfarrer, der Pfarrer, wie heilig er auch ist, / wenn er den kleinen Mädchen die heil'ge Schrift verliest; / und kommt er zum Matthäus, steigt ihm der Zebedäus / nach der zi-a-zi-a-ha, nach der Ziehharmonika." (aus dem Volkslied „Der Schneider, der Schneider ...", in: Brednich, 27) – „Er wäre Jipsformer, Kunstformer, so wat wie Künstler. Da ick mir in det Handwerk nich auskenne, lejt er mir sein Zäbädäus, aus Jips janz natürlich abjeformt, ohne Schnauze jut sieb'n Zoll, uff'n Kuchenteller. Det wäre Kunsthandwerk, den hätt er sich selber abgeformt." (Zille: Hurengespräche, 66) ❖ **den Zebedäus singen lassen** [belegt bei Borneman]: *koitieren* ❖ **den Zebedäus polieren** [belegt bei Borneman]: *masturbieren (vom Mann).*

Zelt, das; -(e)s, -e ❖ **ein Zelt bauen** [geht von der Vorstellung aus, dass der Mann am Rücken im Bett liegt und der Penis unter der Decke so in die Höhe ragt, dass ein kleines Zelt entsteht; siehe auch Morgenlatte]: *heftige Erektion am Morgen.*

Zen|ti|me|ter, der; -s, - ❖ **der weiche Zentimeter:** *unvollständige Erektion.*

zer|brö|seln ⟨hat⟩ [präfigierte Form von bröseln (= zu Bröseln zerreiben, zerkrümeln); dieses zu Brösel (= Krümel, Bröselmehl); mhd. brösemlīn, verwandt mit Brosame] ❖ **einen zerbröseln** (österreichisch): *einen Darmwind entweichen lassen.*

Zer|drück|te, der; -n, n; ein Zerdrückter (österreichisch): *ein verhaltener, lautloser Darmwind.*

Zers, Zersch, der; -, -en; Diminutivum: **Zers|lein,** das; -s, -; später entstellt zu **Ze|ser|lein,** das; -s, - [belegt bei Grimm, mhd. ahd. zers (= Penis), weitere Herkunft unklar]: *Penis:* „Welche Frau nicht spinnen kann / Und einen hat, der nit mag sein ein Mann, / Oder ein Weib, die keine Fud nit hat / Oder einen, dem sein Zers nit staht, / Die soll man scheiden zu aller Frist, / Weil das keine rechte Eh' nit ist." (Eine Ehescheidung, Alttiroler Fastnachtspiel, 1529; in: Arnold, 26)

zet|teln ⟨hat⟩ [Herkunft unklar; angeblich verhüllend aus dem Anfangsbuchstaben des Wortes Zungenkuss, buchstabiert als zet; eventuell auch zu einem älteren zetteln (= streuen, etwas tröpfchenweise fallen lassen), das allerdings mit der Bedeutung küssen nicht belegt ist]: *Zungenküsse geben.*

Zieh|har|mo|ni|ka, die; -, -s [belegt bei Borneman; eigentlich: eine einfachere Handharmonika]: **1.** *Vulva, Vagina:* „Der Schneider, der Schneider, so fleißig wie er ist, / wenn er den jungen Damen das neue Kleid anmißt; / und kommt er an die Lenden, greift er mit beiden Händen / nach der zi-a-zi-a-ah, nach der Ziehharmonika" (aus dem Volkslied „Der Schneider, der Schneider ...", in: Brednich, 27) ❖ **die Ziehharmonika spielen / auf der Ziehharmonika spielen:** *eine Frau koitieren* ❖ **mit der Ziehharmonika spielen:** *masturbieren (von der Frau); eine Frau masturbieren* **2.** *Frau* **3.** *Prostituierte.*

zie|hen ⟨hat⟩ ❖ **einen ziehen lassen** [verhüllend durch Auslassung des Substantivs Furz, Pups, Pfurz o. Ä.]: *einen Darmwind entweichen lassen.*

Zie|sel, der; -s, - [belegt bei Grimm; oft auch Fiesel; vielleicht Mischung aus Zers und Fiesel, Fesel; siehe Fisel]: *Penis.*

Zie|se|mann, der; -es, ...männer [1. Bestandteil: siehe Ziesel; 2. Bestandteil: typisch für Wortbildungen dieser Art; vgl. Butzelmann, Kitzmann, Pillermann, Pissmanntje, Pullermann]: *Penis:* „Halten wir fest: Der Blickfang des emanzipierten Frauenauges heißt nicht mehr, wie noch vor einem halben Jahrzehnt, ‚Lumpi', ‚Hänschenklein' oder

‚Ziesemann', er heißt Penis. Und er erigiert." (Martin Morlock: Im Strudel der Lust. Martin Morlock über die Sexwelle 1969, in: Spiegel, 30. September 1969) – „Der BÄR schaut seinen Ziesemann / nie ohne stille Demut an." (Gernhardt: Animalerotica; zitiert in Zutzel: Zweite Folge, 375)

Zim|mer, das; -s, - ❖ **brau|nes Zim|mer** [belegt bei Reiskel: Idioticon viennense eroticum, 1905]: *Anus.*

Zin|ken, der; -s, - [aus der Gaunersprache: geheimes Zeichen von Landstreichern; auch: auffallend große, unförmige Nase]: *(großer) Penis.*

zin|seln, zin|zeln ⟨hat⟩ [belegt bei Zehetner; laut Schmeller ursprünglich: zart, empfindsam tun] (bayerisch): *(mit schwachem, dünnem Strahl) urinieren.*

Zipf, Zipp, der; -(e)s, -e [mhd. zipf (= spitzes Ende), verwandt mit Zumpf, Zumpferl, Zumpel, Zapfen, Zopf sowie zupfen (früher auch: zopfen; eigentlich: in Büscheln ausreißen); außerhalb der Sexualsprache mit der Bedeutung Eck eines Tuches oder Polsters; fader Zipf: langweiliger Mann]: *Penis.*

Zip|fel, der; -s, -n; **Zip|ferl,** das; -s, -n; ndd.: **Zib|bel, Zip|pel** [siehe Zipf]: **1.** *Penis:* „Die kleine Grete, lieb und nett / liegt fröhlich in dem Kinderbett. / Das Spielzeug ist ihr viel zu bunt. / Sie nimmt den Polsterzipfel in 'n Mund (...) Das Gretchen nun bald 17 ist, / das schöne Lied sie nie vergisst. / Inzwischen sie erfahren hat, / wo da Franzl seinen Zipfel hat ..." (Aus dem Lied „Zipfl eini, Zipfl außi") – „... ein alter Mann möchte sich zu Tode befriedigen, weil er das Wesen der Liebe nicht fassen kann, sondern nur den schlaffen Zipfel seiner aufgedunsenen Mitte." (Theaterkritik im „Mannheimer Morgen" vom 13. August 2007) **2.** (schwäbisch) *einfältiger Mensch.*

Zip|fel|brit|schen, die; -, - [belegt bei Zehetner; Zipfel mit der Bedeutung spitzes Eck; Britschen oder Pritschen zu mhd. britze, britsche (= Vulva); wohl nicht verwandt mit Pritsche (= Bett)] (bayerisch und österreichisch): **1.** *sehr große Schamlippen* **2.** *bösartige Frau.*

Zip|fel|klat|scher, der; -s, - [siehe Pimmelklatsche; 1. Bestandteil zu Zipfel; 2. Bestandteil zu klatschen] (bayerisch und österreichisch): *Idiot.*

Zip|fel|müt|ze, die; -, -n [wollene Kopfbedeckung, die in einen langen Zipf ausläuft; 1. Bestandteil: Zipfel mit der Bedeutung spitzes Eck; 2. Bestandteil: spätmhd. mutze, mhd. almuȝ, armuȝ zu mittellat. almutium, almutia (= Umhang um Schultern und Kopf des Geistlichen)] (bayerisch und österreichisch): **1.** *Vorhaut* **2.** *Kondom:* ohne Zipfelmütze kein Zapfenstreich (belegt bei Ehmann, 1996).

zi|schen, ndd.: **zier|sen** ⟨hat⟩ ❖ **einen zischen lassen** [das Substantiv wird nicht ausgesprochen, nur der unbestimmte Artikel verbleibt] (verhüllend durch Auslassung): *eine Darmblähung entweichen lassen.*

Zi|ther, die; -, -n [Zupfinstrument, bei dem die Saiten über einen länglichen Resonanzkörper mit einem Schallloch in der Mitte gespannt sind; mhd. nicht belegt; ahd. zitara, zu lat. cithara, verwandt mit dem altgriechischen Zupfinstrument Kithara; dieses ist auch das Herkunftswort für Gitarre]: *Vulva, Vagina* ❖ **die Zither spielen, an der Zither zupfen** [belegt bei Borneman]: *masturbieren (von der Frau):* „Mei Schwester spielt Zithern / Mei Bruader Klarinett. / Der Vater haut d Muatter, Segn S, das is a Quartett" (Wiener Volkslied, in: Weber, 156) ❖ **einer an der Zither zupfen:** *eine Frau masturbieren.*

Zit|ter|arsch, der; -es, ...ärsche: *ängstlicher Mensch.*

Zit|ze, die; -, -n [eigentlich: Milch bildendes Organ bei weiblichen Säugetieren; dort das Normalwort; mhd. zitze, ursprünglich Lallwort der Kindersprache; vgl. Titte]: *Brustwarze von Frauen:* „Sie hatte ziemlich weiche Hängezitzen, zwar groß, doch auseinanderfallend, fehlte die Stütze der Kleidung; sie bewegte sich zudem in heftigen Schüben, was ihre Zitzen lustig auf und nieder, zur einen und zur anderen Seite fliegen ließ, man wurde von den flutschenden Fleischstücken gestreichelt, geschmeichelt, getroffen ..." (Zwerenz: Tantenliebe, 28)

zu|brun|zen ⟨hat⟩ [präfigierte Form von brunzen, siehe dort] (bayerisch und österreichisch): *mit Urin zuschütten:* „Die EM ist für mich wie ein riesiges schwarzes Loch, das alles verschluckt. Wer jubeln will, soll das tun. Wer weinen und seine Fahne um die Erd hauen will, soll das tun. Wer sich zuschütten will, soll das tun. Wer das nicht will, soll es nicht tun. Wer das Burgtheater, das Lueger-Denkmal, die Parks und überhaupt die ganze Ringstraße zubrunzen will, soll das tun. (...) Alle sollen machen, was sie wollen, weil sie es sowieso machen würden, ob wir wollen oder nicht." (Elfriede Jelinek in einem Interview mit „News" zur Fußball-EM in Österreich und der Schweiz; am 28. Mai 2008 vorab auf OTS)

Zu|cker|stan|ge, die; -, -n [Süßigkeit in Form einer kleinen Stange aus gefärbter Zuckermasse; vor allem in der nachfolgenden Wendung]: *Penis* ❖ **an der Zuckerstange schlecken:** *fellationieren.*

Zum|pel, Züm|pel, Zump|fel, Zümp|fel, der; -s, - [zu mhd. zumpf(e), zump(e) (= männliches Glied), verwandt mit Zumpf, Zumpferl, Zipf, Zipfel sowie mit Zapfen und Zopf; laut Grimm auch mit den (inzwischen wohl veralteten) Bedeutungen: Lappen, herabhängende Fetzen eines zerrissenen Kleides; einfältiger, kümmerlicher Kerl]: **1.** *Penis:* „John Wayne reitet einsam durch die Stadt und muss sich erleichtern. Er hält bei einem Saloon und fragt: ‚Haben Sie ein Einzelklo?' – ‚No Sir, nur eine Pissrinne.' Er steigt wieder auf das Pferd und reitet zum nächsten Saloon. Dieselbe Frage, dieselbe Antwort. Beim dritten Saloon gibt er auf und geht auf die Toilette. Als er zurückkommt, ist er von der Hüfte abwärts nass, ganz eingesifft. ‚Was ist passiert, Mister?', fragt der Barkeeper. ‚Immer dasselbe. Links von mir steht einer und pinkelt, rechts von mir steht ein anderer und pinkelt auch. Und plötzlich drehen sich beide mit dem Zumpel in der Hand zu mir und fragen: ‚Sind Sie nicht John Wayne?'" (Internetbeleg auf grocceni.com, gekürzt) **2.** [belegt bei Grimm und Schmeller]: *Klitoris (Kitzler).*

Zumpf, der; kein Genitiv, Zümpf(e) [mhd. zumpf(e), zump(e) (= männliches Glied); verwandt mit Zumpel, Zapfen, Zipf und Zopf sowie zupfen (früher auch: zopfen; eigentlich: in Büscheln ausreißen)] (österreichisch): *Penis.*

Zump|ferl, das; -s, -n [Diminutivum von Zumpf, siehe dort] (österreichisch): **1.** *Penis des Kindes* **2.** *Penis des Mannes.*

Zun|gen|ak|ro|bat, der; -en, -en [2. Bestandteil: jemand, der besondere gymnastische oder turnerische Leistungen vollbringt] (verhüllend): *jemand, der sehr geschickt den Cunnilingus ausübt.*

Zun|gen|schlag, der; -(e)s; ...schläge ❖ **einen guten Zungenschlag haben:** *geschickt den Cunnilingus ausüben.*

Zun|gen|tan|go, der; -s, -s: *heftiger Zungenkuss:* „Dafür hatte ich ihn zu wenig genau belinst beim Zungentango mit meiner Alten im Park." (Kögl: Auf Fett Sieben, 131)

zu|pis|sen 〈hat〉 [präfigierte Form von pissen]: *mit Urin zuschütten (z. B. durch Urinieren im Freien):* „Solln'se doch in Belgien, Frankreich und Deutschland endlich auch mal so'n ‚geduldetes Verkaufssystem' einführen ... Da müssten die ‚Drogentouristen' auch nich die kleinen Provinzorte in Holland zupissen, könnten 'se dann zu Hause machen." (Internetbeleg auf grower.ch)

zu|sam|men|fi|cken; analog auch: **zu|sam|men|pu|dern** 〈hat〉 ❖ **sich etwas zusammenficken** [belegt bei Küpper]: **1.** *viele Kinder zeugen* **2.** *häufig koitieren* ❖ **etwas zusammenficken** [vom hastigen Koitus auf Arbeit übertragen]: *etwas oberflächlich bearbeiten.*

zu|sam|men|schei|ßen 〈hat〉: *jemanden hart maßregeln, heruntermachen, abkanzeln.*

zu|zeln 〈hat〉 [eigentlich: lutschen, saugen; lispeln (= beim Sprechen mit der Zunge an die Zähne stoßen); lautmalend]: **1.** *fellationieren* **2.** *an den Brustwarzen saugen.*

Zweck, der; -(e)s, -e; **Zwe|cke,** die; -, -n [belegt bei Küpper und Borneman; mhd., ahd. zwec (= Nagel); ursprünglich: gegabelter Ast, zu zwei]: *Penis.*

zwe|cken 〈hat〉 [belegt bei Küpper und Borneman; siehe Zweck]: *koitieren.*

Zwet|sche, Zwetsch|ke, Zwetsch|ge, die; -, -n; [spätmhd. tzwetzschken, zwetsch(g)en, über das spätlat. damascena (Plural) zu griech. Damaskēná (= die damaskische Frucht); Syrien hat in der Antike als Heimat dieser Obstart gegolten; die weiblichen Genitalien werden oft mit runden, weichen und saftigen Früchten verglichen; siehe Dattel, Feige, Pflaume; mit vielen regionalen Varianten, z. B. schwäbisch Zwedschg, fränkisch Zwedschgala, bayerisch Zwetschgerl]: **1.** *Vulva* ❖ **die Zwetsche/Zwetschke/Zwetschge polieren:** *masturbieren (von der Frau)* **2.** [belegt für Tirol auf bar.wikipedia.org] *Hoden.*

Zwet|schen|kern, Zwetsch|ken|kern, Zwetsch|gen|kern, der; -(e)s, -e [2. Bestandteil: Kern im Sinn von: etwas kleines Rundes oder Kugeliges, wie Lustknöpfchen, Lustperle etc.]: *Klitoris (Kitzler).*

Zwick|mu|schi, die; -, -s; **Zwick|fut,** die; -, - [1. Bestandteil: entspricht ndd. kneifen]: *enge Vagina.*

Zwirn|schei|ßer, der; -s, - [belegt bei Mir Selbst]: *umständlicher Mensch.*

Zy|klop, der; -en, -en [belegt in „Jugendsprache unplugged 2013“, Langenscheidt; lat. Cyclops, zu griech. kýklōps, vermutlich ursprünglich: der Rundäugige; Zyklopen werden oft mit einem einzelnen Auge auf der Stirn dargestellt, was den Vergleich mit der Öffnung der Harnröhre nahelegt; siehe Nudelauge, Auge und einäugig]: *Penis* ❖ **den Zyklopen zum Weinen bringen:** *masturbieren (vom Mann).*

Fachausdrücke

Abkürzung: an Stelle eines ganzen Wortes wird nur dessen Anlaut gesprochen oder geschrieben (dient in der Sexual- und Fäkalsprache der Verhüllung): *GV, AFH, LMAA, ONS, SaSaLa, MoLa, NPZ, LEO* etc.

Ablaut: Wechsel von Selbstlauten innerhalb etymologisch zusammengehöriger Wörter und Wortformen, z. B. *Schnitt* zu *schneiden*.

Ableitung: Wort, das dadurch zustande kommt, dass ein anderes Wort (meist durch ein Präfix oder Suffix) weitergebildet wurde: *scheißen* wird zu *anscheißen* und zu *Scheißerei; Finger* zu *befingern* und zu *Fingerei*.

Agglutination: Eingliederung eines benachbarten Lautes in ein anderes Wort, obwohl er sprachhistorisch dort nicht hingehört; z. B. wird beim Artikel *den* das auslautende -n fälschlich dem Anlaut des folgenden Substantivs zugeordnet: *den Oors* (= mhd. ars) wird im Kopf der Sprecher zu *den Noors*; genauso wird *dem Oors* zu *Moors*.

Altenglisch: die älteste schriftlich bezeugte Sprachstufe der englischen Sprache, wurde bis Mitte des 12. Jahrhunderts geschrieben und gesprochen; das Altenglische entstand, als die Angeln, Jüten und Sachsen sich ab ca. 450 in Britannien ansiedelten; es ist eng mit dem Friesischen und Niederdeutschen verwandt.

Althochdeutsch: Bezeichnung für die Sprache der Schriftzeugnisse im hochdeutschen Raum vom 8. Jahrhundert bis zum 11. Jahrhundert.

Altsächsisch: umfasst die Sprache des alten Siedlungsgebietes der Sachsen und Angeln von den Anfängen der schriftlichen Überlieferung bis ins frühe Mittelalter; die Termini *altniederdeutsch* und *altsächsisch* haben in der Regel die gleiche Bedeutung. Der Terminus *altniederdeutsch* hat den Nachteil, dass er auch als Sammelbegriff für das Altsächsische und das Altniederländische (Altniederfränkische) verwendet worden ist.

Assimilation: Angleichung eines Lautes an einen (in der Artikulation) benachbarten.

Augmentativ(um): siehe Vergrößerungssuffix.

Auslassung: eigentlich eine Form der Metapher; durch Wegfall des Substantivs entsteht eine verhüllende Wirkung: *einen fahren lassen* (statt: einen Furz/Pups/Schoaß etc. fahren lassen).

bayerisch und österreichisch: in der Fachsprache bairisch-österreichisch (mit i statt mit y) als Bezeichnung für einen großen Dialektraum im Osten des oberdeutschen Sprachgebiets, umfasst weite Teile Österreichs und Bayerns (ausgenommen sind die alemannischen Sprachgebiete in Österreich sowie die alemannischen und fränkischen in Bayern); in diesem Buch durch „bayerisch und österreichisch“ ersetzt, weil der Fachausdruck bairisch nicht allgemein bekannt ist.

Benennungsmotiv: der Grund, weshalb ein bestimmter Ausdruck für einen weiteren Gegenstand, einen weiteren Vorgang verwendet wird: z. B. *Bär* und *Bieber* für Vulva (Pelzhaare/Schamhaare ist Tertium Comparationis; siehe dort).

Deglutination: falsche Abtrennung eines Wortanlauts, der als Artikel verstanden wird; z. B. *Ille* statt *Nille*; Gegenteil: Agglutination: *Moors* statt *Oors*; beides meist bei Wörtern, die früher schriftlich selten verwendet wurden.

Dialekt: regionale oder lokale Sprachvarietät; sie unterscheidet sich in Wortschatz, Aussprache, Satzbau etc. von anderen Gebieten. Da die Verbreitung der Dialektwörter innerhalb des deutschen Sprachraums ungenügend erforscht ist, handelt es sich dabei um ungefähre Angaben.

Diminutiv(um), Verkleinerungsform: Wortform mit Suffix, die eine Verkleinerung anzeigt und meist verniedlichend wirkt, das Wort verliert seinen derben Charakter; Diminutivsuffixe sind -chen, -lein; oberdeutsch -la, -le, -li, -i, -l, -erl, niederdeutsch -ke, -ken, zum Beispiel *Manneke* oder *Männeken* (= Männchen) -je, -tje, zum Beispiel *Manntje*, -ing, zum Beispiel *Nörßing*; hessisch: -che, -elche, zum Beispiel *Flüppche*; moselfränkisch und pfälzisch: -je, -sche, -elsche; jiddisch: -el(e), Plural; -(e)lech; bei Vornamen auch -i (= Koseform, z. B. *Hansi*) oder das aus dem Englischen übernommene -y, z. B. *Willy*); im Englischen und im Niederdeutschen sind Diminutivsuffixe seltener, Verkleinerungen werden häufiger mit vorangestelltem little (= klein) bzw. *lütt* (= klein) gebildet: *dat lütte End.*

Diphthong: Zwielaut, besteht aus zwei Selbstlauten (Gegenteil: Monophthong).

Dysphemismus: herabsetzende Umschreibung für eine Person, einen Körperteil, eine Sache, einen Vorgang etc.: z. B. *Arschfax, dazwischenmösen* (Gegenteil: Euphemismus, siehe dort).

entlehnt: aus einer anderen Sprache übernommen; *Nippel* aus engl. *nipple* bzw. *pissen* aus franz. *pisser*.

Entrundung: aus den mit Lippenrundung gesprochenen Umlauten ü, ö, eu/äu werden i, e, ei: *sprützen* wird zu *spritzen*.

erschlossene Herkunftswörter: sie sind nicht belegt, sondern rekonstruiert (gilt für das gesamte Germanische und Indogermanische, fallweise auch für das Alt- und Mittelhochdeutsche sowie für das Mittelniederdeutsche und das Altsächsische); werden mit * gekennzeichnet: z. B. germanisch **arsa* und indogermanisch **orso* (Herkunftswort für Arsch).

Etymologie: Abstammungsgeschichte eines Wortes.

Euphemismus: beschönigende oder mildernde Umschreibung für eine Person, einen Körperteil, eine Sache, einen Vorgang etc.: z. B. *Allerwertester, Winterkirschen* (Gegenteil: Dysphemismus, siehe dort).

falsche Abtrennung: siehe Deglutination.

französisierend: einem Wort oder einer Wendung der eigenen Sprache einen französischen Klang verleihend, z. B. *Rue de la Gack/Cacque* (= Scheißgasse); dient der Verhüllung; genauso: latinisierend, slawisierend etc.

Frequentativ(um) = Iterativ(um): Verb, das eine Wiederholung zum Ausdruck bringt, z. B. *ribbeln* (= wiederholt reiben); oft ist ein Frequentativum auch ein Intensivum.

Friesisch: eine Gruppe von drei Sprachen, gehören zum nordseegermanischen Zweig der westgermanischen Sprachen; wird heute noch in den Niederlanden und im Nordwesten Deutschlands gesprochen.

Germanisch (Urgermanisch, Protogermanisch): rekonstruierte Vorstufe aller germanischen Sprachen (Deutsch, Englisch, Niederländisch, Schwedisch), wie sie wohl im 1. Jahrtausend v. Chr. rund um die westliche Ostsee gesprochen wurden.

Gleitlaut: dient ohne etymologische Relevanz zur leichteren Aussprache, siehe Sprosslaut.

Hochdeutsch: Dialekte der deutschen Sprache südlich der Benrather oder der Uerdinger Linie; sie werden in oberdeutsche und mitteldeutsche Dialekte unterteilt. Gemeinsames Charakteristikum der hochdeutschen Dialekte ist die vollständig oder teilweise durchgeführte zweite oder althochdeutsche Lautverschiebung. Der Terminus *hochdeutsch* kann leicht missverstanden werden, er wird oft gleichbedeutend mit standarddeutsch verwendet.

Hypokoristikum: Kurz- oder Koseform eines Namens: *Johannes* ➤ *Hannes* ➤ *Hans* ➤ *Hansi* ➤ *Hänsel* ➤ *Hänselchen.*

Hüllwort, Euphemismus: beschönigender oder mildernder Ausdruck: z. B. *du kannst mich hinten kratzen* statt *du kannst mich am Arsch lecken;* Hüllwörter haben nur einen schwach verschleiernden Effekt, denn es ist ja die Absicht der Sprecher, verstanden zu werden (siehe verdeutlichende Verdoppelung); auch Wörter aus anderen Regionen des deutschen Sprachraums können als Hüllwörter dienen, genauso Wörter aus anderen Sprachen, z. B. *Pussy, Yoni;* die auf diese Weise entliehenen Wörter klingen weniger unanständig als die einheimischen; das Phänomen führt zu einem regen Sprachaustausch, zu einem permanenten Erneuerungsprozess des Wortschatzes und zu neuen Wortbildungen, wobei Jugendliche besonders kreativ sind: *Brombeerbums, Einhandsegeln, Pisseria, Rollkragenpullover* etc.; wenn zur Verhüllung ein bereits bestehendes Wort verwendet wird, kann es sein, dass die ursprüngliche Bedeutung verblasst (*Freier* heute vor allem im Sinn von Kunde einer Prostituierten, nicht mehr im Sinn von werbender, buhlender Mann; *Massagesalon* heute nur mehr im Sinn von bordellähnliches Lokal mit masturbierenden Praktiken, nicht mehr im Sinn von Institut für Gesundheits- oder Sportmassage).

Indogermanisch (Urindogermanisch, Protoindoeuropäisch): rekonstruierte Vorstufe aller indogermanischen Sprachen, wie sie wohl vor dem 4. Jahrtausend gesprochen wurden.

Intensiv(um): Intensivbildung; Verb, das eine verstärkte Handlung zum Ausdruck bringt (häufig ist ein Intensivum auch ein Frequentativum).

Interjektion (abgekürzt: Interj.): Ausruf.

Iterativ(um): siehe Frequentativum.

Kausativ(um): Veranlassungswort; drückt aus, dass eine vorhergehende Handlung eine weitere auslöst, z. B. das Grundwort *schwingen* wird zum Kausativum *schwenken, sinken* zu *senken* oder *trinken* zu *tränken.*

Kollektiv(um): Kollektivbildung; Ableitung eines Substantivs zur Bezeichnung einer größeren Einheit oder einer Gruppe: z. B. Präfix Ge-: *Gerammel* zu *rammeln.*

Kompositum: zusammengesetztes Wort, z. B. *Morgen|latte;* der 1. Bestandteil ist das Bestimmungswort, der 2. Bestandteil ist das Grundwort; das Bestimmungswort erweitert die Bedeutung des Grundworts, z. B. *Morgen|latte* (= eine bestimmte Erektion, und zwar jene, die am Morgen nach dem Aufwachen auftritt); das Bestimmungswort hat in der Sexual- und Fäkalsprache oft einen modifizierenden Effekt; gehört das Bestimmungswort der gehobenen Sprache an, so kann es dazu beitragen, dass ein nachfolgendes derbes Grundwort stilistisch gemildert wird, z. B. *Wonneschlitz, Wonnespalte* (siehe auch verdeutlichende Verdoppelung).

Kontamination: zwei Wörter werden zu einem Wort verschmolzen.

Kollektivbildung: eine unbestimmte Anzahl von Dingen wird in Form eines Sammelausdrucks in einer Klasse zusammengefasst; im Deutschen üblich sind Wortbildungen mit Präfixen (z. B. Ge-) oder Suffixen (z. B. -schaft, -werk, -zeug): z. B. G(e)lied, G(e)mächt, Tittenwerk.

lautmalend: die Lautform eines Wortes ist einem Geräusch nachgebildet: *Backs, bumsen, pempern, pforzen, pulle(r)n* etc.

Lehnwort: Wort, das aus einer fremden Sprache übernommen wurde.

Lehnübersetzung: zusammengesetztes Wort, das nach einem Fremdwort gebildet wurde, indem die Bestandteile des Fremdwortes übersetzt wurden; z. B. lat. *membrum (virile)* zu (männliches) Glied.

Metapher: sprachlicher Ausdruck, bei dem ein Wort aus seinem eigentlichen Bedeutungszusammenhang in einen anderen übertragen wird, wobei mindestens eine Gemeinsamkeit bestehen muss (siehe Tertium Comparationis); z. B. *Kolben, Lanze, Rute* für *Penis* (lange, harte, teilweise auch spitze Gegenstände); Metaphern dienen in der Sexual- und Fäkalsprache der Verhüllung, siehe Hüllwort.

Metathese: Lautumstellung innerhalb eines Wortes; niederdeutsch *Borst* für *Brust;* weitere Beispiele außerhalb der Sexual- und Fäkalsprache: deutsch *brennen* und englisch *burn,* deutsch *Ross* (ahd. hros) und englisch *horse.*

Mittelhochdeutsch: Sprachperiode im hochdeutschen Raum von etwa 1050 bis 1450.

Mittellateinisch: die lateinische Sprache des Mittelalters (etwa 6. bis 15. Jh.).

Niederdeutsch: auch Plattdeutsch, Platt, siehe dort; hat die zweite Lautverschiebung (siehe Oberdeutsch) nicht mitgemacht; daher im Norden Deutschlands *Water* statt *Wasser* und *Pepper* statt *Pfeffer.*

Nomen Agentis: Personenbezeichnung, die den Akteur einer Verbhandlung bezeichnet: der *Pimperer* ist jemand, der (häufig) *pimpert*, der *Puderant* jemand, der (häufig) *pudert.*

Oberdeutsch: Sammelbezeichnung für bairische, alemannische und ostfränkische Dialekte im Süden des Sprachraums, die (ca. von 500 bis 800) die zweite Lautverschiebung mitgemacht haben; p ➤ pf oder ff und t ➤ s(s); germanisch *peper* wird zu oberdeutsch *Pfeffer;* germanisch *water* wird zu oderdeutsch *Wasser.*

Paralipomenon, Plural: **Paralipomena:** Nachträge und Zusätze zu einem Text bzw. Buch; unter dem Titel Paralipomena wurden nach Goethes Tod die vorbereitenden Aufzeichnungen (Skizzen, Verse u. a.) zum Faust veröffentlicht, die der Dichter nicht in die Endfassungen von Faust I und Faust II aufgenommen hat.

Pars pro toto: lateinisch: ein Teil (steht) für das Ganze: rhetorische Wortfigur und Wortbildungsmuster: *Sack* und *Schwanz* steht für *Mann, Schnitte* für *Frau; Musche* für *Prostituierte* (das Gegenteil ist Totum pro parte; siehe dort).

Pejorativ(um): abwertender Ausdruck, oft auch ein Schimpfwort; z. B. *Hundsfott, Kachel, Wichser.*

Plattdeutsch, Platt: steht hauptsächlich für die Dialekte der niederdeutschen Sprache; Die jeweiligen lokalen Dialekte werden zur Unterscheidung von anderen plattdeutschen Dialekten häufig mit der geographischen Bezeichnung versehen, zum Beispiel Ostfriesisches Platt; daneben bezeichnet Platt umgangssprachlich auch die lokalen Dialekte des Rheinisch-Mittelfränkischen, des Moselfränkischen, des Saarländischen, des Mittelhessischen und teilweise des Thüringischen, ebenfalls mit Voranstellung der jeweiligen geographischen Bezeichnung. Die Grenze, eine örtliche Mundart als Platt zu bezeichnen, ist fließend und verliert sich südöstlich einer gedachten Linie Pfälzerwald, Taunus – Mittelhessen, Vogelsberg – Main/Spessart – Rhön – Thüringerwald.

Präfix: Vorsilbe, z. B. *ab-* (in *abpellen, abspritzen* etc.), *(he-)rum-* (in *rumficken, rumhuren*); *ge-, Ge-* etc. (in *Gebumse, Geflitsche* etc.); Gegenteil: Suffix, siehe auch Kollektivbildung.

präfigieren: mit einem Präfix versehen, siehe dort.

Rotwelsch: alte Sprache der Gauner.

Rückbildung: durch Weglassen, Hinzufügen oder Austausch einer Wortendung entsteht ein neues Wort; welches Wort das alte und welches das neue (das rückgebildete) ist, kann oft nur aufgrund historischer Befunde festgestellt werden; das Substantiv *Fick* ist beispielsweise rückgebildet zu *ficken.*

Rundung: siehe Entrundung.

Sprosslaut: Vokal oder Konsonant, der ohne etymologische Relevanz der leichteren Aussprache dient: auch Gleitlaut genannt, zum Beispiel: das d in *Schweindl* oder *Hendl.*

Standarddeutsch: standardisierte, überregionale und weitgehend einheitliche Form der deutschen Sprache im Gegensatz zu Dialekten und Umgangssprachen.

Substitution durch ein lautähnliches Wort: eine Methode der Verhüllung, z. B. *Schorschi* statt *Arsch(i).*

Substitution durch ein Personalpronomen: *er steht* (er = der Penis), *es passiert, es jemandem (gut) machen, es jemandem besorgen* (es = der Koitus).

suffigieren: mit einem Suffix versehen; siehe dort.

Suffix: Nachsilbe, z. B. -ei in *Vögelei;* siehe auch Kollektivbildung.

Tertium Comparationis: (lateinisch: das Dritte des Vergleiches); Terminus der Rhetorik; damit wird bei Metaphern die Gemeinsamkeit zweier verschiedener, miteinander zu vergleichender Sachverhalte oder Gegenstände bezeichnet: z. B. *Balkon, Veranda, Vorbau* (= weibliche Brüste): Tertium Comparationis: „vorspringender Teil von einem größeren Ganzen"; *sie hat große Ohren* (= sie hat große Brüste), Tertium Comparationis: „paarweise Organe des menschlichen Körpers"; *blasen wie ein Tornado/Hurrikan* (= stürmisch fellationieren), Tertium Comparationis: „ungestüm, heftig, wild".

Totum pro parte: lateinisch: das Ganze (steht) für einen Teil: rhetorische Wortfigur und Wortbildungsmuster: „Sie nahm mich sanft zwischen die Lippen ...": *mich* (der Erzähler) steht hier nicht für den Mann insgesamt, sondern nur für seinen *Penis* (das Gegenteil ist Pars pro toto; siehe dort).

Verballhornung: lautliche Veränderung eines Wortes ohne Rücksicht auf dessen Herkunft.

Vergrößerungssuffix (Augmentativum): Wortendung, die Vergrößerung anzeigt; z. B. ital. *pallone* (= großer Ball) zu ital. *palla, balla* (= Kugel); über das Französische ins Deutsche entlehnt: Ballon.

verhüllend: siehe Hüllwort.

Verkleinerungsform: siehe Diminutiv(um).

verdeutlichende Verdoppelung: ein Kompositum, d. h. ein zusammengesetztes Wort, besteht aus zwei Bestandteilen, die dasselbe bedeuten; die verdeutlichende Verdoppelung dient der Verstärkung (z. B. *Gattlock*) oder sie soll dazu beitragen, dass der Ausdruck verstanden wird: Wer mit italienisch *chiappa* schimpft, muss fürchten, dass die Beschimpfung ins Leere geht; daher wird *Arsch-* davorgesetzt: *Arsch-Chiappa,* später verballhornt zu *Arschkappe.*

Vermengung: Assoziation bzw. klangliche Anlehnung an ähnliche, bekannte Wörter.

Wortbildungsmotiv: der Grund, warum ein neues Kompositum, siehe dort, gebildet wird, z. B. *Dunkelbumser* nach demselben gedanklichen Muster wie *Warmduscher* (beides bedeutet: verweichlichter Mensch).

Volksetymologie: Wörter werden unter Missachtung der Wortherkunft neu interpretiert und lautlich verändert, den Wörtern wird also ein neuer Sinn gegeben.

Abkürzungsverzeichnis

arab.	arabisch
ahd.	althochdeutsch
dän.	dänisch
engl.	englisch
franz.	französisch
griech.	griechisch
hebr.	hebräisch
ital.	italienisch
Jh.	Jahrhundert
jidd.	jiddisch
lat.	lateinisch
mhd.	mittelhochdeutsch
mndd.	mittelniederdeutsch
mndl.	mittelniederländisch
ndd.	niederdeutsch
ndl.	niederländisch
norw.	norwegisch
poln.	polnisch
port.	portugiesisch
schwed.	schwedisch
span.	spanisch
tschech.	tschechisch

Biografische Angaben zu Personen, die in diesem Lexikon zitiert werden (Auswahl)

Der Geburtsort gibt häufig Aufschluss über die regionale Verbreitung des zitierten Wortes oder über dessen Herkunftsgebiet. Außerdem helfen Ihnen die Seitenangaben, einmal gelesene Zitate wiederzufinden.

Barth, Mario: * 1. 11. 1972 in Berlin, deutscher Comedian: 15, 113

Bayer, Konrad: * 17. 12. 1932 in Wien; † 10. 10. 1964 ebenda, österreichischer Schriftsteller, Mitglied der Wiener Gruppe: 91, 198

Berger, Helmut: * 29. 5. 1944 in Bad Ischl, Österreich, bürgerlich: Helmut Steinberger, österreichischer Filmschauspieler; berühmt durch seine Zusammenarbeit mit dem italienischen Regisseur Luchino Visconti, mit dem er auch in einer Beziehung lebte; personifizierte den sexuellen Tabubruch im europäischen Kino; bekannte sich offen zu seiner Bisexualität und hatte zahlreiche Affären mit bekannten Stars: 87, 161, 220, 244

Bilgeri, Reinhold: * 26. 3. 1950 in Hohenems, Vorarlberg, österreichischer Musiker, Drehbuchautor, Filmemacher und Schriftsteller: 88

Bohlen, Dieter: * 7. 2. 1954 in Berne, Niedersachsen, deutscher Musiker, Produzent und Songwriter; ständiges Jurymitglied der Casting-Sendungen „Deutschland sucht den Superstar“ und „Das Supertalent“: 14, 193

Brecht, Bertolt, auch Bert: * 10. 2. 1898 in Augsburg; † 14. 8. 1956 in Ost-Berlin, deutscher Dramatiker und Lyriker: 24, 79, 84, 162, 224, 239

Brüderle, Rainer: * 22. 6. 1945 in Berlin, deutscher Politiker der FDP: 30

Cindy aus Marzahn: eine Kunstfigur, erfunden von Ilka Bessin, * 18. 11. 1971 in Luckenwalde (Brandenburg), die deutsche Stand-up-Komikerin verkörperte diese Rolle in zahlreichen Bühnen- und Fernsehauftritten: 32, 172, 200

Cro: * 31. 1. 1990 in Aalen, bürgerlich: Carlo Waibel, deutscher Rapper: 83

Danzer, Georg: * 7. 10. 1946 in Wien; † 21. 6. 2007 in Asperhofen, Niederösterreich; österreichischer Liedermacher und ein Pionier des Austropop: 50, 69, 76, 91, 107, 120, 152, 176, 188, 196, 219, 232, 241f.

Deichkind: eine Hamburger Popgruppe: 96

Deix, Manfred: * 22. 2. 1949 in St. Pölten, Niederösterreich, österreichischer Karikaturist, Grafiker und Cartoonist: 24

Dirks, Carl-Heinz: * 1. 12. 1948 in Emden, schreibt plattdeutsche Texte in Zeitungen, Zeitschriften, Anthologien; Liedtexte; Übersetzungen: 55, 141, 153, 155, 220, 223, 238

EAV (Erste Allgemeine Verunsicherung): österreichische Popband: 143

Eicher, Markus: * 18. 4. 1954, ehemaliger deutscher Eisschnellläufer und Eisschnelllauf-Trainer: 73

Engelke, Anke: * 21. 12. 1965 in Montreal, bürgerlich: Anke Christina Fischer, deutsche Komikerin, Schauspielerin, Entertainerin: 13, 79, 239

Falco: * 19. 2. 1957 in Wien; † 6. 2. 1998 zwischen Villa Montellano und Puerto Plata in der Dominikanischen Republik, bürgerlich: Hans Hölzel, österreichischer Popmusiker und Rapper: 101

Franzobel: * 1. 3. 1967 in Vöcklabruck, Oberösterreich, bürgerlich: Franz Stefan Griebl, österreichischer Schriftsteller: 28, 31, 36, 40, 50, 57f., 70, 80, 147, 154, 156, 170, 188, 198, 214, 238, 241, 244

Ganz Schön Feist: Musikgruppe aus Göttingen; die drei Bandmitglieder bezeichneten ihren Stil als „PopACappellaComedy“: 95

Gernhardt, Robert: * 13.12.1937 in Tallinn, Estland; † 30.6.2006 in Frankfurt/Main; deutscher Schriftsteller, Zeichner und Maler: 6, 46f., 191, 241, 250
Goethe, Johann Wolfgang von: * 28.8.1749 in Frankfurt/Main; † 22.3.1832 in Weimar, deutscher Dichter, zählt gemeinsam mit Schiller zu den bedeutendsten Vertretern der Weimarer Klassik: 9, 11, 23, 32, 55, 74, 76, 100, 106, 115, 142, 177, 198, 211, 213, 223, 258
Grass, Günter: * 16.10.1927 in Danzig-Langfuhr, Freie Stadt Danzig, deutscher Schriftsteller, Bildhauer, Maler und Grafiker; erhielt 1999 den Nobelpreis für Literatur: 81, 198, 204, 224, 230
Grissemann, Christoph: * 17.5.1966 in Innsbruck, Tirol, Kabarettist und Radio-Moderator („Willkommen Österreich" mit Stermann): 15, 51, 70, 80, 161, 198f., 220
Heine, Heinrich: * 13.12.1797 als Harry Heine in Düsseldorf, Herzogtum Berg; † 17.2.1856 in Paris; deutscher Dichter, Schriftsteller und Journalist: 18, 216, 240
Heller, André: * 22.3.1947 in Wien; österreichischer Chansonnier, Kulturmanager, Autor und Schauspieler: 244
Henscheid, Eckhard: * 14.9.1941 in Amberg, deutscher Schriftsteller und Satiriker; Mitglied der sogenannten Neuen Frankfurter Schule, die u. a. in den Satiremagazinen „pardon" und „Titanic" publizierte: 58, 66, 187, 242
Hilbert, Lukas: * 23.12.1972 in Hamburg, deutscher Komponist, Texter, Musikproduzent und Sänger: 171
Hinichen, die: Prolo-Rockband aus Wien; hinich (= kaputt): 122, 132
Hinterberger, Ernst: * 17.10.1931 in Wien; † 14.5.2012 ebenda: österreichischer Schriftsteller und Drehbuchautor („Ein echter Wiener geht nicht unter", „Kaisermühlenblues"): 52, 97, 101, 105, 122, 156, 197, 206, 208, 220
Hofer, Polo: * 16.3.1945 als Urs Hofer in Interlaken im Berner Oberland, Schweizer Mundartrock-Sänger; trug in den 1970er- und 1980er-Jahren im Zuge einer Schweizer Mundartwelle wesentlich zur Popularisierung schweizerdeutsch gesungener Rock- und Popmusik bei: 98
Insterburg & Co.: war eine deutsche Komikerband, die in der Urbesetzung von 1967 bis 1979 bestand; Mitglieder: Ingo Insterburg, Karl Dall, Peter Ehlebracht und Jürgen Barz: 221
J.B.O.: Fun-Metal-Band aus Erlangen, gegründet 1989: 48, 51, 120, 188, 210
Jelinek, Elfriede: * 20.10.1946 in Mürzzuschlag, österreichische Schriftstellerin, die in Wien und München lebt; erhielt im Jahr 2004 den Literaturnobelpreis für „den musikalischen Fluss von Stimmen und Gegenstimmen in Romanen und Dramen, die mit einzigartiger sprachlicher Leidenschaft die Absurdität und zwingende Macht der sozialen Klischees enthüllen": 15f., 26, 39, 57, 81, 91, 126, 150, 161, 171, 177, 186, 213, 220, 251, 268
Jennifer Rostock: deutschsprachige Rock-Band; Sängerin und Mitbegründerin ist Jennifer Weist, * 3.12.1986 in Zinnowitz, Insel Usedom, später Übersiedlung nach Berlin: 64, 240
Jünger, Ernst: * 29.3.1895 in Heidelberg; † 17.2.1998 in Riedlingen, deutscher Schriftsteller und Philosoph: 173, 189
Jurmann, Walter: * 12.10.1903 in Wien; † 17.6.1971 in Budapest; österreichischer Komponist von Schlagern und Filmmusik: 218
Katzenberger, Daniela: * 1.10.1986 in Ludwigshafen am Rhein; deutsche Reality-TV-Teilnehmerin und Model: 81, 113, 200, 207

Kebekus, Carolin: * 9. 5. 1980 in Bergisch Gladbach, aufgewachsen in Köln-Ostheim, deutsche Comedienne: 15, 31, 52, 66, 70, 110, 113, 124, 126, 156, 167, 173, 184, 190f., 193, 212, 228, 234

Kögl, Gabriele: * 1960 in Graz, österreichische Schriftstellerin: 23, 25, 29, 43, 52, 66, 74, 81, 89, 133, 137f., 152, 175, 190, 236, 243, 252

Köhlmeier, Michael: * 15. 10. 1949 in Hard, Vorarlberg, österreichischer Schriftsteller, Musiker und Moderator: 88

Künneke, Evelyn (eigentlich Eva-Susanne Künneke): * 15. 12. 1921 in Berlin; † 28. 4. 2001 ebenda, deutsche Sängerin, Tänzerin und Schauspielerin: 67

Lady Bitch Ray: * 1977, 1980 oder 1981 in Bremen, bürgerlich: Reyhan Şahin, deutschsprachige Rapperin, Schauspielerin, promovierte Sprachwissenschaftlerin, ehemalige Radiomoderatorin: 16f., 28, 65, 68, 74, 86, 101, 128, 169, 212

Menasse, Robert: * 21. 6. 1954 in Wien, österreichischer Schriftsteller und Essayist: 75, 79, 213

Mittermeier, Michael: * 3. 4. 1966 in Dorfen, Oberbayern, deutscher Comedian: 5, 15, 37

Müller, Ina: * 25. 7. 1965 in Köhlen, Niedersachsen; deutsche Sängerin, Musik-Kabarettistin, Buchautorin und Fernsehmoderatorin; moderiert im NDR die Late-Night-Show „Inas Nacht“: 147, 221

Nena: * 24. 3. 1960 in Hagen, bürgerlich: Gabriele Susanne Kerner, zählt zu den erfolgreichsten deutschen Popmusikern: 162

Ostbahnkurti, Dr. Kurt Ostbahn: von Günter Brödl erfundene Kunstfigur eines Vororte-Popsängers, dargestellt von Willi Resetarits, * 21. 12. 1948 in Stinatz, Burgenland: 106

Pirchner, Werner: * 13. 2. 1940 in Hall in Tirol; † 10. 8. 2001 in Innsbruck, österreichischer Jazzmusiker, Komponist, Schriftsteller und Zeichner: 44

Pocher, Oliver: * 18. 2. 1978 in Hannover, deutscher Komiker, Musiker, Moderator und Schauspieler: 68, 236

Praunheim, Rosa von: * 25. 11. 1942 in Riga, Lettland, deutscher Filmregisseur, war mit seinem Dokumentarfilm von 1971 „Nicht der Homosexuelle ist pervers, sondern die Situation, in der er lebt“ ein Wegbereiter und Mitbegründer der politischen Schwulen- und Lesbenbewegung in der Bundesrepublik Deutschland: 40, 213

Qualtinger, Helmut: * 8. 10. 1928 in Wien; † 29. 9. 1986 ebenda; österreichischer Schauspieler, Schriftsteller, Kabarettist und Rezitator: 96, 197, 243

Rebhandl, Manfred: * 1966 in Rading, Oberösterreich, österreichischer Schriftsteller: 5, 71, 178, 183, 189f, 243, 244

Rether, Hagen: * 8. 10. 1969 in Bukarest, deutscher Kabarettist, lebt in Essen: 217

Ringelnatz, Joachim: * 7. 8. 1883 in Wurzen; † 17. 11. 1934 in Berlin, bürgerlich: Hans Gustav Bötticher, deutscher Schriftsteller, Kabarettist und Maler: 54, 169, 230

Roche, Charlotte: * 18. 3. 1978 in High Wycombe, britische Autorin und Schauspielerin, lebt in Deutschland und schreibt in deutscher Sprache: 16, 69, 85, 132, 147, 149, 150, 165, 174, 189, 205, 214, 226

Rühmkorf, Peter: * 25. 10. 1929 in Dortmund; † 8. 6. 2008 in Roseburg, Schleswig-Holstein, deutscher Lyriker, Essayist und Pamphletist: 8, 32, 66, 82, 89, 135, 167, 169, 171, 246

Salten, Felix: * 6. 9. 1869 in Budapest; † 8. 10. 1945 in Zürich; österreichischer Schriftsteller, wurde durch seine Tiergeschichte „Bambi. Eine Lebensgeschichte aus dem Walde“ (1923) weltbekannt; Salten ist mit hoher Wahrscheinlichkeit Autor von „Josefine Mutzenbacher. Die Lebensgeschichte einer wienerischen Dirne, von ihr selbst erzählt“; laut Oswald Wiener „der wohl einzige

deutsche pornographische Roman von Weltrang“, allerdings aus typisch männlicher Perspektive erzählt: 66, 69, 71, 92, 107, 144, 151, 157, 194, 204, 215, 223
Schäfer, Micaela: * 1. 11. 1983 in Leipzig, deutsches Model, Moderatorin und DJane: 228
Schalko, David: * 17. 1. 1973 in Waidhofen an der Thaya, österreichischer Regisseur und Schriftsteller: 79, 194
Schellinski: Musikgruppe aus Vorarlberg: 94
Schiller, Friedrich von: * 10. 11. 1759 in Marbach am Neckar, Württemberg; † 9. 5. 1805 in Weimar, Sachsen-Weimar, deutscher Dichter, zählt gemeinsam mit Goethe zu den bedeutendsten Vertretern der Weimarer Klassik: 47, 108, 139, 166, 198
Schilling, Friedrich Gustav: * 25. 11. 1766 in Dresden; † 30. 7. 1839; deutscher Schriftsteller und Belletrist; bis heute bekannt durch seinen erotischen Roman „Die Denkwürdigkeiten des Herrn v. H.“: 28, 101, 132f., 149, 245
Schmidt, Harald: * 17. oder 18. 8. 1957 in Neu-Ulm; deutscher Schauspieler, Entertainer, Schriftsteller und Moderator: 15, 36, 50, 113, 213
Schlegel, Friedrich von: * 10. 3. 1772 in Hannover; † 12. 1. 1829 in Dresden, Theoretiker und Dichter der Frühromantik: 66
Schubert, Olaf: * 7. 11. 1967 in Plauen, ist einer der Künstlernamen des in Dresden lebenden Kabarettisten und Musikers: 188
Sido: * 30. 11. 1980 in Berlin, bürgerlich: Paul Hartmut Würdig, deutscher Rapper: 193
Sinnen, Hella von: * 2. 2. 1959 in Gummersbach; lebt in Köln; deutsche Fernsehunterhalterin und Komikerin; kämpft gegen die Diskriminierung von Schwulen und Lesben: 5, 228
Stermann, Dirk: * 7. 12. 1965 in Duisburg, deutscher Radiomoderator, Kabarettist und Schriftsteller; arbeitet seit 1988 in Österreich („Willkommen Österreich“ mit Grissemann): 15, 62, 70, 80, 198f
Thurn und Taxis, Gloria von: * 23. 2. 1960 in Stuttgart-Degerloch: deutsche Unternehmerin und Managerin: 206
Vettel, Sebastian: * 3. 7. 1987 in Heppenheim, Hessen, deutscher Automobilrennfahrer: 72
Vitásek, Andreas: * 1. 5. 1956 in Wien, österreichischer Kabarettist, Schauspieler und Regisseur: 92
Waalkes, Otto: * 22. 7. 1948 in Emden, deutscher Komiker, Comiczeichner, Musiker, Schauspieler und Regisseur; der gebürtige Ostfriese gilt als einer der erfolgreichsten Vertreter des deutschen Humors: 5, 159, 193, 209, 220, 236
Wartke, Bodo: * 21. 5. 1977 in Hamburg, deutscher Musik-Kabarettist, Liedermacher, Schauspieler und Poet: 166
Wecker, Konstantin: * 1. 6. 1947 in München, deutscher Musiker, Liedermacher, Schauspieler und Autor: 241
Wiener, Oswald: * 5. 10. 1935 in Wien, österreichischer Schriftsteller, Kybernetiker und Sprachtheoretiker, wird meist als der theoretische Kopf der Wiener Gruppe bezeichnet: 44, 117, 234
Wolkenstein, Oswald von: * um 1377 vermutlich auf Burg Schöneck im Pustertal/Südtirol; † 2. 8. 1445 in Meran, Sänger, Dichter, Komponist und Politiker im ausgehenden Spätmittelalter; seine Liebeslyrik war nicht nur stilistisch, sondern auch inhaltlich innovativ, sie hebt sich deutlich von den älteren Minneliedern ab: 185, 211, 238
Yanar, Kaya: * 20. 5. 1973 in Frankfurt/Main, deutscher Comedian; bekannt durch die Sat.1-Comedysendung „Was guckst du?!“: 90, 168

Zille, Heinrich Rudolf: * 10. 1. 1858 in Radeburg bei Dresden; † 9. 8. 1929 in Berlin, deutscher Grafiker, Maler und Fotograf; „Hurengespräche" ist auch eine Dokumentation der damals katastrophalen Lebensbedingungen und Wohnverhältnisse im Arbeitermilieu: 30, 50, 61, 84, 101, 103, 142, 144, 148, 154, 172, 193, 221, 224, 248
Zwerenz, Gerhard: * 3. 6. 1925 in Gablenz, seit 1974 Ortsteil von Crimmitschau, Sachsen, deutscher Schriftsteller, lebt zurzeit in Oberreifenberg im Taunus: 25, 45, 47, 53, 65, 70, 79, 95, 117, 124f., 132, 139, 145, 164, 169, 187, 191, 205, 251

Verwendete Wörterbücher und verwendete Fachliteratur

Adelung, Johann Christoph: Grammatisch-kritisches Wörterbuch der Hochdeutschen Mundart mit beständiger Vergleichung der übrigen Mundarten, besonders aber der oberdeutschen. Zweyte, vermehrte und verbesserte Ausgabe. Leipzig 1793–1801.

Allgäuer, Hubert: Vorarlberger Mundartwörterbuch. Feldkirch-Gisingen 2008.

Aman, Reinhold: Bayrisch-Österreichisches Schimpfwörterbuch. Erstmals erschienen 1975; München 2005.

Ammon, Ulrich et al.: Variantenwörterbuch des Deutschen. Berlin 2004.

Basler Studentensprache. Eine Jubiläumsausgabe für die Universität Basel dargebracht vom Deutschen Seminar in Basel (1910), in: Bibliothek zur historischen deutschen Studenten- und Schülersprache, hg. v. H. Henne und G. Objartel, Band 5. Berlin – New York 1984, S. 261–344.

Bayerisches Wörterbuch, hg. von der Kommission für Mundartforschung, bearbeitet von Josef Denz, Bernd Dieter Insam, Anthony R. Rowley und Hans Ulrich Schmid. München 1995 ff.

Berghaus, Heinrich: Der Sprachschatz der Sassen. Wörterbuch der Plattdeütschen Sprache in den hauptsächlichsten ihrer Mundarten. Brandenburg 1880 f.

Borneman, Ernest: Sex im Volksmund. Der obszöne Wortschatz der Deutschen. Band. 1: Wörterbuch von A bis Z, Band. 2: Wörterbuch nach Sachgruppen. Reinbek bei Hamburg, 1971.

Brandenburg-Berlinisches Wörterbuch, Deutsche Akademie der Wissenschaften zu Berlin, später: Sächsische Akademie der Wissenschaften zu Leipzig; Band 1 (A – E): 1976, Band 2 (F – K) 1985, Band 3 (I – Schutzmann): 1994, Band 4 (Schwabbel – Z): 2001.

Braune, Wilhelm: Glossar zu Lauremberg, Johann: Niederdeutsche Scherzgedichte; 1652; in: Neudrucke Deutscher Literaturwerke des 16. und 17. Jahrhunderts, Bände 10–17. Tübingen 1878.

Brednich, Rolf Willhelm: Erotische Lieder aus 500 Jahren, Frankfurt/Main 1979.

Brednich, Rolf Willhelm und Lutz Röhrich, Wolfgang Suppan: Handbuch des Volksliedes, 2 Bände. München 1973/1975.

Butz, Georg: Dir Aas kenn ick! Berliner Schimpfwörter. München 2004.

Buurman, Otto: Hochdeutsch-Plattdeutsches Wörterbuch. Auf der Grundlage ostfriesischer Mundart. Neumünster 1962 ff.

Castelli, J. F.: Wörterbuch der Mundart in Oesterreich unter der Enns. Wien 1847.

Cyriacks, Hartmut und Peter Nissen: 2000 Wörter Plattdüütsch. Ein Gebrauchswörterbuch. In Zusammenarbeit mit dem Ohnsorg-Theater und der NDR Hamburg-Welle 90,3. Hamburg 2012⁹.

Dähnert, Johann Carl: Platt-Deutsches Wörter-Buch nach der alten und neuen Pommerschen und Rügischen Mundart. Stralsund 1781.

Dawson, Jim: Motherfucker. Die Geschichte der Mutter aller schmutzigen Wörter; aus dem Amerikanischen von Norbert Hofmann. Berlin 2011.

Deppert, Alex: Die Metapher als semantisches Wortbildungsmuster bei englischen und deutschen Bezeichnungen für Geschlechtsverkehr; in: Hoberg, Rudolf (Hg.): Sprache – Erotik – Sexualität; Seite 128–157.

Deutsches Wörterbuch von Jacob und Wilhelm Grimm, 33 Bände Leipzig 1854. Nachdruck: Deutscher Taschenbuch Verlag, München 1984.

Doornkaat-Koolman, Jan ten: Wörterbuch der ostfriesischen Sprache. Norden 1879.

Duden: Das große Wörterbuch der deutschen Sprache, 10 Bände Mannheim 1999³.

Ehmann, Hermann: Affengeil. Ein Lexikon der Jugendsprache. München 1992.
Ehmann, Hermann: Endgeil. Das voll korrekte Lexikon der Jugendsprache. München 2005.
Ehmann, Hermann: Oberaffengeil. Neues Lexikon der Jugendsprache. München 1996.
Ehmann, Hermann: Voll konkret. Das neuste Lexikon der Jugendsprache. München, 2001.
Fischer, Hermann: Schwäbisches Wörterbuch. Auf Grund der von Adelbert v. Keller begonnenen Sammlungen und mit Unterstützung des Württembergischen Staates. Tübingen 1904 ff.
Gauger, Hans-Martin: Das Feuchte und das Schmutzige. München 2012.
Goethe-Wörterbuch, hg. von der Berlin-Brandenburgischen Akademie der Wissenschaften [bis Band 1, 6. Lfg.: Deutsche Akademie der Wissenschaften zu Berlin; bis Band 3, 4. Lfg.: Akademie der Wissenschaften der DDR], der Akademie der Wissenschaften in Göttingen und der Heidelberger Akademie der Wissenschaften. Stuttgart 1978.
Gröbe, Volker: Et kütt wie et kütt. Die originellsten kölschen Sprichwörter. München 2005.
Groß, Hans (auch Gross, Grosz): Handbuch für Untersuchungsrichter. Graz 1893.
Gutknecht, Christoph: Ich mach's dir mexikanisch. Lauter erotische Wortgeschichten. München 2004.
Havryliv, Oksana: Pejorative Lexik. Untersuchungen zu ihrem semantischen und kommunikativ-pragmatischen Aspekt am Beispiel moderner deutschsprachiger, besonders österreichischer Literatur, Frankfurt/Main 2003.
Havryliv, Oksana: Verbale Aggression. Formen und Funktion am Beispiel des Wienerischen, Frankfurt/Main 2009.
Heeg, Tino (Redaktion): Dirty Words bayerisch. Freiburg im Breisgau 2000.
Heer, Klaus: WonneWorte – Lustvolle Entführung aus der sexuellen Sprachlosigkeit, Reinbek bei Hamburg 2000, überarbeitete und ergänzte Neuausgabe: Zürich 2007.
Heinsius, Theodor: Volkstümliches Wörterbuch der deutschen Sprache mit Bezeichnungen der Aussprache und Betonung für die Geschäfts- und Lesewelt. Hannover, 4 Bände 1818–1822.
Henscheid, Eckhard und Carl Lierow, Elsemarie Maletzke, Chlodwig Poth: Dummdeutsch. Ein satirisch polemisches Wörterbuch. Frankfurt/ Main 1985.
Herdi, Fritz: Limmatblüten. Vo Abblettere bis Zwibackfräsi – ein Gassenwörterbuch. Erste unzensurierte Ausgabe. Stuttgart 2001.
Herdi, Fritz: Limmatblüten. Vo Abblettere bis Zwibackfräsi. Aus dem Wortschatz der 5. Landessprache. Zürich 1955.
Herdi, Fritz: Limmatfalter. Vo Abe-mischte bis zwitschere. Ein Gassenwörterbuch für Fortgeschrittene, Zürich 1956.
Herrmann-Winter, Renate und Matthias Vollmer: Pommersches Wörterbuch. Berlin 2007 ff.
Herrmann-Winter, Renate: Kleines Plattdeutsches Wörterbuch für den mecklenburgisch-vorpommerischen Sprachraum. Neumünster 1986.
Herrmann-Winter, Renate: Neues hochdeutsch-plattdeutsches Wörterbuch für den mecklenburgisch-vorpommerschen Sprachraum. Rostock 2013.
Herrmann-Winter, Renate: Plattdeutsch-hochdeutsches Wörterbuch. Rostock 2013.
Hoberg, Rudolf (Hg.): Sprache – Erotik – Sexualität. Berlin 2001.

Hoberg, Rudolf und Rosemarie Fährmann: Zur Sexualsprache der Studierenden; in: Hoberg, Rudolf (Hg.): Sprache – Erotik – Sexualität; Seite 62–81.
Holthausen, Ferdinand: Etymologisches Wörterbuch der Englischen Sprache. Göttingen 1949[3].
Honnen, Peter: Alles Kokolores? Wörter und Wortgeschichten aus dem Rheinland. Köln 2012[4].
Honnen, Peter: Kappes, Knies, Klüngel. Regionalwörterbuch des Rheinlands. Köln 2012[7].
Hornung, Maria: Wörterbuch der Wiener Mundart. Unter Mitarbeit von Sigmar Grüner. Wien 2002[2].
Jakob, Julius: Wörterbuch des Wiener Dialekts mit einer kurzgefaßten Grammatik. Wien und Leipzig 1929.
Jutz, Leo: Vorarlberger Wörterbuch, hg. von der Österreichischen Akademie der Wissenschaften. Wien 1960.
Klepsch, Alfred: Westjiddisches Wörterbuch. Auf der Basis dialektologischer Erhebungen in Mittelfranken, 2 Bände. Tübingen 2004.
Kluge, Friedrich: Etymologisches Wörterbuch der deutschen Sprache, bearbeitet von Elmar Seebold. Berlin 2002[24], 2011[25].
Kluge, Friedrich, Ernst Ochs et. al.: Badisches Wörterbuch. Laar 1925ff.
Kluge, Norbert: Mündliche und gedruckte Sexualsprache im Vergleich; in: Hoberg, Rudolf (Hg.): Sprache – Erotik – Sexualität; Seite 158–174.
Köbler, Gerhard: Altenglisches Wörterbuch. 2013[3]; auf der Website der Universität Innsbruck abrufbar.
Köbler, Gerhard: Altsächsisches Wörterbuch. 2000[3] ff.; auf der Website der Universität Innsbruck abrufbar.
Köhnlein, Stephan: Linguistische Ansätze zur Beschreibung und Erklärung des Phänomens „Sexuelles Sprachtabu“; in: Hoberg, Rudolf (Hg.): Sprache – Erotik – Sexualität; Seite 82–99.
König, Werner: dtv-Atlas. Deutsche Sprache. München 2001[13].
Küpper, Heinz: Wörterbuch der deutschen Umgangssprache, 6 Bände. Hamburg 1955–1970; zahlreiche Ausgaben in verschiedenen Verlagen, z. B. Stuttgart 1997[6]; auf CD-ROM von Directmedia Publishing, Berlin.
Langenscheidt-Lilliput; diverse Autoren; Berlin und München 2010, 2011 und 2012.
Lexer Matthias: Mittelhochdeutsches Taschenwörterbuch in der Ausgabe letzter Hand, Nachdruck der 3. Auflage von 1885. Stuttgart 1989.
Lexer, Matthias: Mittelhochdeutsches Handwörterbuch, 3 Bände. Leipzig 1872, Nachdruck: Stuttgart 1979.
Liechtenstern, Joseph Marx (Freiherr von): Allgemeines deutsches Sach-Wörterbuch aller menschlichen Kenntnisse und Fertigkeiten ..., 3. Band, L – R, Hannover 1822.
Little, William und H. W. Fowler, Jessie Coulson, revised by C. T. Onions: The Shorter Oxford English Dictionary on Historical Principles; 2 Bände. Oxford 1977.
Lötzsch, Roland: Jiddisches Wörterbuch. Mannheim 1992[2].
Mackensen, Lutz: Deutsches Wörterbuch. Waltrop/Leipzig 2006[13].
Meister, Anja-Maria: Grischberla & Mädlesschmecker. München 1993.
Mir Selbst (Pseudonym): Deutsches Schimpfwörterbuch oder Die Schimpfwörter der Deutschen, zum allgemeinen Nutzen gesammelt und alphabetisch geordnet ... von Mir. Selbst. Arnstadt 1839.

Mohn, Christian: Muschelschubser Törfschrabber & Co. Friesische Schimpföweörter von A–Z. München 1997.
Moser, Hans (in Zusammenarbeit mit Robert Sedlaczek): Das *Radio Tirol*-Wörterbuch der Tiroler Mundarten. Innsbruck 2013.
Müller, Wolfgang: Seid reinlich bei Tage und säuisch bei Nacht (Goethe) oder: Betrachtungen über die schönste Sache der Welt im Spiegel der deutschen Sprache – einst und jetzt; in: Hoberg, Rudolf (Hg.): Sprache – Erotik – Sexualität; Seite 11–61.
Müller, Wolfgang: Wörterbuch deutscher Präpositionen. Die Verwendung als Anschluss an Verben, Substantive, Adjektive und Adverbien, 3. Bände. Berlin/New York 2012.
Müller, Wolfgang: Wörterbücher der Zukunft – oder: Terrae incognitae; in: Lexicographica, Series Maior 84, 1998; Seite 212–261.
Nolden-Thommen, Annette: Dusseldier und Schnäbbel-Liese. Die originellsten Schimpfwörter aus dem Ruhrgebiet. München 1995.
Österreichisches Wörterbuch. Wien 2012[42].
Ostwald, Hans: Rinnsteinsprache. Lexikon der Gauner-, Dirnen- und Landstreichersprache. Berlin 1906.
Outzen, Nikolaus: Glossarium der friesischen Sprache, besonders in nordfriesischer Mundart ... Kopenhagen 1837.
Peckham, Aaron: Mo' Urban Dictionary. Kansas City 2007 (im Internet unter urbandictionary.com).
Petrikovits, Albert: Die Wiener Gauner-, Zuhälter- und Dirnensprache. Zusammengestellt von Dr. Albert Petrikovits, Konzipist der Polizei-Direktion. Wien 1922[2].
Petrikovits, Albert: Die Wiener Gauner-, Zuhälter- und Dirnensprache, hg. und mit einem Nachwort versehen von Inge Strasser, Erstauflage: Wien 1922; Neuauflagen z. B. Wien, Köln, Graz 1986.
Pfälzisches Wörterbuch. Begründet von Ernst Christmann, fortgeführt von Julius Krämer, bearbeitet von Rudolf Post, unter Mitarbeit von Josef Schwing und Sigrid Bingenheimer. 6 Bände und ein Beiheft. Stuttgart 1965–1998.
Pfeiffer, Herbert: Ei du Lappeduddel. So schimpfen die Hessen. München 1996.
Piirainen, Elisabeth: Der hat aber Haare auf den Zähnen! Geschlechtsspezifik in der deutschen Phraseologie; in: Hoberg, Rudolf (Hg.): Sprache – Erotik – Sexualität; Seite 283–307.
Piirainen, Elisabeth: Phraseologie der westmünsterländischen Mundart, Teil 1 und 2. (Lexikon der westmünsterländischen Redensarten). Baltmannsweiler 2000.
Piirainen, Elisabeth: Wörterbuch der westmünsterländischen Mundart, Heimatverein Vreden 1992.
Pinker, Steven: Das unbeschriebene Blatt. Die moderne Leugnung der menschlichen Natur. Berlin 2003.
Pinker, Steven: Der Stoff aus dem das Denken ist. Was die Sprache über unsere Natur verrät. Frankfurt/Main 2014.
Plankenhorn, Gerd: Heiligs Blechle. Schwäbisch g'motzt und bruddelt. München 2007.
Pohl, Heinz-Dieter: Kleines Kärntner Wörterbuch. Klagenfurt 1989[1], 2007[2].
Puchner, Günter: Kundenschall. Das Gekasper der Kirschenpflücker im Winter. München 1974.
Reger, Karl Heinz: Bayerisches Liebeslexikon. Pfaffenhofen 1985.

Reiskel, Karl: Eine Auslese von erotischen Wörtern und Kraftausdrücken der Berliner Mundart; in: Anthropophyteia. Jahrbücher für folkloristische Erhebungen und Forschungen zur Entwicklungsgeschichte der geschlechtlichen Moral, hg. von Friedrich S. Krauss. Leipzig 1905; Seite 19–25.

Reiskel, Karl: Idioticon viennense eroticum; in: Anthropophyteia. Jahrbücher für folkloristische Erhebungen und Forschungen zur Entwicklungsgeschichte der geschlechtlichen Moral, hg. von Friedrich S. Krauss. Leipzig 1905; Seite 1–13.

Rheinisches Wörterbuch, bearbeitet und herausgegeben von Josef Müller, ab Band VII von Karl Meisen, Heinrich Dittmaier und Matthias Zender. 9 Bände Bonn und Berlin 1928–1971.

Röhrich, Lutz: Lexikon der sprichwörtlichen Redensarten, 3 Bände Freiburg i. Br. 1991.

Rosten, Leo: Jiddisch. Eine kleine Enzyklopädie. München 2002.

Schädlich, Hans Joachim: Mal hören, was noch kommt. Jetzt wo alles zu spät ist. Hamburg 1995.

Schatz, Josef: Wörterbuch der Tiroler Mundarten, 2 Bände Innsbruck 1955; Nachdruck: Innsbruck 1993.

Schemann, Franz: Deutsche Idiomatik. Wörterbuch der deutschen Redewendungen im Kontext. Berlin/Boston 2011.

Schimpf, Silke: Sprache im Bereich der Sexualität – Versuch einer linguistischen Einordnung; in: Hoberg, Rudolf (Hg.): Sprache – Erotik – Sexualität; Seite 62–81.

Schmeller, Andreas J.: Bayerisches Wörterbuch, 4 Theile. Stuttgart–Tübingen 1827–1837, München 1872–1877², Nachdruck: Aalen 1961.

Schmid, Bernhard: American Slang. Amerikanisch – Deutsch. Wörterbuch der amerikanischen Umgangssprache. Frankfurt/Main 1997².

Schranka, Eduard Maria: Wiener Dialekt-Lexikon. Wien 1905.

Schuster, Theo: Plattdeutsches Schimpfwörterbuch. Leer 2007².

Schweizerisches Idiotikon, Wörterbuch der schweizerdeutschen Sprache. Gesammelt auf Veranstaltung der antiquarischen Gesellschaft in Zürich aus allen Kreisen des Schweizervolkes. Frauenfeld 1881–2012, Basel 2013 ff.

Sedlaczek, Robert und Melita Sedlaczek: Das österreichische Deutsch. Wie wir uns von unserem großen Nachbarn unterscheiden. Ein illustriertes Handbuch. Wien 2004¹, 2005².

Sedlaczek, Robert und Melita Sedlaczek: Wörterbuch der Alltagssprache Österreichs. Innsbruck-Wien 2011³.

Sedlaczek, Robert und Melita Sedlaczek: Wörterbuch des Wienerischen, Innsbruck-Wien 2011¹, 2012².

Seibicke, Wilfried: Wie sagt man anderswo? Landschaftliche Unterschiede im deutschen Sprachgebrauch. Mannheim 1983².

Stalder, Franz Joseph: Schweizerisches Idiotikon (Text der Handschrift von 1832 mit Hinweisen auf die Abweichungen von 1806/12, hg. von Niklaus Bigler). Aarau 1994.

Stern, Heidi: Wörterbuch zum jüdischen Lehnwortschatz in den deutschen Dialekten. Tübingen 2000; E-Book und Printing on demand: Berlin 2013.

Teut, Heinrich: Hadeler Wörterbuch. Der plattdeutsche Wortschatz des Landes Hadeln (Niederelbe), 4 Bände. Neumünster 1960.

Train, Josef, Karl von: Chochemer Loschen. Wörterbuch der Gauner- und Diebs- vulgo Jenischen Sprache nach Criminalacten und den vorzüglichsten Hülfsquellen für die königl. bayr. Gendarmerie bearbeitet von J. K. von Train, königl. bayr. quittirt Hauptmann. Regensburg 1832.

Unger, Theodor und Ferdinand Khull: Steirischer Wortschatz, als Ergänzung zu Schmellers Bayerischem Wörterbuch. Graz 1903, Nachdruck: Wiesbaden 1968.
Wander, Karl Friedrich Wilhelm: Deutsches Sprichwörter-Lexikon. Leipzig 1867–1889, 5 Bände Nachdruck: Darmstadt 2007.
Wax, Hermann: Etymologie des Schwäbischen. Geschichte von mehr als 4.500 schwäbischen Wörtern. 2., erweiterte Auflage. Tübingen 2005.
Weber, Albert, Jacques M. Bächtold: Zürichdeutsches Wörterbuch. 3., überarbeitete und stark erweiterte Auflage. Zürich 1983.
Wexler, Paul: Jewish and Non-Jewish Creators of „Jewish" Languages, with Special Attention to Judaized Arabic, Chinese, German, Greek, Persian, Portuguese, Slavic (Modern Hebrew/Yiddish), Spanish and Karaite, and Semitic Hebrew/Ladino. Wiesbaden 2006.
Wiener, Oswald: Beiträge zur Ädöologie des Wienerischen; in: Josefine Mutzenbacher. Die Lebensgeschichte einer wienerischen Dirne, von ihr selbst erzählt; mit einer Vorbemerkung von K. H. Kramberg. München 1970[4]; Seite 285–389.
Wiese, Heike: Kiezdeutsch. Ein neuer Dialekt entsteht. München 2012.
Winder, Christoph: Da muss man durch. Mein Wörterbuch zur Gegenwart. Leipzig 2009.
Wintersberger, Astrid: Der kleine Wappler. So flucht und schimpft Österreich. St. Pölten, Salzburg, Wien 2012.
Wlislocki, Heinrich von: Die Sprache der transsilvanischen Zigeuner. Grammatik, Wörterbuch. Leipzig 1884.
Wolf, Siegmund A.: Deutsche Gaunersprache. Wörterbuch des Rotwelschen. Hamburg 1985[2].
Wörterbuch der bairischen Mundarten in Österreich, hg. von der Österreichischen Akademie der Wissenschaften. Wien 1964 ff.
Wörterbuch der elsässischen Mundarten; bearbeitet von Ernst Martin und Hans Lienhart, 2 Bände Straßburg 1899–1907.
Wörterbuch der Jugendsprache. Das Original. (Pons) Stuttgart 2013.
Wrede, Adam: Neuer kölnischer Sprachschatz. 3 Bde, mit Anhang: Altkölnisch – Kölnisch-Ripuarisch – Suchhilfe. Köln 1978[7].
Zäldner, Claus: Gwasselgobb & Doddelfritze. So schimpfen die Sachsen. München 1995.
Zehetner, Ludwig: Bairisches Deutsch. Lexikon der deutschen Sprache in Altbayern. München 1997[1], 1998[2], Regensburg 2005[3], und 2013[4].
Züri-Slängikon. So spricht man in der Hauptstadt; gesammelt von Domenico Blass. Zürich 2012[4].

Quellenverzeichnis

Amsterdam, Gert (vermutlich Pseudonym von Gerhard Zwerenz): Zärtliche Rituale. München 1983.

Anonym: Lina's aufrichtige Bekenntnisse oder die Freuden der Wollust. Um 1790. Seitenangaben nach der Version auf zeno.org.

Arnold, Heinz Ludwig (Hg.): Dein Leib ist mein Gedicht. Deutsche erotische Lyrik aus fünf Jahrhunderten. Bern, München, Wien 1970.

Bauer, Wolfgang: Magic Afternoon. Wolfgang Bauer. Drei Stücke. München 1969.

Bayer, Konrad: Das Gesamtwerk, revidierte Neuausgabe. Reinbek 1977.

Beer, Johann: Das Narrenspital, erschien unter dem Pseudonym „Hans guck in die Welt" zuerst 1681. Berliner Ausgabe 2013.

Benn, Gottfried: Sämtliche Werke, Stuttgart 1986–2003.

Blümml, Emil Karl: Futilitates. Beiträge zur volkskundlichen Erotik, 3 Bände. Wien 1908; hier zitiert aus Band 1, Nachdruck Bremen 2012.

Bonner, Stefan und Anne Weiss: Generation Doof. Wie blöd sind wir eigentlich? Köln 2010[23].

Brecht, Bert: Gedichte über die Liebe, hg. von Werner Hecht. Frankfurt/Main 1982.

Burgen, Stephen: Bloody hell, verdammt noch mal! Eine europäische Schimpfkunde. Aus dem Englischen von Hartmut Schickert. München 1998.

Chotjewitz, Peter Otto: Der dreißigjährige Friede. Düsseldorf 1977.

Degenhardt, Franz Josef: Zündschnüre. Hamburg 1973.

Dirks, Carl-Heinz (Hg.): Unner de Buukreem. Plattdüütse Texten van Leevde, Sex, Erotik. Emden 2006.

Dörrie, Doris: Bin ich schön? Zürich 1994.

Dörrie, Doris: Für immer und ewig. Zürich 1991.

Ernst, Gustav: Beste Beziehungen. Innsbruck 2011.

Franzobel: Lusthaus oder Die Schule der Gemeinheit. Wien 2002.

Franzobel: Scala Santa oder Josefine Wurznbachers Höhepunkt. Wien 2000.

Franzobel: Was die Männer so treiben, wenn die Frauen im Badezimmer sind. Wien 2012.

Franzobel: Zirkusblut oder Ein Austrian-Psycho-Trashkrimi, zweiter Teil (mit Bildern von Norbert Trummer). Weitra 2004.

Franzobel: Zirkusblut. Austrian Psycho oder Der Rabiat Hödlmoser. Wien 2004.

Fritsch, Sybille: Wenn Frauen herzhaft lachen. Mit Illustrationen von Reinhilde Becker. Wien 1998.

Geiger, Arno: Es geht uns gut. München 2007.

Goethe, Johann Wolfgang von: Das Tagebuch; abrufbar unter: http://meister.igl.uni-freiburg.de/gedichte/goe_jw03.html

Goethe, Johann Wolfgang von: Erotische Gedichte. Gedichte, Skizzen und Fragmente. Herausgegeben von Andreas Ammer, Frankfurt/Main 1991.

Goethe, Johann Wolfgang: Faust. Eine Tragödie. Erster Theil. Frühere Fassung („Urfaust") Paralipomena. Studienausgabe. Herausgegeben und kommentiert von Ulrich Gaier. Stuttgart 2011.

Grass, Günther: Die Blechtrommel. Göttingen 2007.

Grissemann, Christoph und Dirk Stermann: Speichelfäden in der Buttermilch – Gesammelte Werke Band I. Stuttgart 2011.

Hagen, Friedrich Heinrich von: Minnesinger. Deutsche Liederdichter des zwölften, dreizehnten und vierzehnten Jahrhunderts. Leipzig 1838.

Heißenbüttel, Helmut: Textbuch 10. Von Liebeskunst. Stuttgart 1986.

Henscheid, Eckhard: Dolce Madonna Bionda. Zürich 1983.
Henscheid, Eckhard: Geht in Ordnung – Sowieso -- Genau -- 1976, zitiert wird aus der 2010 bei Zweitausendeins erschienenen Ausgabe.
Herrndorf, Wolfgang: Tschick, Berlin 2014.
Hildebrandt, Dieter: Der Anbieter. Material für ein Gespräch, das so nicht stattgefunden hat[30]. Berlin 1994.
Hinterberger, Ernst: Salz der Erde, Wien, Hamburg 1966; Zitate nach der 30. Auflage.
Hölscher, Thomas: Keine Konzessionen. Berlin 1989.
Hunold, Günther: Lexikon des pornographischen Wortschatzes. Wissenschaftliches Grundlagenmaterial: Institut für Sexualwissenschaft München. München 1972.
Jelinek, Elfriede: Die Ausgesperrten. Reinbek bei Hamburg 1980.
Jelinek, Elfriede: Die Klavierspielerin. Reinbek bei Hamburg 1983.
Jelinek, Elfriede: Gier. Ein Unterhaltungsroman. Reinbek bei Hamburg 2000.
Jelinek, Elfriede: Lust. Reinbek bei Hamburg 1989.
Jünger, Ernst: Die Zwille. Stuttgart 1998.
Kebekus, Carolin: Pussy Terror. Aus dem Leben einer Straßendiva. München 2011[3].
Kinder, Hermann (Hg.): Die klassische Sau. Das Handbuch der literarischen Hocherotik. 1986[1], 1986[2] (2. verbesserte Auflage), 1990[6].
Kinski, Klaus: Ich bin so wild nach deinem Erdbeermund. München 1975; die erweiterte und überarbeitete Fassung trägt den Titel „Ich brauche Liebe".
Kögl, Gabriele: Auf Fett Sieben. Göttingen 2013.
Krolow, Karl: Die Zeichen der Welt. Stuttgart 1952.
Lauremberg, Johann: Niederdeutsche Scherzgedichte, 1652; Nachdruck mit Einleitung, Anmerkungen und Glossar von Wilhelm Braune, in: Neudrucke Deutscher Literaturwerke des 16. und 17. Jahrhunderts, Bände 10–17. Tübingen 1878.
Lichtenberg, Georg Christoph: Aphorismen – Essays – Briefe, hg. von Kurt Batt. Leipzig 1985.
Mann, Heinrich: Die kleine Stadt. Hamburg 1960.
Mann, Thomas: Joseph und seine Brüder, 2 Bände. Frankfurt/Main 1962 (Erstausgabe 1933–1943, 4 Bände).
Menasse, Robert: Don Juan de la Mancha. Frankfurt/Main 2007.
Meyer, Clemens: Im Stein. Frankfurt/Main 2013.
Mießgang, Thomas: Scheiß Drauf. Die Kultur der Unhöflichkeit. Berlin 2013.
Moser, Hans: Wie eine Feder leicht. Oswald von Wolkenstein – Lieder und Nachdichtungen. Innsbruck 2012.
Peer, Alexander: Bis dass der Tod uns meidet. Innsbruck 2013.
Praunheim, Rosa von: 50 Jahre pervers. Die sentimentalen Memoiren des Rosa von Praunheim. Köln 1993.
Praunheim, Rosa von: Sex und Karriere. Reinbek 1978.
Rebhandl, Manfred: In der Hölle ist für alle Platz. Wien 2013.
Rebhandl, Manfred: Lebensabende und Blutbäder. Ein Biermöselkrimi. Wien 2005.
Roche, Charlotte: Feuchtgebiete. Köln 2008.
Roche, Charlotte: Schoßgebete. Köln 2011.
Rubinowitz, Tex: Ramses Müller. Frankfurt/Main 2009.
Rühmkorf, Peter: Über das Volksvermögen. Exkurse in den literarischen Untergrund. Reinbek bei Hamburg 1967.

Salten, Felix (Urheberschaft wahrscheinlich, aber nicht völlig gesichert): Josefine Mutzenbacher. Die Lebensgeschichte einer wienerischen Dirne, von ihr selbst erzählt; mit einer Vorbemerkung von K. H. Kramberg. München 1970[4].
Schalko, David: Knoi, Salzburg und Wien 2013.
Schilling, Friedrich Gustav: Die Denkwürdigkeiten des Herrn von H., Rom 1787, Nachdruck Verlag tredition, Hamburg o. J.
Schlegel, Friedrich: Gedichte. Berliner Ausgabe, 2013. North Charleston, USA 2013.
Schlink, Bernhard: Der Vorleser. Zürich 1995.
Schlink, Bernhard: Liebesfluchten. Geschichten. Zürich 2000.
Schubitz, Elise: Abenteuer einer deutschen Buhlerin, Privatdruck, Pressburg 1920; Nachdruck als „Abenteuer und Erfahrungen einer deutschen Buhlerin: Amors Wege". München 1983.
Simmel, Johannes Mario: Der Stoff, aus dem die Träume sind. München, Zürich 1971.
Sobota, Heinz: Der Minus-Mann. Köln 1978.
Stein, Roger: Das deutsche Dirnenlied. Literarisches Kabarett von Bruant bis Brecht. Wien 2006.
Stermann: Sechs Österreicher unter den ersten Fünf. Berlin 2010.
Strohmeier, Sophie: Küss mich, Libussa. Wien 2013.
Suckert, Daniel: Kommissar Prohaska: ‚Weltstadt' Innsbruck. 10 humoristisch-skurrile Kurzgeschichten. Innsbruck 2010.
Süskind, Patrick: Das Parfüm. Zürich 1985.
Torberg, Friedrich: Die Tante Jolesch oder Der Untergang des Abendlandes in Anekdoten. München 1977.
Turrini, Peter: Sauschlachten, Turrini Lesebuch. Stücke, Pamphlete, Filme, Reaktionen etc. Wien, Zürich 1989.
Wacks Georg: Die Budapester Orpheumgesellschaft. Ein Varieté in Wien 1889–1919. Vorwort von Gerhard Bronner. Wien 2002.
Weber, Ernst: 1500 Gstanzln aus Wien und Umgebung. Weitra o. J.
Zille, Heinrich: Hurengespräche; als Privatdruck des Verlags Fritz Gurlitt unter dem Pseudonym W. Pfeifer 1921 mit der falschen Jahresangabe 1913 erschienen, zahlreiche Nachdrucke.
Zimmerschied, Sigi: Die Stachelbeersträucher von Saigon. München 2013.
Zutzel, Eva und Adam Zausel (Hg.): Die allerneueste klassische Sau. Das Handbuch der klassischen Hocherotik 3. Zürich 1999.
Zutzel, Eva und Adam Zausel (Hg.): Die neue klassische Sau. Das Handbuch der klassischen Hocherotik 2. Zürich 1996.
Zwerenz, Gerhard: Bürgertum und Pornographie. 106 Fußnoten, 1971 (zitiert nach dem Zweitausendeins-Sammelband).
Zwerenz, Gerhard: Kopf und Bauch. Die Geschichte eines Arbeiters, der unter die Intellektuellen gefallen ist. Frankfurt/Main 1971.
Zwerenz, Gerhard: Rasputin, 1970 (zitiert nach dem Zweitausendeins-Sammelband).
Zwerenz, Gerhard: Tantenliebe. Aus dem Leben eines ca. tausendjährigen Erotikers (Fragment). 1970. Zitiert nach einem Zweitausendeins-Sammelband: Zwerenz, Gerhard: Erotische Schriften. Frankfurt/Main o. J.

Online-Quellen (Auswahl)

altwuerttemberg.de/schwaebisch
berndeutsch.ch
deu.hablaa.com/deutsch-schweizerdeutsch
dirnenlied.de
erzgebirgisch.de
etymonline.com
gutenberg.org
idiome.deacademic.com
idiotikon.ch
in-berlin-brandenburg.com
klausheer.ch/Medien/Wortschatz
mitmachwoerterbuch.lvr.de
mundmische.de
ndr.de/ndr2/programm/norddeutsch106.htmlduden.de
ostarrichi.org
ostfriesland-direkt.de
phraseo.de
physiologus.de (Hartmut Dietz)
plattmakers.de
redensarten-index.de
sprachnudel.de
vagapedia.wikispaces.com/B+-+Rotwelsch-Deutsch
woerterbuchnetz.de
wortschatz.uni-leipzig.de/
zuri.net/slang

Dank

Wir sind unseren Gewährsleuten aus den verschiedenen Regionen des deutschen Sprachraums zu großem Dank verpflichtet. Ohne ihre Hilfe wäre dieses Wörterbuch nicht zustande gekommen. Unser besonderer Dank für wertvolle Hinweise gilt folgenden Personen:

Carl-Heinz Dirks, Emden, Mitbegründer und redaktioneller Leiter von „Diesel – dat oostfreeske Bladdje", Vorsitzender der Bevensen-Tagung und des Schrieverkring Weser-Ems, Autor zahlreicher Bücher und Aufsätze über das Plattdeutsche.

Markus Gasser, Zürich, Schweizer Radio und Fernsehen (SRF); Dialektologe und Namenkundler, betreut zusammen mit Christian Schmutz die Mundartsendung „Schnabelweid".

Stefan Gmünder, Literaturredakteur bei der Tageszeitung „Der Standard" in Wien, geboren in Bern.

Prof. Dr. Renate Herrmann-Winter, Ernst-Moritz-Arndt-Universität Greifswald; begründete den Lehrstuhl für Niederdeutsche Sprache und Literatur, richtete die „Arbeitsstelle zum Pommerschen Wörterbuch" wieder ein, das seit 1997 regelmäßig erscheint.

Peter Honnen, wissenschaftlicher Mitarbeiter im Landschaftsverband Rheinland (LVR); Verfasser u. a. von „Kappes, Knies & Klüngel. Regionalwörterbuch des Rheinlandes"; Betreuer des Rheinischen Mitmachwörterbuches (Internet).

em. o. Univ.-Prof. Dr. Hans Moser, Universität Innsbruck, Institut für Germanistik; Forschungsschwerpunkte: Sprachgeschichte, Dialektologie, Varietätenlinguistik, Ältere deutsche Literatur (Oswald von Wolkenstein), Autor „*Radio Tirol*-Wörterbuch der Tiroler Mundarten".

Dr. Wolfgang Müller, Mannheim; geb. in Berlin, langjähriger Mitarbeiter der Dudenredaktion in Mannheim; Autor des „Gegenwort-Wörterbuchs" sowie des dreibändigen „Wörterbuchs deutscher Präpositionen"; Vorarbeiten zu einem wissenschaftlichen Werk über Sexualausdrücke in Wörterbüchern.

Univ.-Prof. Dr. Heinz-Dieter Pohl, Universität Klagenfurt, Sprachwissenschaftler und Namenforscher; u. a. Autor des „Kleinen Kärntner Mundartbuches" und des „Kleinen Handbuchs der österreichischen Küchensprache"; zahlreiche Aufsätze zum österreichischen Deutsch.

Dr. Thomas Soxberger, Judaist und Jiddist in Wien, u. a. Übersetzer vom Jiddischen ins Deutsche.

Prof. Dr. Ludwig Zehetner, Honorarprofessor für bairische Dialektologie an der Universität Regensburg; Autor des Wörterbuchs „Bairisches Deutsch. Lexikon der deutschen Sprache in Altbayern", Autor zahlreicher Bücher und Aufsätze zum Bairischen.